KB041611

EU ARTIFICIAL INTELLIGENCE ACT

EU 인공지능법

최경진 외 7인

박영사

발간사

　누구나 인공지능을 알고 배우고 활용하는 시대가 되었다. 인공지능은 더 이상 실생활과 거리가 먼 영화 속 이야기가 아니고, 우리 삶의 모든 부분으로 확대되고 있다. 인공지능은 효율성과 경제성을 높이면서 인간에게 다양한 편익과 혜택을 가져다주었지만, 인공지능이 발전해 가면서 그 불투명성과 예측불가능성도 함께 커지면서 다양한 부작용과 문제를 불러일으키고 있다. 인공지능이 만들어 내는 환각이나 허위의 정보가 민주주의 기반인 선거와 결부되면서 사회질서를 뒤흔들기도 하고, 인공지능이 생명이나 신체와 결부된 제품이나 서비스에 적용되는 과정에서 오히려 인간에게 해가 될 위험성에 대한 우려도 커지고 있다. 이 때문에 인공지능을 바라보는 시각이나 인공지능이 가져오는 폐해를 막기 위한 법이나 정책적 대응방안에 대한 해법도 제각각이다. 인공지능으로 인한 혁신과 혜택을 극대화하기 위해서 인공지능을 진흥하기 위한 획기적인 제도를 도입해야 한다는 주장도 있는 반면, 인공지능의 위험성을 예측할 수 없기 때문에 인공지능이 발전하는 초기단계에서부터 금지나 제한을 두고 일정한 기준을 제시하는 규제가 필요하다는 입장도 설득력 있게 제기되고 있다. 어느 목소리도 간과할 수 없기 때문에 우리나라를 비롯한 각국은 미래의 경쟁력인 인공지능의 발전을 저해하지 않으면서도 인간의 가치를 지키기 위한 현명한 대응방안 마련에 고심하고 있다.

　최근 유럽연합(EU)은 세계 최초로 인공지능법(AI Act)을 제정하여 지난 8월 1일부터 발효되었고, 인공지능에 대한 법제도적 대응을 고민하는 세계 각 국은 EU 인공지능법에 많은 관심을 기울이고 있다. 우리나라도 인공지능 관련 입법 논의를 진행하는 과정에서 빼놓지 않고 대표적 사례로 드는 것이 EU 인공지능법이다. 그런데 동일한 법을 놓고 바라보는 시각에 따라서 참고하지 말아야 할 규제로 보기도 하고 모범사례로서 적극 참조해야 한다고 주장하기도 한다. 이런 상반된 시각이 나오는 가장 큰 이유의 하나는 EU 인공지능법을 입체적으로 분석하지 않은 탓도 있는 것으로 보인다. EU 인공지능법은 EU의 정치·경제·사회·문화·역사적 배경을 바탕으로 정치적 합의를 통해서 채택된 법인만큼 그러한 다양한 맥락을 고려하여 해석하고 평가해보아야 정확한 법규정의 의미를 알 수 있다. 또한 EU 인공지능법은 180개의 전문(Recital), 본문 113개 조문, 13개의 부속서로 이루어진 방대한 법이어서, 전체 조문의 구성과 내용, 조문 상호간의 관계, 법의 집행체계 등을 종합적으로 파악하면서도 개별 조문의 의미를 탐구해야 한다. 때문에 일부 조문만을 바탕으로 EU 인공지능법의 전체 의미를 평가하는 것은 자칫 잘못된 시사점을 도출할 위험성이 있다. 전체 숲만 보는 것도 바람직하지 않지만, 숲의 일부인 나무만 바라보는 것도 바람직하지 않다. 인공지능 시대가 이제 막 본격화하는 시점에 우리에게 가장 알맞은 법과 제도 환경을 만드는 것은 매우 중요하다. 따라서 우리의 법제도 환경을 만드는 과정에서 중요하게 참조되고 있는 EU 인공지능법에 대한 객관적이고 정확한 이해도 중요하다. 이러한 점이 바로 이 책을 집필하게 된 출발점이다.

EU 인공지능법이 소위 브뤼셀 효과가 어느 정도일지는 알 수 없지만, 적어도 우리의 인공지능 법제를 새롭게 디자인하는 과정에서 참조할 수 있는 최초의 사례인만큼 정확한 법의 취지와 의미, 개별 조항의 구체적인 요건과 효과, 우리의 정치·경제·사회·문화·역사적 배경을 고려하면서도 인공지능을 둘러싼 글로벌 생태계의 특성 등을 종합적으로 고려한 시사점을 도출할 필요가 있다. EU 인공지능법에 대하여 EU뿐만 아니라 우리나라를 포함한 그 외의 국가에서도 아직 깊이 있는 분석과 논의가 진행되지는 못하고 있고 EU 인공지능법의 시행을 위한 이행법도 마련되지 않은 상황에서 이 책에서 EU 인공지능법의 개별 조문을 세세하게 모두 분석할 수는 없었지만, 인공지능 생태계에 참여하는 다양한 플레이어들이나 법제도를 만들고 집행하는 국회나 정부 당국자, 인공지능에 대한 기술이나 법률 전문가가 EU 인공지능법을 보다 정확하게 이해하기 위한 기반을 마련해주고자 하는 의도로 이 책을 기획하였다.

이처럼 소박한 기획의도에 따라 8명의 집필자가 여러 번에 걸쳐 공개된 법안을 매번 초벌 번역하여 토의하고 다시 법안 번역본에 반영하는 지난한 과정을 통해서 최종 통과된 EU 인공지능법의 영문 원문과 국문 번역본 대조본을 마련하여 부록으로 게재하였다. 그리고 EU 인공지능법의 전체적 내용을 종합적으로 파악할 수 있도록 체계적으로 소개하는 형태로 책의 본문을 서술하였다.

방대한 외국의 법을 우리말로 옮기는 것은 너무나 힘든 일인데도 EU 인공지능법에 관심을 가지는 국내 전문가를 위하여 정확하고 신속하게 법률가의 시각을 반영한 번역본을 함께 제공한다는 취지에 공감하고 함께 고생해 주신 일곱 분의 공저자에게 무한한 감사의 마음을 전한다. 아울러 시의적절한 책의 출간을 위해서 아낌 없이 지원해 주신 박영사 김한유 과장님과 디자인 및 편집 등 책의 완성도를 높이기 위해 애써주신 장유나 차장님께도 깊이 감사드린다.

이 책에서 비록 깊이 있는 이론적 논의를 담지는 못했지만, EU 인공지능법에 관심을 가지고 분석하고자 하는 독자는 누구나 이 책을 출발점으로 삼아서 다음 단계의 분석과 논의로 가는데 조금이라도 쉬운 도구로 활용할 수 있기를 기대한다.

2024년 8월
최경진

목 차

———— 제1장 ————

개 관

──────── 제 **2** 장 ────────

금지되는 AI 업무

──────── 제 **3** 장 ────────

고위험 AI 시스템

──────── 제 **4** 장 ────────

특정 AI 시스템의 투명성 의무

──────── 제 **5** 장 ────────

범용 AI 모델

──────── 제 6 장 ────────

인공지능 혁신 지원

──────── 제 7 장 ────────

거버넌스, 감독 및 자율규제

─────── 제 **8** 장 ───────

구제 및 실효성 확보수단

용어표

용어	국문 번역
a component of products	제품의 구성요소
adequatelevel	적절한 수준
administrative fine	과징금
Adversarial Examples	적대적 예제
adverse impact	부정적 영향
affected person	영향을 받는 자
agency	청
AI literacy	AI 리터러시
AI model	AI 모델
AI Office	AI사무국
Alpractice	AI 업무
AI regulatory sandbox	AI 규제 샌드박스
AI system	AI 시스템
alternative dispute resolution	대체적 분쟁해결
appropriate measures	적절한 조치
authentication	본인확인
authorised representative	국내 대리인
authority	당국
autonomy	자율성
biometric	생체인식
biometric categorisation system	생체인식 분류 시스템
biometric data	생체인식 정보
biometric identification	생체인식 식별
biometric verification	생체인식 검증

board / the board / AI board / European Artificial Intelligence Board	유럽AI위원회
body	기관
border control management	국경관리
code of conduct	행동강령
code of practice	업무준칙
common specification	공통기준
competence	능력
competent public authorities	관할당국
complaint mechanism	고충처리체계
conformity assessment	적합성 평가
consistency	일관성
Council of Europe	유럽평의회
Council of the European Union	EU이사회
data	데이터
data clearing	데이터 정제
data poisoning	데이터 오염
data sets	데이터 세트
decision-making	의사결정
deep fake	딥페이크
delegated acts	위임법
deployer	배포자
design	설계
detailed rules of nation law	국내법의 세부사항
directive	지침
distributor	유통자
downstreamprovider	하방공급자
duty of information	정보 제공 의무
emotion recognition system	감정 인식 시스템
entity	단체(조직)
European Commission / the Commission	EU집행위원회

European Council / the Council	유럽이사회
European Data Protection Supervisor	유럽데이터보호감독관
European Parliament	유럽의회
European standardisation organisations	유럽표준화기구
exporter	수출자
final provisions	최종조항
floating-point operation	부동 소수점 연산
general purpose AI model	범용 AI 모델
guidance	지침
guideline	가이드라인
harm	피해
harmonised standard	조화된 표준
high-impact capabilities	고영향 성능
identification	신원확인
implementing acts	이행법
importer	수입자
informedconsent	인지된 동의
institutions	기구
institutions, bodies, offices and agencies	기구, 기관, 사무소 및 청
instructions for use	이용지침
irregular migration	비정규 이주
law enforcement	법 집행
law enforcement authority	법 집행 당국
laws, regulations or administrative provisions	법령
legally designated representative	법정대리인
lifetime	수명기간
making available on the market	시장 공급
market surveillance authority	시장감시당국
metrics	지표
misuse	오남용
Model Evasion	모델 회피

Model Poisoning	모델 오염
monitoring	모니터링
national competent authority	국가관할당국
national law	국내법
new legislative framework	신규법제
non-personal data	비개인정보
notified body	피통보기관
notifying authority	통보당국
Office	사무소
operator	운영자
output	결과물
paragraph	항
performance of an AI system	AI시스템의성능
personal data	개인정보
placing on the market	시장 출시
post remote biometric identification system	사후 원격 생체인식 시스템
Post-market monitoring	시장 출시 후 모니터링
post-market monitoring system	시장 출시 후 모니터링 체계
practice	업무
product	제품
product manufacturer	제품 제조업자
profiling	프로파일링
prospective provider	예비 공급자
provider	공급자
publicly accessible spaces	공개적으로 접근 가능한 공간
publish	공개
published in the Official Journal	관보에 게재
putting into service	서비스공급
qualified alerts	적격 경고
Quality management system	품질 관리 체계
real world testing plan	실증계획

real-time remote biometric identification system	실시간 원격 생체인식 시스템
reasonably foreseeable misuse	합리적으로 예측 가능한 오용
recall	리콜
recall of an AI system	AI시스템리콜
recital	전문
record-keeping	기록보관
remote biometric identification system	원격 생체인식 식별 시스템
risk	위험
Risk management system	위험 관리 체계
robustness	견고성
safety	안전성
safety component of a product or system	제품 또는 시스템의 안전 구성요소
sandbox plan	샌드박스계획
scientific panel	과학패널
section	절
self-learning	자가학습
sensitive operational data	민감한 작전 데이터
special categories of personal data	개인정보의 특별한 범주
subject	피험자
subparagraph	단락
substantial	상당한
substantial modification	본질적 변경
surveillance	감시
systemic risk	구조적 위험
systemic risk at Union level	EU 수준에서의 구조적 위험
technical document	기술문서
technical redundancy solution	기술적이중화조치
technical specifications	기술명세서
test(ing)	테스트
testing data	시험데이터
testing in real world	실증

testing in real world conditions	현실 세계 조건에서의 테스트
The Court of Justice of the European Union	EU사법재판소
the sandbox	AI 규제 샌드박스
this regulation/this article/this paragraph	이법/이조/이항
training data	학습데이터
Union harmonisation legislation	EU조화법
union law	EU법
Union safeguard procedure	EU 세이프가드 절차
validation data	검증데이터
verification	검증
withdraw from the testing	테스트에의 참여를 철회
withdrawal	철수
withdrawal of an AI system	AI시스템철수
worker	근로자

법령표

Regulation (EU) 2016/679	일반개인정보보호법 (GDPR)	Regulation (EU) 2016/679 of the European Parliament and of the Council of 27 April 2016 on the protection of natural persons with regard to the processing of personal data and on the free movement of such data, and repealing Directive 95/46/EC (General Data Protection Regulation) (Text with EEA relevance)
Regulation (EU) 2018/1725	공공기관개인정보 보호법	Regulation (EU) 2018/1725 of the European Parliament and of the Council of 23 October 2018 on the protection of natural persons with regard to the processing of personal data by the Union institutions, bodies, offices and agencies and on the free movement of such data, and repealing Regulation (EC) No 45/2001 and Decision No 1247/2002/EC (Text with EEA relevance.)
Regulation (EC) No 810/2009	비자코드법	Regulation (EC) No 810/2009 of the European Parliament and of the Council of 13 July 2009 establishing a Community Code on Visas (Visa Code)
Regulation (EU) 2024/900	정치광고투명성법	Regulation (EU) 2024/900 of the European Parliament and of the Council of 13 March 2024 on the transparency and targeting of political advertising

Regulation (EC) 765/2008	제품 마케팅과 관련된 인증 요건에 관한 규정	Regulation (EC) No 765/2008 of the European Parliament and of the Council of 9 July 2008 setting out the requirements for accreditation and market surveillance relating to the marketing of products and repealing Regulation (EEC) No 339/93 (Text with EEA relevance)
Directive (EU) 2016/680	형사상개인정보 보호지침	Directive (EU) 2016/680 of the European Parliament and of the Council of 27 April 2016 on the protection of natural persons with regard to the processing of personal data by competent authorities for the purposes of the prevention, investigation, detection or prosecution of criminal offences or the execution of criminal penalties, and on the free movement of such data, and repealing Council Framework Decision 2008/977/JHA
Directive (EU) 2022/2557	중요기관회복력지침	Directive (EU) 2022/2557 of the European Parliament and of the Council of 14 December 2022 on the resilience of critical entities and repealing Council Directive 2008/114/EC (Text with EEA relevance)
Directive 2013/32/EU	국제보호절차지침	Directive 2013/32/EU of the European Parliament and of the Council of 26 June 2013 on common procedures for granting and withdrawing international protection (recast)
Directive (EU) 2019/790	저작권지침	Directive (EU) 2019/790 of the European Parliament and of the Council of 17 April 2019 on copyright and related rights in the Digital Single Market and amending Directives 96/9/EC and 2001/29/EC (Text with EEA relevance.)

Directive (EU) 2016/2102	공공 웹사이트 및 애플리케이션 접근성에 관한 지침	Directive (EU) 2016/2102 of the European Parliament and of the Council of 26 October 2016 on the accessibility of the websites and mobile applications of public sector bodies (Text with EEA relevance)
Directive (EU) 2019/882	제품·서비스 접근성 요건에 관한 지침	Directive (EU) 2019/882 of the European Parliament and of the Council of 17 April 2019 on the accessibility requirements for products and services (Text with EEA relevance)
Directive 2002/58/EC	e-Privacy 지침	Directive 2002/58/EC of the European Parliament and of the Council of 12 July 2002 concerning the processing of personal data and the protection of privacy in the electronic communications sector (Directive on privacy and electronic communications)
Recommendation 2003/361/EC	중소기업 정의에 관한 EU집행위원회의 권고	Commission Recommendation of 6 May 2003 concerning the definition of micro, small and medium-sized enterprises (Text with EEA relevance) (notified under document number C(2003) 1422)

제 1 장

개 관

I. 입법개요

1. 입법과정

유럽연합(European Union: EU)의 인공지능법(Artificial Intelligence Act, 이하에서 "AI법") 초안이 처음 공개된 것은 2021년이지만, 실질적인 논의의 시작은 2020년으로 거슬러 올라간다. EU집행위원회가 2020년 2월 인공지능 백서(White Paper on Artificial Intelligence)를 통해 신뢰할 만한 AI를 위한 유럽 규제 체계의 구축을 제안한 이후 유럽의회도 2020년 10월 AI의 윤리(Resolution on a framework of ethical aspects of artificial intelligence, robotics and related technologies, 2020/2012(INL)), 민사책임(Resolution on a civil liability regime for artificial intelligence, 2020/2014(INL)), 지적재산(Resolution on intellectual property rights for the development of artificial intelligence technologies, 2020/2015(INI))에 관한 3개의 결의문을 채택하였다.

2021년 4월 21일에 EU집행위원회는 인공지능에 관한 새로운 EU 규제 체계로서 인공지능법(Artificial Intelligence Act) 초안(COM/2021/206 final)을 공개하면서, 기술중립적 AI 시스템의 개념 정의를 EU법에 명시할 것과 함께 허용되지 않는 위험 AI(Unacceptable risk AI), 고위험 AI(High-risk AI), 제한된 위험 AI(Limited risk AI), 최소위험 AI(Minimal risk AI) 등 4가지 수준의 위험을 포함하는 위험 기반 접근 방식(risk-based approach)에 맞춘 차등화된 규제를 채택할 것을 제안하였다. 2021년 8월 6일 EU집행위원회의 AI법 초안에 대한 공개 의견 수렴이 종료되었고 총 304개의 의견이 접수되었다. 2021년 11월 29일 EU이사회의 순환 의장국은 사회적 점수(social scoring), 생채인식 시스템, 고위험 적용과 관련한 중요한 변화를 반영한 AI법 초안에 관한 첫 번째 타협안을 발표하였다. 이후 입법 기관들 내외부에서의 다양한 검토를 거쳐 2022년 12월 6일 EU이사회는 AI법에 대한 공통 입장을 채택하였다. 2023년 6월 14일 유럽 의회는 표결 결과 찬성 499표, 반대 28표, 기권 93표로 AI법에 대한 협상 입장을 채택하였고, 2023년 12월 9일 유럽 의회와 EU이사회는 AI법에 대한 잠정적 합의에 도달했다. 2024년 5월 21일 EU이사회는 AI법을 승인하였고, 2024년 6월 13일 AI법에 대한 서명이 완료된 후 최종적으로 2024년 7월 12일 관보에 게재됨으로써 입법이 완료되었다. 최종 입법된 AI법의 정식 명칭은 "REGULATION (EU) 2024/1689 OF THE EUROPEAN PARLIAMENT AND OF THE COUNCIL of 13 June 2024 laying down harmonised rules on artificial intelligence and amend-ing Regulations (EC) No 300/2008, (EU) No 167/ 2013, (EU) No 168/2013, (EU) 2018/858, (EU) 2018/1139 and (EU) 2019/2144 and Directives 2014/90/ EU, (EU) 2016/797 and (EU) 2020/1828 (Artificial Intelligence Act)"이다.

AI법 입법경과

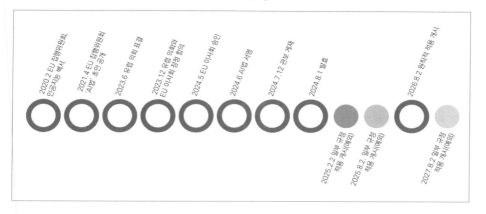

2. 발효 및 적용 일정

EU AI법은 EU 관보에 게재된 날인 2024년 7월 12일로부터 20일이 되는 날인 2024년 8월 1일부터 발효된다(§113). 그러나 실제 AI법의 적용이 개시되는 날은 원칙적으로 2026년 8월 2일이다. 다만, 이러한 적용개시일에는 3가지 예외가 있다(§113). 즉, (1) 총칙에 관한 제1장과 금지되는 AI 업무에 관한 제2장은 2025년 2월 2일부터 적용되며, (2) 통보당국과 피통보기관에 관한 제3장 제4절, 범용 AI 모델에 관한 제5장, 거버넌스에 관한 제7장, 비밀유지에 관한 제78조, 범용 AI 모델의 공급자에 대한 과징금을 규정한 제101조를 제외한 제재에 관한 제12장은 2025년 8월 2일부터 적용된다. (3) 고위험 AI 시스템으로 간주되는 기준을 규정한 제6조 제1항 및 이 법상 그에 상응하는 의무는 2027년

8월 2일부터 적용된다.

AI법 발효 및 적용 일정

2024.7.12.	2024.8.1.	2025.2.2.	2025.8.2.	2026.8.2.	2027.8.2.
관보 게재	발효	예외적 적용 개시 - 제1장 - 제2장	예외적 적용 개시 - 제3장 제4절 - 제5장 - 제7장 - 제78조 - 제12장(제101조 제외)	원칙적 적용 개시 - 예외를 제외한 모든 조항(제101조 포함)	예외적 적용 개시 - 제6조 제1항 - 제6조 제1항에 상응하는 의무

3. 경과규정

1) 타법의 개정

AI법 제13장에는 제102조부터 제110조까지 다른 법의 일부를 개정하는 경과규정이 있다. 개정대상으로는 Regulation (EC) 300/2008, Regulation (EU) No 167/2013, Regulation (EU) No 168/2013, Directive 2014/90/EU, Directive (EU) 2016/797, Regulation (EU) 2018/858, Regulation (EU) 2018/1139, Regulation (EU) 2019/2144이며, 주된 개정 사항은 AI법에 규정된 안전구성요소인 AI 시스템에 관해서 해당 법규정에서 위임법을 채택할 때 AI법 제3장 제2절에 규정된 요건, 즉 고위험 AI 시스템에 대한 요건을 고려하도록 하는 것이다(§102, §103, §104, §105, §106, §107, §108, §109). Directive (EU) 2020/1828의 경우에는 그 적용 대상에 AI법 위반을 추가하기 위함이다. 즉, Directive (EU) 2020/1828은 소비자의 집단적 이익에 해를 끼치거나 해를 끼칠 수 있는 Directive (EU) 2020/1828 부속서 I에 규정된 EU법 규정을 상인(商人)이 침해한 것에 대해 제기된 대표소송(representative action)에 적용되는데, 해당 부속서 I에 규정된 EU법 규정에 AI법을 추가하는 개정이다(§110).

2) 시장출시 · 서비스 공급된 AI 시스템 및 시장 출시된 범용 AI 모델에 대한 경과조치

(1) 부속서 X에 따른 AI 시스템

부속서 X에 열거된 법률 행위에 의해 구축된 대규모 IT 시스템의 구성요소인 AI 시스템이 2027년 8월 2일 전에 시장에 출시되었거나 서비스 공급된 경우에는 유예기간이 인정되어 2030.12.31.까지 AI법을 준수하면 된다(§111①). 또한 부속서 X에 열거된 법률 행위에서 규정된 바에 따라 구축된 각각의 대규모 IT 시스템을 평가할 때 그리고 해당 법률 행위가 대체되거나 개정되는 경우에 AI법에 규정된 요건을 고려해야 한다(§111①).

(2) 2026년 8월 2일 전에 시장출시 · 서비스 공급된 AI 시스템

부속서 X에 열거된 법률 행위에 의해 구축된 대규모 IT 시스템의 구성요소인 AI 시스템을 제외하고, AI법은 설계에 상당한 변경이 있는 경우에만 2026년 8월 2일 전에 시장 출시하거나 서비스를 공급한 고위험 AI 시스템 운영자에게 적용된다(§111②).

(3) 공공 당국용 고위험 AI 시스템

어떠한 경우라도 공공 당국에 의하여 이용될 것으로 의도된 고위험 AI 시스템의 공급자와 배포자는 2030년 8월 2일까지 AI법의 요건과 의무를 준수하기 위해 필요한 조치를 취해야 한다(§111②).

(4) 범용 AI 모델

2025년 8월 2일 전에 시장에 출시된 범용 AI 모델의 공급자는 2027년 8월 2일까지 AI법에 규정된 의무를 준수하기 위해 필요한 조치를 취해야 한다(§111③).

3) AI법에 대한 평가와 검토

EU집행위원회는 AI법이 발효되는 2024년 8월 1일부터 제97조에 규정된 권한 위임 기간이 종료되는 시점까지 부속서 Ⅲ에 규정된 목록 및 제5조에 규정된 금지되는 AI 업무의 목록의 개정 필요성을 매년 1회 평가하고, 평가 내용을 유럽의회 및 EU이사회에 제출해야 한다(§112①).

EU집행위원회는 2028년 8월 2일까지와 그 이후부터는 매 4년마다 (1) 부속서 Ⅲ에서 기존 영역 표제(area headings)를 확장하거나 새로운 영역 표제를 추가하는 개정의 필요성, (2) 제50조에 따른 추가적인 투명성 조치가 요구되는 AI 시스템의 목록 개정, (3) 감독 및 거버넌스 시스템의 효과성을 증진하기 위한 개정을 평가해서 유럽의회 및 EU이사회에 보고해야 한다(§112②). 이 보고서에는 특히 (1) AI법에 따라 부과된 업무를 효과적으로 수행하기 위한 회원국 관할당국의 재정, 기술, 인적 자원 현황, (2) 제99조 제1항의 과징금을 포함하여, AI법의 위반에 따라 회원국이 부과한 제재 현황, (3) AI법을 지원하기 위해 개발된 조화된 표준 및 공통기준의 채택 현황, (4) AI법의 발효 이후 시장에 진입한 사업자의 수 및 중소기업의 비중을 중점적으로 다뤄야 한다(§112④).

EU집행위원회는 2029년 8월 2일까지와 그리고 그 이후부터는 매 4년마다 AI법의 평가와 검토에 관한 보고서를 유럽의회 및 EU이사회에 제출해야 한다(§112③). 해당 보고서는 법 집행 구조 및 파악된 결점의 해결을 위한 EU 기관의 필요성에 관한 평가와 함께 적절한 경우에는 AI법 개정안을 포함해야 하며, 공개되어야 한다(§112③).

EU집행위원회는 2028년 8월 2일까지 AI사무국의 기능, 충분한 권한 및 역량 보유 여부, 자원 증가의 필요성을 평가하고 그 보고서를 유럽의회 및 EU이사회에 제출해야 한다(§112⑤).

EU집행위원회는 2028년 8월 2일까지 그리고 이후 매 4년마다 에너지 효율적인 범용 AI 모델의 개발에 관한 표준화 결과물의 개발 진행상황 및 구속력 있는 조치를 포함한 추가적 조치의 필요성을 검토한 보고서를 제출해야 하며, 유럽의회 및 EU이사회에 제출하고 공개해야 한다(§112⑥).

EU집행위원회는 2028년 8월 2일까지 그리고 이후 매 3년마다 고위험 AI 시스템을 제외한 AI 시스템에 대해 제3장 제2절의 요건 및 환경적 지속가능성 등 고위험 AI 시스템을 제외한 AI 시스템을 위한 가능한 기타 추가적 요건의 적용을 장려하기 위한 자발적인 행동강령의 영향 및 효과성을 평가해야 한다(§112⑦).

EU집행위원회는 기술 발전, AI 시스템의 건강·안전·기본권에의 영향, 정보사회의 진보 상황을 고려해서 필요한 경우에는 AI법의 적절한 개정안을 제출해야 하며(§112⑩), AI사무국은 관련 조항에 명시된 기준에 근거한 위험 수준 평가 및 (1) 기존 영역 표제의 확장 또는 신규 영역 표제의 추가를 포함한 부속서 Ⅲ의 목록, (2) 제5조에 명시된 금지되는 업무의 목록, (3) 제50조에 따른 추가적인 투명성 조치가 요구되는 AI 시스템의 목록에 관한 신규 시스템의 포용을 위해 객관적이고 참여적인 방법론을 개발해야 한다(§112⑪).

EU집행위원회는 2031년 8월 2일까지 AI법의 집행에 대한 평가 보고서를 유럽의회, EU이사회 및 유럽경제사회위원회(European Economic and Social Committee)에 보고해야 한다(§112⑬). 이 보고서는 적절한 경우 집행 구조 및 파악된 결점의 해결을 위한 EU 기관의 필요성에 관한 AI법 개정안을 포함해야 한다(§112⑬).

Ⅱ. 목적 및 체계

1. 입법 목적

AI법은 유럽 내부 시장의 기능을 개선하고 인간 중심의 신뢰할 수 있는 AI의 활용을 촉진하면서도 EU 내 AI 시스템의 유해한 영향으로부터 건강, 안전, 민주주의, 법치 및 환경 보호를 포함하여 유럽헌장에 명시된 기본권을 높은 수준으로 보호하고 혁신을 지원하는 것을 입법 목적으로 한다(§1①).

2. AI법의 구성 및 체계

AI법은 전문(前文), 본문, 부속서의 형태로 구성되어 있다. 전문(Recital)은 법 본문에 규정된 조문의 해석시 참고할 상세한 설명으로서 총 180개 항으로 구성되며, 법 본문은 13개 장의 총 113개 조문, 부속서(Annex)는 총 13개로 구성된다. 구체적인 구성 및 체계는 아래와 같다.

AI법 구성 체계

전문(Recital)			Recital (1) ~Recital (180)
본문	제1장 총칙 (General Provisions)		§1~§4
	제2장 금지되는 AI 업무 (Chapter II Prohibited AI Practices)		§5
	제3장 고위험 AI 시스템 (Chapter III High-risk AI Systems)	제1절 고위험 AI 시스템의 분류(SECTION 1 Classification of AI systems as high-risk)	§6~§7
		제2절 고위험 AI 시스템의 요건(SECTION 2 Requirements for high-risk AI systems)	§8~§15
		제3절 고위험 AI 시스템의 공급자·배포자 기타 당사자의 의무(SECTION 3 Obligations of providers and deployers of high-risk AI systems and other parties)	§16~§27
		제4절 통보당국 및 피통보기관(SECTION 4 Notifying authorities and notified bodies)	§28~§39
		제5절 표준, 적합성 평가, 인증 및 등록(SECTION 5 Standards, conformity assessment, certificates, registration)	§40~§49

제4장 특정 AI 시스템의 공급자와 배포자의 투명성 의무(Chapter IV Transparency obligations for providers and deployers of certain AI systems)		§50
제5장 범용 AI 모델 (Chapter V General-purpose AI models)	제1절 분류규칙(Section 1 Classification rules)	§51~§52
	제2절 범용 AI 모델 공급자의 의무(SECTION 2 Obligations for providers of general-purpose AI models)	§53~§54
	제3절 구조적 위험을 가진 범용 AI 모델 공급자의 의무(SECTION 3 Obligations of providers of general-purpose AI models with systemic risk)	§55
	제4절 업무준칙(SECTION 4 Codes of practice)	§56
제6장 혁신 지원 조치 (Chapter VI Measures in support of innovation)		§57~§63
제7장 거버넌스(Chapter VII Governance)	제1절 EU 수준에서의 거버넌스(SECTION 1 Governance at Union level)	§64~§69
	제2절 국가관할당국 (SECTION 2 National competent authorities)	§70
제8장 고위험 AI 시스템을 위한 EU 데이터베이스(Chapter VIII EU da-		§71

tabase for high-risk AI systems)		
제9장 시장 출시 후 시장 모니터링, 정보 공유 및 시장 감독(Chapter IX Post-market monitoring, information sharing and market surveillance)	제1절 시장 출시 후 모니터링(SECTION 1 Post-market monitoring)	§72
	제2절 중대한 사고에 대한 정보 공유(SECTION 2 Sharing of information on serious incidents)	§73
	제3절 집행(SECTION 3 Enforcement)	§74~§84
	제4절 구제책(SECTION 4 Remedies)	§85~§87
	제5절 범용 AI 모델 공급자에 관한 감독, 조사, 집행 및 모니터링(SECTION 5 Supervision, investigation, enforcement and monitoring in respect of providers of general-purpose AI models)	§88~§94
제10장 행동강령 및 가이드라인(Chapter X Codes of conduct and guidelines)		§95~§96
제11장 권한의 위임 및 위원회 절차(Chapter XI Delegation of power and committee procedure)		§97~§98
제12장 제재(Chapter XII Penalties)		§99~§101

	제13장 최종 조항(Chapter XIII Final provisions)		§102~§113
부속서 (Annex)	• 부속서 I EU조화법 목록(ANNEX I List of Union harmonisation legislation) • 부속서 II 제5조 제1항 제1단락 제h호 (iii)에 따른 범죄(ANNEX II List of criminal offences referred to in Article 5(1), first subparagraph, point (h) • 부속서 III 제6조 제2항에 따른 고위험 AI 시스템(High-risk AI systems referred to in Article 6(2)) • 부속서 IV 제11조 제1항에 따른 기술문서(ANNEX IV Technical documentation referred to in Article 11(1)) • 부속서 V EU 적합성 선언(ANNEX V EU declaration of conformity) • 부속서 VI 내부통제에 근거한 적합성 평가 절차(ANNEX VI Conformity assessment procedure based on internal control) • 부속서 VII 품질관리시스템 평가 및 기술문서 평가를 기반으로 하는 적합성(ANNEX VII Conformity based on an assessment of the quality management system and an assessment of the technical documentation) • 부속서 VIII 제49조에 따른 고위험 AI 시스템 등록시 요구되는 제출 정보[ANNEX VIII information to be submitted upon the registration of high-risk AI systems in accordance with Article 49) • 부속서 IX 제60조에 따른 현실 세계 조건에서의 테스트와 관련하여 부속서 III에 명시된 고위험 AI 시스템 등록시 제출해야 하는 정보(ANNEX IX Information to be submitted upon the registration of high-risk AI systems listed in Annex III in relation to testing in real world conditions in accordance with Article 60) • 부속서 X 자유, 안보 및 사법 분야의 대규모 IT시스템에 관한 EU입법행위(ANNEX X Union legislative acts on large-scale IT systems in the area of Freedom, Security and Justice) • 부속서 XI 제53조 제1항 제a호에 따른 기술문서 - 범용 AI 모델 공급자가 작성해야 하는 기술문서(ANNEX XI Technical documentation referred to in Article 53(1), point (a) - technical documentation for providers of general-purpose AI models) • 부속서 XII 제53조 제1항 제b호에 규정된 투명성 정보-범용 AI 모델 공급자가 해당 모델을 AI 시스템에 통합하고자 하는 하방공급자에		

게 제공해야 하는 기술문서(ANNEX XII transparency information referred to in Article 53(1), point (b) - technical documentation for providers of general-purpose AI models to downstream providers that integrate the model into their AI system)
- 부속서 XIII 제51조에 따른 구조적 위험을 가진 범용 AI 모델 지정 기준(ANNEX XIII Criteria for the designation of general-purpose AI models with systemic risk referred to in Article 51)

AI법의 목적상 (1) EU 내 AI 시스템의 시장 출시, 서비스 공급 및 이용, (2) 특정 AI 업무의 금지, (3) 고위험 AI 시스템에 대한 구체적인 요건과 해당 시스템 운영자의 의무, (4) 특정 AI 시스템에 대한 조화로운 투명성 규칙, (5) 범용 AI 모델의 시장 출시에 대한 조화로운 규칙, (6) 시장 모니터링, 시장 감시, 거버넌스 및 집행에 관한 규칙, (7) 스타트업을 포함한 중소기업에 중점을 둔 혁신 지원 조치를 주요한 규율 내용으로 한다(§1②).

Ⅲ. 적용범위

1. 물적 적용범위: AI 시스템과 범용 AI 모델

AI법은 다양한 제한이 있기는 하지만 기본적으로 AI 시스템(AI system)과 범용 AI 모델(general-purpose AI model, GPAI model)을 적용대상으로 한다. AI 시스템이란 다양한 자율성 수준과 배포 후 적응성을 나타낼 수 있도록 설계된 기계 기반 시스템으로 명시적·묵시적으로 주어진 목표를 달성하기 위해 실제·가상환경에 영향을 미칠 수 있는 예측, 콘텐츠, 추천, 결정 등의 결과물의 생성 방식을 입력데이터로부터 추론하는 시스템을 의미한다(§3(1)). 범용 AI 모델은 시장 출시 방법 및 다양한 하방 시스템 또는 애플리케이션에 통합되는 방법에 상관없이 상당한 일반성을 가지며 광범위한 범위의 다양한 업무를 능숙하게 수행할 수 있는 AI 모델로서 상당한 규모의 자기지도학습(self-supervision at scale)을 이용하여 대량의 데이터를 학습한 AI 모델을 포함한다(§3(63)). 다만 연구·개발 및 시제품 제작 활동을 위해 시장 출시 전에 이용되는 AI 모델은 포함하지 않는다(§3(63)).

2. 인적 적용범위

AI법은 (1) 공급자가 EU 내 혹은 제3국에서 설립되었거나 위치하고 있는 지의 여부와 상관없이 AI 시스템을 시장에 출시 또는 서비스를 공급하였거나 혹은 범용 AI 모델을 EU 내의 시장에 출시한 공급자, (2) EU 내 설립 장소가 있거나 소재하고 있는 배포자, (3) AI 시스템에 의해 산출된 결과물이 EU 내에서 이용되고 있는 경우에 제3국에 설립 장소가 있거나 소재하고 있는 AI 시스템의 공급자와 배포자, (4) AI 시스템의 수입자와 유통자, (5) 상품 제조업자의 이름 또는 상표로 자신의 제품과 함께 AI 시스템을 시장에 출시하거나 서비스를 공급한 상품 제조업자, (6) EU 내에서 설립되지 않은 공급자로부터 권한을 받은 대리인, (7) EU 내에 소재하는 영향을 받는 자 등 7가지 유형에 적용된다(§2①). 다만, 제2조 제1항에 따라 AI법의 적용범위에 포함되는 제3국의 공공당국 또는 국제기구가 EU 또는 하나 이상의 회원국과의 법집행 및 사법협력을 위한 국제 협력 또는 협정의 틀 안에서 AI 시스템을 이용하는 경우, 그 제3국 또는 국제기구가 개인의 기본권과 자유를 보호하기 위하여 적절한 안전조치를 제공한다는 조건 하에서 AI법은 그러한 제3국의 공공당국 또는 국제기구에는 적용되지 않는다(§2④).

3. 장소적 적용범위

AI법은 EU법이 적용되는 지역 이외에는 적용되지 않으며, EU 회원국의 국가 안보와 관련된 권한에 근거한 업무를 수행하기 위하여 위임된 조직의 유형에 관계없이 국가 안보에 관한 회원국의 권한에 어떠한 경우에도 영향을 미치지 않는다(§2③).

4. 적용제외

1) AI법의 적용제외

① 군사, 국방 또는 국가안보만을 위해서 시장에 출시되었거나 서비스를 공

급하였거나 혹은 변경되거나 변경되지 않은 채 이용되는 AI 시스템의 경우에는 해당 활동을 수행하는 조직의 유형과 관계없이 AI법은 적용되지 않는다(§2③).

② AI 시스템에 의한 산출물이 EU 내에서 오로지 군사, 국방 또는 국가안보만을 위해서 이용되는 경우, EU 내에서 시장에 출시되지 않았거나 서비스를 공급하지 않았던 AI 시스템의 경우에는 해당 활동을 수행하는 조직의 유형과 관계없이 AI법은 적용되지 않는다(§2③).

③ AI법은 과학적 연구 및 개발 목적으로만 특별히 개발되거나 서비스 공급되는 AI 시스템 또는 AI 모델과 그 결과물에는 적용되지 않는다(§2⑥).

④ AI법은 시장 출시 또는 서비스 공급 이전 단계에 있는 AI 시스템 또는 AI 모델에 관한 모든 연구·시험·개발 활동에는 적용되지 않는다(§2⑧). 다만, 이러한 활동은 관련 EU법을 준수해야 한다. 예외적으로 현실 세계 조건에서의 테스트에 대해서는 시장 출시 또는 서비스 공급 이전 단계에 있는 AI 시스템 또는 AI 모델에 관한 모든 연구·시험·개발 활동이라고 하더라도 AI법이 적용된다(§2⑧).

⑤ AI법은 순수하게 사적·비직업적 활동(purely personal non-professional activity) 과정에서 AI 시스템을 이용하는 자연인인 배포자의 의무에는 적용되지 않는다(§2⑩).

⑥ 고위험 AI 시스템 또는 제5조나 제50조에 따른 AI 시스템으로 시장 출시되거나 서비스 공급하는 경우가 아닌 한 무료 오픈 소스(free and open-source licences)로 공개된 AI 시스템에 대해서는 AI법이 적용되지 않는다(§2⑫).

2) 적용의 일부 제외

부속서 I 제B절에 열거된 EU조화법이 적용되는 제품과 관련하여 제6조 제1항에 따라 고위험 AI 시스템으로 분류된 AI 시스템에 대해서는 제6조 제1항, 제102조부터 제109조까지 및 제112조만이 적용된다(§2②). 또한 AI 규제 샌드박스를 규정하고 있는 제57조는 AI법에 따른 고위험 AI 시스템에 대한 요구사항이 EU조화법으로 통합된 경우에만 적용된다(§2②).

5. 다른 법과의 관계

AI법은 인공지능과 관련되는 다양한 맥락에 적용되는 다른 EU법, 예를 들면 디지털시장법이나 일반개인정보보호법 등과의 관계를 명확히 규정한다. 즉, AI법에도 불구하고 디지털서비스법(Digital Services Act, Regulation (EU) 2022/2065) 제2장에 규정된 중개 서비스 제공자의 책임(Liability of Providers of Intermediary Services)에 관한 규정은 유효하게 적용된다(§2⑤). 개인정보, 프라이버시 및 통신비밀 보호에 관한 EU법은 AI법에 규정된 권리 및 의무와 관련하여 처리되는 개인정보에 적용된다(§2⑦). 이에 따라 제10조 제5항 및 제59조에 규정된 사항을 침해하지 않는 범위 내에서 일반개인정보보호법(General Data Protection Regulation, Regulation (EU) 2016/679), 공공기관개인정보보호법(Regulation (EU) 2018/1725), e−Privacy 지침(Directive 2002/58/EC) 또는 형사상개인정보보호지침(Directive (EU) 2016/680)은 유효하게 적용된다(§2⑦). AI법에도 불구하고 소비자 보호 및 제품 안전에 관한 다른 EU법에 따라 마련된 규칙은 유효하게 적용된다(§2⑨). 또한 AI법은 EU 또는 회원국이 고용주가 AI 시스템을 이용하는 것과 관련된 근로자의 권리를 보호하기 위해 근로자에게 보다 유리한 법령을 유지 또는 도입하거나 근로자에게 보다 유리한 단체협약을 적용하는 것을 장려하거나 허용하는 것을 금지하지 않는다(§2⑪).

IV. 개념정의

1. AI법이 적용되는 AI 생태계 참여자 유형에 대한 정의

AI 생태계를 구성하는 다양한 참여자가 존재하는데, AI법은 AI 생태계 참여자의 역할과 기능에 따라 차별화된 의무와 책임을 부과하는 만큼 AI법이 적용되는 참여자의 유형을 구분하여 정의한다. 즉, '공급자(provider)'란 AI 시스템 또는 범용 AI 모델을 개발하거나 타인이 개발하도록 하여 자신의 명의·상호로 시장에 출시하거나 서비스를 공급(유·무료의 경우를 모두 포함)하는 자연인, 법인, 정부·공공기관, 기타 기관·단체 등을 의미한다(§3(3)). '배포자(deployer)'

란 자신의 권한에 따라 AI 시스템을 이용하는 자연인, 법인, 정부·공공기관, 기타 기관·단체 등을 의미하는데, 다만 직업적 활동이 아닌 개인적 활동 과정에서 AI 시스템을 이용하는 경우는 제외한다(§3(4)). '국내 대리인(authorised representative)'이란 AI 시스템 또는 범용 AI 모델 공급자를 위해 AI법에 규정된 의무와 절차를 이행할 것을 해당 공급자로부터 서면으로 위임 받은 EU 역내에 소재하거나 설립된 자연인 또는 법인을 의미한다(§3(5)). '수입자(importer)'란 제3국에 설립된 자연인 또는 법인 명의·상호의 AI 시스템을 시장에 출시하는 EU 역내에 소재하거나 설립된 자연인 또는 법인을 의미한다(§3(6)). '유통자(distributor)'란 공급자와 배포자를 제외하고 EU 역내 시장에 AI 시스템을 공급하는 공급망 내의 모든 자연인 또는 법인을 의미한다(§3(7)).

AI 가치사슬 참여자

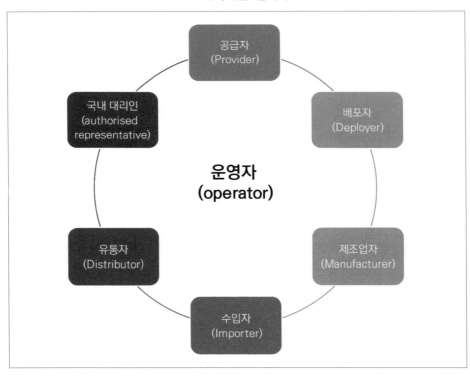

'운영자(operator)'란 공급자, 제조업자, 배포자, 국내 대리인, 수입자, 유통자를 포괄하여 의미한다(§3(8)). '하방 공급자(downstream provider)'란 AI 모델을 통합한 AI 시스템(범용 AI 시스템을 포함한다)의 공급자를 말하며, 해당 공급자가 자체적으로 모델을 제공하는지, 수직적으로 통합되었는지 또는 계약에 따라 다른 기관이 제공하였는지는 불문한다(§3(68)).

2. 생체인식 관련 주요 개념

AI법은 AI 시스템이 수행하는 다양한 생체인식 기반 행위 유형에 따라 차별화된 규제를 규정한다. 따라서 생체인식을 기반으로 한 각 용어에 대한 정확한 정의를 통하여 각 유형 간의 차이를 명확히 인식할 필요가 있다. AI법은 생체인식(biometric)을 출발점으로 하여, 생체인식 정보, 생체인식 식별, 생체인식 검증을 각각 정의하고, AI법이 규제하는 구체적 AI 시스템 유형으로서 생체인식 분류 시스템, 원격 생체인식 식별 시스템, 실시간 원격 생체인식 식별 시스템, 사후 원격 생체인식 식별 시스템을 각각 정의한다.

'생체인식 정보(biometric data)'는 얼굴 이미지나 지문 정보와 같이 자연인의 신체적, 생리적 또는 행동적 특징에 관한 구체적인 기술적 처리를 통해 도출된 개인정보를 말한다(§3(34)). '생체인식 식별(biometric identification)'이란 개인의 생체인식 정보를 데이터베이스에 저장된 개인의 생체인식 정보와 비교함으로써 자연인의 신원(identity of a natural person)을 확인할 목적으로 신체적, 생리적, 행동적 또는 심리적 인간의 특징을 자동으로 인식하는 것을 말한다(§3(35)). '생체인식 검증(biometric verification)'이란 자연인의 생체인식 정보와 이전에 제공된 생체인식 정보를 비교함으로써 본인확인(authentication)을 포함하여 자연인의 동일성을 자동으로 일대일 검증(automated, one-to-one verification)하는 것을 말한다(§3(36)). '생체인식 분류 시스템(biometric categorisation system)'이란 다른 상업적 서비스에 부수적이고 객관적인 기술적 이유로 엄격하게 필요한 경우를 제외하고, 자연인을 생체인식 정보에 기초하여 특정 범주에 배정하는 것을 목적으로 하는 AI 시스템을 말한다(§3(40)). '원격 생체인식 식별 시스템(remote biometric identification system)'은 자연인의 생체인식 정보를 그 자연인의 적극적인 관여 없이 일반적으로 먼 거리에서 참조 데이터 베이스에 포함되어 있는 생체인식 정보와 비교함으로써 그 자연인을 식별하기 위한 AI 시스템을 말한다(§3(41)). '실시간 원격 생체인식 식별 시스템(real-time remote biometric identification system)'이란 즉각적인 식별뿐만 아니라 우회를 피하기 위한 제한된 짧은 지연도 포함하여 상당한 지연 없이 생체인식 정보 수집, 비교 및 식별이 모두 이루어지는 원격 생체인식 시스템을 말한다(§3(42)). '사후 원격 생체인식 식별 시스템(post-remote biometric identification system)'이란 실시간 원격 생체인식 시스템이 아닌 원격 생체인식 시스템을 말한다(§3(43)).

3. AI 규제 샌드박스 관련 주요 개념

AI법은 혁신 지원을 위한 핵심적인 제도적 기반으로서 AI 규제 샌드박스 (AI regulatory sandbox)를 도입하였다. 'AI 규제 샌드박스'란 관할당국이 설정한 통제된 체계로서, 규제 감독하에서 제한된 기간 동안 샌드박스 계획에 따라 현실 세계에서 적절하게 혁신적인 AI 시스템을 개발, 학습, 검증, 시험할 수 있도록 AI 시스템 공급자 또는 잠재적 공급자에게 제공되는 것을 의미한다(§3(55)). 여기에서 '샌드박스 계획(sandbox plan)'이란 샌드박스 내에서 수행되는 활동을 위한 목적, 조건, 일정, 방법론 및 요건을 기술하는 참여 공급자와 관계 당국 간에 합의된 문서를 말한다(§3(54)).

AI 규제 샌드박스와 함께 현실 세계 조건에서의 테스트, 즉 실증도 혁신 지원 조치로서 새로 도입되었다. 실증은 샌드박스 내에서도 가능하지만, 샌드박스 외에서도 가능하다. '현실 세계 조건에서의 테스트(testing in real-world conditions)'는 신뢰할 수 있는 견고한 데이터를 수집하고 AI 시스템이 이 법상 요건을 충족하는지 여부를 평가 및 검증하려는 관점에서, 실험실 또는 그 밖의 가상 환경이 아닌 현실 세계 조건에서 AI 시스템의 의도된 목적을 위해 해당 시스템을 임시로 시험하는 것을 의미하며, AI 규제 샌드박스에 관한 제57조 또는 AI 규제 샌드박스 외 현실 세계 조건에서 고위험 AI 시스템 테스트에 관한 제60조를 충족하는 한 AI법상 AI 시스템을 시장 출시하거나 서비스 공급하기에 적합한 요건을 갖춘 것으로 간주되어서는 안 된다(§3(57)). '실증계획(real-world testing plan)'이란 현실 세계 조건에서의 테스트의 목적, 방법론, 지리적, 인구 및 시간적 범위, 모니터링, 조직 및 수행을 기술한 문서를 말한다(§3(53)). 현실 세계 조건에서의 테스트 목적상 '피험자(subject)'란 현실 세계 조건에서의 테스트에 참여하는 자연인을 말하며(§3(58)), '인지된 동의(informed consent)'란 피험자들이 참여를 결정하는 것과 관련된 시험의 모든 사항에 관한 정보를 제공받은 후 자유롭게, 구체적이며 명확하게, 그리고 자발적으로 특정 현실 세계 조건에서의 테스트에 참여한다는 의사를 표시하는 것을 말한다(§3(59)).

4. AI법과 관련한 주요 조직

AI법에 관여하는 조직은 EU집행위원회를 중심으로 AI사무국(AI Office), 국가관할당국(national competent authority), 유럽AI위원회(European Artificial Intelligence Board), 자문포럼(Advisory forum), 독립 전문가로 구성된 과학패널(Scientific panel of independent experts), 적합성 평가와 관련한 통보당국(notifying authority), 적합성 평가기관(conformity assessment body) 또는 피통보기관(notified body) 등 다양하지만, 제3조에 규정된 용어 중심으로 개념을 설명하면 다음과 같다.

'통보당국'이란 적합성 평가기관의 평가, 지정 및 통보와 모니터링을 위해 필요한 절차를 설정하고 수행할 책임이 있는 국가 당국을 의미한다(§3(19)). '적합성 평가기관'이란 시험, 인증, 검사 등을 포함하여 제3자 적합성 평가활동을 수행하는 기관을 의미한다(§3(21)). 여기에서 '적합성 평가(conformity assess-ment)'란 고위험 AI 시스템과 관련하여 제3장 제2절에 명시된 요건이 충족되었는지 여부를 입증하는 절차를 의미한다(§3(20)). '피통보기관'이란 AI법 및 기타 관련 EU조화법에 따라 통보받은 적합성 평가기관을 의미한다(§3(22)).

'AI사무국'이란 2024. 1. 24. EU집행위원회 결정에 의해 규정된 AI 시스템과 범용 AI 모델 및 AI 거버넌스의 구현, 감시 및 감독을 수행하는 EU집행위원회의 기능을 의미하며, AI법에서 AI사무국에 대한 언급은 EU집행위원회에 대한 언급으로 간주된다(§3(47)).

'국가관할당국'은 통보당국 또는 시장감시당국을 의미하며, EU 기구, 청, 사무소 및 기관이 서비스 공급하거나 이용하는 AI 시스템과 관련하여 AI법에서 국가관할당국 또는 시장감시당국에 대한 언급은 유럽데이터보호감독관(European Data Protection Supervisor)에 대한 언급으로 간주한다(§3(48)).

5. 개인정보 관련 용어

AI법은 개인정보(personal data)나 프로파일링(profiling) 개념정의는 일반개인정보보호법(GDPR)에서 정의한 개념을 그대로 따른다((§3(50), (52)). 다만, AI 규제 샌드박스를 위하여 GDPR에는 없는 '비개인정보(non-personal data)'에 대한 개념을 규정하면서, GDPR 제4조 제1호에 정의된 개인정보 이외의 정보를 말하는 것으로 정의하였다(§3(51)).

V. AI 리터러시

AI법은 AI 리터러시를 총칙 제4조에 규정하면서 그 중요성을 강조한다. 즉, AI법은 AI 시스템의 공급자와 배포자는 직원 및 자신을 대신하여 기타 AI 시스템의 운영과 이용을 담당하는 사람의 기술적인 지식, 경험, 교육 및 훈련, AI 시스템이 이용되는 맥락을 고려하고 AI 시스템을 이용할 사람이나 집단을 고려하여 충분한 수준의 AI 리터러시를 최대한 보장하기 위한 조치를 취하도록 규정한다(§4). 'AI 리터러시(AI Literacy)'란 AI법의 맥락에서 공급자, 배포자 및 영향을 받는 사람이 각자의 권리와 의무를 고려하고 정보에 입각하여 AI 시스템을 배포할 수 있도록 하고, AI의 기회와 위험, 발생할 수 있는 피해에 대해 인식할 수 있도록 하는 기술, 지식 및 이해를 의미한다(§3(56)). AI 리터러시를 통하여 공급자, 배포자 및 영향을 받는 자는 기본권, 건강 및 안전을 보호하면서 AI 시스템으로부터 최대의 이익을 얻고 민주적 통제를 가능하게 하기 위하여 AI 시스템에 관한 정보에 입각한 결정을 내리는 데 필요한 개념을 제공받게 된다(Recital 20). 또한 EU집행위원회와 회원국은 관련 이해당사자와 협력하여 AI의 개발, 운영 및 사용을 다루는 사람들 간에 AI 리터러시를 증진시키기 위한 자발적 행동 규약의 마련을 촉진해야 한다(Recital 20).

금지되는 AI 업무

I. 개요

1. 입법경과

금지되는 AI 활용(AI practices)은 AI법의 위험기반 규제 체계 중 가장 높은 수위의 규제로서, 예외 사유에 해당되지 않는 한 시장 출시, 서비스 공급, 이용 등 그 활용 자체가 금지되며 위반시 가장 높은 수준의 과징금이 부과될 수 있다. 당초 EU집행위원회의 원안에서는 금지되는 AI 시스템의 활용 유형이 4개로 제시되었고 EU이사회의 수정안 역시 금지 대상의 범위 측면에서 EU집행위원회의 입장과 크게 다르지 않았다. 반면 전통적으로 기본권 보호를 중시하는 입장을 취해온 유럽의회는 4개의 금지 유형을 추가하는 수정안을 제시하였고, 최종안 타결을 위한 EU집행위원회, EU이사회와의 3자 협의(trilogue) 과정에서 EU의회의 입장에 가까운 방안으로 금지 규정인 제5조가 확정되었다. 그에 따라 EU의회가 추가로 제안한 범죄 예측, 생체인식 분류, 감정 추론, 안면인식 데이터베이스와 관련된 AI 시스템의 활용이 최종적으로 금지 대상에 포함되었다.

2. 금지되는 AI 활용의 성격과 유형

AI법은 특정 유형의 AI 시스템이 조작적이고 착취적 성격을 지닐 뿐 아니라 사회통제 수단으로 기능할 수 있는 새로운 유형의 강력한 도구로 오용될 위험이 있다고 판단하여 금지하는 입장을 취한다(Recital 28). 그러한 유형의 AI 시스템은 인간의 존엄성, 자유평등, 민주주의의 가치뿐 아니라 차별금지, 정보보호, 사생활 보호, 아동권 등 기본권을 중시하는 EU의 가치에 상충되기 때문에 금지가 필요하다는 것이 그 입법취지이다(Recital 28).

AI법은 8개 유형의 AI 활용을 금지 대상으로 정하고 있는데, 이들 8개 유형을 각각의 공통점에 따라 분류해 보면 크게 3개의 범주로 구분될 수 있다. 첫번째 범주는 인간의 의사결정을 왜곡하는 유형이다. 인간의 잠재의식을 이용하거나 조작·기만적인 기법으로 의사결정 능력을 저해하는 AI 시스템(§5①(a)) 및 특정 개인·집단의 취약점을 악용하여 의사결정을 왜곡하는 AI 시스템(§5①(b))이 이에 해당된다고 볼 수 있다. 두 번째 범주는 개인·집단에 대해 불합

금지되는 AI 활용의 유형

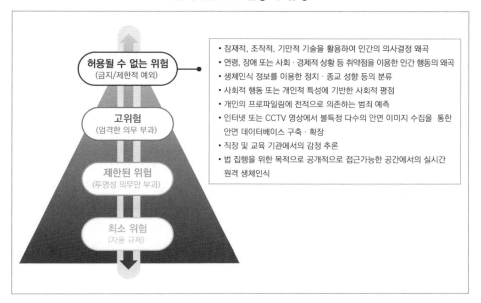

리한 사회적 차별을 초래할 우려가 있는 유형이다. 사회적 평점을 산정하는 AI 시스템(§5①(c)), 프로파일링을 통해 범죄 발생 가능성을 예측하는 AI 시스템(§5①(d)), 직장·교육기관에서 인간의 감정을 추론하는 AI 시스템(§5①(f)), 생체인식 정보에 따라 개인·집단을 특정 범주로 분류하는 AI 시스템(§5①(g)) 등 4개 유형이 사회적 차별이 우려되는 유형으로 분류될 수 있다. 마지막 범주는 개인 정보의 방대한 침해 및 국가에 의한 대중 감시가 우려되는 유형이다. 안면인식 데이터베이스를 구축·확장하는 AI 시스템(§5①(e)), 그리고 법 집행을 위한 공개적으로 접근가능한 공간에서의 실시간 원격 생체인식 식별 AI 시스템(§5①(h))을 포함하는 범주이다. 이하에서는 각 범주와 유형별로 금지되는 AI 활용의 취지, 요건, 예외 사유 등에 대해 보다 구체적으로 소개한다.

Ⅱ. 인간의 의사결정을 왜곡하는 유형

1. 잠재의식 및 조작·기만적 기법을 이용한 의사결정의 왜곡(제5조 제1항 (a))

금지되는 AI 시스템 활용의 첫 번째 범주는 인간의 의사결정과 행동을 왜곡하여 자율성과 자유로운 의사결정 및 선택을 저해할 위험이 있는 2개 유형의 AI 시스템이다. 그 대표적인 유형은 인간의 의식적 영역을 넘어선 잠재의식을 이용한 기법(subliminal techniques) 또는 의도적으로 조작·기만적 기법(manipulative or deceptive techniques)을 이용하여 인간의 의사결정을 왜곡하는 AI 시스템의 활용(시장 출시, 서비스 공급, 이용)이다(§5①(a)). 금지 대상이 되기 위해서는 잠재의식을 이용하거나 조작·기만적 성격의 기법을 이용하는 것만으로는 충분하지 않으며, '인간의 행동을 실질적으로 왜곡시킬 것'(materially distorting the behaviour)이 요구된다. AI 시스템의 기법으로 인해 충분한 정보에 기반한 결정(informed decision)을 내릴 수 있는 개인의 능력이 상당히 저하(appreciably im-pairing)되어, 그 결과 AI 시스템이 아니었다면 내리지 않았을 결정을 내리게 되어 결과적으로 해당 개인, 타인 또는 집단에 중대한 피해를 초래하거나 초래할 우려가 있을 경우 금지 대상이 된다(§5①(a)).

'잠재의식을 이용한 기법'은 인간이 인지(perceive)할 수 없는 시각, 청각적 자극을 이용하여 개인의 왜곡된 의사결정과 행동에 영향을 미치는 기법을 의미하며, '조작·기만적 기법'은 인간이 의식하지 못하거나(not consciously aware of) 의식할 수 있더라도 기만당하거나 통제·거부를 어렵게 만드는 기법을 말한다(Recital 29). 이러한 AI 시스템 활용의 예로는, 인간의 두뇌-기계 간 인터페이스(machine-brain interface), 가상현실(virtual reality) 등 인간이 수용하고 인지하게 되는 외부 자극(stimuli)의 양과 내용을 통제할 수 있는 AI 시스템이 제시된다(Recital 29). 인간의 의사결정과 행동은 두뇌가 인지하는 정보와 자극에 따라 영향을 받게 된다는 점에서, 의식적 또는 무의식적 차원에서 두뇌가 받아들이는 자극의 양과 내용을 AI 시스템이 통제할 수 있게 되면 중대한 의사결정의 왜곡이 발생할 수 있을 것이다. 다만 무의식이나 의식 조작을 이용한 정신질환에 대한 심리치료, 신체 재활(physical rehabilitation) 등 관련 의료법령에 따라 환자의 동의를 얻어 수행되는 합법적인 의료행위, 관련 법령을 준수한 광고와 같이 적법하게 행해지는 일상적 상관행(common and legitimate commercial practices)은 금지되는 것으로 해석되지 않는다는 점에 주목할 필요가 있다(Recital 29).

2. 개인·집단의 취약점을 악용한 행동의 왜곡(제5조 제1항 (b))

의사결정 왜곡의 두 번째 유형은 개인·집단의 취약점(vulnerabilities)을 이용하는 AI 시스템의 활용이다. 연령, 장애 또는 특정 사회·경제적 상황(specific social or economic situation)으로 인한 개인·집단의 취약점을 악용(exploit)하는 방식으로 해당 개인 또는 집단 구성원의 행동을 실질적으로 왜곡하여, 그 결과 해당 개인 또는 타인에 중대한 피해를 초래하거나 초래할 우려가 있을 경우 금지된다(§5①(b)). 앞서 잠재의식·조작·기만적 기법을 이용한 AI 시스템이 일반적으로 인간의 의사결정과 행동을 왜곡하여 피해를 유발하는 유형이라면, 이 유형은 특별히 인간의 의식을 조작 또는 기만하지 않더라도 사회·경제적 취약계층의 약점을 이용한다는 점에서 차이를 나타낸다.

고령자, 미성년자, 장애인 등 대표적인 취약계층 외에, '사회·경제적 상황'에 따른 취약점은 극빈층(persons living in extreme poverty), 소수 민족·교파(ethnic or religious minorities) 등 개인을 경제적 착취에 취약하게 놓이도록 하는 모든 상황을 의미하며, 이러한 유형의 착취는 성격상 그 피해가 장기간 누적될 위험이 있기에 금지될 필요성이 있다는 것이 입법취지이다(Recital 29). 특히 취약계층의 약점을 악용하는 유형은 사업자와 소비자 간 불공정한 거래 관행에 관한 EC 지침(Directive (EC) 2005/29)을 보완하는 내용으로, 해당 지침이 AI 시스템의 활용과 관계없이 일반적으로 사업자의 소비자에 대한 정보 격차와 우월적 지위를 이용한 불공정거래를 규율하는 내용이라는 점에서, 소비자 보호 측면에서 기존 EU 법제를 보완하는 역할을 할 것으로 보인다.

Ⅲ. 개인·집단에 대한 사회적 차별을 초래하는 유형

1. 사회적 평점 시스템(제5조 제1항 (c))

두 번째 금지 대상 범주는 개인·집단에 대해 부당한 사회적 차별을 초래할 수 있는 AI 시스템의 활용인데, 4개 유형의 AI 시스템이 이에 해당될 수 있다. 그중 첫 번째는, 자연인의 행동을 기반으로 하여 해당 개인의 사회적 평점(social score)을 산정하는 AI 시스템이다. 민간·공공기관 등 그 활용 주체에 관계없이 사회적 행동을 점수화하는 시스템은 특정 집단을 배제시키는 등 차별적 결과를 야기할 소지가 있으며, 그에 따라 인간의 존엄성과 평등·정의의 가치를 훼손할 우려가 있기에 엄격히 금지된다(Recital 31).

AI법에서 금지되는 사회적 평점 시스템의 활용은, 개인의 사회적 행동 또는 성격·특성을 기반으로 평가·분류하여 산정되는 사회적 평점을 통해 특정 개인에게 불리하거나 불이익이 되는 대우(detrimental or unfavourable treatment)가 가해지는 경우이다(§5①(c)). 구체적으로는, 개인의 사회적 행동(social be-haviours) 또는 인지, 추론, 예측을 통해 파악된 개인적·성격적 특성(personal or personality characteristics)에 대한 일정 기간 동안의 평가·판단을 근거로 하여 사회적 평점을 산정하는 AI 시스템의 활용을 금지 요건으로 한다. 다만 AI법에서는 사회적 평점의 근거가 되는 '사회적 행동'에 대한 개념이 정의되고 있지 않기 때문에, 구체적으로 개인의 다양한 사회활동 중 어떤 부분이 평가요소로서 금지되고 어떤 부분은 허용될 수 있는지에 대해서는 후속 입법에 맡겨질 것으로 보인다.

한편 AI법이 AI를 활용한 모든 종류의 사회적 평점 시스템 자체를 전면금지하고 있는 것은 아니다. 상기 요건 외에, 평가와 그 근거 데이터 간에 관련성이 없거나, 평가의 근거가 되는 사회적 행동과 평가에 따른 대우 간 비례성이 결여되는 등, 두 가지 추가적 요건 중 하나 이상에 해당될 경우에 금지 대상이 된다. 첫 번째는 평가·분류의 근거가 되는 데이터가 생성 또는 수집된 맥락과 관련이 없는 사회적 맥락에서 특정 개인·집단에 대해 불리하거나 불이익이 되는 대우를 하는 경우이다(§5①(c)(i)). 다음으로는, 평가의 근거가 되는 개인의 사회적 행동이나 해당 행위의 심각성(gravity)에 비례하지 않거나, 그에 비추어 정당화되지 않아(disproportionate or unjustified) 불리하거나 불이익이 되는 대우를 하는 경우이다(§5①(c)(ii)).

2. 범죄 징후의 평가·예측 시스템(제5조 제1항 (d))

1) 금지의 취지, 요건 및 예외사유

AI 시스템이 개인의 범죄 발생 또는 재범 가능성을 판단할 경우, 학습데이터의 편향성과 AI 모델의 오판에 따라 특정 개인 또는 통계적으로 높은 범죄 발생률을 보이는 특정 집단의 구성원이 받게 될 기본권 침해(인신구속, 범죄기록으로 인한 사회적 불이익 등)의 우려는 매우 중대하다. 그에 따라, 이 법은 개인적·성격적 특성(personality traits or characteristics) 또는 프로파일링에 전적으로 의존하여 개인의 범죄 발생 가능성을 AI 시스템이 평가·예측하는 위험평가 시스템의 활용을 금지하고 있다(§5①(d)). '개인적·성격적 특성'의 유형과 범위는 매우 광범위하겠지만, 국적, 출생지, 거주지, 채무 수준뿐 아니라 자녀의 수, 소유 차종(type of car) 등도 포함될 수 있다(Recital 42).

무죄 추정의 원칙에 따라 개인은 자신이 실제로 저지른 행동(actual behav-oiur)에 근거하여 범죄 여부를 판단받아야 하며, 범죄에 연루되었다는 합리적 의심을 뒷받침할 증거에 기반한 인간의 평가 없이 개인의 성격·특성에 관한 정보만으로 실제 또는 잠재적 범죄 징후에 대한 판단이 이루어져서는 안 된다(Recital 42). 다만 AI 시스템이 개인의 성격·특성 등을 분석하는 프로파일링에 완전히 의존하는 범죄 징후 평가예측이 아닌 경우에는, 형사 집행 시스템의 효율성 제고 차원에서 이 법에서도 예외를 허용하고 있다. 범죄행위와 직접 관련된 객관적이고 검증가능한 사실(objective and verifiable facts)에 근거하여 인간이 범죄 연루 가능성을 평가하고, AI 시스템은 이를 보조하는 경우에는 금지되지 않는다(§5①(d)).

2) 국내 참고 사례: 법무부의 '범죄 징후 예측 시스템'

우리나라에서도 2019년부터 법무부가 '범죄 징후 예측 시스템'을 운용하고 있는데, 그 법적 근거에 대해서는 학계와 실무에서 다양한 논의가 이루어지고 있는 상황이다. '범죄 징후 예측 시스템'은 살인·강도·성범죄 등 특정 범죄의 경우 유사 패턴의 재범률이 높다는 점을 고려하여, 전자발찌 피부착자의 재범에 영향을 미치는 요인들을 종합적으로 분석, 이상 징후 발생시 이를 사전에 탐지해 보호관찰관에게 알려주는 시스템이다.

법무부는 해당 시스템의 법적 근거로「전자장치 부착 등에 관한 법률」제1조 및 제15조,「보호관찰 등에 관한 법률」제33조 등을 제시한 바 있다. 이에 대해 학계 일각에서는 단순히 위치정보뿐 아니라 다양한 정보를 분석하여 재범 가능성을 예측하는 범죄 징후 예측 시스템은 전자파를 발신·추적하여 위치를 확인하고 이동경로를 탐지하는 '위치추적 전자장치'와는 다르며, 그에 따라 제한되는 기본권 역시 더욱 클 수 있다는 의견을 제시하고 있다.

✪ 법무부 '범죄 징후 예측 시스템'의 법적 근거 관련 법률

「전자장치 부착 등에 관한 법률」

제1조(목적) 이 법은 수사·재판·집행 등 형사사법 절차에서 전자장치를 효율적으로 활용하여 불구속재판을 확대하고, 범죄인의 사회복귀를 촉진하며, 범죄로부터 국민을 보호함을 목적으로 한다.

제2조(정의) 4. "위치추적 전자장치(이하 "전자장치"라 한다)"란 전자파를 발신하고 추적하는 원리를 이용하여 위치를 확인하거나 이동경로를 탐지하는 일련의 기계적 설비로서 대통령령으로 정하는 것을 말한다.

「보호관찰 등에 관한 법률」

제33조(지도·감독) ① 보호관찰관은 보호관찰 대상자의 재범을 방지하고 건전한 사회 복귀를 촉진하기 위하여 필요한 지도·감독을 한다.

② 제1항의 지도·감독 방법은 다음 각 호와 같다.

1. 보호관찰 대상자와 긴밀한 접촉을 가지고 항상 그 행동 및 환경 등을 관찰하는 것
2. 보호관찰 대상자에게 제32조의 준수사항을 이행하기에 적절한 지시를 하는 것
3. 보호관찰 대상자의 건전한 사회 복귀를 위하여 필요한 조치를 하는 것

3. 직장·교육기관에서의 감정 추론 시스템(제5조 제1항 (f))

AI 시스템은 개인의 표정, 안구, 입 모양 등의 변화를 종합적으로 분석하여 특정인이 현재 어떤 감정 상태에 있는지를 판단하는 감정 추론 목적으로도 활용될 수 있다. AI법은 '감정 추론 시스템'이 아닌 '감정 인식 시스템'(emotion recognition systems)에 대해서만 정의하고 있는데, "생체인식 정보에 기반하여 자연인의 감정 또는 의도를 식별(identify) 또는 추론(infer)하기 위한 AI 시스템"으로 그 개념이 정의된다(§3(39)). 즉 AI법상 인간의 감정을 추론하는 AI 시스템은 감정 인식 시스템으로 이해되는데, 그중 직장·교육기관에서의 감정 추론은 엄격하게 금지되는 반면(§5①(f)), 그 외의 감정 인식 시스템은 부속서 Ⅲ에 따라 고위험 AI 시스템으로 분류된다는 점에서 차이를 나타낸다.

인간의 감정 표현은 동일한 표정과 몸짓이라 하더라도 그 문화적, 상황적 맥락에 따라 다르게 해석될 수 있으며 동일 문화권 내에서도 개인 간 편차가 존재하기 때문에, 생체인식 정보에 근거해 개인의 감정상태를 추론하는 것은 그 과학적 근거와 신뢰성에 적지 않은 우려가 제기된다(Recital 44). 특히 직장·교육기관의 경우 권력관계(imbalance of power)가 존재하는 곳이라는 점에서, 감정 추론이 개인에 대한 평가·판단의 수단으로 이용될 경우 자칫 개인이나 특정 집단이 승진, 해고, 평가 등에 있어 차별 및 부당한 피해를 입을 우려가 크다고 볼 수 있어, 다른 기관과 달리 AI 시스템을 통한 감정 추론을 금지할 필요성이 인정된다(Recital 44). 단, 치료(therapeutical use) 등 의료상의 안전 목적(medical safety reasons)을 위해 AI 시스템을 통한 감정 추론이 이용되는 경우 엄격하게 제한된 범위에서 활용되는 것을 전제로 예외적으로 허용하고 있다(§5①(f)).

4. 생체인식 분류 시스템(제5조 재1항 (g))

'생체인식 분류 시스템'(biometric categorization system)은 생체인식 정보를 기반으로 자연인을 특정 범주로 배정 또는 분류하는 시스템을 의미한다(§3(40)). 감정 인식 시스템과 마찬가지로 AI법이 얼굴, 홍채, 지문, 음성 등 생체인식 정보를 통한 자연인의 분류에 AI 시스템을 활용하는 자체를 금지하고 있지는 않지만, 사회적 차별의 소지가 큰 일부 범주로의 분류는 금지된다. 즉, 생체인식 정보를 이용해 개인의 인종, 정치적 견해, 노조 가입 여부(trade union membership), 종교·철학적 신념, 성생활, 성적 지향 등을 도출하는 AI 시스템의 활용이 금지 대상이다(§5①(g)). 다만 상기 금지되는 분류 기준에 해당되지 않는 민족·유전·건강정보 등은 법문 해석상 허용되는 생체인식 분류로 볼 수 있는데, 이러한 기준들은 상대적으로 생체인식 정보와의 관련성이 높기 때문인 것으로 여겨진다.

생체인식 분류 시스템은 8개의 금지 유형 중에서도 특히 광범위한 예외 사유를 인정하고 있는 유형 중 하나이다. 우선 정의 개념에서 이미 상업적 서비스에 부수적으로 활용되는 경우를 제외하고 있다. 다른 상업적 서비스를 제공하기 위해 부수적으로 활용(ancillary to another commercial service)되는 생체인식 분류로서 객관적이고 기술적인 근거에 따라 엄격히 필요한 범위 내(strictly necessary)로 이루어지는 경우는 생체인식 분류 시스템의 정의에서 제외되어, 사실상 예외 사유와 같은 기능을 하고 있다(§3(40)). 추가적으로 금지 규정에서는 법 집행 및 데이터세트의 가공 등 2개의 예외 사유를 인정하고 있다. 법 집행을 위한 예외는 개인의 안구, 머리색 등을 기준으로 한 이미지 분류(sorting of images)로, 범죄 용의자의 효과적인 수사·체포 등에 활용 필요성이 인정되는 것으로 보인다(Recital 30). 데이터세트 가공을 위한 예외는 적법하게 수집된 생체인식 정보에 기반한 데이터세트의 라벨링 및 필터링(labeling and filtering) 과정에서 발생하는 생체인식 분류로, 차별의 목적이 아닌 데이터 가공을 위해 수반되는 과정이라는 점에서 허용되는 것으로 이해된다.

IV. 개인정보 침해 및 국가의 대중 감시가 우려되는 유형

1. 안면인식 데이터베이스의 구축·확장(제5조 제1항 (e))

금지되는 마지막 범주는 AI 시스템의 활용이 개인정보를 과도하게 침해하거나 국가기관 등의 대중에 대한 광범위한 감시수단으로 이용되어 기본권 침해 우려가 큰 유형으로 분류될 수 있다. 불특정 다수의 대중이 AI 시스템의 개인정보 수집 또는 사생활 파악에 무작위로 노출될 경우 이러한 위험이 커진다고 볼 수 있는데, 그 대표적인 유형 중 하나는 안면인식 데이터베이스(facial rec-ognition database)이다. 인터넷 또는 CCTV 화면으로부터 불특정 다수의 안면 이미지를 수집(untargeted scrapping of facial images)하여 안면인식 데이터베이스를 구축·확장하는 AI 시스템의 활용은 금지된다(§5①(e)).

불특정 다수를 대상으로 한 무작위의 안면인식 정보 수집 및 데이터베이스화는 정부의 대중 감시(mass surveillance) 우려를 증대시키며, 사생활 보호 등 기본권에 대한 중대한 침해 소지가 있어 금지될 필요성이 있다는 것이 입법취지이다(Recital 43). 참고로, 우리나라 「개인정보 보호법」상 안면인식 정보는 "개인의 신체적, 생리적, 행동적 특징에 관한 정보로서 특정 개인을 알아볼 목적으로 일정한 기술적 수단을 통해 생성"되는 '민감정보' 유형 중 하나로, 공개된 장소에서 CCTV를 통해 수집될 수는 있으나 정보주체의 동의 없이 데이터베이스 구축에 활용될 수는 없다.

2. 공개적으로 접근가능한 공간에서 법 집행 목적의 실시간 원격 생체인식 식별 시스템(제5조 제1항 (h))

1) 금지되는 취지 및 요건

공개적으로 접근가능한 공간에서 법 집행 목적의 실시간 원격 생체인식 식별을 위한 AI 시스템의 활용은 3자 협의 기간 동안 가장 치열한 논의가 이루어진 주제 중 하나였다. CCTV 등의 감시카메라를 이용해 생체인식 정보(biometric data)를 포착(capturing)한 후 사후적으로 범죄 용의자 등 특정인의 신원을 데이터베이스 내 저장된 생체인식 정보와 비교·대조하는 방식은 이미 많은 국가들이 효과적인 범죄수사·체포 활동 목적으로 활용하고 있다. 이 법에서 금지되는 실시간 원격 생체인식 식별 시스템과의 근본적인 차이는 생체인식 정보의 비교를 통한 특정인의 식별이 '실시간'으로 이루어진다는 점에 있다. 이하에서는 금지 유형의 개념과 요건에 대해 먼저 구체적으로 살펴본 후, 이러한 AI 시스템의 활용을 금지하는 입법취지에 대해 소개한다.

우선 핵심 개념인 '원격 생체인식 식별 시스템'(remote biometric identification system)은 특정 자연인의 생체인식 정보와 참조 데이터베이스에 포함된 해당인의 생체인식 정보 간 비교를 통해, 그 현장이 아닌 원거리에서 해당 개인의 적극적인 관여 없이도 특정인의 신원을 식별할 수 있도록 하는 시스템을 의미한다(§3(41)). 또한 '법 집행'(law enforcement)은 법 집행당국 등이 범죄의 예방·수사·탐지·기소 또는 형사처벌의 집행을 위해 수행하는 모든 활동을 총칭하는데, 공공안전에 대한 위협으로부터의 보호 및 예방 활동을 포함하는 넓은 개념이다(§3(46)). '공개적으로 접근가능한 공간'(publicly accessible space)은 불특정 다수가 접근할 수 있는 민간 또는 공공 소유의 물리적 공간으로, 그 출입조건, 수용인원 등의 제약이 어떠한지는 불문한다(§3(44)). 마지막으로 가장 중요한 요건 중 하나인 '실시간'(real-time)은 생체인식 정보의 포착, 참조 데이터베이스 내 정보와의 비교, 그리고 특정인의 식별까지 과정이 상당한 시간 지연 없이(without a significant delay) 완료됨을 의미한다(§3(42)). '실시간'의 개념을 모든 과정이 즉각적으로(instant) 완료되는 경우로 엄격히 제한하지 않고 단기간의 제한된 지연(limited shot delays)이 이루어지는 경우까지 포함하고 있는데 (§3(42)), 이는 실시간 요건을 너무 엄격하게 적용할 경우 근소한 시차를 두는 방식으로 규제 회피를 할 우려가 있기에 이를 방지하기 위한 취지로 보인다.

법 집행을 위한 공개적으로 접근가능한 공간에서의 실시간 원격 생체인식 식별은 실시간으로 개인의 동선과 소재 파악을 가능하게 하여 대규모의 정부 감시(mass surveillance)와 인권 제약 수단이 될 수 있다는 점에서 금지되는 것으로 볼 수 있다. 공개적으로 접근가능한 공간 모두가 대상이 된다는 점에서 다수 국민의 사생활이 정부의 지속적인 감시하에 높인다는 불안감(feeling of constant surveillance)을 조장할 수 있으며, 이는 집회의 자유뿐 아니라 다른 기본권의 행사까지 직·간접적으로 제약할 수 있게 된다(Recital 32). 또한, 다른 금지 유형과 마찬가지로 기술적 부정확성이 문제될 경우 인종·성별·장애 등에 따른 편향된 결과로 사회적 차별이 심화될 우려를 간과하기 어렵다(Recital 32). 마지막으로, '실시간'으로 작동되는 시스템 특성상 오류·사고로 인한 부정적 영향이 즉시 나타나는 한편, 이를 확인하여 시정할 수 있는 기회는 제한적이라는 점에서, '사후적' 원격 생체인식 식별 시스템(post remote biometric identification system)보다 그 폐해가 크다고 볼 수 있다(Recital 32). '공개적으로 접근가능한 공간', '실시간' 등 장소와 시간 개념을 넓게 규정하여 금지 범위를 확대하는 방향의 입법이 이루어진 취지는 이러한 높은 수준의 기본권 침해 우려에 근거한 것으로 보인다. 그러나 한편으로, 효율적인 법 집행을 위한 개인의 소재 파악 등 공익적 관점에서 원격 생체인식 식별 시스템이 필요한 경우 또한 존재하기에 AI법에서는 전면 금지 대신 예외를 열어두고 있다.

2) 예외 사유

실시간 원격 생체인식 시스템은 중대한 기본권 침해 소지에도 불구하고 범죄 피해자의 수색, 용의자의 수사·체포 등 상당한 공익적 목적(substantial public interest) 달성을 위해 활용되어야 할 필요성 또한 적지 않기 때문에, 공익적 목적과 그 폐해 간의 비교형량이 필요하다(Recital 33). AI법은 일정한 목적의 법 집행에 대해 상당한 공익적 목적이 기본권 침해 우려보다 큰 것으로 보아 AI 시스템의 활용을 예외적으로 허용해 주고 있다.

첫 번째는 납치, 인신매매 등의 범죄에 대한 희생자 또는 실종자를 수색하기 위한 경우이다. 두 번째 사유는 개인의 생명 또는 신체적 안전에 대한 구체적이고 상당하며 급박한 위험(specific, substantial, and immediate threat)을 방지하기 위한 경우인데, 제3조 제62항에 정의된 '중요 인프라'의 중대한 마비(serious disruption of critical infrastructure)가 그 대표적인 예가 될 수 있다(Recital 33). 세 번째 예외 사유는 현존 또는 예측가능한 테러 공격의 방지이며, 마지막 사유는 부속서 Ⅱ에 열거된 범죄 유형의 수사, 기소, 형 집행을 위한 AI 시스템의 활용이다. 부속서 Ⅱ에 열거된 범죄 유형은 살인, 중상해, 테러, 무기·마약밀매, 항공기·선박탈취 등 중대성이 큰 범죄인데, 그중 국내법상 4년 이상의 징역형 부과 대상인 중범죄로 한정된다.

3) 기본권 보호를 위한 안전장치

상당한 공익적 목적을 달성하기 위한 상기 사유에 해당되어 예외적으로 실시간 원격 생체인식 시스템을 활용하는 경우라 하더라도, 기본권 침해 우려를 경감하기 위한 의무의 준수가 요구된다. 우선 시스템 이용의 선결적 요건으로, 해당 시스템을 이용하지 않을 경우 발생할 피해와 이용할 경우 침해되는 개인의 자유·권리의 중대성, 발생 가능성, 피해 규모를 종합적으로 고려해야 한다 (§5②). 비교형량을 통해 AI 시스템 이용의 필요성이 기본권 침해 우려보다 크다고 판단되더라도 곧바로 이용해서는 안 되며, 매 이용시마다 회원국의 사법당국 또는 독립 행정당국에 그 사유를 기재한 신청서(reasoned request)를 제출하여 사전승인(prior authorisation)을 받아야 한다(§5③). 단, 충분한 정당성이 인정되는 긴급상황(duly justified situation of urgency)의 경우 필요 최소한의 범위 내에서 이용하는 조건으로 사후 승인이 허용되나, 사전승인을 구할 수 없었던 정당한 근거를 지체 없이(최대 48시간 이내) 소명해야 한다(§5③). 사법당국 등의 승인이 거부된 경우에는 실시간 원격 생체인식 시스템의 이용을 즉시 중단하고, 이용 과정에서 수집된 입력데이터 및 결과물과 산출물을 모두 삭제·폐기해야 한다(§5③). 특히 실시간 원격 생체인식 시스템이 내린 결과만으로 개인에게 불리한 법적 효과를 초래하는 결정을 내릴 수 없다는 점(§5③)도 기본권 보호 측면에서 주목할 부분이다.

한편 실시간 원격 생체인식 시스템의 활용은 어디까지나 예외적인 경우에만 허용되는 것을 전제로 하기에, 그 이용 내역은 회원국 시장감시당국 및 개인정보보호당국에 통지되어야 하며, 다만 '민감한 작전 데이터'(sensitive operational data)는 통지 내용에서 제외하도록 한다(§5④). '민감한 작전 데이터'는 형사범죄의 예방, 적발, 수사, 기소 활동과 관련된 작전정보로서 공개될 경우 형사절차의 근간(integrity of criminal proceedings)을 훼손할 수 있는 정보로 정의되는데(§3(38)), 사업자의 영업비밀을 유지하는 것과 유사한 맥락에서 이러한 정보의 공개를 제한하는 것은 타당성이 인정될 수 있을 것이다. 회원국의 시장감시당국 및 개인정보보호당국은 이러한 통지 내역을 기초로 사법기관 또는 독립 행정당국이 실시간 원격 생체인식 시스템의 이용을 승인한 사례의 수와 결과 등을 포함한 연차보고서를 EU집행위원회에 제출해야 한다(§5⑥).

제 3 장

고위험 AI 시스템

제1절 고위험 AI 시스템의 분류

Ⅰ. 개요

AI법은, AI 시스템에 대한 비례적이고 효과적이며 구속력 있는 기준 마련을 위해 '위험기반 접근 방식'을 따르면서 EU법에 의해 인정되고 보호되는 중요한 공공이익에 용납할 수 없는 위험(피해의 발생 확률 및 그 정도의 조합을 의미한다. §3(2)), 즉 건강이나 안전, 기본권과 같은 중요한 영역에 중대한 해로운 영향을 미칠 가능성이 있는 AI 시스템을 '고위험'으로 분류하고 있다(Recital 26, 46). 이러한 고위험 AI 시스템의 경우, 특정 요건을 갖춘 경우에만 EU시장에 출시하거나 서비스 공급될 수 있도록 하면서 건강, 안전, 기본권과 관련하여 일관되고 높은 수준의 보호를 꾀하고 있다(Recital 7). 이와 같이 고위험 AI 시스템으로 분류되는 내용을 살펴보면 다음과 같다.

Ⅱ. 제1유형 고위험 AI 시스템 – 특정 제품의 안전 구성요소 또는 특정 제품 그 자체

1. 의의 및 간주 요건(제6조 제1항)

예를 들어 기계, 장난감, 승강기, 폭발 가능 환경에서 사용하기 위한 장비 및 보호 시스템, 무선 장비, 압력 장비, 레저용 선박 장비, 케이블카 설비, 가스 연료를 연소하는 기기, 의료기기, 체외 진단 의료기기, 자동차 및 항공기 등과 같이 사람의 건강과 안전에 영향을 미칠 수 있는 제품들에 대해서는, EU는 그 안전성 등을 보장하고 그 위험성 등을 예방하고 방지하기 위해 위 제품들을 규율대상으로 한 EU조화법들(부속서 Ⅰ에 열거된 EU조화법)을 마련해 두고 있다.

이와 같은 연장선상에서, AI 시스템이 ① 사람의 건강과 안전에 영향을 미칠 수 있는 관련 제품의 안전 구성요소(safety component)이거나 안전 구성요소로 작동하는 경우, ② 혹은 위 제품 그 자체일 경우에는, 그 작동 오류 등의 문제가 발생하게 되면 다른 AI 시스템의 경우보다 사람의 건강과 안전에 보다 직접적으로 부정적 영향을 미칠 가능성이 있고(Recital 47), 따라서 이를 특별한 규율대상으로 삼을 필요가 있다.

이에 AI법은, AI 시스템이 특정 제품(부속서 Ⅰ에 열거된 EU조화법의 적용을 받는 제품)의 안전 구성요소이거나 또는 안전 구성요소로 이용되거나, AI 시스템 그 자체가 위 특정 제품인 경우로서, 위 제품이 시장 출시나 서비스 공급을 위해 부속서 Ⅰ에 열거된 EU조화법상 제3자 적합성 평가(third-party conformity assessment) 대상이 되는 경우에는, 해당 AI 시스템을 고위험 AI 시스템으로 간주하고 있다(§6①).

다만 주의할 것은, 위와 같은 AI 시스템이 특정 제품의 안전 구성요소이거나 또는 안전 구성요소로 이용되거나 그 자체가 특정 제품인 경우에 해당하여 고위험 AI 시스템으로 간주된다고 해서, 해당 제품이 해당 제품에 적용되는 관련 EU조화법(즉 부속서 Ⅰ에 열거된 EU조화법)에서도 고위험으로 간주됨을 의미하는 것은 아니라는 점이다(Recital 51). 즉 해당 고위험 AI 시스템과 관련된 제품이라도 관련 EU조화법상으로는 '중위험' 제품으로 평가될 수도 있다.

2. 부속서 Ⅰ에 열거된 EU조화법의 내용

부속서 Ⅰ은 제A절 신규 법제에 기반한 EU조화법 목록(List of Union har-monisation legislation based on the New Legislative Framework)과 제B절 기타 EU조화법 목록(List of other Union harmonisation legislation)인 특정 제품군에 관한 Regulation 또는 Directive 등을 나열하고 있는데, 해당 특정 제품군만을 정리하면 아래 표와 같다. 앞서 신규 법제(New Legislative Framework)라 함은 EU 내 제품 시장 감시를 개선하고 적합성 평가의 품질을 향상시키는 것을 목적으로 2008년경 EU가 새롭게 마련한 일련의 조치를 말한다.

제A절	기계류(machinery), 장난감(toys), 레저용 및 개인용 선박(recreational craft and personal watercraft), 승강기(lifts), 폭발가능환경에서 사용되는 장비 및 보호시스템(equipment and protective systems intended for

	use in potentially explosive atmospheres), 무선설비(radio equipment), 압력장비(pressure equipment), 케이블 설비(cableway installations), 개인 보호장비(personal protective equipment), 기체연료 연소기기(appliances burning gaseous fuels), 의료기기(medical devices), 체외 진단 의료기기 (vitro diagnostic medical devices)
제B절	민간항공(civil aviation), 이륜·삼륜·사륜 차량(two- or three-wheel vehicles), 농업·임업용 차량(agricultural and forestry vehicles), 해양장비 (marine equipment), 철도 시스템(rail system), 자동차·트레일러와 그 시스템·부품·기술장치(motor vehicles and their trailers, and of systems, components and separate technical units), 무인항공기와 그 엔진·프로펠러·부품·장비(unmanned aircraft and their engines, propellers, parts and equipment)

Ⅲ. 제2유형 고위험 AI 시스템 – 주로 기본권에 중대한 영향을 미칠 수 있는 AI 시스템

1. 의의 및 간주 요건(제6조 제2항)

EU의 기본권 헌장(Charter of Fundamental Rights of The European Union)에 규정된 인간의 존엄성, 사생활 및 가족생활 존중, 개인정보보호, 표현 및 정보의 자유, 집회 및 결사의 자유, 차별금지권, 교육을 받을 권리, 소비자 보호, 직업 선택의 자유 및 노동에 종사할 권리, 장애인 권리, 성평등, 지적재산권, 효과적인 구제 및 공정한 재판을 받을 권리, 무죄 추정의 권리 및 방어권, 적정한 행정에 대한 권리, 아동의 권리 등과 같은 기본권은 보호될 필요성이 크다(이상 Recital 48).

이에 AI법은 주로 기본권(사람의 건강, 안전도 포함된다)에 부정적 영향을 미칠 수 있는 AI 시스템의 세부 유형을 아래와 같이 부속서 Ⅲ에서 열거하면서 해당 AI 시스템을 고위험 AI 시스템으로 간주하고 있다(§6②).

유형	세부 내용	해당 조문 (부속서 III)
생체인식 관련	원격 생체인식 식별 시스템	§1(a)
	생체인식 분류 시스템	§1(b)
	감정 인식 시스템	§1(c)
중요 인프라 관련	중요 디지털 인프라, 도로교통, 수도, 가스, 난방, 전기 공급 등의 관리 및 운영에서 안전 구성요소에 관련된 시스템	§2
교육 및 직업 훈련 관련	접근, 입학, 배정 등에 관련된 시스템	§3(a)
	학습 결과 평가에 관련된 시스템	§3(b)
	교육 수준 평가에 관련된 시스템	§3(c)
	시험 중 학생 모니터링·감지에 관련된 시스템	§3(d)
채용, 근로자의 관리 및 자영업자 접근 관련	모집 또는 선발(구인광고, 지원자 분석·필터링·평가 등)에 관련된 시스템	§4(a)
	조건, 계약관계 촉진·종료, 업무 배분, 감시·평가에 관련된 시스템	§4(b)
필수 민간·공공서비스와 그 혜택에 대한 접근과 향유 관련	필수 공공부조 혜택·서비스 적정평가, 부여, 축소, 취소 등에 관련된 시스템	§5(a)
	신용도 평가, 신용점수에 관련된 시스템	§5(b)
	생명 및 건강 보험 관련 위험 평가, 가격 책정에 관련된 시스템	§5(c)
	비상전화 평가·분류, 응급 서비스·응급환자 분류 등에 관련된 시스템	§5(d)
관련 EU법 또는 EU 회원국법에 따라 허용되는 한도에서 법의 집행 관련	형사범죄 피해자 위험 평가에 관련된 시스템	§6(a)
	거짓말 탐지기·유사 도구에 관련된 시스템	§6(b)
	수사 또는 기소 과정에서의 증거 신뢰성 평가에 관련된 시스템	§6(c)
	범죄성·재범 가능성, 과거 범죄 행동 평가에 관련된 시스템	§6(d)
	프로파일링에 관련된 시스템	§6(e)
관련 EU법 및 EU 회원국법에 따라	거짓말 탐지기·유사 도구에 관련된 시스템	§7(a)
	보안 위험, 비정규 이주위험, 건강상 위험 평가에 관련된 시스템	§7(b)

이용이 허용되는 이민, 망명 및 국경 관리 관련	망명·비자·체류 허가 신청 등 검토에 관련된 시스템	§7(c)
	탐지, 인식, 확인에 관련된 시스템	§7(d)
사법 행정 및 민주 절차 관련	사실관계·관련 법 조사, 해석, 적용 등에 관련된 시스템	§8(a)
	투표행위·결과 영향에 관련된 시스템	§8(b)

2. 각 유형별 구체적 내용(부속서 Ⅲ 관련)

1) 생체인식 관련(부속서 Ⅲ 제1항)

생체인식 정보(biometric data)는, 일반개인정보보호법(GDPR)(Regulation (EU) 2016/679) §9①, 공공기관개인정보보호법(Regulation (EU) 2018/1725) §10①, 형사상개인정보보호지침(Directive (EU) 2016/680) §10에 언급된, 인종 또는 민족, 정치적 견해, 종교 또는 철학적 신념 또는 노동 조합 가입 여부를 드러내는 개인정보, 유전자정보, 생체인식 정보, 건강 관련 정보 또는 성생활 또는 성적 취향에 관한 정보 등의, 특별한 범주의 개인정보(special category of personal data) (AI법 §3(37))의 하나에 해당하고, 이러한 생체인식 정보를 기반으로 운용되는 생체인식 관련 AI 시스템은 기본적으로 사람의 기본권에 중대한 영향을 미칠 수 있으므로 고위험성을 지녔다고 볼 수 있다(Recital 54).

따라서 EU 또는 EU 회원국법에 따라 그 이용이 허용되는 한도 내에서의 생체인식 관련 AI 시스템(원격 생체인식 식별 시스템, 생체인식 분류 시스템, 감정 인식 시스템)은 고위험 AI 시스템으로 간주된다(§6②, 부속서 Ⅲ §1). 다만 사이버 보안이나 개인정보보호 조치를 구현하기 위한 목적으로만 이용되는 생체인식 관련 AI 시스템은 고위험 AI 시스템에서 제외된다(Recital 54, 부속서 Ⅲ §1(a)).

(1) 원격 생체인식 식별 시스템(부속서 Ⅲ §1(a))

앞에서 다룬 것처럼 생체인식 식별 시스템 중, 법 집행을 목적으로 공개적으로 접근 가능한 공간에서의 '실시간 원격 생체인식 식별 시스템'(real time remote biometric identification system)은 다른 규정(§5①(h))에 따라 예외적인 경우를 제외하고 그 이용, 시장 출시, 서비스 공급이 금지된다.

이와 달리 법 집행 목적이 아닌 경우이거나 법 집행 목적이지만 공개적으로 접근 가능한 공간이 아닌 곳에서의 여러 사람 또는 그들의 행동을 동시에 인식하여 사람의 적극적인 개입 없이 사람을 식별하는 원격 생체인식 식별 시스템은 허용될 수 있다(Recital 17). 다만 이러한 시스템이 기술적으로 부정확한 경우 그로 인한 결과는 편향적일 수 있고, 그로 인해 차별적 효과를 수반할 수도 있다. 이러한 편향된 결과와 차별적 효과는 특히 연령, 민족, 인종, 성별 또는 장애와 관련이 있을 수도 있다(Recital 54). 따라서 이러한 원격 생체인식 식별 시스템은 고위험군으로 분류된다.

다만 특정인이 자신이 주장하는 사람임을 확인하고, 서비스에 대한 액세스, 기기 잠금 해제 또는 구내 보안 접근을 위한 목적으로만 특정인의 신원을 확인하는 것이 유일한 목적인 검증을 포함한 생체인식 검증에 이용되는 AI 시스템은, 다수의 생체인식 정보를 처리하는 원격 생체인식 식별 시스템에 비하여 사람의 기본권에 미치는 영향이 미미할 수 있기 때문에 위에서 말하는 '원격 생체인식 식별 시스템'에서 제외된다(Recital 15, 17, 54, 부속서 III §1(a)).

(2) 생체인식 분류 시스템(부속서 III §1(b))

앞에서 다룬 것처럼 생체인식 분류 시스템(biometric categorization systems) 중, 인종, 정치적 견해, 노동조합 가입 여부, 종교·철학적 신념, 성생활, 성적 지향을 추론 또는 연역적으로 도출하기 위해 생체인식 정보에 기반하여 사람을 분류하는 시스템은, 다른 규정(§5①(g))에 따라 그 이용이나 시장 출시, 서비스 공급이 금지된다.

이와 같은 금지되는 생체인식 분류 시스템을 제외한, 생체인식 정보 중 민감한 속성이나 특성을 기반으로 속성이나 특성을 추론하여 생체인식 분류에 이용되는 AI 시스템은 허용될 수 있다. 다만 이 시스템의 경우에도 특별한 범주의 개인정보인 생체인식 정보를 기반으로 운용된다는 점과 그를 통한 '분류'의 결과를 가져온다는 점에서 사람의 기본권에 중대한 영향을 미칠 수 있으므로 고위험군으로 분류된다.

한편 금지되는 생체인식 분류 시스템에서 제외되는 '적법하게 수집된 이미지 등 생체인식 정보에 기반한 데이터 세트의 라벨링, 선별 및 법 집행을 위한 생체인식 정보의 분류 시스템'이, 고위험 AI 시스템으로 간주되는 생체인식 분류 시스템에 해당하는지 여부가 문제될 수 있으나, 이는 뒤에서 살펴보는 것처럼 '협소한 절차적 과업'이나 '사람의 평가를 위한 준비 작업'을 수행하기 위한 것으로 보아, 고위험 AI 시스템에서 제외된다고 해석할 여지가 있다(§6③). 다만 위와 같은 분류가 연령, 민족, 인종, 성별 또는 장애 분야와 관련이 되는 경우라면 위와 같은 제외 요건을 매우 엄격하게 보아야 할 것으로 생각된다.

(3) 감정 인식 시스템(부속서 Ⅲ §1(c))

앞에서 다룬 것처럼 생체인식 정보를 기반으로 사람의 감정이나 의도를 식별하거나 추론하기 위한 목적으로 이용되는 AI 시스템, 이른바 감정 인식 시스템(emotion recognition systems) 중 직장이나 교육기관에 활용되는 AI 시스템은, 다른 규정(§5①(f))에 따라 그 이용이나 시장 출시, 서비스 공급이 금지된다.

이와 같이 금지되는 감정 인식 시스템을 제외하더라도, 생체인식 정보를 기반으로 사람의 감정이나 의도를 식별하거나 추론하는 시스템은, 감정의 표현은 문화와 상황에 따라 심지어는 한 개인 내에서도 상당히 다양하기 때문에 그 식별이나 추론에 대한 과학적 근거가 불확실하고, 이로 인해 비롯된 제한된 신뢰성과 구체성 부족, 제한된 일반화 가능성 등의 한계가 있으며, 따라서 감정이나 의도의 식별이나 추론은 그 자체로 차별적인 결과를 초래하거나 해당 개인의 권리나 자유를 침해할 상당한 위험성을 내포하고 있다(Recital 44). 이러한 이유로 감정 인식 시스템은 고위험군으로 분류된다.

2) 중요 인프라 관련(부속서 Ⅲ 제2항)

중요 디지털 인프라, 도로교통, 수도, 가스, 난방, 전기 공급(중요기관회복력지침(Directive (EU) 2022/2557) 부속서 8항에 열거됨)과 같은 중요 인프라(critical infrastructure)의 안전 구성요소는 위와 같은 인프라의 작동에는 필요하지 않지만, 중요 인프라의 물리적 무결성(physical integrity) 또는 인명 및 재산의 건강과 안전을 직접 보호하는 데 필수적인 구성요소이기에, 위 안전 구성요소(사이버 보안 목적으로만 이용되는 구성요소는 안전 구성요소에 불포함)로 이용되는 AI 시스템이 고장나거나 또는 오작동이 발생하는 경우에는 대규모로 사람의 생명, 건강에 위험을 발생시킬 수 있고, 사회·경제활동에도 상당한 장애를 초래할 수 있는바, 이러한 중요 인프라 관련 AI 시스템은 고위험으로 분류하는 것이 적절하다. 클라우드 컴퓨팅 센터의 수압 모니터링 시스템이나 화재 경보 제어 시스템을 그 예로 들 수 있다(이상 Recital 55).

따라서 중요한 디지털 인프라, 도로교통 또는 수도, 가스, 난방, 전기 공급의 관리 및 운영에서 안전 구성요소로 이용되는 AI 시스템은 고위험 AI 시스템으로 간주된다(§6②, 부속서 Ⅲ §2).

3) 교육 및 직업 훈련 관련(부속서 Ⅲ 제3항)

교육이나 직업 훈련(vocational training)에 AI 시스템을 도입하는 것은 양질의 디지털 교육과 훈련을 촉진하고 모든 학습자와 교사가 미디어 리터러시, 비판적 사고 등 필요한 디지털 기술과 역량을 습득하고 공유하여 경제, 사회, 민주적 절차에 적극적으로 참여할 수 있도록 하는 데 중요하다. 그러나 교육 또는 직업 훈련에 이용되는 AI 시스템, 특히 교육이나 직업 훈련 기관에의 접근, 입학, 배정, 학습 결과 평가, 시험 중 모니터링 등에 AI 시스템이 이용되는 경우, AI 시스템은 개인의 교육 및 직업 과정을 결정하고 이로 인해 개인의 생계 보장 능력(ability to secure a livelihood)에 영향을 미칠 수 있다.

또한 이러한 시스템이 부적절하게 설계되고 이용될 경우, 특히 교육 및 훈련에 대한 권리와 차별받지 않을 권리가 침해될 수 있고, 예를 들어 여성, 특정 연령대, 장애인, 특정 인종 또는 민족 출신 또는 성적 지향과 같은 차별의 역사적 패턴을 영속화할 수 있다(이상 Recital 56).

따라서 교육과 직업 훈련 분야 중 특히 접근, 입학, 배정, 평가, 감시 등에 이용되는 AI 시스템은 고위험 AI 시스템으로 간주된다(§6②, 부속서 Ⅲ §3).

(1) 접근, 입학, 배정 등에 관련된 시스템(부속서 Ⅲ §3(a))

모든 수준의 교육 및 직업 훈련 기관에 대한 개인의 접근(access)이나 입학 결정, 해당 기관에 배정(assign)은 개인의 교육 및 직업 훈련 기회, 수준, 결과에 가장 직접적인 영향을 미칠 수 있는 요소라는 점에서, 사람의 기본권과 밀접한 관련이 있다고 볼 수 있으므로, 이에 이용되는 AI 시스템은 고위험군으로 분류된다.

(2) 학습 결과 평가에 관련된 시스템(부속서 III §3(b))

학습 결과에 대한 평가는 해당 교육 및 직업 훈련 기관의 학습자에 대한 평가가 될 수 있고, 이러한 평가는 향후 다른 교육 및 직업 훈련 과정이나 혹은 취업 등에도 큰 영향을 준다는 점에서 사람의 기본권에 중대한 영향을 미칠 수 있다.

이에 모든 수준의 교육 및 직업 훈련 기관에서 학습 결과(learning outcomes)를 개인의 학습 과정을 조정하기 위해 이용하는 경우를 포함하여 학습 결과를 평가하는 데 이용되는 AI 시스템은 고위험군으로 분류된다.

(3) 교육 수준 평가에 관련된 시스템(부속서 III §3(c))

교육 및 직업 훈련 기관의 맥락(context)에서 또는 기관 안에서 개인이 받을 수 있거나 접근할 수 있는 적절한 교육 수준을 평가하는 경우, 오류 등이 발생하면 이는 해당 개인이 받거나 접근할 수 있는 교육 수준에 대한 부당한 한계나 장애를 두게 되는 등, 사람의 기본권에 중대한 영향을 미칠 수 있다. 이에 위 평가에 이용되는 AI 시스템은 고위험군으로 분류된다.

(4) 시험 중 학생 모니터링·감지에 관련된 시스템(부속서 III §3(d))

교육 및 직업 훈련 기관의 맥락(context)에서 또는 기관 안에서 시험 중인 학생의 금지된 행동을 모니터링하고 감지하는 경우, 그 기준에 오류가 있거나 그 판단에 오류가 있는 경우, 위 모니터링이나 감지로 인한 부정적 평가나 조치를 당한 학생에게 돌이킬 수 없는 피해를 발생시킬 수 있다. 따라서 위와 같은 모니터링이나 감지에 이용되는 AI 시스템은 고위험군으로 분류된다.

4) 채용, 근로자의 관리 및 자영업자 접근 관련(부속서 III 제4항)

채용 과정 및 근로자의 관리 및 자영업자와 관련하여, 개인의 모집, 선발, 업무 관련 계약조건·승진·종료, 업무 할당, 근로자의 모니터링, 평가 등은 결국 근로자, 자영업자의 향후 경력이나 개인의 생계나 근로자 권리에 상당한 영향을 미칠 수 있다. 또한 채용 과정과 업무 관련 계약 관계에 있는 사람에 대한 평가, 승진, 유지, 종료 등은 예를 들어 여성, 특정 연령대, 장애인, 특정 인종 또는 민족 출신 또는 성적 지향과 같은 차별의 역사적 패턴을 영속화시킬 수 있으며, 업무 성과나 행동의 모니터링은 해당 개인의 데이터 보호 및 프라이버시에 대한 기본권을 훼손할 가능성이 있다(이상 Recital 57).

따라서 채용, 근로자의 관리 및 자영업자와 관련하여, 모집이나 선발, 조건, 계약관계 촉진·종료, 업무 배분, 감시·평가 등에 이용되는 AI 시스템은 고위험 AI 시스템으로 간주된다(§6②, 부속서 Ⅲ §4).

(1) 모집 또는 선발(구인광고, 지원자 분석·필터링·평가 등)에 관련된 시스템(부속서 Ⅲ §4(a))

채용 과정에 있어서 사람의 모집 또는 선발, 특히 특정 대상을 겨냥한 구인광고(targeted job advertisements)를 하거나, 채용에 지원한 사람의 분석 또는 지원서를 선별(filter)하거나 지원자 평가는, 해당 지원자의 취업 결정에 밀접한 영향을 준다. 따라서 위와 같은 모집, 선발, 표적 구인광고, 지원자 분석, 지원서 선별, 지원자 평가에 이용되는 AI 시스템은 고위험군으로 분류된다.

(2) 조건, 계약관계 촉진·종료, 업무 배분, 감시·평가에 관련된 시스템(부속서 Ⅲ §4(b))

업무와 관련된 조건(근로조건 등), 업무와 관련된 계약관계를 촉진(승진, 계약관계 유지)하거나 종료에 영향을 미치는 결정, 개인의 행동 또는 특성 혹은 특징에 기초한 업무 배분, 위와 같은 계약관계에 있는 사람의 성과와 행동 감시나 평가는, 업무와 관련된 계약관계에 있는 근로자와 같은 사람의 계약관계에 밀접한 영향을 줄 수 있다. 따라서 위와 같은 조건, 계약관계 촉진이나 종료, 업무 배분, 성과와 행동의 감시 또는 평가에 이용되는 AI 시스템은 고위험군으로 분류된다.

5) 필수 민간·공공서비스와 그 혜택에 대한 접근과 향유 관련(부속서 Ⅲ 제5항)

필수 민간 및 공공서비스나 그 혜택에 대한 접근과 향유는 사람들이 사회에 완전히 참여하거나 생활 수준을 향상시키는 데 필수적이다. 특히 의료 서비스, 사회보장 혜택, 출산, 질병, 산업재해, 부양 또는 노령, 실직과 같은 경우 보호를 제공하는 사회 서비스나 주택 지원 등 공공당국으로부터 필수 공공 지원 혜택 및 서비스를 신청하거나 받는 사람은 일반적으로 이러한 서비스 및 혜택에 의존하며 위 공공당국과의 관계에서 취약한 위치에 놓여 있다.

따라서 수혜자가 그러한 서비스나 혜택을 합법적으로 받을 자격이 있는지 여부를 포함하여 당국이 그러한 혜택과 서비스를 부여, 거부, 축소, 취소 또는 회수해야 하는지 여부를 결정하는 데 AI 시스템을 이용하는 경우, 이러한 시스템은 개인의 생계에 중대한 영향을 미칠 수 있으며 사회적 보호, 차별 금지, 인간 존엄성 또는 효과적인 구제 수단과 같은 기본권을 침해할 수 있다. 다만 그렇다고 하여 공공 행정에서 혁신적인 접근 방식의 개발과 이용을 방해해서는 안 되며, 이러한 시스템으로 인해 사람에게 법 제도와 사람에게 높은 위험을 발생시키지 않는다면, 규정의 준수와 안전한 AI 시스템의 이용을 통해 이익을 얻을 수 있음을 간과하지 말아야 한다.

한편 사람의 신용점수 또는 신용도를 평가하는 데 이용되는 AI 시스템은 해당 개인의 금융 자원 또는 주택, 전기, 통신 서비스와 같은 필수 서비스에 대한 접근성을 결정하기 때문에 개인의 기본권에 상당한 영향을 줄 수 있다. 이는 개인이나 집단 간의 차별을 초래할 수 있고, 인종 또는 민족, 성별, 장애, 연령 또는 성적 지향에 따른 차별과 같은 역사적 차별 패턴을 영속화하거나 새로운 형태의 차별적 영향을 초래할 수 있다.

또한, 사람과 관련된 생명보험 및 건강보험의 위험 평가와 가격 책정에 이용하려는 AI 시스템은 사람의 생계에 중대한 영향을 미칠 수 있으며, 정당하게 설계, 개발 및 이용되지 않을 경우 해당 사람의 기본권을 침해하고, 금융 배제 및 차별을 포함하여, 사람의 생명과 건강에 심각한 결과를 초래할 수 있다.

사람의 응급 신고를 평가하고 분류하거나, 경찰, 소방관, 의료 지원 등 응급 초동 대응 서비스(emergency first response services) 및 응급 의료 환자 분류 시스템(emergency healthcare patient triage systems)과 같은 출동 또는 우선 순위 설정에 이용되는 AI 시스템도 사람의 생명과 건강 및 재산에 매우 중요한 영향을 미칠 수 있다(이상 Recital 58).

따라서 필수적인 민간서비스 및 공공서비스와 그 혜택에 대한 접근과 향유와 관련하여, 서비스나 혜택의 적정평가, 부여, 축소, 취소, 신용도 및 신용점수 평가, 건강보험 및 생명보험 관련 평가 및 가격 책정, 비상전화나 응급서비스 관련 평가나 분류 등에 이용되는 AI 시스템은 고위험 AI 시스템으로 간주된다 (§6②, 부속서 Ⅲ §5).

(1) 필수 공공부조 혜택·서비스 적정평가, 부여, 축소, 취소 등에 관련된 시스템(부속서 Ⅲ §5(a))

공공당국 또는 공공당국의 대리인이 보건의료서비스를 포함하여 필수적인 공공부조 서비스나 혜택이 어떠한 사람에게 적절한지를 평가하거나, 해당 혜택과 서비스를 부여하거나 축소 또는 취소, 혹은 환수 여부 판단에 이용하는 AI 시스템은 고위험군으로 분류된다.

(2) 신용도 평가, 신용점수에 관련된 시스템(부속서 Ⅲ §5(b))

금융 서비스 공급에 있어 사기를 탐지하고 신용 기관 및 보험 사업자의 자본 요건을 계산하기 위한 건전성 목적으로 EU법에 의해 제공되는 AI 시스템은 기본권 침해의 위험성을 감소시키기 위한 것이므로, 이는 고위험군에 포함시킬 수는 없다(Recital 58).

따라서 위와 같은 금융사기 적발 등을 위해 사용되는 AI 시스템을 제외하고, 사람의 신용도를 평가하거나 신용점수를 정하는데 이용되는 AI 시스템만 고위험군으로 분류된다.

(3) 생명 및 건강 보험 관련 위험 평가, 가격 책정에 관련된 시스템(부속서 Ⅲ §5(c))

생명보험 및 건강보험과 관련하여, 해당 사람에 대한 위험 평가, 해당 보험의 가격 책정은 해당 보험에 가입하거나 보험을 이용하는 사람들의 혜택 결과나 이용에 상당한 영향을 주는바, 이러한 평가나 책정에 이용되는 AI 시스템은 고위험군으로 분류된다.

(4) 비상전화 평가·분류, 응급 서비스·응급환자 분류 등에 관련된 시스템(부속서 Ⅲ §5(d))

관련 기관에 걸려 온 비상전화의 평가나 분류, 경찰, 소방관, 의료 지원에 의해 제공되는 경우를 포함하여 응급 초동 대응 서비스(emergency first response services) 및 응급환자 분류 시스템(emergency healthcare patient triage systems)을 제공하는 것을 결정하거나 제공을 위한 우선순위를 결정하는 것은, 위와 같은 비상전화나 응급 서비스가 위급한 상황에서 이루어진다는 점에서, 이는 사람의 건강이나 안전, 기본권에 중대한 영향을 줄 수 있다. 이에 위와 같은 평가나 분류, 제공이나 우선순위 결정에 이용되는 AI 시스템은 고위험군으로 분류된다.

6) 관련 EU법 또는 EU 회원국법에 따라 허용되는 한도에서 법의 집행 관련 (부속서 Ⅲ 제6항)

법 집행은 법집행당국과 피집행자 사이에는 상당한 수준의 권력 불균형이 존재하고, 법집행당국의 조치는 사람의 자유에 대한 감시(surveillance), 체포(arrest), 또는 박탈(deprivation)뿐만 아니라 EU의 기본권 헌장(Charter of Fundamental Rights of The European Union)에 보장된 기본권에 대한 부정적 영향을 초래할 수 있다. 특히 법 집행에 이용되는 AI 시스템이 양질의 데이터로 학습되지 않았거나 성능, 정확성 또는 견고성 측면에서 적절한 요건을 충족하지 못하거나 제대로 설계 및 테스트되지 않아 차별적이거나 기타 부정확하거나 부당한 방식으로 작동하는 경우에는, 더욱 큰 부정적 영향을 초래할 수 있다.

또한, 이러한 AI 시스템이 충분히 투명하거나 설명가능하지 않고 관련 내용이 문서화되지 않은 경우에는, 효과적인 구제책과 공정한 재판을 받을 권리, 방어권 및 무죄 추정의 권리 등 중요한 절차적 기본권의 행사가 방해받을 수도 있다.

이와 같은 AI 시스템은 집행 기관이나 기타 관련 당국의 법 집행 과정에서의 불평등이나 배제의 근거로 삼을 수는 없으나, 수사나 재판을 받는 사람이 해당 AI 시스템의 기능에 대한 의미 있는 정보를 얻기 어렵고, 그 과정에서 AI 시스템의 결과에 이의를 제기하기 어렵다는 점에서 AI 시스템을 법 집행 과정에 이용하는 것은 위 사람의 방어권에 미치는 영향 크다.

따라서 관련 EU법 및 EU 회원국법에 따라 그 이용이 허용되는 한, 부정적 영향을 방지하고 대중의 신뢰를 유지하며 책임과 효과적인 구제를 보장하기 위해서, 정확성, 신뢰성 및 투명성이 특히 중요한 법 집행 과정에서 이용되는 여러 AI 시스템은 고위험 AI 시스템으로 간주된다. 이러한 고위험 AI 시스템에는, 법 집행의 성격과 관련된 위험을 고려할 때, 법 집행 기관이나 EU 기관, 단체, 사무소, 청 또는 법 집행 기관을 지원하는 기관들, 그들의 대리인이 이용하는, 개인이 범죄의 피해자가 될 위험을 평가하기 위한 AI 시스템, 거짓말 탐지기 (polygraphs) 및 유사 도구로서의 AI 시스템, 범죄 수사나 기소 과정에서 증거의 신뢰성을 평가하기 위한 AI 시스템, 그리고 AI법에 의해 금지되지 않는 한, 자연인의 프로파일링에만 국한되지 않고 사람의 범죄가능성 또는 재범가능성을 평가하거나 개인의 성격 특성과 특징 또는 과거 범죄 행위를 평가하기 위한 AI 시스템, 범죄의 탐지, 수사 또는 기소 과정에서의 프로파일링을 위한 AI 시스템이 포함된다.

다만 조세 및 세관 당국과 EU 자금세탁방지법(Regulation (EU) 2024/1620, Directive (EU) 2015/849 등 다수의 관련 법 등이 존재)에 따라 정보를 분석하는 행정 업무를 수행하는 금융 정보 부서가 행정 절차에 이용하기 위한 AI 시스템은 범죄의 예방, 탐지, 수사 및 기소를 목적으로 법 집행 기관에 의해 이용되는 고위험 AI 시스템으로 포함시켜서는 안 된다(이상 Recital 59, §6②, 부속서 Ⅲ §6).

(1) 형사범죄 피해자 위험 평가에 관련된 시스템(부속서 Ⅲ §6(a))

법집행당국 또는 이들을 지원하는 과정에서 EU의 기구, 기관, 사무소 또는 청 혹은 그들의 대리인이 특정인이 형사범죄의 피해자가 될 위험을 평가하기 위하여 이용하는 AI 시스템은 고위험군으로 분류된다.

(2) 거짓말 탐지기·유사 도구에 관련된 시스템(부속서 III §6(b))

법집행당국 또는 이들을 지원하는 과정에서 EU의 기구, 기관, 사무소 또는 청 혹은 그들의 대리인이 거짓말 탐지나 이와 유사한 도구로 이용하는 AI 시스템은 고위험군으로 분류된다.

(3) 수사 또는 기소 과정에서의 증거 신뢰성 평가에 관련된 시스템(부속서 III §6(c))

법집행당국 또는 이들을 지원하는 과정에서 EU의 기구, 기관, 사무소 또는 청 혹은 그들의 대리인이 형사범죄의 수사 또는 기소의 과정에서 증거의 신뢰성을 평가하기 위하여 이용하는 AI 시스템은 고위험군으로 분류된다.

(4) 범죄성·재범 가능성, 과거 범죄 행동 평가에 관련된 시스템(부속서 III §6(d))

법집행당국 또는 이들을 지원하는 과정에서 EU의 기구, 기관, 사무소 또는 청 혹은 그들의 대리인이, 형사상개인정보보호지침(Directive (EU) 2016/680) 제3조 제4호에 규정된 사람의 프로파일링에만 국한되지 않고, 사람의 범죄가능성 또는 재범가능성을 평가하거나 개인의 특성 또는 특징 혹은 개인 또는 집단의 과거 범죄 행동을 평가하기 위하여 이용하는 AI 시스템은 고위험군으로 분류된다.

(5) 프로파일링에 관련된 시스템(부속서 III §6(e))

법집행당국 또는 이들을 지원하는 과정에서 EU의 기구, 기관, 사무소 또는 청 혹은 그들의 대리인이 형사범죄의 인지, 수사 또는 기소의 과정에서 형사상개인정보보호지침(Directive (EU) 2016/680) 제3조 제4호에 규정된 사람의 프로파일링을 위해 이용하는 AI 시스템은 고위험군으로 분류된다.

7) 관련 EU법 및 EU 회원국법에 따라 이용이 허용되는 이민, 망명 및 국경 관리 관련(부속서 III 제7항)

이주, 망명(asylum) 및 국경 관리에 이용되는 AI 시스템은 특히 취약한 위치에 있고 관할공공당국의 조치 결과에 의존하는 사람들에게 영향을 미치게 된다. 따라서 이러한 상황에서 이용되는 AI 시스템의 정확성, 비차별성 및 투명성은 영향을 받는 사람의 기본권, 특히 자유로운 이동과 차별 금지, 사생활 및 개인정보 보호, 국제 보호 및 적정한 행정에 대한 권리에 대한 존중을 보장하는 데 특히 중요하다.

따라서 관련 EU법 및 EU 회원국법에 따라 이용이 허용되는 한, 관할공공당국 또는 이민, 망명 및 국경 관리 분야의 업무를 담당하는 EU 기관, 단체, 사무소 또는 청 혹은 그들의 대리인이 이용하거나 그들을 대신하여 이용되는 AI 시스템은 고위험 AI 시스템으로 간주된다. 이러한 고위험 AI 시스템에는, 거짓말 탐지기 및 이와 유사한 도구로서의 AI 시스템, 회원국 영토에 입국하거나 비자 또는 망명을 신청하는 사람이 제기하는 특정 위험을 평가하기 위한 AI 시스템, 망명, 비자 그리고 거주 허가 신청 및 신분을 신청하는 사람의 적격성 확인을 위한 것과 관련된 이의 신청에 대한 증거의 신뢰성 평가를 포함하여 관할공공당국의 심사를 지원하기 위한 AI 시스템, 여행 서류의 검증을 제외하고, 이주, 망명 및 국경 관리의 맥락에서 사람을 탐지, 인식 또는 식별할 목적의 AI시스템이 포함된다(이상 Recital 60, §6②, 부속서 Ⅲ §7).

AI법이 적용되는 이주, 망명 및 국경 관리 분야의 AI 시스템은 비자코드법(Regulation (EC) 810/2009), 국제보호절차지침(Directive 2013/32/EU) 및 기타 관련 EU법에서 정한 관련 절차적 요건을 준수해야 하고, AI 시스템이 EU 회원국이나 EU 기관, 단체, 사무소 또는 청이 1951년 7월 28일 제네바에서 체결된 유엔 난민의 지위에 관한 협약(1967년 1월 31일 의정서로 개정)에 따른 국제 의무를 회피하기 위한 수단으로 사용될 수는 없으며, 어떤 식으로든 송환 금지 원칙을 침해하거나 국제적 보호 권리를 포함하여 EU의 영토로 들어오는 안전하고 효과적인 법적 경로를 거부하는 데 이용될 수는 없다(Recital 60).

(1) 거짓말 탐지기·유사 도구에 관련된 시스템(부속서 Ⅲ §7(a))

이민, 망명 및 국경 관리와 관련하여, 관할공공당국 또는 EU 기관, 단체, 사무소 또는 청 혹은 그들의 대리인이, 거짓말 탐지기 또는 이와 유사한 도구로 이용하는 AI 시스템은 고위험군으로 분류된다.

(2) 보안 위험, 비정규 이주위험, 건강상 위험 평가에 관련된 시스템(부속서 Ⅲ §7(b))

이민, 망명 및 국경 관리와 관련하여, 관할공공당국 또는 EU 기관, 단체, 사무소 또는 청 혹은 그들의 대리인이, 회원국 영토 내로 들어오거나 들어오고자 하는 사람으로 인해 발생할 수 있는 보안 위험, 비정규 이주 위험 또는 건강상 위험을 평가하기 위해 이용하는 AI 시스템은 고위험군으로 분류된다.

(3) 망명·비자·체류 허가 신청 등 검토에 관련된 시스템(부속서 Ⅲ §7(c))

이민, 망명 및 국경 관리와 관련하여, 관할공공당국 또는 EU 기관, 단체, 사무소 또는 청 혹은 그들의 대리인이, 망명, 비자 및 체류 허가의 신청이나 증거 신뢰성 평가에 관한 이의 등 지위를 신청한 사람의 자격에 관한 이의신청을 검토하는 데 이용하는 AI 시스템은 고위험군으로 분류된다.

(4) 탐지, 인식, 확인에 관련된 시스템(부속서 Ⅲ §7(d))

이민, 망명 및 국경 관리와 관련하여, 관할공공당국 또는 EU 기관, 단체, 사무소 또는 청 혹은 그들의 대리인이, 이민, 망명 및 국경 관리 상황에서 여행 증명서(travel documents)의 검증(verification)을 제외하고, 사람의 탐지, 인식 및 확인 목적으로 이용하는 AI 시스템은 고위험군으로 분류된다.

8) 사법 행정 및 민주 절차 관련(부속서 Ⅲ 제8항)

사법 행정과 민주적 절차를 위한 특정 AI 시스템은 민주주의, 법치, 개인의 자유, 효과적인 구제 수단과 공정한 재판을 받을 권리에 잠재적으로 중대한 영향을 미칠 수 있다.

따라서 사법 기관이 혹은 사법 기관을 대신하여 사실과 법을 연구 및 해석하고 구체적인 사실에 법을 적용하는 데 사법 기관을 지원하기 위해 이용되는 AI 시스템, 대체 분쟁 해결 절차의 결과가 당사자에게 법적 효력을 발생시키는 경우로서 대체 분쟁 해결 기관(alternative dispute resolution bodies)이 위와 같은 목적으로 이용하려는 AI 시스템과, 선거 또는 국민투표의 결과 또는 선거 또는 국민투표에서 투표권을 행사하는 사람의 투표 행위에 영향을 미치기 위해 이용하려는 AI 시스템은 고위험 AI 시스템으로 간주된다(이상 Recital 61, 62, §6②, 부속서 Ⅲ §8).

사법 행정에서의 AI 시스템은 판사의 의사 결정 권한이나 사법적 독립성을 위해 지원될 수 있지만 이를 대체해서는 안 되고, 최종 의사 결정은 사람이 주도하는 활동으로 남아 있어야 하며, 선거나 투표와 관련된 AI 시스템은 정치광고투명성법(Regulation (EU) 2024/900)을 위반하지 않고, EU의 기본권 헌장 제39조에 명시된 투표권에 대한 부당한 외부 간섭의 위험과 민주주의 및 법치에 대한 부정적 영향을 주어서는 안 된다(이상 Recital 61, 62).

(1) 사실관계·관련 법 조사, 해석, 적용 등에 관련된 시스템(부속서 Ⅲ §8(a))

사법당국 또는 사법당국의 대리인이 사실관계 및 관련 법을 조사, 해석하고 일련의 구체적인 사실관계에 법을 적용하기 위해 이용하거나 대체 분쟁 해결 절차에서 유사한 방식으로 이용하는 AI 시스템은 고위험군으로 분류된다.

대체 분쟁 해결 절차의 경우, 절차의 결과가 당사자에게 법적 효력을 발생시키는 경우에 한하고, 사법 결정, 문서 또는 데이터의 익명화 또는 가명화, 직원 간의 의사소통, 행정 업무 등 개별 사건의 실제 사법 행정에 영향을 미치지 않는 순수하게 보조적인 행정 활동을 위한 AI 시스템은 고위험 AI 시스템에서 제외된다(Recital 61).

(2) 투표행위·결과 영향에 관련된 시스템(부속서 Ⅲ §8(b))

사람이 선거나 국민투표에서 자신의 투표권을 행사할 때 해당 사람의 투표 행위 또는 선거나 국민투표 결과에 영향을 미치는 데 이용되는 AI 시스템은 고위험군으로 분류된다.

다만, 행정 또는 기호논리학의 관점에서 정치 캠페인을 조직, 최적화 및 구조화하는데 사용되는 도구와 같이, 사람에게 직접 노출되지 않아 사람이 직접적으로 접하지 않는 결과를 생성하는 AI 시스템은 고위험군에서 제외된다.

3. 간주 예외(제6조 제3항, 제4항)

1) 예외 기준(제6조 제3항 제1단락, 제3단락)

부속서 Ⅲ에 열거된 AI 시스템이라고 하더라도, 의사결정(decision making)의 결과에 실질적으로 영향을 미치지 아니하거나 사람의 건강, 안전 또는 기본권을 해할 중대한 위험을 초래하지 아니하는 경우에는, 해당 AI 시스템을 고위험으로 분류할 필요성이 적다. 따라서 이러한 경우에는 부속서 Ⅲ에 열거된 AI 시스템이라고 하더라도 고위험으로 간주되지 아니한다(§6③ 제1단락).

그러나 위와 같은 경우에도, 해당 AI 시스템이 사람에 대한 프로파일링(profiling)을 수행하는 경우에는, 프로파일링 자체의 특성상 항상 고위험으로 간주된다(§6③ 제3단락).

2) 예외의 세부 유형(제6조 제3항 제2단락)

의사결정의 결과에 실질적으로 영향을 미치지 않거나 사람의 건강, 안전 또는 기본권을 해할 중대한 위험을 초래하지 않는다고 보아, 부속서 Ⅲ에 열거된 AI 시스템이지만 고위험으로 간주하지 않는 경우는 아래와 같다.

(1) 협소한 절차적 과업을 수행하기 위한 경우

AI 시스템이 매우 좁고 제한적인 절차적 작업만을 수행하는 경우에는 그 작업으로 인해 의사결정 결과나 본질에 어떠한 영향을 미친다고 볼 수 없기 때문에 해당 작업을 수행하는 AI 시스템이 고위험을 야기한다고 볼 수 없다. 비정형 데이터를 정형 데이터로 변환하거나, 입력된 문서를 카테고리에 따라 분류하거나, 수많은 애플리케이션의 중복을 탐지하는 작업을 수행하는 AI 시스템을 그 예로 들 수 있다(Recital 53).

따라서 이러한 협소한 절차적 과업(narrow procedural task)을 수행하도록 의도된 AI 시스템은 부속서 Ⅲ에 열거된 AI 시스템에 해당하더라도 고위험 AI 시스템으로 간주되지 않는다(§6③(a)).

(2) 기 완료된 인간 활동 결과를 개선하기 위한 경우

부속서 Ⅲ에 열거된 고위험 영역과 관련하여 이미 완료되어진 인간 활동의 결과가 있고, AI 시스템이 이와 같이 기 완료된 인간 활동 결과를 개선시키기 위한 목적에서 추가적으로 이용되는 경우에는, 그로 인해 어떤 의사결정 결과나 본질에 영향을 미치지 않기 때문에, 해당 AI 시스템이 고위험을 야기한다고 볼 수 없다. 이미 사람이 위 고위험 영역과 관련한 결과물로서 작성해 놓은 문서가 있는 경우 해당 문서를 전문적인 어조나 학술적인 언어 스타일로 변경하거나 혹은 어떤 문서를 특정 브랜드 메시지에 맞게 그 내용을 조정하는 등과 같이 인간이 이전에 작성한 문서에 이용된 언어를 개선하기 하기 위해 이용되는 AI 시스템을 그 예로 들 수 있다(Recital 53).

따라서 전에 완료된 인간 활동의 결과를 개선하도록 의도된 AI 시스템은 부속서 Ⅲ에 열거된 AI 시스템에 해당하더라도 고위험 AI 시스템으로 간주되지 않는다(§6③(b)).

(3) 기 완료된 인적 평가를 대체하거나 영향을 미치지 않는 의사결정 패턴 또는 기존 패턴의 편차를 탐지하기 위한 경우

적절한 사람의 검토 없이 이전에 완료된 사람의 평가를 대체하거나 영향을 주어 그 결과를 변경하지 않고, 단지 이미 이루어진 의사결정의 패턴(decision-making patterns)을 탐지하거나 의사결정 패턴들의 각 편차(deviations)를 탐지하는 AI 시스템 또한 의사결정 결과나 본질에 어떠한 영향을 미친다고 볼 수 없기 때문에, 해당 AI 시스템이 고위험을 야기한다고 볼 수 없다. 교사의 특정 채점 패턴이 주어졌을 때 교사가 채점 패턴에서 벗어났는지 사후에 확인하여 잠재적인 불일치나 이상 징후를 표시하는 데 이용되는 AI 시스템을 그 예로 들 수 있다(Recital 53).

따라서 의사결정 패턴이나 이전 의사결정 패턴과의 편차를 탐지하도록 의도된 것이고, 적절한 인적 검토 없이 이전에 완료된 인적 평가를 대체하거나 영향을 미치기 위한 것이 아닌 AI 시스템은 부속서 Ⅲ에 열거된 AI 시스템에 해당하더라도 고위험 AI 시스템으로 간주되지 않는다(§6③(c)).

(4) 사람의 평가를 위한 준비 작업을 수행하기 위한 경우

부속서 Ⅲ에 열거된 고위험 영역과 관련하여 AI 시스템이 사람이 평가를 하기 위해 필요한 준비 작업만을 수행하는 경우로서, 해당 작업이 사람의 평가, 즉 의사결정 결과나 본질에 어떠한 영향을 미친다고 볼 수 없기 때문에, 해당 AI 시스템이 고위험을 야기한다고 볼 수 없다. 색인(indexing), 검색(searching), 텍스트 및 음성 처리(text and speech processing), 데이터와 다른 데이터 소스와의 연결(linking data to other data sources) 등 다양한 기능을 포함하는 파일 처리용 스마트 솔루션(smart solutions for file handling) 또는 초기 문서의 번역에 이용되는 AI 시스템을 그 예로 들 수 있다(Recital 53).

따라서 부속서 Ⅲ에 열거된 이용 사례의 목적과 관련된 평가에 대한 준비 작업을 수행하도록 의도된 AI 시스템은 부속서 Ⅲ에 열거된 AI 시스템에 해당하더라도 고위험 AI 시스템으로 간주되지 않는다(§6③(d)).

3) 예외 해당 시 공급자의 의무(제6조 제4항)

앞서 살펴본 것처럼 부속서 Ⅲ에 열거된 AI 시스템에 해당되지만 고위험이 아니라고 판단되는 AI 시스템을 시장 출시하거나 서비스 공급하는 공급자는, ① 해당 시스템이 시장 출시나 서비스 공급되기 전에 그 평가 결과를 문서화해야 하고, ② 다른 규정(§49②) 따라 EU 데이터베이스에 공급자에 대한 정보와 해당 시스템을 등록해야 하며, ③ 국가관할당국의 요청이 있을 경우, 위 평가결과 문서를 제공해야 한다(§6④). 이는 규제당국과 시장 참여자들을 위한 해당 시스템에 대한 추적가능성(traceability)과 투명성(transparency) 확보차원에서 이루어지는 조치이다(Recital 53).

Ⅳ. EU집행위원회의 후속조치(제6조 제5항 내지 제8항, 제7조)

1. 가이드라인 제정(제6조 제5항)

EU집행위원회는, 유럽AI위원회와 협의하여 늦어도 2026년 2월 2일 이내에, 고위험 또는 고위험이 아닌 AI 시스템의 이용 사례에 대한 포괄적인 실제 사례 목록(comprehensive list of practical examples of use cases)과 함께 이 조(§6)의 실제 이행을 명시하는 가이드라인을 다른 규정(§96)에 따라 제공해야 한다.

2. 예외 요건 추가, 수정(제6조 제6항 내지 제8항)

EU집행위원회는, 고위험 AI 시스템 간주 예외 규정(§6③)의 조건에 새로운 조건을 추가하거나 수정함으로써 다른 규정(§97)에 따라 위임법(delegated acts)을 채택할 권한이 있다(따라서 반드시 EU집행위원회가 예외 조건을 추가하거나 수정해야 하는 것은 아니다). 이와 같은 간주 예외 조건의 추가나 수정은 부속서 Ⅲ에 열거된 AI 시스템에 해당하나, 해당 AI 시스템이 사람의 건강, 안전 또는 기본권을 해할 중대한 위험을 초래하지 않는 경우에만 허용된다(§6⑥).

한편 AI법에서 규정한 사람의 건강, 안전과 기본권의 보호 수준을 유지할 필요가 있다는 구체적이고 신뢰할 만한 증거가 있는 경우에는, EU집행위원회는 고위험 AI 시스템 간주 예외 규정(§6③ 제2단락)의 조건을 삭제함으로써 다른 규정(§97)에 따라 위임법(delegated acts)을 채택해야 한다(따라서 이와 같은 경우 EU집행위원회는 반드시 예외 조건을 삭제해야 할 의무를 부담한다)(§6⑦).

위와 같이 EU집행위원회가 고위험 AI 시스템 간주 예외 규정의 조건 추가나 수정 혹은 삭제와 같은 개정을 하더라도, 이로서 AI법에서 규정한 건강, 안전과 기본권의 전반적인 보호 수준을 낮출 수는 없고, 다른 규정(§7①)에 따라 채택된 위임법과의 통일성을 유지해야 하며, 개정을 함에 있어서는 시장 및 기술 발전을 고려해야 한다(§6⑧).

3. 부속서 Ⅲ의 개정(제7조)

1) 고위험 AI 시스템 추가·수정(제7조 제1항, 제2항)

(1) 추가 요건(제7조 제1항)

EU집행위원회는 부속서 Ⅲ 목록에 열거된 고위험 AI 시스템의 이용 사례를 추가하거나 수정하여 개정할 권한이 있고, 이를 위해서는 다른 규정(§97)에 따른 위임법(delegated acts)을 채택해야 한다(§7①).

다만 이와 같이 부속서 Ⅲ 목록에서 해당 고위험 AI 시스템을 추가·수정하기 위해서는 다음의 조건을 모두 충족해야 한다. 즉 해당 AI 시스템이 부속서 Ⅲ에 명시된 영역에서 사용되도록 의도되었으며(§7①(a)), AI 시스템이 건강과 안전을 해하거나 기본권에 부정적 영향을 미칠 위험이 있고, 그 위험이 부속서 Ⅲ에 이미 열거되어 있는 각 고위험 AI 시스템에 의해 초래된 피해나 부정적 영향의 위험과 같거나 그보다 더 큰 경우이어야 한다(§7①(b)).

(2) 위험성 평가기준(제7조 제2항)

EU집행위원회는 추가하거나 수정하고자 하는 'AI 시스템이 미칠 위험'과 그 위험이 '부속서 Ⅲ에 이미 열거된 다른 고위험 AI 시스템상 위험과 같거나 큰지 여부'에 관한 평가를 해야 한다(§7②).

이와 같은 평가를 할 때 다음의 기준을 고려해야 한다.

위험성 평가기준

평가할 때 고려할 기준	해당 조문
해당 AI 시스템의 의도된 목적이 무엇인지	§7②(a)
해당 AI 시스템이 어느 정도 이용되거나 이용될 가능성이 있는지	§7②(b)
해당 AI 시스템에 의해 처리되거나 이용되는 데이터의 성질과 양이 어떤지, 특히 특별한 범주의 개인정보(§3(37))가 처리되는지	§7②(c)
해당 AI 시스템이 자율적으로 작동하는 수준, 해당 AI 시스템을 이용하는 사람이 잠재적 피해를 초래할 수 있는 결정이나 권고를 무시할 가능성이 있는지	§7②(d)
해당 AI 시스템의 사용이 이미 건강과 안전에 끼친 피해 및 기본권에 미친 부정적 영향의 정도, 위와 같은 피해나 부정적 영향의 가능성과 관련한 중대한 우려의 정도, ex) 국가관할당국에 제출된 보고서나 문서화된 주장 또는 적절한 기타 보고서를 통해 입증된 경우	§7②(e)
특히 그 강도와 여러 사람에게 대한 영향 또는 특정 집단에 대한 불균형적 영향을 미칠 수 있는지의 관점에서, 해당 피해 또는 부정적 영향의 잠재적 정도	§7②(f)

특히 실질적 또는 법적인 이유로 해당 AI 시스템이 산출한 결과를 거부하는 것이 합리적으로 가능하지 않기 때문에, 잠재적 피해 또는 부정적 영향을 받을 수 있는 사람들이 해당 AI 시스템에서 산출된 결과에 의존하는 정도	§7②(g)
잠재적 피해 또는 부정적 영향을 받을 수 있는 사람이, 특히 지위, 권한, 지식, 경제적 또는 사회적 상황 또는 나이로 인해, 해당 AI 시스템의 배포자에 대해 취약한 지위에 있거나 힘의 불균형이 존재하는 정도	§7②(h)
해당 AI 시스템이 산출한 결과가, 이를 수정하거나 되돌리기 위해 사용할 수 있는 기술적 해결책을 고려할 때, 쉽게 수정 가능하거나 되돌릴 수 있는 정도. 다만 건강, 안전 또는 기본권에 부정적 영향을 초래하는 결과는 쉽게 수정 가능하거나 되돌릴 수 있는 것으로 간주되지 않음	§7②(i)
제품 안전의 개선 가능성을 포함하여, 개인, 집단 또는 사회 전반에 대한 해당 AI 시스템의 배포로 인한 혜택의 규모와 가능성	§7②(j)
기존의 EU법에서, 손해배상청구를 제외한 AI 시스템이 초래한 위험과 관련하여 효과적인 구제 조치와 이러한 위험을 예방하거나 실질적으로 최소화하기 위한 효과적 조치를 어느 정도 규정하고 있는지	§7②(k)

2) 고위험 AI 시스템 제외(제7조 제3항)

EU집행위원회는 부속서 Ⅲ 목록에 열거된 고위험 AI 시스템을 부속서 Ⅲ 목록에서 삭제하여 개정할 권한이 있고, 이를 위해서는 다른 규정(§97)에 따른 위임법(delegated acts)을 채택해야 한다(§7③).

다만 이와 같이 부속서 Ⅲ 목록에서 해당 고위험 AI 시스템을 삭제하기 위해서는 다음의 조건을 모두 충족해야 한다. 즉 앞서 부속서 Ⅲ 목록에 고위험 AI 시스템을 추가·삭제하기 전에 이루어지는 위험성 평가기준을 고려하여, 해당 고위험 AI 시스템이 더 이상 기본권, 건강 또는 안전에 중대한 위험을 초래하지 않고((§7③(a)), 부속서 Ⅲ 목록에서 삭제하더라도 이로 인해 EU법에 따른 건강, 안전, 기본권 보호의 전반적 수준을 저하시키지 않아야 한다((§7③(b)).

제2절 고위험 AI 시스템의 요건

I. 요건 준수 의무(제8조)

해당 AI 시스템이 의도한 목적과 AI와 관련된 최신 기술을 고려하여, 고위험 AI 시스템은 제3장 제2절(고위험 AI 시스템의 요건)에 규정된 요건을 준수해야 한다(§8①). 이러한 요건은 아래에서 살펴보겠지만, 건강, 안전 및 기본권에 대한 위험을 효과적으로 완화하기 위한 것으로서, 위험 관리, 이용된 데이터 세트의 품질 및 관련성, 기술문서화 및 기록 보관, 배포자에 대한 투명성 및 정보 제공, 인간의 관리·감독, 견고성, 정확성 및 사이버 보안과 관련한 요건이다.

이러한 요건이 다른 국가에 대한 관계에서 부당한 무역 제한 조치로 볼 수 있다는 염려 때문인지, AI법은 보다 완화된 다른 무역 제한 조치가 합리적 사용가능하지 않다면서 이러한 요건은 무역에 대한 부당한 제한이 아님을 밝히고 있다(Recital 66).

한편 부속서 I의 제A절에 열거된 EU조화법의 적용대상이 되는 제품의 안전 구성요소이거나 이에 이용되거나 위 제품 그 자체인 AI 시스템의 공급자는 위 EU조화법은 물론 제3장 제2절(고위험 AI 시스템의 요건)에 규정된 요건을 모두 준수할 책임이 있다(§8②).

이처럼 주의할 것은, AI법에서 특별히 달리 규정하지 않는 이상, AI법에 따라 특정 AI 시스템이 금지되는 AI 시스템이 아니라 고위험 AI 시스템으로 분류되고, 해당 시스템이 AI법을 준수하였다고 해서, 해당 고위험 AI 시스템이 관련된 다른 EU법이나 EU 회원국법에 따라 합법적인 AI 시스템으로 간주된다는 의미는 아니라는 점이다. 결국 고위험 AI 시스템은, AI법 외에도, EU의 기본권헌장(Charter of Fundamental Rights of The European Union), 다른 EU법, EU 회원국법 등의 요건을 충족해야 한다. 예를 들어 AI법에서 개인정보보호나 거짓말탐지기 및 이와 유사한 도구, 사람의 감정 인식 시스템의 이용에 관하여 규정하고 있다고 하여, AI법에서 정한 요건만 충족하면 그 이용이 다른 EU법이나

EU 회원국법에도 합법적이라는 의미는 아니다(Recital 63).

　기존의 EU법 등이 고위험 AI 시스템의 고유의 위험을 취급하지 않고 있었기 때문에, 그로 인해 기존의 법 등만으로는 고위험 AI 시스템으로 인한 건강이나 안전, 기본권에 대한 위험을 방지할 수 없다(Recital 64). 따라서 이러한 위험을 취급하기 위해 AI법은 고위험 AI 시스템을 규율하고 있는 것이나, 그렇다고 하여 AI법이 기존의 EU법 등에 '우선'하여 적용되는 특별법에 해당한다기보다는, 기존의 EU법 등을 '보완'하는 법으로서 작용한다고 볼 수 있다.

　공급자는 위와 같은 요건의 준수와 일관성 유지를 보장하고, 위 두 법의 중복을 피하고 추가적인 부담을 최소화하기 위해, 해당 제품과 관련하여 AI법에 따라 이루어지거나 제공되는 필요한 테스트, 보고 절차, 정보 및 문서와 부속서 I의 제A절에 열거된 EU조화법에 따른 문서 및 절차를 적절히 통합하는 것을 선택할 수 있어야 한다(§8②). 이는 불필요한 행정 부담과 불필요한 비용을 피하기 위한 것이고, 공급자는 이를 위해 운영결정에 관한 유연성을 가질 필요가 있다(Recital 64).

Ⅱ. 위험 관리 체계(제9조)

1. 개요(제9조 제1항, 제3항, 제9항)

　고위험 AI 시스템에는, 위험 관리 체계가 구축, 실행되어야 하고, 해당 내용은 문서화되어야 하며, 이는 유지되어야 한다(§9①).

　여기에서 '위험'(risk)은 고위험 AI 시스템의 개발이나 설계 또는 적절한 기술 정보 제공을 통해 합리적으로 완화되거나 제거될 수 있는 위험만을 의미한다(§9③). 즉 완화되거나 제거될 수 없는 위험은 통제될 수 없는 위험으로서, 위험 관리 체계에서 이를 다룰 의미가 없기 때문이다.

　한편 위험 관리 체계를 실행하는 경우, 공급자는 고위험 AI 시스템의 의도된 목적에 비추어 18세 미만의 사람, 경우에 따라서는 기타 취약 계층에 부정적 영향을 미칠 가능성을 고려해야 한다(§9⑨).

2. 위험 관리 체계의 구성단계 및 그 내용(제9조 제2항 내지 제8항)

위험 관리 체계는 고위험 AI 시스템의 전체 수명주기에 걸쳐 계획되고 시행되는 지속적이고 반복적인 과정으로 이해되어야 하고, 정기적이며 체계적인 검토와 업데이트가 요구되며, 이는 다음과 같은 단계로 구성되어야 한다(§9②).

위험 관리 체계

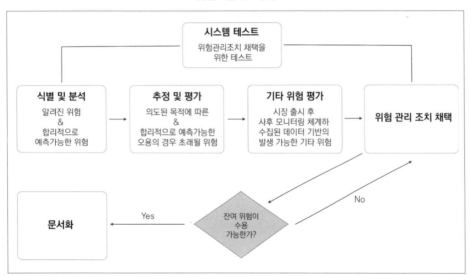

이와 같이 위험 관리 체계는 정기적으로 검토되고 업데이트됨으로써 지속적인 효과를 보장하고, AI법에 따라 취해진 모든 중요한 결정과 조치에 대한 정당성과 문서화를 보장해야 한다(Recital 65).

1) 위험의 식별 및 분석 단계(제9조 제2항 제a호)

고위험 AI 시스템이 의도된 목적에 따라 이용될 때, 해당 AI 시스템이 건강, 안전 또는 기본권에 문제를 일으킬 것이라고 알려진 위험, 알려지지는 않았으나 합리적으로 예측가능한 위험을 식별하고 분석하는 단계이다(§9②(a)).

2) 위험의 추정 및 평가 단계(제9조 제2항 제b호)

고위험 AI 시스템이 의도된 목적에 따라 이용되지만, 합리적으로 예측가능한 오용(misuse)이 이루어지는 경우, 그 오용으로 인해 해당 AI 시스템이 초래할 수 있는 위험을 추정하고 이를 평가하는 단계이다(§9②(b)).

이와 같이 의도된 목적에 따라 또는 합리적으로 예측가능한 오용이 이루어질 때, 건강 및 안전 또는 기본권에 대한 위험을 초래할 수 있는, 알려지거나 예측가능한 모든 상황은 공급자가 제공하는 이용 지침(instructions for use)에 포함되어야 한다. 다만 합리적으로 예측가능한 오용에 해당하는지를 판단할 때, 공급자가 직접적으로 의도한 목적에 포함되지 않고 이용 지침에서 제공하지는 않았지만, 해당 AI 시스템의 특징 및 이용 맥락에서 합리적으로 쉽게 예측되는 사람의 AI 시스템의 이용 상황은 포함되어야 한다. 이는 배포자가 고위험 AI 시스템을 이용할 때 이를 인지하고 고려할 수 있도록 하기 위함이다(Recital 65).

3) 기타 위험 평가 단계(제9조 제2항 제c호)

다른 규정(§92)에 언급된 시장 출시 후 모니터링 체계(post-market mon-itoring system)를 통해 수집된 데이터를 분석한 기반으로 해당 고위험 AI 시스템에서 발생할 수 있는 기타 위험을 평가하는 단계이다(§9②(c)).

4) 위험 관리 조치 채택 단계 및 고려사항(제9조 제2항 제d호, 제4항, 제5항)

'위험의 식별 및 분석 단계'(§9②(a))에서 식별된 위험을 해결하는 것을 목표로 하여 적절하게 설계된 위험 관리 조치(risk management measures)를 채택하는 단계이다(§9②(d)).

제3장 제2절(고위험 AI 시스템의 요건)의 요건을 충족하기 위한 조치를 이행하는데 적절한 균형을 달성함과 동시에 위험을 보다 효과적으로 최소하기 위하여, 위험 관리 조치는 위 요건을 함께 적용함으로써 발생하는 영향과 가능한 상호작용에 대해 충분한 고려가 이루어져야 한다(§9④).

또한 위험 관리 조치는 각 위험 요소와 관련된 중요한 잔여 위험뿐만 아니라 고위험 AI 시스템의 전반적인 잔여 위험이 수용 가능한 것으로 평가되도록 이루어져야 하고, 이를 위한 가장 적절한 위험 관리 조치를 식별(identifying, 이때 공급자는 필요한 경우 전문가와 외부 이해관계자를 참여시켜야 하고, 선택한 위험 관리 조치를 문서화하고 설명해야 한다. Recital 65), 즉 구별하여 채택함에 있어서는 다음의 사항이 보장되도록 하여야 한다(§9⑤).

즉 위험 관리 조치는, 고위험 AI 시스템의 적절한 설계 및 개발을 통해 기술적으로 가능한 범위 내에서 앞선 단계(§9②)에서 식별되고 평가된 위험을 제거하거나 감소시킬 수 있어야 하고(§9⑤(a)), 경우에 따라서는 제거할 수 없는 위험(이는 제거될 수는 없으나 완화(감소 또는 통제)될 수 있는 위험을 말한다. 제거도 되지 않고 완화되지도 않는 위험은 앞서 살펴본 것처럼(§9③) 위험 관리 조치의 대상이 될 수 없다)을 적절히 감소시키거나 통제하는 조치를 실시할 수 있어야 하며(§9⑤(b)), 다른 규정(§13)에서 요구하는 정보를 제공하고, 필요한 경우에는 배포자에 대한 훈련이 이루어질 수 있는 조치이어야 한다(§9⑤(c)).

위험 관리 조치를 통해 고위험 AI 시스템의 이용과 관련된 위험을 제거하거나 감소시키는 과정에서, 배포자가 기대하는 기술적 지식, 경험, 교육 및 훈련을 고려해야 하고, 추정가능한 해당 시스템이 이용될 것으로 보이는 상황을 충분히 고려해야 한다(§9⑤).

5) 고위험 AI 시스템에 대한 테스트(제9조 제6항 내지 제8항)

가장 적절하고 표적화된 위험 관리 조치를 구별하여 채택하기 위하여 고위험 AI 시스템은 의도한 목적에 따라 일관되게 작동하고 제3장 제2절(고위험 AI 시스템의 요건)에서 명시한 요건을 준수하고 있는지를 확인할 수 있도록 테스트되어야 하고(§9⑥), 이러한 테스트에 다른 규정(§60)에 따른 '현실 세계 조건'에서의 테스트를 포함시킬 수 있다(§9⑦).

이러한 테스트는 해당 시스템의 개발 전 과정에서 언제든지 적절하게 시행되어야 하고(그러나 위험 관리 조치를 구별하여 채택하기 위하여 이루어지는 테스트이므로, 위험 관리 조치를 채택하기 전에는 그 시행이 완료되어야 할 것이다), 시장 출시나 서비스 공급 전에는 실시되어야 하고, 의도된 목적에 따라 적절하게 사전에 정의된 지표와 확률적 임계값에 따라 테스트가 이루어져야 한다(§9⑧).

3. 다른 EU법과 관계(제9조 제10항)

해당 고위험 AI 시스템의 공급자에 대해 다른 EU법의 기타 관련 조항에 따른 내부의 위험 관리 절차에 관한 요건이 적용되는 경우에는, 위험 관리 체계에 관한 사항들은 해당 EU법에 따라 수립된 위험 관리 절차의 일부로 보거나 이와 결합될 수 있다(§9⑩).

Ⅲ. 데이터 및 데이터 거버넌스(제10조)

1. 개요(제10조 제1항)

고위험 AI 시스템에 특히 모델 학습과 관련된 AI 기술이 이용되는 경우, 해당 시스템이 의도한 대로 안전하게 작동하고 EU법이 금지하는 차별의 원인이 되지 않도록 적절한 구조를 제공하고 성능을 보장하는데 있어, 고품질 데이터에 대한 접근과 확보된 고품질 데이터는 중요한 역할을 한다. 따라서 고품질 데이터 세트의 확보와 접근을 위해서는 적절한 데이터 거버넌스 및 관리 업무가 구현되어야 한다(Recital 67).

이에 AI법은 데이터로 AI 모델을 학습시키는 기술을 이용하는 고위험 AI 시스템의 경우, 데이터 세트가 이용될 때마다 아래에서 살펴보는 것과 같은 일정한 품질 기준을 충족하는 학습, 검증 및 테스트 데이터 세트를 기반으로 개발하도록 정하고 있다(§10①).

AI법은, 고위험 AI 시스템의 개발 및 평가를 위해, 특정 행위자, 예를 들어 공급자, 신고 기관 및 유럽 디지털 혁신 허브, 테스트 실험 시설 및 연구원과 같은 기타 관련 기관은, 그 활동 분야 내에서, 고품질 데이터 세트에 접근하고 이용할 수 있어야 하고, EU집행위원회가 구축한 EU 공동 데이터 공간과 공익을 위해 기업 간 그리고 정부와의 데이터 공유를 촉진하는 것은, AI 시스템의 학습, 검증 및 테스트를 위한 고품질 데이터에 대한 신뢰할 수 있고 책임감 있으며 비차별적인 접근을 제공하는 데 중요한 역할을 할 수 있다고 규정하고 있으며(보건 분야에서 EU의 보건 데이터 공간은 적절한 제도적 거버넌스를 통해 개인정보를 보호하고, 안전하고, 시의적절하며, 투명하고 신뢰할 수 있는 방식으로, 보건 데이터에 대한 비차별적인 접근과 해당 데이터 세트 학습을 촉진시키는 것을 예로 들고 있다), 데이터에 대한 접근을 제공하거나 지원하는 각 부문별 당국을 포함하여, 관련 관할당국도 AI 시스템의 학습, 검증 및 테스트를 위한 고품질 데이터의 제공을 지원할 수 있음을 밝히고 있다(Recital 68).

2. 데이터 관리 업무(제10조 제2항)

학습, 검증 및 테스트에 사용되는 데이터 세트는 고위험 AI 시스템의 의도된 목적에 적합한 데이터 거버넌스 및 관리 업무에 따라야 하는데, 이러한 업무는 특히 다음과 같은 사항을 고려해야 한다(§10②).

데이터 관리 업무 고려사항

고려해야 할 사항	해당 조문
관련 설계 선택	§10②(a)
데이터 수집 절차 및 데이터 출처, 그리고 개인정보의 경우, 수집의 본래 목적 ※ 이와 같이 개인정보 수집의 본래 목적을 고려하도록 하여, 일반개인정보보호법(GDPR)(Regulation (EU) 2016/679)을 준수할 수 있도록 한 것이다(Recital 67).	§10②(b)
주석, 라벨링, 정리, 업데이트, 강화와 집계 등과 같은 관련 데이터 준비 처리 작업	§10②(c)
특히 데이터가 측정하고 나타내야 하는 정보와 관련된, 가정의 공식화	§10②(d)
필요한 데이터 세트의 유효성, 수량 및 적합성에 대한 평가	§10②(e)
특히 데이터 결과물이 향후 작업을 위한 입력에 영향을 미치는 경우, 사람의 건강과 안전에 영향을 미치거나, 기본권에 부정적인 영향을 미치거나, EU법에 따라 금지된 차별을 초래할 수 있는 가능한 편향을 고려한 조사	§10②(f)
위 조사에 따라 식별된 가능한 편향을 탐지하고 예방하고 완화하기 위한 적절한 조치	§10②(g)
AI법의 준수를 방해하는 관련 데이터 간극 또는 결함의 식별과 그러한 간극과 결함의 해결방법 규명	§10②(h)

3. 데이터 세트의 요건(제10조 제3항, 제4항)

학습, 검증 및 테스트에 사용되는 데이터 세트는 관련성이 있고, 충분히 대표성이 있어야 하며, 가능한 한 최대한 오류가 없고, 의도된 목적에 비추어 최대한 완전해야 한다. 해당하는 경우, 고위험 AI 시스템을 이용할 사람 또는 사람과 연관된 집단과 관련하여 적절한 통계적 특성을 가져야 한다. 이러한 특성들은 개별 데이터 세트별로 혹은 개별 데이터 세트의 조합별로 충족될 수 있다(§10③).

한편 고위험 AI 시스템을 이용할 사람 또는 사람과 연관된 집단과 관련하여 통계적 특성을 반영할 때, 통계적 특성을 잘못 반영하게 되면(예를 들어 통계적으로, 흑인의 범죄율이 높다거나 특정직업 군에서 남성이 비율이 높다는 이유로, 이러한 특성을 그대로 반영하는 경우), 오히려 편향성을 강화시킬 수 있음을 주의해야 할 것이다.

데이터를 기반으로 한 AI 시스템의 결과물이 다시 AI 시스템의 데이터로서 활용되거나 해당 AI 시스템의 조정에 사용되는 등으로 영향을 미치는 경우(피드백 루프), 데이터 세트가 사람의 건강과 안전에 영향을 미치거나 기본권에 부정적인 영향을 미치거나 EU법에 따라 금지된 차별을 초래할 편향성을 띄고 있다면, 초기 데이터 세트의 편향성은 더욱 심화될 수 있다. 또한 데이터 세트에 내재된 편향은 AI 시스템이 산출한 결과에 영향을 줄 수 있고, 이러한 편향은 점차 증가하고 기존의 차별을 지속시키고 확대할 가능성이 있으며, 특히 인종이나 민족 그룹을 포함한 특정 취약 그룹에 속한 사람들에게 더욱 그러하다. 따라서 애초 데이터 세트의 편향성을 완화하는 것은 매우 중요하고, 이에 특히 주의를 기울일 필요가 있다. 다만 개인정보의 최소화 및 개인정보보호의 원칙은 개인정보를 처리함에 있어 유지되어야 하므로, 개인정보가 데이터 세트의 일부인 경우에는 데이터 세트의 완전성과 무결성의 추구를 이유로 개인정보 보호 기술의 이용에 부정적 영향을 줄 수는 없다(이상 Recital 67).

해당 고위험 AI 시스템의 활용 목적에 따라, 해당 데이터 세트의 관련성, 대표성, 적합성이 달라질 수 있다. 따라서 데이터 세트는, 의도된 목적에 따라 필요한 범위 내에서, 고위험 AI 시스템이 이용되도록 의도된 특정 지리적, 맥락적,

행동적 또는 기능적 환경에 특화된 특성이나 요소를 고려하여야 한다(§10④).

이와 같은 요건은, 데이터 거버넌스 검증, 데이터 세트 무결성, 데이터 학습, 검증 및 테스트 업무를 포함하여 인증된 규정 준수 서비스를 제공하는 제3자를 통해 달성하도록 할 수 있다(Recital 67).

4. 편향 탐지 및 보정 등을 위한 특별 범주의 개인정보 처리(제10조 제5항)

고위험 AI 시스템과 관련하여 편향 탐지 및 보정을 담보하기 위한 목적을 위해 엄격히 필요한 경우, 해당 시스템의 공급자는 사람의 기본권과 자유를 위한 적절한 보호조치에 따라 예외적으로 특별한 범주의 개인정보(special category of personal data)(§3(37), 일반개인정보보호법(GDPR)(Regulation (EU) 2016/679) §9①, 공공기관개인정보보호법(Regulation (EU) 2018/1725) §10①, 형사상개인정보보호지침(Directive (EU) 2016/680) §10에 언급된 개인정보를 의미하고, 구체적으로는 인종 또는 민족, 정치적 견해, 종교 또는 철학적 신념 또는 노동 조합 가입 여부를 드러내는 개인정보, 유전자정보, 생체인식 정보, 건강 관련 정보 또는 성생활 또는 성적 취향에 관한 정보를 의미한다)를 처리할 수 있다. 이러한 처리가 이루어지기 위해서는, 위 관련 법률 등에 명시된 요건에 더하여 다음의 모든 조건이 충족되어야 한다(§10⑤).

조건	해당 조문
합성 데이터나 익명 데이터를 포함한 기타 데이터를 처리함으로써 편향 탐지 및 보정을 효과적으로 수행할 수 없어야 함	§10⑤(a)
특별한 범주의 개인정보를 재이용함에 있어 기술적 제한과 가명처리를 포함한 최첨단 보안 및 사생활 보호조치가 적용될 수 있어야 함	§10⑤(b)
오용을 방지하고 승인받은 사람만 적절한 비밀유지의무 하에 해당 개인정보에 접근하는 것을 보장하기 위하여, 특별한 범주의 개인정보에 대한 접근을 엄격히 통제하고, 문서화를 포함한 처리된 개인정보가 안전하고 보호되는 것을 담보하는 조치와 적절한 보호처리가 적용될 수 있어야 함	§10⑤(c)
특별한 범주의 개인정보가 다른 당사자에게 전송, 이전 또는 달리 접근될 수 없어야 함	§10⑤(d)

특별한 범주의 개인정보가 편향 보정 시점 또는 보존기간 종료 시점 중 먼저 도래하는 시점에 즉시 삭제되어야 함	§10⑤(e)
Regulation (EU) 2016/679 및 Regulation (EU) 2018/1725, Directive (EU) 2016/680에 따른 처리절차 기록이 특별한 범주의 개인정보 처리가 편향을 탐지하고 보정하기 위해 엄격히 필요했고 다른 데이터의 처리로 이러한 목표를 달성할 수 없었던 이유를 포함하는 경우	§10⑤(f)

한편 앞서 살펴본 개인정보 관련 위 EU법 등은 특별한 범주의 개인정보처리를 금지하면서, 다만 '상당한 공익상의 이유로 처리가 필요하고, 목적에 비례하며, 데이터 보호권의 본질을 존중하고, 정보주체의 기본권과 이익을 보호하기 위한 적절하고 구체적인 조치를 제공하는 경우'(일반개인정보보호법(GDPR) (Regulation (EU) 2016/679) §9②(g), 공공기관개인정보보호법(Regulation (EU) 2018/1725) §10②(g)) 또는 'EU법 또는 회원국법에 따른 승인, 정보주체의 중대한 이익 보호를 위해 또는 정보주체가 명백하게 공개한 데이터의 경우'(형사상개인정보보호지침(Directive (EU) 2016/680) §10)에만 예외적으로 그 처리를 허용하고 있는바, 위와 같은 조건도 충족하여야 한다.

5. 적용 일부 예외(제10조 제6항)

AI 모델의 학습을 수반하는 기술을 이용하지 않는 고위험 AI 시스템을 개발하는 경우에는, 앞서 살펴본 데이터 업무 관리(§10②), 데이터 세트의 요건(§10③, ④), 편향 탐지 및 보정 등을 위한 특별한 범주의 개인정보 처리(§10⑤) 사항들은 테스트 데이터 세트에만 적용된다(§10⑥).

IV. 기술문서(제11조)

고위험 AI 시스템의 개발 방법과 수명기간 동안의 성능에 대한 이해 가능한 정보를 확보하는 것은, 해당 시스템을 추적하고, AI법의 요건을 준수하는지 여부를 확인하며, 운영 모니터링 및 시장 출시 후 모니터링을 가능하게 하는데 필수적이다. 이를 위해서 해당 시스템의 일반적 특성, 기능, 한계, 알고리즘, 데이터, 학습, 테스트 및 검증 프로세스는 물론 관련 위험 관리 체계 등의 AI

시스템의 관련 요건 준수 여부를 평가하고 시장 출시 후 모니터링을 용이하게
하는 데 필요한 정보가 명확하고 포괄적인 형태로 담긴, 기술문서(technical
documentation)를 마련할 필요가 있다(Recital 71).

이에 AI법은 고위험 AI 시스템의 경우 기술문서를 작성하도록 하고 있다.

1. 기술문서의 요건(제11조 제1항, 제2항, 부속서 Ⅳ)

1) 최신성 및 작성 방식(제11조 제1항, 제2항)

고위험 AI 시스템의 기술문서는 해당 시스템이 시장 출시나 서비스 공급되
기 전에 작성되어야 하고, 최신 상태로 유지되어야 한다. 이때 기술문서는, 고
위험 AI 시스템이 제3장 제2절(고위험 AI 시스템의 요건)에 규정된 요건을 충족
함을 입증하고, 해당 요건을 충족하는지 평가하기 위한 명확하고 포괄적인 형
태의 필요한 정보를 국가관할당국 및 피통보기관에 제공하는 방식으로 작성되
어야 한다. 여기에는 뒤에서 살펴보는 것처럼 최소한 부속서 Ⅳ에 규정된 요소
를 포함해야 한다(§11①).

한편 스타트업을 포함한 중소기업(SMEs)은 부속서 Ⅳ에 명시된 기술문서의
요소를 간소화된 방식으로 제공할 수 있고, 스타트업을 포함한 중소기업이 부
속서 Ⅳ에서 요구하는 정보를 위와 같이 간소화된 방식으로 제공하기로 선택한
경우, 중소기업은 EU집행위원회가 마련한 양식을 이용하여야 하고, 피통보기관
은 적합성 평가 목적을 위해 중소기업이 제출하는 해당 양식을 수용하여야 한
다(§11①).

고위험 AI 시스템이 부속서 Ⅰ 제A절에 열거된 EU조화법이 적용되는 제품
과 관련된 것이라면, 해당 EU조화법에서 요구하는 정보와 AI법에서 위와 같이
명시하고 있는 모든 정보를 포함하는 단일한 기술문서 세트가 작성되어야 한다
(§11②).

2) 포함되어야 하는 정보(제11조 제1항, 부속서 Ⅳ)

기술문서는 최소한 부속서 Ⅳ에 규정된 요소를 포함해야 하는데(§11①), 그
내용은 다음과 같다(부속서 Ⅳ).

포함되어야 하는 항목 및 세부 내용		해당 조문 (부속서 IV)
일반적 기술	해당 시스템의 의도된 목적, 공급자 성명, 이전 버전과의 관계를 보여주는 시스템 버전	§1(a)
	해당되는 경우, AI 시스템이 그 일부를 구성하지 않는 다른 AI 시스템 또는 하드웨어·소프트웨어와 상호작용하거나 상호작용하는데 이용될 수 있는 방법	§1(b)
	관련 소프트웨어·펌웨어의 버전과 버전 업데이트와 관련된 모든 요건	§1(c)
	하드웨어에 내장된 소프트웨어 패키지, 다운로드 또는 API 등과 같이, AI 시스템이 시장 출시되거나 서비스 공급되는 모든 형태에 관한 설명	§1(d)
	AI 시스템이 실행될 하드웨어에 관한 설명	§1(e)
	AI 시스템이 제품의 구성요소에 해당하는 경우, 제품의 외부적 특성, 표시와 내부 배치를 보여주는 사진 또는 그림	§1(f)
	배포자에게 제공된 이용자 인터페이스에 관한 기본 설명	§1(g)
	해당되는 경우, 배포자를 위한 이용 설명과 배포자에게 제공된 이용자 인터페이스에 관한 기본 설명	§1(h)
AI 시스템 요소와 해당 시스템 개발 절차에 관한 상세 설명	관련성이 있는 경우, 제3자가 제공한 도구, 사전 학습된 시스템의 이용 또는 공급자가 이용·통합·수정한 방법 등, AI 시스템 개발을 위해 수행된 방법 또는 단계	§2(a)
	시스템의 설계 사양, 즉 AI 시스템과 알리고리즘에 관한 일반 로직; 시스템이 이용되도록 의도된 사람들 또는 이들 집단에 관하여 설정한 원리 및 가정 등 중요 설계 선택; 주요 분류 선택; 시스템이 무엇에 최적화되도록 설계되었는지와 다른 파라미터와의 관련성; 기대되는 시스템의 결과물과 그 질에 관한 설명; 제3장 제2절(고위험 AI 시스템의 요건)에 규정된 요건을 준수하기 위해 채택한 기술적 요건과 관련된 모든 가능한 득실에 관하여 내린 결정	§2(b)

	소프트웨어 구성요소가 어떻게 구축되고 상호 공급되며 전체 처리에 통합되지를 설명하는 시스템 아키텍처에 관한 설명; AI 시스템을 개발, 학습, 테스트 및 검증하는데 이용되는 컴퓨팅 자원	§2(c)
	관련성이 있는 경우, 데이터 세트, 출처에 관한 정보 및 주요 특징 등에 관한 개괄적인 기술 등 학습 방법 및 기술, 이용된 학습 데이터 세트를 설명해 주는 것으로서 데이터 시트 관점에서의 데이터 요건; 데이터를 확보하고 선택한 방법; 라벨링 절차(예: 지도학습을 위한 경우), 데이터 정제 방법(예: 이상치 감지)	§2(d)
	다른 규정(§13③(d))에 따라 배포자가 AI 시스템의 결과 해석을 촉진시키기 위해 필요한 기술적 조치에 대한 평가를 포함하여, 다른 규정(§14)에 따라 필요한 사람의 관리·감독 조치에 대하여 평가	§2(e)
	해당되는 경우, 제3장 제2절(고위험 AI 시스템의 요건)에 따른 관련 요건을 충족하는 AI 시스템이 계속적으로 요건을 준수하는 것을 보장하기 위해 채택한 기술 솔루션에 관한 모든 관련 정보를 포함하여, AI 시스템에 관하여 사전에 변경하기로 결정한 사항과 해당 시스템의 성능에 관한 상세한 설명	§2(f)
	이용된 검증·학습 데이터과 주요 특성에 관한 정보 등 검증 및 학습 절차; 정확성, 견고성, 제3장 제2절(고위험 AI 시스템의 요건)에 규정된 관련 요건 준수뿐 아니라 차별적 영향을 줄 가능성을 측정하는 데 이용한 지표; 테스트 로그와 위 호(§2(f))에 규정된 사전 변경하기로 결정한 사항에 관한 것을 포함하여 책임자가 날짜를 기재하고 서명한 모든 관련 보고서	§2(g)
	적용한 사이버 보안 조치	§2(h)
AI 시스템의 모니터링, 기능 및 통제에 관한 상세 내용	시스템이 이용될 것이 의도된 특정 사람 또는 집단을 대상으로 한 정확도와 의도된 목적과 관련하여 기대되는 전반적인 정확도 등 성능의 역량 및 한계; AI 시스템의 의도된 목적 관점에서, 건강, 안전, 기본권 및 차별에 대한 위험 요인과 의도되지 않았으나 예견 가	§3

능한 결과; 배포자가 AI 시스템의 결과물을 해석할 수 있도록 배치한 기술적 조치 등 다른 규정(§14)에 따른 사람의 관리·감독 조치; 적절한 경우 입력 데이터에 관한 상세 설명	
특정 AI 시스템에 관한 성능지표의 적절성에 관한 설명	§4
다른 규정(§9)에 따른 위험 관리 체계에 관한 상세한 설명	§5
시스템의 생애주기를 통해 공급자가 해당 시스템에 적용한 관련 변경에 관한 설명	§6
EU 관보에 게재된 참조의 일부 또는 전부에 적용된 조화된 표준 목록; 적용된 조화된 표준이 없는 경우, 적용된 기타 표준 또는 기술기준 목록 등 제3장 제2절(고위험 AI 시스템의 요건)에 따른 요건 준수를 위해 적용된 솔루션에 관한 상세 설명	§7
다른 규정(§47)에 따른 EU 적합성 선언의 사본	§8
다른 규정(§72③)에 언급된 시장 출시 후 모니터링 계획을 포함하여, 다른 규정(§72)에 따라 시장 출시 단계에서 AI 시스템 성능을 평가하기 위해 마련된 체계에 대한 상세 설명	§9

2. EU집행위원회의 후속조치(제11조 제1항, 제3항)

EU집행위원회는 중소기업의 요구에 맞춘 간소화된 중소기업용 기술문서 양식 마련해야 하고(§11①), 기술 발전의 관점에서, 기술문서가 제3장 2절(고위험 AI 시스템의 요건)에 규정된 요건을 해당 시스템이 충족하는지 여부를 평가하기 위해 필요한 모든 정보를 제공하는 것을 담보하기 위하여, 필요한 경우 다른 규정(§97)에 따라 위임법을 채택함으로써 부속서 Ⅳ를 개정할 수 있다(§11③)(AI 기술은 매우 빠르게 변화하는 특성이 있는바, 기술문서에 기술되어야 하는 정보는 이에 따라 변경될 필요가 있으므로, 위와 같이 위임법을 통해 해당 내용을 수정할 수 있도록 하였다).

V. 기록 보관(제12조)

앞서 살펴본 기술문서와 같이, 고위험 AI 시스템의 수명기간 동안의 모든 이벤트(로그)에 대한 정보를 확보하는 것은, 해당 시스템을 추적하고, AI법의 요건을 준수하는지 여부를 확인하며, 운영 모니터링 및 시장 출시 후 모니터링을 가능하게 하는 데 필수적이다(Recital 71).

따라서 AI법은 고위험 AI 시스템의 경우 이러한 이벤트를 기록하고 보관하도록 하였다.

1. 로그의 자동적 기록 및 기록사항(제12조 제1항, 제2항)

고위험 AI 시스템은 기술적으로 수명기간 동안 모든 이벤트(로그)를 자동으로 기록할 수 있어야 한다(§12①).

한편 해당 시스템의 의도된 목적에 적합한지 여부를 확인할 수 있도록 고위험 AI 시스템의 추적 기능 수준을 보장하기 위해서, 로깅 능력(logging capa-bilities, 시스템 실행 중에 발생하는 다양한 이벤트나 활동을 기록하는 기능)은 다음과 관련된 이벤트를 기록할 수 있어야 한다(§12②). 즉 고위험 AI 시스템이 다른 규정(§79①)의 의미에 따른 위험(사람의 건강이나 안전 또는 기본권에 대한 위험)을 발생시키거나 본질적 변경을 초래하는 상황을 식별하는 것과 관련된 이벤트(§12②(a)), 다른 규정(§72)에 언급된 시장 출시 후 모니터링의 촉진과 관련된 이벤트(§12②(b)), 다른 규정(§26⑤)에 언급된 고위험 AI 시스템 운영에 대한 모니터링과 관련된 이벤트(§12②(c))가 기록되어야 한다.

2. 원격 생체인식 식별 시스템의 기록사항(제12조 제3항)

고위험 AI 시스템 중 원격 생체인식 식별 시스템(부속서 Ⅲ §1(a))과 관련하여, 로깅 능력은 최소한 다음의 내용을 제공할 수 있어야 한다(§12③). 즉 시스템이 이용된 각각의 기간의 기록(이용별 시작·종료의 날짜와 시각)(§12③(a)), 시스템에 의해 확인되었던 입력데이터를 기준으로 한 참조 데이터베이스(§12③(b)), 검색결과 일치하는 항목이 나온 입력데이터(§12③(c)), 다른 규정(§14⑤)에 언급된 것과 같은 최소 2인 이상의 사람에 의한 별도 결과의 검증에 포함된 사람의 식별에 관한 내용(§12③(d))을 제공할 수 있어야 한다.

VI. 배포자에 대한 투명성 및 정보 제공(제13조)

1. 개요(제13조 제1항, 제2항)

투명성(transparency)이란 AI 시스템이 적절한 추적과 설명이 가능한 방식으로 개발되고 이용되며, 사람이 AI 시스템과 소통하거나 상호 작용한다는 사실을 인지하고, 배포자에게 해당 AI 시스템의 기능과 한계를 적절히 알리며, 영향을 받는 사람에게 자신의 권리에 대해 적절히 알리는 것을 의미한다(Recital 27). 이러한 투명성은 고위험 AI 시스템의 불투명성 및 복잡성과 관련된 우려를 해소하고 배포자가 AI법에 따른 의무를 이행하기 위해서 요구된다(Recital 72).

따라서 AI법은 고위험 AI 시스템은 배포자가 시스템의 결과물을 해석하고 그것을 적절하게 이용할 수 있도록 그 운영이 충분히 투명하게 설계되고 개발되도록 하고, 제3장 제3절(고위험 AI 시스템의 공급자·배포자 기타 당사자의 의무)에 명시된 공급자와 배포자의 관련 의무 준수를 충족하기 위하여 적절한 유형과 수준으로 투명성이 보장되도록 규정하고 있다(§13①).

이에 고위험 AI 시스템에는 배포자와 관련되고 접근가능하며 이해할 수 있는 간결하고 완전하며 정확하고 명확한 정보가 포함된 적절한 디지털 형식 혹은 기타 형식의 이용 지침(instructions for use)이 함께 제공되어야 한다(§13②).

특히 배포자는 자신에게 적용되는 의무를 고려하여 이용하고자 하는 시스템을 올바르게 선택하고, 의도된 이용과 금지된 이용에 대해 교육을 받고, AI 시스템을 올바르고 적절하게 이용할 수 있는 더 나은 위치에 있어야 하고, 이용 지침은 배포자가 시스템을 이용하는 데 도움이 되고 정보에 입각한 의사 결정을 내릴 수 있도록 지원할 수 있어야 하는바, 이용 지침에 포함된 정보의 가독성과 접근성을 높이기 위해, 가능한 경우, AI 시스템의 제한 사항과 의도된 이용 및 금지된 이용에 대한 예시를 포함해야 하고, 배포자의 요구와 예측가능한 지식을 고려하여 의미 있고 포괄적이며 접근가능하고 이해하기 쉬운 정보를 포함하여야 하며, 해당 회원국의 결정에 따라 대상 배포자가 쉽게 이해할 수 있는 언어로 제공되어야 한다(Recital 72).

2. 이용 지침(제13조 제2항, 제3항)

이용 지침에는 다음과 같은 정보가 포함되어야 한다(§13③).

포함되어야 하는 정보의 항목 및 세부 내용		해당 조문
공급자, 해당되는 경우, 그의 국내 대리인의 신원 및 연락처		§13③(a)
고위험 AI 시스템의 특징, 역량 및 성능의 한계	고위험 AI 시스템의 의도된 목적	§13③(b)(i)
	고위험 AI 시스템이 테스트 및 검증을 거쳤고 예상할 수 있는 다른 규정(§15)에 언급된 지표, 견고성 및 사이버 보안을 포함한, 정확성의 수준과 예상되는 정확도, 견고성 및 사이버 보안에 영향을 미칠 수 있는 알려진 예측가능한 모든 상황	§13③(b)(ii)
	의도된 목적에 따라 혹은 다른 규정(§9②)에 언급된 건강과 안전 또는 기본권에 위험을 초래할 수 있는 합리적으로 예측가능한 오용의 조건하에서 고위험 AI 시스템의 이용과 관련된, 모든 알려지고 예측가능한 상황	§13③(b)(iii)
	해당되는 경우, 고위험 AI 시스템 결과물을 설명하기 위해 관련된 정보를 제공하기 위한 해당 시스템의 기술적 능력 및 특징	§13③(b)(iv)
	적절한 경우, 해당 시스템을 이용하려는 의도를 가진 특정 개인 또는 집단에 관련된 고위험 AI 시스템의 성능	§13③(b)(v)
	적절한 경우, 고위험 AI 시스템의 의도된 목적을 고려하여, 입력데이터의 기준 또는 이용된 학습, 검증, 테스트 데이터 세트와 관련된 기타 정보	§13③(b)(vi)
	해당되는 경우, 배포자가 고위험 AI 시스템 결과물을 해석하고 그것을 적절하게 이용할 수 있도록 하는 정보	§13③(b)(vii)

변경이 있는 경우, 최초의 적합성 평가 시점에 공급자에 의해 미리 결정된 고위험 AI 시스템 및 그 시스템의 성능에 대한 변경사항	§13③(c)
배포자에 의한 고위험 AI 시스템 결과물의 해석이 가능하게 하기 위해 마련된 기술적 조치를 포함하여, 다른 규정(§14)에 언급된 인간의 관리·감독조치	§13③(d)
필요한 컴퓨팅과 하드웨어 리소스, 고위험 AI 시스템의 예상 수명기간 그리고 소프트웨어 업데이트를 포함하여 해당 AI 시스템의 적절한 기능을 보장하기 위하여 필요한 유지 및 관리 조치와 그 빈도	§13③(e)
관련된 경우, 배포자가 다른 규정(§12)에 따른 로그를 적절하게 수집, 저장 및 해석하는 것을 허용하는 고위험 AI 시스템 내에 포함된 메커니즘에 대한 설명	§13③(f)

Ⅶ. 인간의 관리·감독(제14조)

1. 개요(제14조 제1항, 제2항)

AI HLEG(인공지능 고위 전문가 그룹, the High-Level Expert Group on Artificial Intelligence)의 가이드라인에 따르면, 인간의 대리 및 감독은 AI 시스템이 인간에게 봉사하고 인간의 존엄성과 개인의 자율성을 존중하며 인간이 적절하게 통제하고 감독할 수 있는 방식으로 작동하는 도구로 개발되고 이용된다는 것을 의미한다(Recital 27).

AI법은, 고위험 AI 시스템은 이용되는 동안에, 적절한 사람-기계 간 인터페이스 도구를 포함하여, 사람이 효과적으로 관리·감독할 수 있는 방식으로 설계·개발되도록 규정하고 있다(§14①). 특히 제3장 제2절(고위험 AI 시스템의 요건)에 규정된 다른 요건을 준수하였음에도 불구하고, 위험이 지속되는 경우, 사람의 관리·감독(human oversight)은 고위험 AI 시스템이 의도된 목적으로 이용되거나 합리적으로 예측가능한 오용 상황하에 발생할 수 있는 건강, 안전 또는 기본권에 대한 위험을 방지하거나 최소화하도록 이루어져야 한다고 규정하고 있다(§14②).

2. 관리 · 감독 조치의 기준 및 내용(제14조 제3항, 제4항)

사람의 관리 · 감독 조치는, 해당 고위험 AI 시스템의 위험도, 자율성의 수준, 이용되는 맥락에 비례해야 하고, 다음의 조치 중 하나 이상을 포함해야 한다(§14③). 즉 고위험 AI 시스템의 시장 출시 또는 서비스 공급 전, 공급자가 식별하여 수립한 기술적으로 가능한 조치나(§14③(a)), 고위험 AI 시스템의 시장 출시 또는 서비스 공급 전 공급자가 식별하고, 배포자가 이행하기에 적합한 조치를(§14③(b)) 포함해야 한다.

사람이 효과적으로 관리 · 감독할 수 있는 방식으로 설계 · 개발되고(§14①), 건강, 안전, 기본권에 대한 위험을 방지하거나 최소화하며(§14②), 기술적으로 가능한 조치나 배포자가 이행하기 적합한 조치가 관리 · 감독 조치에 포함될 수 있도록(§14③) 하기 위해서, 고위험 AI 시스템이 배포자에게 제공될 때 인적 관리 · 감독 역할을 부여받는 사람이 적절하고 비례적으로 다음을 수행할 수 있도록 해야 한다(§14④).

즉, 고위험 AI 시스템의 관련 역량과 한계에 대한 적절한 이해, 이상 징후, 기능 장애, 예상치 않은 성능의 감지 및 해결을 포함한 시스템 운영에 대한 적절한 모니터링(§14④(a)), 특히 사람의 의사결정을 위한 정보 제공 또는 추천을 제공하는 고위험 AI 시스템 등, 고위험 AI 시스템의 결과물에 대한 기계적 의존 또는 과도한 의존 경향의 발생 가능성 인식(자동화 편견)(§14④(b)), 예를 들어 이용가능한 해석 도구와 방법 등을 고려한, 고위험 AI 시스템의 결과물에 대한 정확한 해석(§14④(c)), 특정한 상황에서, 고위험 AI 시스템의 이용을 중단하거나, 그 결과물을 무시(disregard), 무효화(override), 번복(reverse)하는 결정(§14④(d)), 고위험 AI 시스템 운영에 개입하거나 정지 버튼이나 기타 유사한 절차를 통해 해당 시스템을 안전 상태로 일시 중단(§14④(e))을 수행할 수 있어야 한다.

3. 원격 생체인식 식별 시스템의 강화된 관리 · 감독(제14조 제5항)

원격 생체인식 식별 시스템이 부정확하게 작동하는 경우에는 해당 개인에게 중대한 영향을 미칠 수 있다(Recital 73).

따라서 AI법은 고위험 AI 시스템 중 원격 생체인식 식별 시스템(부속서 Ⅲ §1(a))의 경우, 기술적으로 가능한 조치나 배포자가 이행하기 적합한 조치가 포함된 사람의 관리·감독 조치(§14③)는, 필요한 능력, 훈련, 권한을 갖춘 2인 이상의 사람에 의해 별도 검증되고 확인되지 않는 한, 배포자가 해당 시스템에서 발생한 식별에 근거하여 어떠한 행위 또는 결정을 내릴 수 없도록 규정하고 있고, 이와 같은 최소 2인 이상의 사람에 의한 별도의 검증 요건은, EU법 또는 EU 회원국법의 요구 사항의 적용이 불균형하다고 간주될 경우, 법 집행, 이민, 국경 관리, 망명을 위해 이용되는 고위험 AI 시스템에는 적용되지 않도록 규정하고 있다(§14⑤).

위와 같은 별도 검증 및 확인 역할을 하는 사람은, 해당 시스템의 운영자나 이용자가 배제되어야 하는 것은 아니고, 하나 이상의 법인에 소속된 사람이나 시스템을 운영하거나 이용하는 사람 중에서 선정될 수도 있다(Recital 73).

Ⅷ. 정확성, 견고성, 사이버 보안(제15조)

고위험 AI 시스템은 적정 수준의 정확성(accuracy), 견고성(robustness) 및 사이버 보안(cybersecurity)을 달성하여야 하고, 전 수명주기에 걸쳐 일관성 있게 작동하도록 설계되고 개발되어야 한다(§15①). 이와 같은 적정한 정확성과 견고성을 측정하는 방법 및 기타 관련 성과 지표의 기술적 측면을 해결하기 위하여, EU집행위원회는 계량(metrology) 및 벤치마킹 당국(benchmarking authorities)과 같은 관련 이해관계인 및 기관과 협력하여 적절한 경우 벤치마크 및 측정 방법론의 개발을 장려하여야 하고(§15②), 정확성 수준 및 관련 정확도 지표는 이용 지침에 명시되어야 한다(§15③).

한편 사람 또는 다른 시스템과 상호작용의 경우에, 고위험 AI 시스템은 해당 시스템 또는 해당 시스템이 운영되는 환경 내에서 발생할 수 있는 오류, 결함, 일관성 결여에 대해 가능한 복원력(resilience)을 가져야 한다. 이와 관련하여 기술적·조직적 조치가 이루어져야 하고, 고위험 AI 시스템의 견고성은 백업 또는 오작동 안전 설계를 포함하는 기술적 중복조치를 통해 달성될 수 있다. 또한 시장 출시 또는 서비스 공급 후 지속적으로 학습하는 고위험 AI 시스템은 향후 운영을 위한 입력에 영향을 미칠 수 있는 편향된 결과물의 위험(피드백 루프)을 최대한 제거하거나 감소시키고, 그러한 피드백 루프가 적절한 완화 조치를 통해 적절히 해결되는 것을 보장하도록 개발되어야 한다((§15④).

고위험 AI 시스템의 견고성을 보장하기 유해하거나 바람직하지 않은 행동을 방지하거나 최소화하기 위한 적절한 기술적 솔루션을 설계하고 개발하는 등과 같이 기술적이고 조직적인 조치가 이루어져야 하고, 이러한 기술적 솔루션에는 특정 이상 징후가 발생하거나 미리 정해진 경계를 벗어나 작동할 경우 시스템 작동을 안전하게 중단할 수 있는 메커니즘(fail-safe plans)이 포함될 수 있다(Recital 75).

고위험 AI 시스템은 권한을 부여받지 않은 제3자가 해당 시스템의 취약점(vulnerabilities)을 악용하여 그 이용, 결과물, 성능을 변경하려는 시도에 대한 복원력을 갖추어야 한다. 고위험 AI 시스템의 사이버 보안을 보장하기 위한 기술적 방안은 관련 상황 및 위험에 부합하는 적절한 것이어야 하고, AI 고유의 취약점에 대응하기 위한 기술적 방안은 학습 데이터 세트에 대한 조작 공격(데이터 오염), 학습에 이용되는 사전 훈련된 요소에 대한 조작 공격(모델 오염), AI 모델에 착오를 유발하도록 하는 투입물의 주입 공격(적대적 예제 또는 모델 회피), 기밀 공격, 모델 오류 등을 적절하게 방지, 탐지, 대응, 해결 또는 통제하는 방안을 포함해야 한다(§15⑤).

AI법에 명시된 견고성 및 정확성과 관련된 요건을 침해하지 않는 범위 내에서, 디지털 요소가 있는 제품에 대한 수평적 사이버 보안 요건에 관한 유럽 의회 및 이사회의 규정(Regulation (EU) 2019/881를 의미하는 것으로 보인다)의 범위에 해당하는 고위험 AI 시스템은 해당 규정에 따라 해당 규정에 명시된 필수 사이버 보안 요건을 충족함으로써 AI법의 사이버 보안 요건을 준수함을 증명할 수 있고, 해당 요건의 충족이 해당 규정에 따라 발행된 EU 적합성 선언 또는 그 일부에서 입증되는 한 AI법에 명시된 사이버 보안 요건을 준수하는 것으로 간주될 수 있다. 이를 위해, AI법에 따라 고위험 AI 시스템으로 분류된 디지털 요소가 있는 제품과 관련된 사이버 보안 위험에 대한 평가는, 디지털 요소가 있는 제품에 대한 수평적 사이버 보안 요건에 관한 유럽 의회 및 이사회의 규정에 따라 수행된다(Recital 77).

제3절 고위험 AI 시스템의 공급자/배포자와 기타 당사자의 의무

Ⅰ. 고위험 AI 시스템의 공급자의 의무

1. 개관

AI법은 고위험 AI 시스템을 시장 출시하거나 서비스 공급하는 것에 대해 책임을 지는 자는 해당 시스템을 설계하거나 개발하였는지에 상관없이 공급자에게 책임이 부과되는 것이 적절하다고 보고 있다(Recital 79). 이러한 입장은 고위험 AI 시스템의 요건(제3장 제2절) 이행과 더불어 상당한 의무가 일차적으로 공급자에게 부과되는 것으로 반영되어 있다. 공급자는 고위험 AI 시스템을 직접 개발하거나 타인이 개발하도록 하여 AI 시스템을 시장 출시하거나 서비스 공급하는 자이므로 개발과 시장 출시 또는 서비스 공급의 최접점에 있는 자에 해당한다. 이러한 점에서 AI 시스템에 기술적 조치를 취하거나 시장 출시 또는 서비스 공급 전부터 준비되고 이행되어야 의미가 있는 다양한 문서에 대한 일차적 책임이 공급자에게 부과된 것으로 보인다.

공급자는 고위험 AI 시스템이 요건을 준수하는 것을 보장해야 하고, 국가 관할당국이 사유를 적시한 요청을 하는 경우 고위험 AI 시스템이 해당 요건을 충족한다는 것을 입증해야 한다. 또한 고위험 AI 시스템에 이름, 등록상표 및 주소를 기재하여 시장 출시 또는 서비스를 공급해야 하고, 품질 관리 체계 마련, 기술문서·적합성 선언 등 각종 문서의 보관, 로그 보관, 시정조치 및 정보 제공, 관할당국과의 협력의 의무를 지며, 적합성 평가 실시 및 그에 따른 선언성 작성·보관, CE-적합성 표시 등을 이행해야 한다(§17).

그 밖에 고위험 AI 시스템이 공공 웹사이트 및 애플리케이션 접근성에 관한 지침(Directive (EU) 2016/2102)과 제품·서비스 접근성 요건에 관한 지침(Directive (EU) 2019/882)에 따른 접근성 요건을 준수하는 것을 보장해야 한다. 이는 국제연합 장애인 권리 협약(United Nations Convention on the Rights of Persons with Disabilities)에 따라 EU와 각 회원국이 정보통신 기술과 시스템에 대한 장애인의 접근성을 다른 사람들과 동등한 수준으로 보장하고 프라이버시를 보호해야 한다는 점과 특히 모든 새로운 기술과 서비스에 '유니버셜 디자인 원칙'(universal design principles)을 적용하는 것이 점차 중요해지고 있다는 점을 반영한 것이다. 고위험 AI 시스템 공급자는 가능한 한 고위험 AI 시스템에 대해 접근성을 보장하기 위한 조치를 해당 시스템 설계 당시부터 시스템에 반영하는 것이 바람직하다(Recital 80).

고위험 AI 시스템 공급자의 의무 개요

의무	주요 내용
고위험 AI 시스템의 요건 준수 보장 및 입증	■ 고위험 AI 시스템의 요건 준수 보장 및 입증 의무 부담(§16)
이름·연락처 등 기재	■ 공급자의 이름 및 연락처를 고위험 AI 시스템(포장, 동봉된 문서 등 포함)에 기재(§16)
적합성 평가, 선언서 작성 및 CE 표시	■ 적합성 평가 수행, 선언서 작성 및 CE-적합성 표시 (§16)
EU 데이터베이스에의 등록	■ EU 데이터베이스에의 등록 의무 준수(§16)
고위험 AI 시스템의 접근성 요건 준수 보장	■ 공공 웹사이트 및 애플리케이션 관련 지침에 따른 접근성 보장(§16)
품질 관리 체계 수립	■ 데이터, 위험 관리 체계 등 포함하는 품질 관리 체계를 서면형태로 마련(§17)
기술문서 등 문서의 보관	■ 기술문서, 품질 관리 체계 관련 문서, 적합성 평가 관련 피통보기관의 승인 및 결정 관련 문서, 적합성 평가 선언(§18)
로그 보관	■ 고위험 AI 시스템이 자동으로 생성한 로그를 최소 6개월간 보관(§19)
시정조치 및 정보 제공	■ 고위험 AI 시스템이 AI법에 부합하지 않는 경우 해당 시스템의 철수 또는 리콜 등의 조치를 취하고, 즉시 시정조치 이행 및 피통보기관에게 관련 정보 제공(§20)
관할당국과의 협력	■ 관할당국의 요청에 따라, 고위험 AI 시스템의 요건 준수 입증위한 관련 정보·문서 제공 및 로그에의 접근 허용(§21)

국내대리인 지정	▪ EU 외에 설립된 공급자는 EU시장에 고위험 AI 시스템을 공급하기 전 EU에 설립된 국내대리인 선임(§22)

2. 품질 관리 체계 구축 및 운영

고위험 AI 시스템 공급자는 '품질 관리 체계'를 구축 및 운영해야 한다. 품질 관리 체계는 서면 형태의 정책, 절차 및 지침의 형태여야 하며, 체계적으로 구성되어 있어야 하고, 최소한 다음 사항을 포함하고 있어야 한다(제17조 제1항).

✪ 품질 관리 체계에 포함할 사항

(a) 적합성 평가 절차 및 고위험 AI 시스템의 수정사항 관리를 위한 절차의 준수를 포함한 규제 준수 전략
(b) 고위험 AI 시스템의 설계, 설계 제어 및 검증에 사용되는 기술, 절차 및 체계적 조치
(c) 고위험 AI 시스템의 개발, 품질 관리 및 보장을 위해 사용되는 기술, 절차 및 체계적 조치
(d) 고위험 AI 시스템 개발 전, 개발 중, 개발 후에 수행되어야 하는 검사, 시험, 유효성 검증 절차와 이를 수행해야 하는 빈도
(e) 표준 등 적용되는 기술기준과 관련 조화된 표준이 완전하게 적용되지 않거나 고위험 AI 시스템의 요건(제3장 제2절) 모두를 다루지 않는 경우, 고위험 AI 시스템이 해당 요건을 준수하도록 보장하기 위하여 사용되는 수단
(f) 데이터의 획득, 수집, 분석, 라벨링, 저장, 여과, 마이닝, 종합, 보유 및 관리(관리의 경우, 고위험 AI 시스템의 시장 출시 또는 서비스 공급 목적으로 그 이전에 수행되는 데이터에 관한 기타 작업을 포함)를 위한 시스템과 절차
(g) 위험 관리 체계(§9)
(h) 시장 출시 후 모니터링 체계의 수립, 이행 및 유지(§72)
(i) 중대한 사고의 보고와 관련된 절차(§73)
(j) 데이터 접근을 제공하거나 지원하는 자, 피통보기관, 타 운영자, 고객 또는 다른 이해관계자를 포함하여 국가관할당국, 그 밖의 관련 당국과의 의사소통을 처리
(k) 모든 관련 문서·정보의 기록 보관 체계 및 절차
(l) 공급 보안 관련 조치를 포함한 자원 관리
(m) 상기에 열거된 모든 사항에 대한 경영진 및 기타 직원의 책임을 명시한 책임 체계

품질 관리 체계의 마련과 상기와 같은 사항을 포함하는 등 구체적 이행은 공급자의 조직의 규모에 비례해야 하고, 고위험 AI 시스템의 이 법 준수를 보장하기 위해 요구되는 엄격성의 정도와 보호 수준을 준수할 수 있도록 해야 한다(§17②).

고위험 AI 시스템 공급자가 해당 시스템과 관련하여 기존 EU법에 따라 품질 관리 체계 또는 이와 동등한 기능을 하는 것에 대해 의무를 부담하는 경우가 있을 수 있는데, 이때 기존 품질 관리 체계 등에 AI법에 따라 포함해야 하는 항목을 포함하는 방식으로 이행할 수 있다(§17③). 이러한 AI법과 기존 분야별 EU법 간 상호보완성은 EU집행위원회가 향후 마련할 표준화 활동 및 지침에도 반영되어야 한다. 특히 공공당국이 고위험 AI 시스템을 이용하는 경우 기관의 능력과 분야별 특성을 고려하여 국가 또는 지역 수준에서 적절하게 품질 관리 체계에 관한 규칙을 마련하여 이행하는 것이 바람직하다(Recital 81).

특히, 금융 분야의 경우 EU 금융서비스법에 유사한 엄격한 절차적 요건이 규정되어 있다는 점을 고려하여, 내부 지배구조, 협정 또는 절차에 관한 요건을 준수해야 하는 대상인 금융기관이 고위험 AI 시스템 공급자인 경우, 관련 EU 금융서비스법에 따른 내부 지배구조, 협정 또는 절차에 관한 규칙을 준수함으로써 AI법에 따른 품질 관리 체계를 준수한 것으로 간주된다. 다만, 품질 관리 체계에 포함해야 하는 항목 중 '(g) 위험 관리 체계', '(h) 시장 출시 후 모니터링 체계의 설치, 이행 및 유지'와 '(i) 중대한 사고의 보고와 관련된 절차(§73)'는 이러한 간주에 불포함되므로, AI법에 따라 별도로 준수해야 한다. 이와 관련하여 '조화된 표준'(§40)이 고려되어야 한다는 점이 명시되어 있으므로(§17④), 금융분야에서의 조화된 표준 마련 및 적용을 강조한 것으로 이해된다. 금융분야에 대한 이러한 규정은 이미 기존 품질 관리 체계가 있는 경우 AI법상 포함해야 하는 항목만 포함해도 됨을 명시하였다는 점에서(즉, 결국 AI법에 따른 항목을 모두 포함해야 함) 그 자체로 특별한 규정으로 보기 어려워 보인다. 다만, AI법 적용과 이행 과정에서 기존 유사 문서의 비교·대조 등의 어려움과 유사·동일한지 여부를 판단함에 있어서의 모호성·불확실성을 해소하고 유사 의무를 중복하여 이행해야 하는 부담을 경감하여, 수범자에 대한 법적 명확성과 예측 가능성을 제고한다는 점에서 의의가 있다고 할 수 있다.

3. 문서보관

고위험 AI 시스템 공급자는 고위험 AI 시스템이 시장 출시 또는 서비스 공급된 이후 10년 동안 다음 문서를 보관해야 한다(§18).

✪ 보관해야 하는 문서

> (a) 기술문서(제11조)
> (b) 품질 관리 체계에 관한 문서(제17조)
> (c) (해당 사항이 있는 경우) 피통보기관이 승인한 변경에 관한 문서
> (d) (해당 사항이 있는 경우) 피통보기관에 의한 결정 또는 기타 문서
> (e) EU 적합성 선언(제47조)

고위험 AI 시스템이 개발, 이용 및 폐기되는 전체적인 생애주기 동안 어떻게 개발되고 운영되었는지에 관한 모든 정보는 고위험 AI 시스템 요건이 잘 준수되고 있는지 여부의 확인, 고위험 AI 시스템의 운영 및 사후 시장 모니터링 등을 위해 필수적이다(Recital 71). 따라서 이러한 정보를 포함하고 있는 기술문서 및 품질 관리 체계에 관한 문서와 더불어, EU 역내 시장에의 출시와 서비스 공급을 위해 반드시 필요한 문서인 적합성 평가에 관한 문서를 보관할 필요가 있다. 또한 이러한 문서를 국가관할당국이 처분 내지 사용할 수 있도록 해야 한다고 문서의 이용 주체를 명시함으로써 보관 조건의 방향성을 제시하고 있다. 즉, 공급자 또는 국내대리인이 그 문서를 보관하는 것으로 의무를 다하는 것이 아니라 국가관할당국이 이용할 수 있어야 한다. 각 회원국에게 EU 역내 공급자 및 국내 대리인이 파산 또는 활동을 중단할 것에 대비하여 이들 문서가 10년간 관할당국의 처리 하에 있도록 하는 조건을 정할 의무를 부과한 것도 (§18②) 동일한 맥락이라 할 수 있다.

금융분야에서의 문서보관의 경우, EU 금융서비스법에 따른 내부 거버넌스, 협약 또는 절차를 준수해야 하는 금융기관인 고위험 AI 시스템 공급자는 관련 금융서비스법에 따라 보관해야 하는 문서의 하나로서 기술문서를 보관하도록 하고 있는데(§18③), 이는 사실상 관련 금융서비스법상 보관해야 하는 문서에

AI법상 문서보관 의무를 추가하는 것으로서, 금융서비스법 개정과 유사한 것으로 이해된다. 금융분야의 경우 AI법상 별도의 문서관리 체계를 마련하는 것이 아니라 기존 다른 법 체계를 활용하여 문서를 통합 관리하게 하는 것으로 이해되는데, 이를 통해 공급자의 부담을 경감하고 체계적 문서관리가 가능할 것으로 기대된다.

4. 로그 보관

고위험 AI 시스템 공급자는 시스템이 자동으로 생성한 로그를 자신이 관리할 수 있는 수준으로 보관해야 하며, 보관기관은 EU법 또는 국내법에서 정한 바가 없는 경우 고위험 AI 시스템의 의도된 목적에 부합하도록 기간을 설정하되, 최소 6개월은 보관해야 한다(§19①). 로그를 '공급자가 관리할 수 있는 수준으로 보관해야 한다'는 부분은 보관의 수준 내지 방법을 제시한 것으로 이해되며, 본 규정의 '완전한 이행' 여부를 판단하는 데도 중요한 부분일 것으로 예상되므로, AI법 시행과정에서 구체화될 필요가 있다

금융기관인 공급자는 문서보관의 경우(§18②)와 마찬가지로 관련 금융서비스법에 따라 보관해야 하는 문서의 하나로서 고위험 AI 시스템이 자동으로 생성한 로그를 보관해야 한다(§19②).

5. 시정조치 및 정보 제공

고위험 AI 시스템 공급자는 이미 시장 출시하거나 서비스 공급한 AI 시스템이 AI법에 부합하지 않는 등 법 위반사항이 있다고 생각하는 경우 해당 시스템을 철수하거나, 이용을 불가능하게 하거나 리콜하는 등 필요한 시정조치를 취해야 한다. 또한 이러한 법 위반 가능성에 대하여, 유통자, 배포자, 국내대리인 및 수입자에게 정보를 제공해야 한다(§20①).

특히, 고위험 AI 시스템이 '의도된 목적 또는 합리적으로 예견가능한 이용 조건하에서 합리적이고 허용가능한 수준을 넘어서는 정도로 사람과 사업장에서의 건강 및 안전, 소비자 보호, 환경, 공공보안, 기타 공공이익에 부정적 영향을 미칠 가능성'(§79①의 의미 내에서의 위험)을 보이고 이를 해당 시스템의 공급자가 인지하였다면 즉시 그 원인을 조사해야 한다. 본 시스템의 배포자가 이러

한 위험을 보고한 경우에는 배포자와 협력하여 원인을 조사해야 한다. 또한 권한을 갖는 시장감시당국 및 적합성 평가 인증서를 발급해 준 피통보기관에게 문제된 AI법 위반의 성질과 모든 관련 시정조치에 관하여 정보를 제공해야 한다(§20②).

공급자에게 이러한 시정조치 및 정보 제공 의무를 부과함으로써, 고위험 AI 시스템의 AI법 준수를 확보하고 AI법 위반 내지 불이행으로 인한 위험에 즉각 대응할 수 있는 협업기반의 정보 전달 및 소통 체계를 구축하고자 한 것으로 보인다. 다만, '위반' 또는 '위험' 가능성에 대한 일차적 판단이 고위험 AI 공급자에게 부과되어 있고, 그 개념 자체가 공급자 입장에서는 불확정적일 수 있으며, 고위험 AI 시스템의 AI법 위반사실 등을 알게 된 후 어느 정도 기간 내에 이행해야 하는지 불명확하다는 점 등은 고위험 AI 공급자에게 상당한 부담이 될 수 있으므로 추가적인 안내가 필요할 것으로 보인다.

6. 관할당국과의 협력

고위험 AI 시스템 공급자는 관할당국의 사유를 기재한 요청에 따라 고위험 AI 시스템이 '고위험 AI 시스템 요건'(제3장 제2절)에 합치한다는 것을 입증하는 데 필요한 모든 정보와 문서를 제공해야 한다. 이때, 정보와 문서를 요청한 관할당국이 쉽게 이해할 수 있도록 EU 공식 언어 24개 중 하나로 제공해야 한다(§21①). 또한 관할당국이 사유를 기재한 요청으로 로그 기록을 요청하는 경우 고위험 AI 시스템의 공급자는 자신의 통제 범위 내에서 해당 관할당국이 로그에 접근할 수 있도록 해야 한다(§21②). 특히 로그 기록은 AI법에 따라 최소 6개월간 의무적으로 보관해야 하나, 영구적으로 보관하지 않는 한 모든 로그에 대한 접근이 곤란하므로, '고위험 AI 시스템 공급자의 통제 가능한 범위 내'라는 표현을 사용하여 로그 제공 의무를 합리화한 것으로 이해된다.

관할당국은 자신의 임무 또는 권한 행사를 위해 상당량의 정보 등을 제공받게 되는데 이들 정보가 모두 공개된 정보인 것은 아니며, 고위험 AI 시스템 공급자의 영업비밀이 포함될 수 있다는 점 등을 고려하여, 제공받은 정보 등을 AI법의 기밀 유지 규정(§78)에 따라 다루어야 한다(§21③).

Ⅱ. 제3국의 고위험 AI 시스템 관련 의무

1. 고위험 AI 시스템 공급자의 국내 대리인

1) 국내 대리인의 선임

EU 외의 제3국에서 설립된 고위험 AI 시스템 공급자는 고위험 AI 시스템을 EU시장에서 이용할 수 있게 하기 전에 EU 내에 설립된 국내 대리인(authorised representatives)을 서면 위임장에 의하여 선임해야 한다(§22①). 이 경우 제3국의 고위험 AI 시스템 공급자는 국내 대리인이 그 위임장에 명시된 임무를 수행할 수 있도록 해야 한다(§22②).

2) 국내 대리인의 임무와 권한

국내 대리인은 제3국의 고위험 AI 시스템 공급자로부터 받은 위임장에 명시된 임무를 수행해야 한다(§22③). 즉, 국내 대리인은 (1) 제47조에 따른 EU 적합성 선언 및 제11조에 따른 기술문서가 작성되었다는 점과 공급자가 적절한 적합성 평가 절차를 수행하였다는 점을 입증, (2) 고위험 AI 시스템이 시장 출시 또는 서비스 공급된 후 10년간 국내 대리인을 선임한 공급자의 연락처, 제47조에 따른 EU 적합성 선언의 사본, 기술문서, 해당되는 경우 피통보기관이 발행한 인증서를 제74조 제10항에 따른 관할당국 및 국내 당국 또는 기관의 관할 하에 있도록 할 것, (3) 그 사유를 기재한 요청이 있는 경우, 관할당국에 (2)의 사항을 포함하여, 제12조 제1항에 따라 고위험 AI 시스템이 자동으로 생성한 로그가 공급자의 통제하에 있는 범위 내에서 해당 로그에 대한 접근 등 고위험 AI 시스템의 요건을 규정한 제3장 제2절에 고위험 AI 시스템이 부합하는지를 입증하는 데 필요한 모든 정보 및 문서를 제공, (4) 국내 대리인이 고위험 AI 시스템에 관하여 취하는 모든 조치, 특히 고위험 AI 시스템으로 인한 위험을 경감하거나 완화하기 위한 조치와 관련하여, 그 사유를 기재한 요청이 있는 경우 관할당국과 협력, (5) 해당되는 경우 제49조 제1항에 따른 등록 의무를 준수하거나 공급자 스스로 등록을 한 경우 부속서 Ⅷ 제A절 제3호에 따른 정보가 정확한지를 보장하는 임무를 수행하며, 제3국의 고위험 AI 시스템 공급자는 이러한 임무를 수행할 권한을 임명장을 통해 국내 대리인에게 부여해야 한다(§22③). 국내 대리인에 대한 위임은 공급자를 대신하거나 공급자에 추가적으로 AI법 준수를 보장하기 위한 모든 사안에 대해서 관할당국과 연락할 수 있도록 권한을 부여해야 한다(§22③).

3) 국내 대리인의 의무

국내 대리인은 시장감시당국의 요청이 있는 경우 해당 위임장의 사본을 관할당국이 지시한 대로 EU 공식 언어 중 하나로 제공해야 한다(§22③). 또한 국내 대리인은 제3국의 고위험 AI 시스템 공급자가 AI법에 따른 의무와 반대되는 행동을 한다고 생각하거나 그렇게 생각할 만한 이유를 갖고 있는 경우에는 위임을 종료해야 한다(§22④). 이 경우 국내 대리인은 관련 시장감시당국과 해당되는 경우 관련 피통보기관에 즉시 위임종료 및 그 이유를 알려야 한다(§22④).

2. 수입자의 의무

1) 시장 출시 전 수입자의 의무

수입자(importer)는 고위험 AI 시스템을 시장에 출시하기 전에 (1) 고위험 AI 시스템의 공급자가 제43조에 규정된 관련 적합성 평가 절차를 수행하였다는 사실, (2) 고위험 AI 시스템의 공급자가 제11조 및 부속서 Ⅳ에 따라 기술문서를 작성하였다는 사실, (3) 시스템에 요구되는 CE 마크가 부착되어 있으며, 제47조에 규정된 EU 적합성 선언 및 이용 지침이 함께 제공된다는 사실, (4) 고위험 AI 시스템의 공급자가 제22조 제1항에 따른 국내 대리인을 선임하였다는 사실을 확인하여 해당 시스템이 AI법에 적합하도록 해야 한다(§23①).

수입자는 고위험 AI 시스템이 AI법에 부합하지 않거나 위조되었거나 혹은 위조된 문서와 동반되었다고 생각할 충분한 이유가 있는 경우에는 해당 시스템이 적합해질 때까지 시장에 출시할 수 없다(§23②). 고위험 AI 시스템이 제79조 제1항에 규정된 위험을 나타내는 경우, 수입자는 해당 고위험 AI 시스템의 공급자, 국내 대리인 및 시장감시당국에게 그 사실을 알려야 한다(§23②). 해당되는 경우에 수입자는 고위험 AI 시스템의 포장이나 첨부되는 서류에 해당 시스템과 관련하여 연락할 수 있는 이름, 등록된 상호명 또는 상표명, 그리고 주소를 표시해야 한다(§23③). 수입자는 고위험 AI 시스템이 자신의 책임 하에 있는 동안 보관 또는 운송 조건이 제3장 제2절에 규정된 고위험 AI 시스템의 요건의 준수를 저해하지 않도록 해야 한다(§23④).

2) 시장 출시/서비스 개시 후 수입자의 의무

수입자는 고위험 AI 시스템이 시장에 출시되거나 서비스가 개시된 이후 10년 동안 피통보기관이 발행한 인증서 사본 및 해당되는 경우에는 이용 지침 사본과 제47조에 규정된 EU 적합성 선언의 사본을 보관해야 한다(§23⑤). 수입자는 관련 관할당국의 그 사유를 기재한 요청이 있는 경우에는 고위험 AI 시스템이 제3장 제2절에 명시된 고위험 AI 시스템의 요건에 부합한다는 것을 증명하기 위해서 제23조 제5항에 따른 보관되는 인증서 사본, 이용 지침 사본, EU 적합성 선언 사본 등 필요한 모든 정보와 문서를 쉽게 이해할 수 있는 언어로 관련 관할당국에 제공해야 한다(§23⑥). 이를 위해서 수입자는 해당 당국이 기술 문서를 이용 가능하도록 해야 한다(§23⑥). 수입자는 자신이 시장에 출시한 고위험 AI 시스템과 관련하여 관련 관할당국이 행한 모든 조치, 특히 해당 시스템에 의한 위험을 경감하고 완화하기 위한 조치에 관련 관할당국과 협력해야 한다(§23⑦).

Ⅲ. 유통자의 의무

1. 시장 출시 전 유통자의 의무

유통자(distributors)는 공급자와 배포자를 제외한 EU 역내 시장에 AI 시스템을 공급하는 공급망 내의 모든 자연인 또는 법인으로서, 고위험 AI 시스템이 시장에 출시되기 전에 (1) 해당 시스템에 CE 마크가 부착되었다는 사실, (2) 해당 시스템에 제47조에 규정된 EU 적합성 선언 및 이용 지침의 사본이 첨부되어 있다는 사실, 그리고 (3) 해당되는 경우에는 고위험 AI 시스템의 공급자와 수입자가 고위험 AI 시스템에 또는 불가능한 경우 포장이나 동봉된 문서에 이름, 등록상호 또는 등록상표, 연락할 수 있는 주소의 기재 의무(§16(b), (§23③) 및 품질 관리 체계 마련 의무(§16(c))를 각자 이행했다는 사실을 확인하여야 한다(§24①). 유통자는 자신이 보유하고 있는 정보를 바탕으로, 고위험 AI 시스템이 제3장 제2절에 규정된 고위험 AI 시스템의 요건에 적합하지 않다고 생각하거나 그렇게 생각할 이유가 있는 경우, 해당 시스템이 고위험 AI 시스템의 요건(제3장 제2절)에 적합해질 때까지 해당 고위험 AI 시스템을 시장에 출시할 수 없다(§24②). 또한 유통자는 고위험 AI 시스템이 제79조 제1항에 따른 위험을 나타내는 경우 해당 시스템의 공급자 또는 수입자에게 그 사실을 알려야 한다(§24②). 유통자는 고위험 AI 시스템이 자신의 책임 하에 있는 동안 보관 또는 운송 조건이 제3장 제2절에 규정된 고위험 AI 시스템의 요건의 준수를 저해하지 않도록 해야 한다(§24③).

2. 시장 출시 후 유통자의 의무

유통자는 자신이 보유하고 있는 정보를 바탕으로 시장에 이미 출시된 고위험 AI 시스템이 제3장 제2절에 규정된 고위험 AI 시스템의 요건에 부합하지 않는다고 생각하거나 그렇게 생각할 이유가 있는 때에는 해당 고위험 AI 시스템을 그 요건에 부합시키거나, 철수 혹은 리콜하는데 필요한 적절한 조치를 취하거나, 공급자, 수입자 또는 관련 운영자가 적절하게 그러한 시정조치를 취할 수 있도록 해야 한다(§24④). 고위험 AI 시스템이 제79조 제1항의 의미에 따른 위험을 나타내는 경우, 유통자는 즉시 해당 시스템의 공급자 또는 수입자 그리고 관련된 고위험 AI 시스템에 관할이 있는 당국에 특히 위반사항 및 취해진 시정조치 등 세부사항을 알려야 한다(§24④). 관련 관할당국이 그 사유를 기재한 요청을 하는 경우, 고위험 AI 시스템의 유통자는 해당 시스템이 고위험 AI 시스템의 요건(제3장 제2절)에 부합한다는 것을 증명하기 위하여 필요한 제24조 제1항부터 제4항까지에 따른 유통자의 의무를 이행하기 위하여 취한 조치와 관련된 모든 정보와 문서를 관련 관할당국에 제공해야 한다(§24⑤). 유통자는 자신이 시장에 출시한 고위험 AI 시스템과 관련하여 관련 관할당국이 행한 모든 조치, 특히 해당 시스템에 의한 위험을 경감하고 완화하기 위한 조치에 관련 관할당국과 협력해야 한다(§24⑥).

IV. 인공지능 가치사슬(AI value chain)에 따른 책임

1. 유통자 등이 고위험 AI 시스템 공급자로 간주되는 상황과 의무

AI법은 유통자, 수입자, 배포자 또는 기타 제3자가 다음과 같은 일정한 상황 하에서는 AI법 준수를 위하여 고위험 AI 시스템의 공급자로 간주되며, 제16조에 따른 고위험 AI 시스템 공급자의 의무를 준수해야 한다(§25①). 아래의 상황 중 어느 하나에 해당하면 된다.

✪ **유통자 등이 고위험 AI 시스템 공급자로 간주되는 상황**

- 의무가 다르게 할당되어 있는 계약상 약정이 있더라도, 이미 시장에 출시되거나 서비스가 개시된 고위험 AI 시스템에 유통자, 수입자, 배포자 또는 기타 제3자가 자신의 이름 또는 상표를 부착한 경우
- 유통자, 수입자, 배포자 또는 기타 제3자가 이미 시장에 출시되거나 서비스가 공급된 고위험 AI 시스템을 제6조에 따른 고위험 AI 시스템을 유지한 채 본질적 변경을 한 경우
- 고위험으로 분류되지 않고 이미 시장에 출시되거나 서비스가 개시된 범용 AI 시스템을 포함한 관련 AI 시스템을 제6조에 따른 고위험 AI 시스템으로 만들기 위해 유통자, 수입자, 배포자 또는 기타 제3자가 해당 AI 시스템의 의도된 목적을 변경하는 경우

위와 같이 유통자, 수입자, 배포자 또는 기타 제3자가 고위험 AI 시스템 공급자로 간주되는 상황이 발생하는 경우, AI 시스템을 시장에 출시하거나 서비스를 개시한 최초 공급자는 AI법의 목적상 더 이상 특정 AI 시스템의 공급자로 간주되지 않는다(§25②). 그럼에도 불구하고 최초 공급자는 고위험 AI 시스템 공급자로 간주된 새로운 공급자와 긴밀히 협력하여야 하고, 필요한 정보를 제공하여야 하며, 특히 고위험 AI 시스템의 적합성 평가의 준수와 관련된 내용을 포함하여 AI법에 규정된 의무의 이행을 위해 요구되는 합리적으로 예견되는 기술적 접근 및 기타 지원을 제공하여야 한다(§25②). 다만, 해당 AI 시스템이 고위험 AI 시스템으로 변경되지 않기 때문에 문서 전달 의무를 부담하지 않는다

는 점을 최초 공급자가 명시한 경우에는 이러한 의무는 적용되지 않는다(§25
②). 이상과 같이 최초 공급자에게 의무를 부과함에도 불구하고, EU법과 국내
법에 근거하고 있는 지식재산권, 기밀 사업 정보 및 영업비밀을 보호함에는 영
향이 없다(§25⑤).

2. 제품 제조업자가 고위험 AI 시스템 공급자로 간주되는 상황과 의무

부속서 I 제A절에 열거된 EU조화법이 적용되는 제품의 안전구성요소가 고
위험 AI 시스템인 경우, 제품 제조업자는 고위험 AI 시스템의 공급자로 간주된
다(§25③). 아울러 (1) 제품 제조업자의 이름이나 상표로 고위험 AI 시스템이
해당 제품과 함께 시장에 출시된 경우이거나 (2) 해당 제품이 시장에 출시된
이후 제품 제조업자의 이름 또는 상표로 고위험 AI 시스템이 서비스를 개시한
경우에는 제16조에 규정된 고위험 AI 시스템 공급자의 의무를 준수하여야 한다
(§25③). 이상과 같은 의무가 부과되더라도 EU법과 국내법에 근거하고 있는 지
식재산권, 기밀 사업 정보 및 영업비밀을 보호함에는 영향이 없다(§25⑤).

3. 고위험 AI 시스템 공급자와 제3자 사이의 지원에 관한 서면 약정

고위험 AI 시스템의 공급자와 '고위험 AI 시스템에 이용되거나 통합되는
AI 시스템, 도구, 서비스, 구성요소 또는 프로세스를 공급하는 제3자'(이하에서
"고위험 AI 시스템 구성요소 공급자")는 고위험 AI 시스템의 공급자가 AI법에 규
정된 의무를 완전히 준수할 수 있도록 하기 위하여 일반적으로 인정되는 최신
기술을 기반으로 필요한 정보, 역량, 기술적 접근 및 기타 지원을 명시한 서면
약정을 체결하여야 한다(§25④). 다만, 이러한 의무는 무료 오픈 소스 라이센스
에 따라 범용 AI 모델 이외의 공용 도구, 서비스, 프로세스 또는 구성요소에 접
근할 수 있도록 하는 제3자에게는 적용되지 않는다(§25④). AI사무국은 고위험
AI 시스템 공급자와 고위험 AI 시스템 구성요소 공급자 사이의 계약을 위한 자
발적인 모범 계약조항을 개발하고 권장할 수 있다(§25④).

V. 고위험 AI 시스템 배포자의 의무

1. 조치의무

고위험 AI 시스템의 배포자(deployers)는 해당 시스템에 수반되는 이용 지침(instructions for use)에 따라 해당 시스템을 이용할 수 있도록 보장하기 위한 적절한 기술적 및 조직적 조치를 취해야 한다(§26①). 배포자는 필요한 역량, 훈련, 권한 및 필요한 지원을 갖춘 자연인에게 인간 관리·감독을 할당해야 한다(§26②). 이상과 같은 적절한 기술적 및 조직적 조치와 인간 관리·감독 할당 의무는 EU법 또는 국내법상 다른 배포자 의무 및 공급자가 지시한 인간 관리·감독 조치를 이행하기 위한 자신의 자원 및 활동을 구성할 수 있는 배포자의 자유에 영향을 미치지 않는다(§26③).

2. 입력데이터와 관련한 의무

배포자는 AI 시스템에게 제공하거나 AI 시스템에 의해 직접 취득한 데이터로서 그 시스템이 결과물을 산출하는 기초가 되는 입력데이터에 대한 통제를 행사하고 있는 한도 내에서 고위험 AI 시스템의 의도된 목적을 고려하여 입력데이터가 관련성이 있고 충분한 대표성을 갖추고 있음을 보장해야 한다(§26④).

3. 모니터링 의무

배포자는 이용 지침에 기초하여 고위험 AI 시스템의 운영을 모니터링해야 하며, 관련된 경우 제72조에 따라 공급자에게 통지해야 한다(§26⑤). 배포자가 이용 지침에 따른 고위험 AI 시스템의 이용이 제79조 제1항의 의미에 따른 위험을 나타내는 AI 시스템을 초래할 수 있다고 고려할 이유가 있는 경우 부당한 지체 없이 공급자, 유통자 및 관련 시장감시당국에 그 사실을 알리고 해당 시스템의 이용을 중지해야 한다(§26⑤). 배포자가 중대한 사고를 인지한 경우에는 먼저 공급자에게 즉시 그 사실을 통지한 후 수입자, 유통자 및 해당 사고와 관련된 시장감시당국에 통지해야 한다(§26⑤). 배포자가 공급자와 연락이 되지 않을 경우에는 중대한 사고 보고를 규정한 제73조를 준용한다(§26⑤). 이 의무는 법 집행 당국인 AI 시스템의 배포자의 민감한 작전 데이터(sensitive operational data)에는 적용되지 않는다(§26⑤). 민감한 작전 데이터란 범죄행위의 예방, 탐지, 조사 또는 기소 활동과 관련된 작전 데이터로서 그 공개가 형사절차의 완전성을 위태롭게 할 수 있는 것을 말한다(§3(38)). 배포자가 EU 금융서비스법상 내부 거버넌스, 배치 또는 프로세스(internal governance, arrangements or proc-esses)와 관련한 요건을 준수해야 하는 금융기관인 경우에는 관련 금융서비스법에 따른 내부 거버넌스 배치, 프로세스 및 메커니즘에 관한 규칙을 준수함으로써 모니터링 의무를 준수한 것으로 본다(§26⑤).

4. 로그 기록 보존의무

고위험 AI 시스템 배포자는 개인정보 보호에 관한 EU법을 포함한 현행 EU법이나 회원국 국내법에서 달리 정하지 않는 한 로그 기록이 자신의 통제 하에 있는 범위 내에서 해당 고위험 AI 시스템에 의해 자동적으로 생성된 로그 기록을 해당 고위험 AI 시스템의 의도된 목적에 맞는 기간 동안 보존해야 하며, 그 기간은 최소 6개월 이상이어야 한다(§26⑥). 배포자가 EU 금융서비스법상 내부 거버넌스, 배치 또는 프로세스와 관련한 요건을 준수해야 하는 금융기관인 경우에는 관련 EU 금융서비스법에 따라 보존되는 문서의 일부로서 로그 기록을 보존해야 한다(§26⑥).

5. 고용인의 의무

고위험 AI 시스템을 직장 내에서 서비스 개시하거나 이용하기 전에 고용인에 해당되는 배포자는 근로자 대표 및 영향 받는 근로자들에게 해당 고위험 AI 시스템의 적용을 받게 된다는 사실을 알려야 한다(§26⑦).

6. 공공기관 배포자의 의무

고위험 AI 시스템 배포자가 공공 당국, EU 기구, 기관, 사무소 또는 청인 경우 제49조에 따라 등록 의무를 이행해야 한다. 이와 같은 공공기관 배포자가 이용하고자 하는 고위험 AI 시스템이 EU 데이터베이스에 등록되어 있지 않은 것을 발견한 때에 배포자는 해당 AI 시스템을 이용하는 것이 금지되며, 그 사실을 공급자 또는 유통자에게 통지해야 한다(§26⑧).

7. 생체인식 관련 의무

형사상개인정보보호지침(Directive (EU) 2016/680)을 침해하지 않으면서 범죄 혐의자 또는 유죄 판결을 받은 사람의 표적화된 수색을 위한 조사 체계 내에서 사후 원격 생체인식 식별을 위한 고위험 AI 시스템의 배포자는 사전 또는 사후 최소 48시간 이내 부당한 지체 없이 사법당국 또는 사법심사의 대상이 되는 구속력 있는 결정 권한을 보유한 행정당국으로부터 해당 AI 시스템의 이용 승인을 요청해야 한다(§26⑩). 다만, 해당 AI 시스템이 범죄와 직접적으로 연결된 객관적이고 검증가능한 사실에 근거한 잠재적 범죄혐의자의 최초 식별을 위해 이용되는 경우에는 예외이다(§26⑩). 그러나 이러한 각각의 이용은 특정 형사 범죄의 수사를 위해 엄격히 필요한 범위 내로 제한된다(§26⑩). 또한 위와 같이 요청된 승인이 거부된 경우에는 그 요청된 승인과 연결된 해당 사후 원격 생체인식 시스템의 이용은 즉각 중단되어야 하고, 승인이 요청된 고위험 AI 시스템의 이용과 연결된 개인정보는 삭제되어야 한다(§26⑩).

사후 원격 생체인식을 위한 고위험 AI 시스템은 형사 범죄, 형사소송, 실제적이고 현존하거나 또는 실제적이고 예측가능한 형사 범죄 위협 또는 특정한 실종자의 수색과 연결되지 않은 표적화되지 않는 방식의 법집행 목적을 위해서는 이용될 수 없다(§26⑩). 법 집행 당국은 그러한 사후 원격 생체인식 시스템의 결과물에만 의존하여 자연인에 대해 부정적인 법적 효력을 가지는 어떤 결정도 하지 않도록 해야 한다(§26⑩).

목적 또는 배포자와 관계없이, 법 집행과 관련된 민감한 작전 데이터의 공개를 제외하고, 이상과 같은 고위험 AI 시스템의 각각의 이용은 관련 경찰 파일에 문서화되어야 하고, 요청이 있는 경우 관련 시장감시당국 및 회원국 정보보호당국이 이용 가능하도록 해야 한다(§26⑩).

배포자는 법 집행과 관련된 민감한 작전 데이터의 공개를 제외하고, 관련 시장감시당국 및 회원국 정보보호당국에 사후 원격 생체인식 시스템의 이용에 관한 연차보고서를 제출해야 하며, 해당 보고서는 2 이상의 배포를 종합적으로 다룰 수 있다(§26⑩). 회원국은 EU법에 따라 사후 원격 생체인식 시스템의 이용에 관해 AI법보다 더 엄격한 법률을 제정할 수 있다(§26⑩).

8. 기타 의무

고위험 AI 시스템의 배포자는 일반개인정보보호법(Regulation (EU) 2016/679) 제35조 또는 형사상개인정보보호지침(Directive (EU) 2016/680) 제27조에 따른 데이터 보호 영향평가 이행 의무를 준수하기 위해 AI법 제13조에 따라 제공되는 정보를 이용해야 한다(§26⑨).

자연인과 관련된 의사결정을 내리거나 그러한 의사결정을 보조하는 부속서 Ⅲ에 규정된 고위험 AI 시스템의 배포자는 해당 자연인에게 고위험 AI 시스템의 이용 대상이 되고 있다는 사실을 알려야 한다(§26⑪). 법 집행 목적을 위해 이용된 고위험 AI 시스템의 경우, 형사상개인정보보호지침(Directive (EU) 2016/680) 제13조가 적용된다(§26⑪).

배포자는 AI법의 이행을 위해 고위험 AI 시스템과 관련하여 해당 당국이 취하는 조치에 대해 관련 관할당국과 협조해야 한다(§26⑫).

VI. 고위험 AI 시스템에 대한 기본권 영향평가(FRIA)

1. FRIA의 목적

AI법은 일정한 상황 하에서 고위험 AI 시스템에 대한 기본권 영향평가 (Fundamental rights impact assessment for high−risk AI systems: FRIA)를 수행할 의무를 규정한다. FRIA는 고위험 AI 시스템으로 인해 발생하는 부정적인 영향으로부터 개인의 기본권을 보호하는 것을 목표로 하며, 영향을 받을 수 있는 개인 또는 개인 그룹의 권리에 대한 구체적인 위험을 식별하고 이러한 위험이 구체화되는 경우에 취해야 할 조치를 식별하는 것이다(Recital 96).

2. FRIA의 적용 대상

FRIA가 필요한 대상은 (1) 공법의 적용 대상이 되는 기관이나 공공서비스를 제공하는 민간 조직인 배포자, (2) 금융사기를 적발하기 위하여 이용되는 AI

시스템을 제외하고, 자연인의 신용도를 평가하거나 신용점수를 정하기 위한 의도를 가진 AI 시스템(부속서 Ⅲ 제5항 제b호)의 배포자, (3) 생명 및 건강 보험과 관련하여 해당 자연인에 대한 위험 평가 및 해당 보험의 가격을 책정하기 위한 의도를 가진 AI 시스템(부속서 Ⅲ 제5항 제c호)의 배포자는 제6조 제2항에 따라 고위험 AI 시스템으로 간주되는 부속서 Ⅲ에 열거된 AI 시스템을 배포하기 전에 해당 시스템의 이용이 초래하는 기본권에 대한 영향평가를 수행해야 한다(§27①). 공공서비스를 제공하는 민간 조직인 배포자와 관련해서 공공서비스를 어느 정도까지 넓게 인정할 것인가에 따라 FRIA의 적용 범위가 달라질 수 있는데, 공공서비스는 교육, 의료, 사회 서비스, 주택, 사법 행정 분야와 같은 공익 업무와 연결된다(Recital 96).

FRIA의 대상이 되는 고위험 AI 시스템은 부속서 Ⅲ에 열거된 AI 시스템, 즉 (1) 생체인식, (2) 교육 및 직업훈련, (3) 채용, 근로자의 관리 및 자영업자에 대한 접근, (4) 필수적인 민간서비스 및 필수적인 공공서비스와 그 혜택에 대한 접근과 향유, (5) 관련된 EU법 또는 국내법에 따라 허용되는 한도에서 법의 집행, (6) 관련 EU법 및 국내법에 따라 이용이 허용되는 이민, 망명 및 국경 관리, (7) 사법 행정 및 민주 절차에 해당하는 AI 시스템이다(§27①). 다만, 중요 인프라에 해당하는 중요한 디지털 인프라, 도로교통 또는 수도, 가스, 난방, 전기 공급의 관리 및 운영에서 안전 구성요소로 이용하려는 AI 시스템(부속서 Ⅲ 제2항)은 FRIA의 대상에서 제외된다(§27①).

3. FRIA 평가 항목

FRIA를 이행하는 배포자는 다음 항목을 포함하여 평가를 수행하여야 한다.

✪ FRIA 평가 항목(§27①)

(a) 해당 고위험 AI 시스템이 그 의도된 목적에 부합되게 이용되도록 하는 배포자의 절차에 대한 설명
(b) 각각의 고위험 AI 시스템의 이용이 의도된 기간 및 빈도에 대한 설명
(c) 특정 맥락에서 해당 고위험 AI 시스템의 이용에 의하여 영향을 받을 가능성이

있는 자연인 및 집단의 범주

(d) 제13조에 따라 공급자가 제공하는 정보를 고려하여, (c)에 따라 식별된 자연인
    또는 사람 집단의 범주에 영향을 미칠 가능성이 있는 특정 피해 위험

(e) 이용 지침에 따른 인간 관리·감독 조치의 이행에 관한 설명

(f) 내부 거버넌스 및 고충처리체계를 위한 준비를 포함하여 상기 위험이 현실화되
    는 경우 취해야 할 조치

4. FRIA 이행 시기

FRIA는 고위험 AI 시스템의 최초 이용에 적용되며, 유사한 경우 배포자는 과거 수행된 기본권 영향평가 또는 공급자가 수행한 현행 영향평가에 의존할 수 있다(§27②). 고위험 AI 시스템을 이용하는 동안 배포자가 위의 FRIA 평가 항목(§27①) 중 하나라도 변경되거나 최신화 되지 않은 것으로 볼 경우, 그 배포자는 해당 정보를 최신화하기 위해 필요한 조치를 취해야 한다(§27②).

5. FRIA 결과 통지

FRIA가 수행되면 배포자는 통지의 일부로서 AI사무국이 개발한 양식을 작성하여 제출하면서 그 결과를 시장감시당국에 통지하여야 한다(§27③). 다만, 제43조의 적용제외 규정에 근거하여 적법하게 정당한 요청에 따라 시장감시당국이 공공안전, 개인의 생명·건강의 보호, 환경 보호, 주요 산업자산 및 사회 기반시설의 보호 등 예외적인 경우로서 회원국의 영토 내에서 특정한 고위험 AI 시스템의 시장 출시 또는 서비스 공급을 승인할 때에는 배포자는 통지 의무가 면제될 수 있다(§27③). 통지 양식의 경우에 AI사무국은 배포자가 간소화된 방식으로 FRIA 의무를 준수하도록 촉진하기 위해 자동화된 도구를 포함한 질의서 양식을 개발해야 한다(§27⑤).

6. 다른 영향평가와의 관계

FRIA를 규정한 제27조의 의무 중 하나라도 일반개인정보보호법(Regulation (EU) 2016/679) 제35조 또는 형사상개인정보보호지침(Directive (EU) 2016/680)

제27조에 따라 수행된 데이터 보호 영향평가에 의해 이미 충족된 경우에는 FRIA는 해당 데이터 보호 영향평가를 보완한다(§27④).

제4절 통보기관과 피통보기관

Ⅰ. 개요

AI법 제3장 제4절 및 제5절은 고위험 AI 시스템에 대한 적합성 평가와 관련한 사항을 규정하고 있다. 적합성 평가란 고위험 AI 시스템과 관련하여 이 법의 제3장 제2절에 명시된 요건이 충족되었는지 여부를 입증하는 절차를 의미하는 것으로(§3(20)), 고위험 AI 시스템은 높은 수준의 신뢰성 보장을 위해 시장에 출시되기 전에 적합성 평가를 거쳐야 한다(Recital 123).

AI법은 고위험 AI 시스템의 복잡성과 위험을 감안할 때, 고위험 AI 시스템에 대한 피통보기관을 포함한 소위 제3자 적합성 평가를 개발하는 것이 중요하다고 강조하고 있다(Recital 125). 이에 따라 고위험 AI 시스템에 대해 제3자 평가를 실시하는 적합성 평가기관인 피통보기관과 이러한 피통보기관을 지정·관리하는 통보당국에 관한 요건과 준수사항 등을 규정하고 있다. 또한 적합성 평가는 고위험 AI 시스템의 경우 기본적으로 모두 적합성 평가를 실시하여야 하나 고위험 AI 시스템의 유형에 따라 실시 방법과 절차에 차이를 두고 있다. 각 시스템별로 적용되는 적합성평가 방법 등에 대해서는 부속서 Ⅵ과 부속서 Ⅶ에서 규정하고 있다. 적합성 평가와 관련한 기관과 평가 절차는 다음 그림과 같이 정리할 수 있다.

적합성 평가 관련 기관의 체계

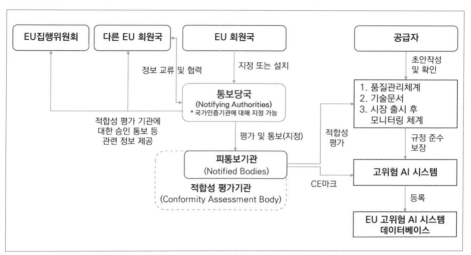

적합성 평가 절차

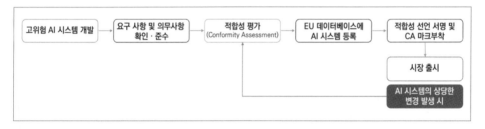

Ⅱ. 관련 기관: 통보당국과 피통보기관

1. 통보당국

1) 개념

'통보당국'이란 '적합성 평가기관'을 평가, 지정, 통보, 모니터링하기 위해 필요한 절차를 수립하고, 수행할 책임이 있는 국가 당국을 의미한다(§3(19)). 여기서 '적합성 평가기관'은 시험, 인증, 검사 등을 포함하여 제3자 적합성 평가 활동을 수행하는 기관을 의미한다(§3(21)).

각 회원국은 적합성 평가기관에 대한 평가와 지정, 통보, 모니터링 등에 대한 권한을 보유하고 있는데, 이를 바탕으로 관련 업무를 수행할 통보당국을 지정하거나 설립할 수 있다(§28①). 동 법은 해당 법률의 집행과 적용에 있어 회원국의 역할이 중요함을 강조하면서 법 적용과 이행 감독을 위해 통보당국을 지정해야 한다고 명시하고 있다(Recital 153).

2) 역할

기본적으로 '통보당국'은 '적합성 평가기관'에 의하여 통보신청이 있을 경우 해당 기관의 역량 등을 평가하여 '피통보기관'으로 승인 및 통보를 실시하고, '피통보기관'을 관리하는 절차를 수립하고 집행하는 역할을 수행한다. 통보당국의 역할은 '제품 마케팅과 관련된 인증 요건에 관한 규정(Regulation (EC) 765/2008)'에 따라 설치된 국가인증기관에 의해 수행하도록 할 수도 있다(§28②). 그리고 통보당국이 수립 및 집행하는 절차들은 모든 회원국의 통보당국 간 협력을 통해 개발되어야 한다(§28①).

✪ 국가인증기관의 역할

국가인증기관(national accreditation body)이란 '제품 마케팅과 관련된 인증 요건에 관한 규정(Regulation (EC) 765/2008)'에서 회원국의 권한을 위임받아 인증을 수행하는 기관을 의미하며(§2(11)), 다음의 역할을 수행한다.
- 개별 적합성 평가기관이 업무를 수행하고 성과를 모니터링할 수 있는 능력이 있는지 여부를 결정
- 직무를 수행할 수 없게 된 평가기관의 인증서(accreditation certificates)를 제한, 정지, 철회
- 동료 평가(peer evaluation)에 대한 동의
- 다른 국가인증기관에게 적합성 평가 활동에 대한 결과 공유

3) 준수사항

이러한 통보당국은 적합성 평가기관과 이해 충돌이 발생하지 않고, 평가기관의 객관성과 공정성을 보장할 수 있도록 설립, 조직, 운영되어야 하며(§28③),

적합성 평가기관에 대해 평가를 실시한 자와 통보 결정을 맡은 자가 서로 다른 주체가 되도록 조직을 구성하여야 한다(§28④). 또한 적절한 업무 수행을 위해 적합한 수의 능력을 갖춘 인력을 보유해야 한다. 이러한 인력은 가능한 경우 기본권 감독을 포함하여 정보기술과 AI 및 법률 등의 분야에서 해당 직무에 필요한 전문 지식을 보유하여야 한다(§28⑦).

한편, 통보당국은 적합성 평가기관이 수행하는 활동에 있어 상업적 또는 경쟁을 기반으로 하는 어떠한 컨설팅 서비스도 제안하거나 제공하여서는 안 된다(§28⑤). 그리고 평가, 지정, 통보, 모니터링 등의 활동을 수행하는 과정에서 얻게 된 적합성 평가기관에 대한 정보에 대해 제78조에 따라 비밀성을 보장하여야 한다(§28⑥).

2. 피통보기관

1) 개념 및 역할

'피통보기관'은 AI법 및 기타 관련 EU조화법에 따라 인증된 적합성 평가기관을 의미하는 것으로(§2(22)), 회원국에 의해 승인을 얻어 통보(지정)된 기관이다. 통상적으로 '피통보기관'은 제품이 EU시장에 출시되기 전 특정 제품의 적합성을 평가하기 위해 회원국 별로 지정하는 조직으로, 중립적·독립적으로 EU 내외부 경제 운영자들에게 적합성 평가 서비스를 제공한다. 통상적 '피통보기관'은 자신의 역량을 입증하기 위해 국가인증기관에 의해 인증(accreditation)을 받아야 하며, '피통보기관'은 적합성 평가 활동과 관련한 정보를 통보당국, 시장감시당국, 기타 다른 피통보기관 등에게 제공하여야 한다. AI법상의 '피통보기관'의 경우 제43조에서 규정하고 있는 적합성 평가 절차에 따라 고위험 AI 시스템의 적합성을 검증하는 역할을 한다(§34①).

2) 피통보기관이 되기 위한 절차

(1) 적합성 평가기관의 통보 신청(제29조)

'피통보기관'이 되고자 하는 적합성 평가기관은 해당 기관이 설립된 통보당국에 대해 통보 신청서를 제출하여야 한다(§29①). 통보 신청서에는 ① 적합성 평가 활동, ② 적합성 평가 모듈, ③ 적합성 평가기관이 관할권을 갖는다고 판단하는 AI 시스템 유형에 대한 설명, ④ 적합성 평가기관이 제31조에 규정된 요건을 충족한다는 것을 증명하는 국가인증기관이 발행한 인증서가 있는 경우 해당 인증서가 포함되어야 한다. 이 외에도 다른 EU조화법에 따라 통보를 신청하는 피통보기관의 기존 지정(designations)과 관련한 모든 유효한 문서가 추가되어야 한다(§29②). 만약 해당 적합성 평가기관이 국가인증기관으로부터 받은 인증서를 제공할 수 없는 경우 적합성 평가기관은 피통보기관의 요건에 대해 규정하고 있는 제31조의 준수 여부에 대한 확인, 인정 및 정기 모니터링에 필요한 모든 증거 문서를 통보당국에게 제공하여야 한다(§29③). EU조화법에 따라 이미 지정된 피통보기관의 경우 해당 지정과 관련된 모든 문서 및 인증서는 이 법에 따른 지정 절차를 지원하기 위해 적절하게 사용할 수 있으며, 이 경우 피통보기관은 변경사항이 발생할 때마다 이 조의 제2항 및 제3항에 언급된 문서를 업데이트하여 피통보기관을 담당하는 기관이 제31조에 규정된 모든 요건을 지속적으로 준수하고 있는지 모니터링하고 확인할 수 있도록 해야 한다(§29④).

(2) 통보당국에 의한 통보(제30조)

통보당국은 적합성 평가기관이 제31조에 규정된 요건을 충족하는 경우에만 해당 평가기관에 대해 통보(지정)할 수 있다(§30①). 통보당국은 적합성 평가기관에 대하여 통보를 하는 경우 EU집행위원회가 개발 및 관리하는 전자적 통보방식으로 각 적합성 평가기관에 대한 정보를 EU집행위원회와 다른 회원국에 알려야(통보하여야) 한다(§30②). EU집행위원회와 다른 회원국에 대해 실시하는 통보에는 ① 적합성 평가 활동, ② 적합성 평가 모듈, ③ 해당 AI 시스템의 유형 및 관련 능력 증명에 대한 모든 세부 정보가 포함되어야 한다. 만약 통보가 국가인증기관에서 발행한 인증서에 기초하지 않는 경우 통보당국은 적합성 평가기관의 능력과 해당 기관이 정기적으로 모니터링되고 제31조에 규정된 요건을 지속적으로 충족한다는 것을 보장하기 위한 조치를 증명하는 증거 문서를 EU집행위원회 및 다른 회원국에 제공하여야 한다(§30③).

적합성 평가기관은 EU집행위원회와 다른 회원국이 해당 통보당국의 승인

(지정)결정에 이의가 없는 경우에만 활동을 수행할 수 있다. 구체적으로는 EU집행위원회와 다른 회원국에 대한 통보에 국가인증기관에 의해 발행된 인증서가 포함된 경우에는 통보당국이 통보한 날부터 2주 이내, 통보당국의 증거 문서가 포함된 경우에는 통보당국이 통보한 날부터 2개월 이내 EU집행위원회와 다른 회원국이 이의를 제기하지 않는 경우에만 피통보기관으로서의 활동을 수행할 수 있다(§30④). 만약 이의가 제기되는 경우 EU집행위원회는 지체없이 관련 회원국 및 적합성 평가기관과 협의에 착수해야 한다. EU집행위원회는 해당 승인이 정당한지 여부를 결정하여야 하며, 이러한 결정은 해당 회원국 및 관련 적합성 평가기관에게 통보되어야 한다(§30⑤).

3) 피통보기관의 요건

(1) 요건 및 준수사항(제31조)

'피통보기관'의 요건에 대해서는 제31조에서 규정하고 있다. 우선 피통보기관은 회원국의 국내법에 의해 설립된 법인격을 가진 기관이어야 한다(§31①). 피통보기관은 사이버 보안 요구사항과 업무 수행에 필요한 조직, 품질 관리, 자원 및 프로세스 요건을 충족해야 한다(§31②). 피통보기관은 공급자의 규모, 운영분야, 구조, 해당 AI 시스템의 복잡성 정도를 적절히 고려한 활동 수행 절차를 보유하여야 하며(§31⑧), 법률에 따라 공개가 요구되는 경우를 제외하고, 그 구성원, 위원회, 자회사, 하수급인 및 관련 기관 또는 외부 기관의 구성원이 적합성 평가 활동 수행 중에 보유하게 되는 정보의 비밀성을 유지하도록 보장하는 문서화된 절차를 마련하여야 한다. 피통보기관의 직원은, 그 활동이 수행되는 회원국의 통보당국과 관련된 경우를 제외하고, 이 법에 따라 업무를 수행하면서 취득한 모든 정보에 관하여 직무상 비밀을 준수할 의무가 있다(§31⑦).

그리고 피통보기관의 조직 구조, 책임 분배, 보고 체계 및 운영은 피통보기관의 성과와, 피통보기관이 수행하는 적합성 평가 활동의 결과에 대한 신뢰를 보장해야 하며(§31③), 피통보기관이 설립되어 있는 회원국의 국내법에 따라 피통보기관이 그 책임을 부담하거나 회원국 스스로 적합성 평가에 대하여 직접 책임을 지지 않는 한, 적합성 평가 활동에 대한 적절한 책임보험을 가입하여야 한다(§31⑨).

적합성 평가는 피통보기관이 직접 수행하거나 피통보기관의 책임하에 하수급인 또는 자회사 등에 의해 수행되더라도 해당 분야에서 최고 수준의 전문적 완전성과 필요한 능력을 갖추고 AI법에서 요구하는 모든 업무를 수행할 수 있어야 한다(§31⑩). 또한 피통보기관을 대신하여 하도급 등을 실시하게 된다 하더라도 외부 당사자가 수행하는 업무를 효과적으로 평가할 수 있도록 충분한 내부 역량을 갖추어야 하며, 관련 유형의 AI 시스템, 데이터 및 데이터 컴퓨팅과 제3장 제2절에 규정된 고위험 AI 시스템에 대한 요건과 관련하여 충분한 경험과 지식을 보유한 행정적, 기술적, 법적, 과학적 구성원을 상시 보유하도록 하여야 한다(§31⑪).

한편, 피통보기관은 해당 기관의 적합성 평가 활동 수행과 관련하여 고위험 AI 시스템의 공급자, 경제적 이해관계가 있는 다른 운영자, 공급자의 경쟁자로부터 독립적이어야 한다. 이러한 독립성 요건은 적합성 평가기관의 운영을 위해 필요하다고 평가된 고위험 AI 시스템을 이용하거나 개인적 목적으로 이용하는 것에도 적용된다(§31④). 또한 적합성 평가기관과 해당 기관의 최고 경영진 및 적합성 평가 업무 수행을 책임지는 인력은 고위험 AI 시스템의 설계, 개발, 마케팅 또는 이용에 직접 관여하거나 그러한 활동에 관여하는 당사자를 대변하여서는 안 된다. 통보(승인)받은 적합성 평가 활동과 관련하여 판단의 독립성 또는 청렴성과 상충될 수 있는 어떠한 활동에도 관여하여서는 안 된다. 이는 특히 컨설팅 서비스에서 강조된다(§31⑤). 피통보기관은 활동의 독립성, 객관성, 공정성을 보호할 수 있도록 조직·운영되어야 하며, 공정성을 준수하고 조직, 구성원 및 평가 활동 전반에 걸쳐 공정성의 원칙을 촉진하고 적용하기 위한 구조와 절차를 문서화하여 구현하여야 한다(§31⑥).

피통보기관이 제31조에서 규정하는 피통보기관의 요건 및 의무사항을 준수하지 않은 때에는 최대 15,000,000유로의 과징금이나 피통보기관이 사업체인 경우 직전 회계연도의 전 세계 연간 총 매출액의 최대 3%에 해당하는 금액 중 높은 금액의 과징금이 부과된다(§99④(f)).

(2) 적합성 추정(제32조 및 제39조)

적합성 평가기관이 EU 관보에 게재된 관련 조화된 표준 또는 그 일부, 참조에 규정된 기준에 대한 적합성을 증명하는 경우, 해당 조화된 표준이 제31조에 명시된 요구사항을 포함할 경우 이를 준수하는 것으로 추정된다(§32). 여기서의 '조화된 표준'이란 'Regulation (EU) 1025/2012' 제2조 제1항 제c호에서 정의하고 있는 "유럽연합을 위한 조화로운 규정의 집행을 위해 EU집행위원회의 요청에 근거하여 채택된 유럽의 표준"을 의미한다(§3(27)).

또한 EU가 협정을 체결한 제3국의 법에 따라 설치된 적합성 평가기관은 제31조에 따른 요건을 충족하거나 동등한 이행 수준을 보장하는 경우, 이 법에 따라 피통보기관으로 활동하는 것을 승인받을 수 있다(§39).

4) 피통보기관의 운영 및 관리

(1) 피통보기관의 운영

① 운영상의 준수사항(제34조)

피통보기관은 제43조에서 규정하고 있는 적합성 평가 절차에 따라 고위험 AI 시스템의 적합성을 검증해야 한다(§34①). 활동 수행 시에는 공급자의 불필요한 부담을 피하고, '중소기업 정의에 관한 EU집행위원회의 권고(Recommendation 2003/361/EC)'에 따른 영세 및 중소기업의 행정적 부담 및 준수 비용을 최소화한다는 관점에서, 공급자의 규모, 운영 분야, 구조 및 관련 고위험 AI 시스템의 복잡성 정도를 적절하게 고려하여야 한다. 그럼에도 불구하고 피통보기관은 고위험 AI 시스템의 AI법 요건 준수에 요구되는 엄격성의 정도와 보호의 수준을 존중하여 판단하여야 한다(§34②).

피통보기관은 통보당국이 평가, 지정, 통보, 모니터링 활동 등에 대한 요청을 하는 경우 이를 수행할 수 있도록 하여야 하고, 제3장 제4절에 규정된 평가를 촉진하기 위하여 공급자의 문서를 포함한 모든 관련 문서를 제28조에 따른 통보당국에 제공하거나 제출하여야 한다(§34③).

② 자회사 및 하도급(제33조)

피통보기관은 적합성 평가와 관련하여 공급자가 동의하는 경우 특정 업무를 하도급하거나 자회사에 위탁할 수 있다(§33③). 다만 이 경우에도 하수급인이나 자회사가 제31조에 규정된 요건을 충족할 수 있도록 보장하여야 하며, 이를 통보당국에 알려야 한다(§33①). 피통보기관은 하수급인 또는 자회사가 수행하는 업무에 대해 전적으로 책임을 부담하며(§33②), 자회사의 목록은 공개되어야 한다(§33③). 하수급인이나 자회사의 자격 평가와 AI법에 따라 그들이 수행한 작업에 관련된 관계 문서들은 하도급 계약 종료일로부터 5년간 통보당국이 처분할 수 있도록 보관되어야 한다(§33④).

(2) 피통보기관의 관리

① 피통보기관의 식별번호 및 목록화(제35조)

EU집행위원회는 피통보기관에 대해서는 고유한 식별번호를 부여하고 목록화하여 관리하여야 한다. 해당 식별번호는 해당 피통보기관이 적합성 평가를 실시한 고위험 AI 시스템에 대하여 CE 마크를 부착하면서 함께 표시되는 등 적합성 평가를 실시한 피통보기관을 표시하고 관리하기 위한 용도로 활용된다. EU집행위원회는 한 기관이 둘 이상의 EU법에 따라 통보를 받은 경우에도 각 피통보기관에 단일 식별번호를 할당해야 하며(§35①), EU집행위원회는 식별번호 및 통보받은 활동을 포함하여, AI법에 따라 통보받은 기관들의 목록을 공개하고 최신화하여 유지하여야 한다(§35②).

② 피통보기관에 대한 통보(지정)의 변경 등(제36조 제1항, 제3항)

통보당국은 피통보기관의 통보(지정)와 관련하여 변경사항이 발생할 경우 제30조 제2항의 전자적 통보 방식을 통해 관련한 모든 변경사항을 EU집행위원회와 다른 회원국들에게 통보하여야 한다(§36①).

피통보기관이 적합성 평가 활동을 중단하기로 한 경우, 피통보기관은 가능한 신속하게 통보당국과 관련 공급자에게 이 사실을 알려야 하며, 활동 중단이 계획에 의한 경우 중단 최소 1년 전에 이를 알려야 한다. 활동을 중단하고자 하는 피통보기관이 발급한 인증서는 다른 통보기관이 해당 인증서의 적용을 받는 고위험 AI 시스템에 대한 책임을 부담할 것을 서면으로 확인하는 것을 조건으로 하여 피통보기관의 활동 중단 후 9개월 동안 유효하다. 활동 중단을 하는 피통보기관의 인증서를 받고자 하는 피통보기관은 해당 시스템에 대한 신규 인증서 발급 기간의 9개월 전까지 영향을 받는 고위험 AI 시스템에 대한 전체 평가를 완료해야 한다. 피통보기관이 활동을 중단한 경우 통보당국은 지정을 취소해야 한다(§36③).

③ 피통보기관에 대한 지정의 제한, 정지, 취소 등(제36조 제6항 내지 제9항)

이 외에도 피통보기관이 더 이상 제31조 상의 요건을 충족하지 못하거나 의무를 이행하지 못하고 있다고 판단할 충분한 사유가 존재하는 경우 통보당국은 지체없이 조사에 착수하여야 한다. 통보당국은 피통보기관에 대해 제기된 이의 등 조사 실시의 이유에 대해 관련 피통보기관에게 알리고 의견을 밝힐 기회를 주어야 한다. 통보당국이 피통보당국이 더 이상 제31조 규정의 요건을 충족하지 않거나 의무를 이행하지 못하고 있다고 결정할 경우 해당 요건을 충족하지 못하거나 의무를 이행하지 못한 심각성에 따라 적절하게 지정을 제한, 정지 또는 취소해야 하며, 이에 대해서 EU집행위원회와 다른 회원국에 이를 즉시 알려야 한다(§36④). 통보당국은 관련 피통보기관의 파일을 보관하고, 다른 회원국의 통보당국과 시장감시당국의 요청이 있는 경우 이를 이용할 수 있도록 적절한 조치를 취하여야 한다(§36⑥).

통보당국이 피통보기관에 대한 지정을 제한하거나 정지 또는 취소를 할 경우, ① 피통보기관이 발급한 인증서에 미치는 영향을 평가하고, ② 지정 변경 사항을 통보한 후 3개월 내 EU집행위원회와 다른 회원국에 조사 결과에 대한 보고서를 제출하여야 한다. 또한 ③ 통보당국이 정한 합리적 기간 내 시장에서 고위험 AI 시스템의 지속적인 적합성 보장을 위하여 발급된 인증서를 피통보기관이 정지 또는 철회하도록 요구하여야 한다. ④ 통보당국은 피통보기관에 의해 정지 또는 철회가 요구되는 인증서에 대해 EU집행위원회와 회원국에 통보하여야 한다. ⑤ 공급자가 등록된 사업장을 두고 있는 회원국의 국가관할당국에 대하여 정지 또는 철회를 요구한 인증서에 관한 모든 정보를 제공하여야 한다. 이때 정보를 받은 관할당국은 필요한 경우 건강, 안전 또는 기본권에 대한 잠재적 위험을 피하기 위한 적절한 조치를 취해야 한다(§36⑦).

지정이 정지되거나 제한된 인증서는 부당하게 발급된 경우를 제외하고 ① 통보당국이 정지 또는 제한으로 영향을 받는 인증서와 관련하여 인증서가 정지 또는 제한된 이후 1개월 이내 건강, 안전 또는 기본권에 대한 위험이 없음을 확인하였고, 통보당국이 정지 또는 제한을 해결하기 위한 조치 일정을 설명한 경우 또는 ② 통보당국이 관련 인증서가 정지 또는 제한 과정 동안 발급, 수정 또는 재발급되지 않을 것을 확인하였고, 피통보기관이 정지 또는 제한 기간 동안 발급된 기존 인증서를 계속 모니터링하고 책임을 유지할 역량을 가지고 있는지 여부를 명시한 경우에는 그 효력이 유지된다. ②의 경우 통보당국에 의해 피통보기관이 발행한 기존 인증서를 지원할 역량을 가지고 있지 않다고 결정하는 경우 해당 인증서의 적용을 받는 시스템 공급자는, 정지 또는 제한 후 3개월 내 등록된 사업장이 있는 회원국의 국가관할당국에 정지 또는 제한 기간 동안 해당 인증서를 모니터링하고 책임지는 피통보기관의 기능을 다른 적격의 피통보기관이 일시적으로 인수함을 서면으로 확인하여야 한다(§36⑧).

지정이 취소된 인증서는 부당하게 발급된 경우를 제외하고 ① 해당 인증서의 적용을 받는 고위험 AI 시스템의 공급자가 등록된 사업장을 두고 있는 회원국의 국가관할당국이 관련 고위험 AI 시스템과 연계된 건강, 안전 또는 기본권에 대한 위험이 없음을 확인한 경우, 그리고 ② 다른 피통보기관이 해당 AI 시스템에 대한 즉각적인 책임을 부담하고 지정이 취소된 후 12개월 내 평가를 완료할 것임을 서면으로 확인한 경우에는 인증서가 취소된 경우라 하더라도 효력이 9개월간 유효하다. ②의 경우 인증서의 적용을 받는 시스템의 공급자가 사업장을 두고 있는 회원국의 국가관할당국은 해당 인증서의 임시 유효기간을 총 12개월을 초과하지 않는 범위 내에서 3개월 추가 연장할 수 있다. 그리고 국가관할당국이나 지정 변경으로 영향을 받는 피통보기관의 기능을 인수하는 피통보기관은 즉시 EU집행위원회와 다른 회원국 및 다른 피통보기관에 그 사실을 통보하여야 한다(§36⑨).

지정이 정지, 제한, 전부 또는 일부 취소된 피통보기관은 10일 내 관련 공급자에게 이를 알려야 한다(§36⑤).

④ 인증기관 관련 협력(제38조)

EU집행위원회는 고위험 AI 시스템에 관하여 AI법상 적합성 평가 절차에 참여하는 피통보기관 간 적절한 조정과 협력이 이루어질 수 있도록 하여야 하고, 이러한 조정 및 협력은 분야별 그룹으로 적절하게 운영되도록 하여야 한다(§38①). 또한 통보당국 간 지식이나 모범사례가 교환될 수 있도록 해야 한다(§38③). 각 통보당국은 통보를 받은 기관이 직접 또는 지정된 대표를 통해 분야별 그룹 활동에 참여하는 것을 보장해야 하며(§38②), 피통보기관은 이러한 조정 및 협력 활동에 참여하여야 한다(§31⑫).

⑤ 피통보기관의 능력에 대한 이의제기(제37조)

EU집행위원회는 피통보기관이 제31조에 따른 요건 및 관련한 책임 등을 지속적으로 수행할 수 있는지 확인하기 위하여 필요한 모든 사례를 조사하여야 하며, 조사과정에서 획득된 모든 민감한 정보는 제78조의 비밀유지에 관한 규정에 따라 비밀로 취급되도록 보장하여야 한다(§37① 및 ③). 그리고 피통보기관이 통보(지정)요건을 충족하지 않거나 더 이상 충족하지 못한다고 판단하는 경우, 회원국의 통보당국에 이를 알리고 통보의 철회 또는 정지 등 필요한 조치를 취할 것을 요청해야 한다. 회원국이 필요한 시정조치를 취하지 못할 경우 EU집행위원회는 이행법을 통해 지정을 정지, 제한, 취소할 수 있다(§37④). 통보당국은 요청이 있는 경우 통보(지정)와 관련되거나 능력이 우려되는 피통보기관의 능력 유지에 관한 모든 관련 정보를 EU집행위원회에 제공해야 한다(§37②).

제5절 표준, 적합성 평가, 인증 및 등록

I. 표준화 및 공통기준

1. 표준화를 위한 노력(제40조)

AI법은 EU가 채택한 '조화된 표준'에 따라 고위험 AI 시스템이나 범용 AI

모델이 EU가 채택한 '표준'을 채택한 경우에는 AI법상의 요건 등에 부합하는 것으로 보고 있다(§40①). '조화된 표준'에 대해 AI법은 표준화에 대해 규정하고 있는 'Regulation (EU) 1025/2012'의 정의 규정을 따르도록 하고 있는데, 해당 규정은 제2조 제1항 제c호에서 '조화된 표준'을 "유럽연합을 위한 조화로운 규정의 집행을 위해 EU집행위원회의 요청에 근거하여 채택된 유럽의 표준"이라고 정의하고 있다. 그리고 '표준'에 대해서는 제2조 제1항에서 "반복적 또는 지속적 적용을 위하여 공인된 표준화기관에서 채택한 기술사양을 의미한다"고 하고 있다.

'Regulation (EU) 1025/2012' 제10조에 따라 EU집행위원회는 부당한 지체없이 제3장 제2절에 규정된 모든 요건을 포함하는 표준화 요청을 유럽표준화기구에 의뢰해야 한다. 표준화를 의뢰할 경우 EU집행위원회는 표준이 부속서 Ⅰ에 명시된 기존 EU조화법이 적용되는 제품의 다양한 분야에서 개발된 표준에 부합하고 명확해야 하며, EU에 시장 출시되거나 서비스 공급된 고위험 AI 시스템 또는 범용 AI 모델이 AI법에 따른 관련 요건이나 의무를 충족할 것을 보장하는 것을 목표로 해야 한다는 점을 명시해야 한다. 그리고 표준화 요청을 준비할 때에는 유럽AI위원회 및 자문포럼을 포함한 관련 이해관계자와 협의하여야 한다(§40②).

✪ Regulation (EU) 1025/2012 제10조의 주요 내용

> Regulation (EU) 1025/2012 제10조: EU집행위원회의 표준화 요청
> 해당 규정은 EU집행위원회에 대해 하나 또는 여러 유럽표준화기구에 정해진 기한 내 유럽표준 또는 유럽 표준화 산출물의 초안을 작성하도록 요청하는 권한을 부여하고 있다(제10조 제1항). 요청을 받은 유럽표준화기구는 이에 대한 결과를 EU집행위원회에 통보하고, 표준화 요청이 요건을 충족하는 경우 EU집행위원회는 지체없이 유럽연합 관보에 게재하고 공표하여야 한다(제10조 제5항 및 제6항).

표준이 EU의 가치에 부합하고, 표준에 대한 국제협력 강화, AI 분야의 기존 국제표준 검토에 대한 기여, 이익을 균형 있게 대변하기 위해 표준 절차에는 관련 모든 이해관계자가 효과적으로 참여하는 것을 보장하여야 하고, 참여

자들은 EU시장의 경쟁과 성장, 법적 확실성 등을 제고하여 AI에 대한 투자 및 혁신을 촉진하기 위해 노력하여야 한다(§40③). 그리고 피통보기관은 유럽표준화기구에 직접 참여하거나, 대표로 참여하거나, 관련 표준을 인지하고 최신의 상태를 유지하도록 해야 한다(§31⑫).

2. 공통기준의 마련 및 이행법의 채택(제41조)

1) 공통기준 마련과 이행법의 채택(제41조 제1항, 제2항)

'공통기준'은 'Regulation (EU) 1025/2012' 제2조 제4호에서 정의되어 있는 일련의 기술적 사양을 의미하며, 이 법에 따라 수립된 특정한 요건을 준수하기 위한 수단을 제공하는 역할을 한다(§3(28)).

EU집행위원회는 ① EU집행위원회가 제3장 제2절에 따른 요건 또는 제5장 제2절 및 제3절에 다른 의무에 관한 조화된 표준안을 마련해줄 것을 요청하였으나, (i) 유럽 표준화 기구가 해당 요청을 수락하지 않고, (ii) 요청에 관한 조화된 표준이 'Regulation (EU) 1025/2012' 제10조 제1항에 따른 기한 내에 제공되지 않으며, (iii) 관련 조화된 표준이 기본권 관련 우려사항을 충분히 다루지 못하거나, (iv) 조화된 표준이 요청에 부합하지 않는 경우, 그리고 ② 제3장 제2절에 따른 요건 또는 제5장 제2절 및 제3절에 따른 의무에 관한 조화된 표준의 어떠한 참조도 'Regulation (EU) No 1025/2012'에 따라 EU 관보에 게재되지 않았으며 합리적 기간 내에 게재될 것으로 기대되지 않는 경우에는 제3장 제2절에 다른 요건, 제5장 제2절 및 제3절에 따른 의무에 대한 공통기준을 확립하는 이행법을 채택·시행할 수 있다(§41①).

이행법을 준비하기 전에 EU집행위원회는 'Regulation (EU) 1025/2012' 제22조에 따른 위원회에 위의 조건들이 충족되었다는 것을 알려야 한다(§41②).

2) 공통기준 채택의 효과(제41조 제3항, 제5항)

공통기준의 일부 또는 전부에 부합하는 고위험 AI 시스템 또는 범용 AI 모델은 이 장의 제2절에 따른 요건 또는 적용가능한 경우 제5장 제2절 또는 제3절에 따른 의무에 부합되는 것으로 추정되어야 하며, 이는 공통기준이 이러한 요건 또는 의무를 포함하는 범위에 한한다(§41③). 고위험 AI 시스템 또는 범용 AI 모델이 공통기준에 부합하지 않는 경우, 이들 AI 시스템 및 AI 모델은 제3장 제2절에 따른 요건을 충족하는 기술적 솔루션을 채택하였다거나, 해당되는 경우 제5장 제2절 및 제3절에 따른 의무를 적어도 동등한 수준으로 준수하였음을 정당화해야 한다(§41⑤).

3) 이행법의 개정과 폐지(제41조 제4항, 제6항)

조화된 표준이 유럽표준화기구에 의해 채택되고 해당 표준의 참조를 EU의 관보에 게재하기 위해 EU집행위원회에 제안된 경우, EU집행위원회는 해당 표준을 'Regulation (EU) 1025/2012'에 따라 평가해야 한다. 조화된 표준에 관한 참조가 EU의 관보에 게재된 경우 EU집행위원회는 이행법을 폐지해야 한다(§41④).

공통기준이 제3장 제2절에 따른 요건 또는 제5장 제2절 및 제3절에 따른 의무에 완전히 부합하지 않는다고 생각하는 회원국은 EU집행위원회에 그에 관한 상세한 설명을 제공해야 한다. 이 경우 EU집행위원회는 제공받은 정보를 평가하고 적절한 경우 관련 공통기준에 관한 이행법을 개정해야 한다(§41⑥).

Ⅱ. 적합성 평가

1. 적합성 평가 실시 대상 및 방법(제43조 제1항~제3항, 제6항)

적합성 평가란 고위험 AI 시스템이 AI법의 제3장 제2절에 명시된 요건이 충족되었는지 여부를 입증하는 절차를 의미한다(§3(20)). 고위험 AI 시스템은 각 유형별로 요구되는 적합성 평가를 실시하여야 한다.

1) 부속서 Ⅲ 제1항에 열거된 고위험 AI 시스템(제43조 제1항)

부속서 Ⅲ 제1항에 열거된 고위험 AI 시스템의 공급자가 조화된 표준 또는 공통기준을 적용한 경우에는 ① 부속서 Ⅵ에 따른 내부 통제에 근거한 적합성 평가 또는 ② 부속서 Ⅶ에 따라 인증기관이 수행하는 품질 관리 체계의 평가 및 기술문서의 평가의 방식으로 적합성 평가를 실시하여야 한다(§43①). 부속서

Ⅲ 제1항에 열거된 고위험 AI 시스템은 생체인식 관련 AI 시스템으로 ① 원격 생체인식 식별 시스템, ② 생체인식 분류 시스템, ③ 감정 인식 시스템이다.

부속서 Ⅵ의 내부통제에 근거한 적합성 평가

적합성 평가 방식	적합성 평가 방법
내부통제에 근거한 적합성 평가 (부속서 Ⅵ) 또는	■ 공급자는 이전에 수립되어 있는 품질 관리 체계가 제17조의 요건에 부합함을 확인하여야 함 ■ AI 시스템이 제3장 제2절에 명시된 관련 필수 요건을 충족하는지를 평가하기 위해 기술문서에 포함된 정보를 검토하여야 함 ■ 공급자는 AI 시스템의 설계 및 개발과 제72조에 따른 해당 AI 시스템의 사후 시장 모니터링이 기술문서에 합치한다는 점을 확인하여야 함

부속서 Ⅶ의 품질 관리 체계 및 기술문서 평가에 의한 적합성 평가

구분		적합성 평가 방법
품질 관리 체계 (제3항 및 제5항)	적합성 평가 신청서 제출 (제3.1항)	■ 공급자의 신청서에는 다음의 사항이 포함되어야 함 (a) 공급자의 이름과 주소, 권한을 위임받은 대리인이 신청서를 제출하는 경우 대리인의 이름과 주소 (b) 동일한 품질 관리 체계의 적용을 받는 AI 시스템 목록 (c) 동일한 품질 관리 체계의 적용을 받는 각 AI 시스템에 대한 기술문서 (d) 제17조에 열거된 모든 측면을 다루어야 하는 품질 관리 체계에 관한 문서 (e) 품질 관리 체계가 적절하고 효과적인 상태로 유지되도록 하기 위해 마련된 절차에 대한 설명 (f) 다른 피통보기관에 동일한 신청서를 제출하지 않았다는 서면 확인서
	평가방법 (제3.2항)	■ 품질 관리 체계는 피통보기관에 의해 평가되어야 함 ■ 피통보기관은 해당 고위험 AI 시스템이 제17조의 요건을 충족하는지 여부를 결정하여야 하고, 결정은 공급자 또는 국내 대리인에게 통보되어야 함. 통보에는 품질 관리 체계 평가 결과와 합리적 평가결정의 내용이 포함되어야 함

	유지의무 (제3.3항)	▪ 승인된 품질 관리 체계는 적절하고 효율적으로 유지되도록 공급자가 지속적으로 구현·유지하여야 함
	시스템 변경 (제3.4항)	▪ 승인된 품질 관리 체계 또는 제3.1항 제b호의 공급자의 AI 시스템 목록에 대하여 의도적 변경이 있을 경우 공급자는 피통보기관에게 이에 대하여 알려야 함 ▪ 변경사항은 피통보기관이 검사하여 수정된 품질 관리 체계가 제3.2항에 언급된 요건을 계속 충족하는지 또는 재평가가 필요한지 여부를 결정하여야 하며, 해당 결정을 공급자에게 통보하여야 함 ▪ 통보에는 품질 관리 체계 평가 결과와 합리적 평가결정의 내용이 포함되어야 함
	승인된 품질 관리 체계의 모니터링 (제5항)	▪ 승인된 품질 관리 체계는 피통보기관에 의해 모니터링 되어야 하는데 이는 공급자가 승인된 품질 관리 체계의 조건을 제대로 준수하는지 확인하기 위한 것임(제2항 및 제5.1항) ▪ 공급자는 피통보기관이 AI 시스템이 설계, 개발, 테스트가 이루어지는 현장에 접근할 수 있도록 허용해야 하며, 필요한 모든 정보를 피통보기관과 공유해야 함 ▪ 피통보기관은 공급자가 품질 관리 체계를 유지하고 적용하는지 확인하기 위해 정기적 감사를 수행하여야 하며, 감사보고서를 공급자에게 제공하여야 함 ▪ 감사보고서 작성에 있어 피통보기관은 EU 기술문서 평가 인증서가 발급된 AI 시스템에 대한 추가 테스트를 수행할 수 있음
기술문서 (제4항)	적합성 평가 신청서 제출 (제4.1항 및 제4.2항)	▪ 품질 관리 체계 평가를 위한 신청서 외에도 공급자는 피통보기관에 대해 기술문서에 대한 평가를 위한 신청서를 제출하여야 함 ▪ 신청서에는 다음이 포함되어야 함 (a) 공급자의 성명과 주소 (b) 동일한 신청서가 다른 피통보기관에 제출되지 않았다는 서면 확인서 (c) 부속서 IV에 언급된 기술문서
	평가방법 (제4.3항 ~	▪ 기술문서는 피통보기관에 의해 검토되어야 함 ▪ 업무수행에 있어 필요한 경우 피통보기관은 원격 접속을 가능하게 하는 API 또는 기타 관련 기술 수단 또는 도구

제4.5항)	를 통해 이용된 학습, 검증, 시험 데이터 세트 전체에 대한 접근 권한을 부여받아야 하며, 여기에는 보안 조치가 적용되는 경우도 포함됨 ■ 기술문서 검토시 피통보기관은 공급자에게 증거를 제시하거나 추가 테스트를 수행하도록 요구할 수 있음 ■ 이 경우 피통보기관이 공급자가 수행한 테스트가 적절하지 못하다고 판단하는 경우 직접 적절한 테스트를 수행하여야 함 ■ 적합성을 평가하기 위하여 필요한 경우, 적합성을 검증하기 위한 다른 모든 합리적인 수단이 소진되고 불충분한 것으로 입증되면 그 사유를 기재한 요청에 따라 피통보기관은 관련 파라미터를 포함하여 AI 시스템의 학습 및 학습된 모델에 대한 접근 권한도 부여받아야 함. 다만 이 경우 지식재산 및 영업비밀 보호에 관한 현행 EU법의 적용을 받음 ■ 피통보기관의 결정은 공급자 또는 국내 대리인에게 통보되어야 하며, 통보에는 기술문서 평가 결과가 포함되어야 함
인증서 발급 (제4.6항)	■ 해당 AI 시스템이 제3장 제2절의 요건을 충족하는 경우 피통보기관은 EU 기술문서 평가 인증서를 발급하여야 함 ■ 인증서에는 공급자의 이름과 주소, 검사 결과, (있는 경우) 유효성 조건, AI 시스템 식별에 필요한 데이터가 표시되어야 함 ■ 인증서와 부속서에는 AI 시스템의 적합성을 평가할 수 있도록 모든 관련 정보가 포함되어야 하며, 해당되는 경우 이용 중 AI 시스템을 제어할 수 있도록 해야 함 ■ AI 시스템이 제3장 제2절의 요건을 준수하지 않는 경우 피통보기관은 인증서 발급을 거부하고 신청자에게 거부 사유를 명시하여 통보하여야 함 ■ AI 시스템이 학습에 이용된 데이터와 관련된 요구사항을 충족하지 못하는 경우 새로운 적합성 평가를 신청하기 전에 AI 시스템은 다시 학습해야 함. 이 경우 인증서의 발급을 거부하는 피통보기관의 평가 결정에는 AI 시스템 훈련에 이용된 품질 데이터, 특히 미준수 사유에 대한 구체적인 고려사항이 포함되어야 함

시스템 변경 (제4.7항)	▪ AI 시스템의 요건 준수 또는 의도된 목적에 영향을 미칠 수 있는 AI 시스템의 변경은 EU 기술문서 평가 인증서를 발급한 피통보기관에서 평가하여야 함 ▪ 공급자는 변경사항을 적용할 의사가 있거나 그러한 변경사항의 발생을 알게 된 경우 해당 피통보기관에게 알려야 함 ▪ 의도된 변경사항은 피통보기관이 평가하며, 피통보기관은 해당 변경사항이 제43조 제4항에 따라 새로운 적합성 평가가 필요한지 또는 EU 기술문서 평가 인증서의 보완을 통해 해결될 수 있는지 여부를 결정하여야 함 ▪ 새로운 적합성 평가가 필요한 경우 피통보기관은 변경사항을 평가하고 그 결정을 공급자에게 통지하여야 하며, 변경사항이 승인된 경우 공급자에게 인증서에 대한 보충서를 발급해야 함

단, 부속서 Ⅲ 제1항에 열거된 고위험 AI 시스템이 AI법 제3장 제2절의 준수의무를 이행하였음을 증빙하기 위해 공급자는 ① 제40조에 따른 조화된 표준 및 제41조에 따른 공통기준이 수립되어 있지 않은 경우, ② 공급자가 조화된 표준을 적용하지 않았거나 그 일부만 적용하였을 경우, ③ ①의 공통기준이 수립되어 있지만 공급자가 해당 사양을 적용하지 않은 경우, ④ ①의 조화된 표준이 공개되었으나 일정한 제약이 따르고, 해당 표준 중 제약이 따르는 부분만 공개된 경우에는 부속서 Ⅶ에 따라 적합성 평가를 실시하여야 한다.

부속서 Ⅶ에 따라 공급자는 피통보기관을 자유롭게 선택할 수 있다. 그러나 고위험 AI 시스템이 EU 기구, 기관, 사무소 또는 청 등의 법 집행, 이민 또는 망명 관련 서비스 공급을 위해 이용될 경우 시장감시당국이 피통보기관의 역할을 수행해야 한다(§43①).

2) 부속서 Ⅲ 제2항부터 제8항의 고위험 AI 시스템(제43조 제2항 및 제6항)

부속서 Ⅲ 제2항부터 제8항까지 열거된 고위험 AI 시스템의 부속서 Ⅵ에 따른 내부 통제에 근거한 적합성 평가를 실시하여야 한다(§43②). EU집행위원회는 부속서 Ⅲ 제2항부터 제8항의 고위험 AI 시스템이 부속서 Ⅶ의 전부 또는 일부에 명시된 적합성 평가의 대상이 되도록 제1항 및 제2항을 개정할 수 있다. 다만 이 경우 EU집행위원회는 해당 시스템이 건강·안전·기본권 보호에 미치는 위험을 방지 또는 최소화함에 있어 부속서 Ⅵ에 따른 내부 통제에 기반한 적합성 평가의 유효성 및 인적합성 평가 수행을 위한 인증기관의 적정 역량과 자원을 고려하여야 한다(§43⑥).

3) 부속서 Ⅰ 제A절의 고위험 AI 시스템(제43조 제3항)

부속서 Ⅰ 제A절에 명시된 EU조화법의 적용대상이 되는 고위험 AI 시스템은 해당 EU조화법이 요구하는 적합성 평가를 수행하여야 한다. 해당 고위험 AI 시스템의 적합성 평가에는 제3장 제2절의 요건과 부속서 Ⅶ의 제4.3항(피통보기관의 데이터세트에 대한 접근 조치), 제4.4항(공급자에 대한 증거제시 및 추가 테스트 요청 조치), 제4.5항(학습 모델에 대한 접근 조치) 및 제4.6항 제5단락(데이터 관련 요구사항 미충족시 적합성 평가 신청 전 AI 시스템의 재학습)이 적용된다.

EU조화법상의 지정절차에 따라 AI법 제31조 제4항, 제5항, 제10항, 제11항의 피통보기관에 대한 요건을 충족하는 피통보기관은 제3장 제2절의 요건에 따라 고위험 AI 시스템의 적합성 여부를 통제할 권한이 있다. 부속서 Ⅰ의 제A절에 나열된 소관 EU조화법이 조화된 표준상 관련 요건을 준수한 제품 제조업자에 대해 제3자 적합성 평가를 의무로 규정하고 있지 않은 경우, 제품 제조업자가 해당 조화된 표준을 적용한 경우, 제3장 제2절에 규정된 요건을 포함한 제41조의 공통기준을 적용한 경우에 한하여 제3자 적합성 평가를 면제받을 수 있다(§43③).

각 고위험 AI 시스템 유형별 적합성 평가방식을 정리하면 다음 표와 같다.

고위험 AI 시스템 유형별 적합성 평가 방식

대상 AI 시스템	적합성 평가 방식
생체인식 관련 AI 시스템: ■ 원격 생체인식 식별 시스템 ■ 생체인식 분류 시스템 ■ 감정 인식 시스템	내부통제에 근거한 적합성 평가(부속서 Ⅵ) 또는 품질관리 시스템 및 기술문서 평가에 의한 적합성 평가(부속서 Ⅶ)(공급자의 선택에 따라 실시)

단, 생체인식 관련 AI 시스템이 ① 제40조에 따른 조화된 표준 및 제41조에 따른 공통 기준이 수립되어 있지 않은 경우 ② 공급자가 조화된 표준을 적용하지 않았거나 그 일부만 적용하였을 경우 ③ ①의 공통기준이 수립되어 있지만 공급자가 해당 사양을 적용하지 않은 경우 ④ ①의 조화된 표준이 공개되었으나 일정한 제약이 따르고, 해당 표준 중 제약이 따르는 부분만 공개된 경우	품질 관리 체계 및 기술문서 평가에 의한 적합성 평가(부속서 Ⅶ)
■ 중요 인프라 관련 ■ 교육 및 직업 훈련 관련 ■ 채용, 근로자의 관리 및 자영업자 접근 관련 ■ 필수 민간·공공서비스와 그 혜택에 대한 접근과 향유 관련 ■ 관련 EU법 또는 EU 회원국법에 따라 허용되는 한도에서 법의 집행 관련 ■ 관련 EU법 및 EU 회원국법에 따라 사용이 허용되는 이민, 망명 및 국경 관리 관련 ■ 사법행정 및 민주절차 관련	내부통제에 근거한 적합성 평가(부속서 Ⅵ)
다음 EU조화법의 적용대상이 되는 고위험 AI 시스템 ■ 기계류에 관한 지침 ■ 장난감 안전에 관한 지침 ■ 레저용 선박에 관한 지침 ■ 승강기 및 승강기 안전부품 관련 회원국 법의 조화에 관한 지침 ■ 폭발 가능 환경에서 사용되는 장비 및 보호 시스템 관련 회원국 법 통합에 관한 지침 ■ 무선설비시장 관련 회원국의 법 통합에 관한 지침 ■ 압력장비시장 관련 회원국의 법 통합에 관한 지침 ■ 공중 케이블(삭도) 설치에 관한 규정 ■ 개인보호장비에 관한 규정 ■ 기체연료 연소기기에 관한 규정 ■ 의료기기에 관한 규정 ■ 체외 진단 의료기기에 관한 규정	해당 법률에서 요구하는 적합성 평가 실시 + AI법 제3장 제2절의 요건, 부속서 Ⅶ의 제4.3항, 제4.4항, 제4.5항, 제4.6항 제5단락이 적용됨

2. 상당한 변경시 재평가 의무(제43조 제4항)

적합성 평가를 완료한 고위험 AI 시스템에 상당한 변경이 수반되는 경우, 변경 이후 시스템이 동일한 배포자에게 유통되거나 이용되는지 여부와 관계 없이 적합성 평가를 다시 수행해야 한다. 또한 시장 출시 또는 서비스 공급 이후 학습을 계속하는 고위험 AI 시스템의 경우, 최초 적합성 평가 및 해당 평가의 일부로 포함된 부속서 Ⅳ 제2항 제f호에 따른 기술문서에 공급자가 기재한 해당 시스템 및 그 성능에 대한 변경은 이 조의 상당한 변경에 해당되지 않는다 (§43④). 부속서 Ⅳ 제2항 제f호에 의해 기술문서에 포함되는 정보는 AI 시스템 및 그 성능에 대해 미리 결정된 변경사항에 대하여 자세한 설명이 이에 해당한다. 여기에는 법 제3장 제2절에 명시된 요건을 지속적으로 보장하기 위해 채택된 기술 솔루션에 대한 정보 설명도 함께 포함된다. 즉, 미리 변경을 예정하고 있는 AI 시스템의 변경은 상당한 변경으로 인한 재평가 의무 대상이 아니다.

3. 적합성 평가방식의 개정(제43조 제5항)

EU집행위원회는 제97조에 따라 기술발전 상황을 고려하여 내부통제에 의한 적합성 평가절차를 규정하고 있는 부속서 Ⅵ과 품질 관리 체계와 기술문서 평가에 의한 적합성 평가의 절차를 규정하고 있는 부속서 Ⅶ을 개정할 수 있다(§43⑤).

4. 인증서의 발급 및 정보제공

1) 인증서의 발급(제44조)

피통보기관은 적합성 평가를 실시한 고위험 AI 시스템이 AI법상의 요건 등을 준수하는 등 적합하다고 평가하는 경우 인증서를 발급하여야 한다. 부속서 Ⅶ에 따라 발급하는 인증서는 피통보기관이 설립된 회원국 내 소관 당국이 쉽게 이해할 수 있는 언어로 작성되어야 한다(§44①). 인증서의 유효기간은 다음 표와 같으며, 적용되는 적합성 평가 절차상 재평가 결과에 따라 추가로 연장될 수 있다. 인증서의 첨부자료는 인증서의 유효기간 동안 동일하게 유효성이 인정된다(§44②).

인증서의 유효기간

구분	인증서 유효기간
부속서 I에 명시된 AI 시스템	최대 5년(재평가 후 최대 5년 연장 가능)
부속서 III에 명시된 AI 시스템	최대 4년(재평가 후 최대 4년 연장 가능)

피통보기관은 해당 AI 시스템이 제3장 제2절의 요건을 더 이상 충족하지 않는다고 판단할 경우, 비례의 원칙을 고려하여 인증서의 효력을 일시 중지 또는 철회하는 등 제약을 부과할 수 있다. 이 경우 피통보기관은 그러한 결정에 대한 이유를 기재해야 한다. 단, 피통보기관이 정한 기한 내에 공급자가 적절한 시정조치를 취함으로써 AI법상의 요건을 준수하는 경우에는 제약을 부과하지 않을 수 있다. 인증서를 포함하여 피통보기관의 결정에 대해 이의제기를 할 수 있는 불복절차도 마련되어야 한다(§44③).

2) 피통보기관의 정보제공 의무(제45조)

피통보기관은 통보당국에 대해 정보제공의 의무가 있다. 제공 의무의 대상이 되는 정보는 ① 부속서 VII의 요건에 따른 EU 기술문서 평가 인증서 및 그 첨부자료 및 품질 관리 체계 승인 내역, ② 부속서 VII의 요건에 따른 EU 기술문서 평가 인증서 또는 품질 관리 체계의 거부, 제한, 보류 또는 철회 내역 및 품질 관리 체계 승인 내역, ③ 통보의 범위 및 조건에 영향을 미친 정황, ④ 적합성 평가 활동과 관련하여 시장감시당국으로부터 받은 자료 제공 요청, ⑤ 통보당국이 요청할 경우 통보 범위 내의 적합성 평가 활동 및 국외 활동 및 하도급 등 기타 수행한 활동 등이다(§45①).

한편, 다른 피통보기관에 대해서도 정보 제공 의무가 있다. 다른 피통보기관에 대해서는 ① 해당 기관이 거부, 보류 또는 철회하였던 품질 관리 체계의 승인 내역 또는 다른 피통보기관이 요청할 경우 해당 기관이 발행한 품질 관리 체계의 승인 내역, ② 해당 기관이 거부, 보류 또는 철회하였던 EU 기술문서 평가 인증서 및 그 첨부문서의 내역, 또는 다른 피통보기관이 요청할 경우 해당기관이 발행한 EU 기술문서 평가 승인서 및 그 첨부문서의 내역 정보를 제공하여야 한다(§45②). 이 외에도 피통보기관은 해당 기관이 수행한 동일 유형의 AI 시스템에 대한 유사한 적합성 평가를 수행하고 있는 다른 피통보기관에 그 부정적 사항에 관한 정보를 제공해야 하며, 다른 피통보기관이 긍정적 적합성 평가 결과에 대해 요청이 있을 경우에도 이를 제공해야 한다(§45③).

피통보기관도 제78조에 따라 취득한 정보의 비밀성을 유지해야 한다(§45④).

5. 적합성 평가 절차의 예외(제46조)

시장감시당국은 공공안전, 사람의 생명 및 건강 보호, 환경보호, 주요 산업 및 인프라 자산 보호를 위해 예외적으로 회원국 영토 내에서 특정 고위험 AI 시스템의 시장 출시 또는 서비스 공급을 승인할 수 있다. 이 경우 적합성 평가 절차는 지체없이 시행되어야 하고, 해당 승인은 적합성 평가 절차가 수행되는 제한된 기간 동안만 이루어져야 한다(§46①). 이때의 승인은 시장감시당국이 고위험 AI 시스템이 제3장 제2절의 요건을 준수한다고 결론 내린 경우에만 가능하다(§46③).

또한 법 집행당국과 민간보호당국은 공공안전의 극히 예외적인 이유로 적법하게 정당화되는 긴급상황이나 자연인의 생명, 신체에 대한 구체적이고 상당하며 급박한 위협이 발생한 경우 제46조 제1항의 승인 없이 특정 고위험 AI 시스템을 시장에 출시하거나 서비스를 공급하도록 할 수 있다. 단 이 경우에도 법 집행당국과 민간보호당국은 해당 고위험 AI 시스템을 이용하고 있는 기간 동안 또는 이용을 종료한 후 지체없이 그 이용에 대한 승인을 시장감시당국에 요청해야 한다. 승인요청이 거부된 경우 고위험 AI 시스템에 대한 이용이 즉시 중단되어야 하며, 해당 AI 시스템의 이용에 따른 결과물 및 산출물은 즉시 폐기되어야 한다(§46②).

시장감시당국은 제1항 및 제2항에 따라 발급한 모든 승인에 대해서 EU집행위원회와 다른 회원국에 통보해야 한다. 다만 법 집행당국의 활동과 관련된 민감한 작전 데이터에 대해서는 통보의무가 배제된다(§46③). 통보를 받은 회원국은 15일 이내 이의를 제기할 수 있으며, 제1항에 따라 발급된 승인에 대해서는 회원국 또는 EU집행위원회가 이의를 제기하지 않는 경우 해당 승인은 정당한 것으로 간주된다(§46④). 만약 다른 회원국이 시장감시당국이 실시한 승인에 대해 이의를 제기하거나 EU집행위원회가 해당 승인이 EU법에 위반되거나 제3

항에 의한 시장감시당국이 해당 AI시스템이 AI법의 요건을 준수한다고 판단한 결정이 근거가 없다고 판단한 경우 EU집행위원회는 지체없이 관련 회원국과 협의에 착수하여야 한다. 운영자는 의견을 제시할 수 있으며, EU집행위원회는 이를 고려하여 승인이 정당한지 결정하고 이를 해당 회원국과 운영자에게 통보하여야 한다(§46⑤). EU집행위원회가 시장감시당국의 승인이 정당하지 않다고 판단하는 경우 시장감시당국은 승인을 철회해야 한다(§46⑥).

Ⅲ. 적합성 선언

1. 공급자에 의한 적합성 선언 작성 의무(제47조 제1항)

EU적합성 선언(Declaration of Conformity)은 일반적으로 제품에 대해 제품 제조업자가 해당 제품이 지침 또는 규정 등에서 요구하는 필수 사항을 충족한다는 것을 명시하는 문서이다. 제조업자는 이를 작성하고 서명함으로써 EU의 관련 규정과 지침을 준수한다는 것에 책임을 진다는 것을 해당 문서를 통해 증명하는 것으로, 이를 작성하고 서명함으로써 제품 관련 규정 준수에 대한 책임을 부담하게 되는 것이다. 적합성 선언은 고위험 AI 시스템과 함께 공식적으로 제공되는 문서로 적합성 평가가 자체적으로 이루어지는 과정에서 공급자가 허위 또는 부적절하게 평가를 실시하는 것에 대한 보완 조치에 해당한다.

공급자는 고위험 AI 시스템 각각에 대해 기계 판독이 가능하고 물리적 또는 전자적으로 서명된 EU 적합성 선언을 서면으로 작성하여야 한다. 그리고 작성된 적합성 선언은 고위험 AI 시스템이 시장에 출시되거나 서비스 공급 후 10년 동안 국가관할당국이 처분할 수 있도록 보관하여야 하며, 국가관할당국이 요청할 경우 이를 제출하여야 한다. EU 적합성 선언에는 해당 선언의 대상이 되는 고위험 AI 시스템이 적시되어 있어야 한다(§47①).

2. 작성 방법(제47조)

적합성 선언에는 고위험 AI 시스템이 제3장 제2절에 규정된 요건을 충족한다는 내용이 명시되어 있어야 한다. 그리고 부속서 Ⅴ에 명시된 정보를 포함하여야 하고, 고위험 AI 시스템이 출시되거나 서비스가 공급된 회원국의 국가관할당국이 쉽게 이해할 수 있는 언어로 번역되어야 한다(§47②).

부속서 Ⅴ에 명시된 정보는 다음과 같다.

✪ 적합성 선언에 포함되어야 하는 정보

- AI 시스템의 명칭·유형과 AI 시스템의 식별·추적을 가능하게 하는 그 밖의 모든 명확한 참조사항
- 공급자의 성명·주소 또는 해당되는 경우 국내 대리인의 성명·주소
- 제47조에 따른 적합성 선언이 오로지 공급자의 책임하에 발급되었다는 진술
- AI 시스템이 이 법에 부합하고, 해당되는 경우 제47조에 따른 적합성 선언을 발급할 것을 규정하고 있는 그 밖의 관련 EU법에 부합한다는 진술
- AI 시스템이 개인정보 처리를 포함하는 경우, AI 시스템이 '일반개인정보보호법(Regulations (EU) 2016/679)', '공공기관개인정보보호법(EU) 2018/1725' 및 '형사상개인정보보호지침(Directive (EU) 2016/680)'에 부합한다는 진술 적합성이 선언된 것과 관련하여, 이용된 모든 관련 통합 표준 또는 기타 모든 공통기준에 관한 참조
- (해당되는 경우) 피통보기관의 명칭·식별번호, 수행한 적합성 평가 절차에 관한 설명 및 발급된 증명서 확인
- 선언 발급 장소·일자, 서명한 자 또는 대리하여 서명한 자의 성명·기능 및 서명 표시

고위험 AI 시스템이 EU 적합성 선언을 요구하는 다른 EU조화법의 적용을 받는 경우 고위험 AI 시스템에 적용되는 모든 EU법과 관련하여 단일한 EU 적합성 선언이 작성되어야 한다. 단, 이 경우 적합성 선언은 선언과 관련된 EU조화법을 식별하는 데 필요한 모든 정보를 포함해야 한다(§47③).

또한 공급자는 EU 적합성 선언을 작성함으로써 제3장 제2절에 규정된 요건의 준수에 대한 책임을 진다. 공급자는 EU 적합성 선언을 적절하게 최신의 상태로 유지하여야 한다(§47④).

Ⅳ. CE 마크 부착

1. CE 마크의 개념

'CE 마크'는 그것을 부착함으로써 AI 시스템이 제3장 제2절 및 기타 EU조화법에 규정된 요건을 준수하고 있다는 것을 공급자가 나타내는 표시를 의미한다(§3(24)). 적합성 평가와 적합성 선언을 작성한 공급자는 적합성을 인증하는 표시인 'CE 마크'를 부착할 수 있다. EU의 지침에서 명시하고 있는 제품들은 (모든 제품에 부착하는 것이 아님) 반드시 이 마크를 획득하고 부착하여야 한다. 이는 품질을 보증하는 표시가 아닌 제품이 건강, 안전, 환경, 소비자 보호 등과 관련한 EU 지침상의 요구사항을 만족한다는 의미로 CE 마크를 부착하는 것이다. 해당 표시가 부착되어 있으면 EU 지역 내에서 자유롭게 유통될 수 있다.

2. CE 마크의 부착(제48조 제1항, 제2항, 제3항)

CE 마크 부착에 대한 요건과 절차 등을 규정하고 있는 '제품 마케팅과 관련된 인증 요건에 관한 규정(Regulation (EC) No 765/2008)' 제30조의 일반원칙에 따라 부착되어야 하며(§48①), 해당 원칙의 주요 내용은 다음과 같다.

✪ CE 마크에 관한 일반원칙

> ① CE 마크는 제조업체 또는 권한을 위임받은 대리인만 부착하여야 함
> ② CE 마크는 '커뮤니티 조화법(Community harmonisation legislation, 제품의 마케팅 조건을 규정하는 EU의 법률을 의미함(Regulation (EC) No 765/2008 제2조 제21호))'에 의해 부착이 제공되는 제품에만 부착되어야 하며, 다른 제품에는 부착되어서는 안 됨
> ③ CE 마크를 부착하거나 부착함으로써 제조업체는 해당 마크의 부착을 규정하는 '커뮤니티 조화법'에 명시된 모든 요건에 관한 해당 제품의 적합성에 대해 책임이 있음을 나타내는 것임
> ④ CE 마크는 부착을 규정하는 '커뮤니티 조화법'의 요구사항에 대한 제품의 적합성을 증명하는 유일한 마크에 해당함
> ⑤ CE 마크의 의미나 형태에 대해 제3자가 오해할 수 있는 표시, 기호, 문구 등을

제품에 부착하는 것은 금지되며, CE 마크의 가시성, 가독성, 의미가 손상되지 않는 것을 전제로 다른 마크를 제품에 부착할 수 있음

⑥ 제41조(처벌 규정으로 회원국으로 하여금 CE 마크에 관한 규정 위반에 대한 형사처벌과 금전적 처벌을 할 수 있는 규정을 마련하는 등 해당 규정 이행을 위하여 필요한 조치를 하도록 하고 있음)를 침해하지 않고, 회원국은 CE 마크를 관리하는 제도의 올바른 이행을 보장하고 마크를 부적절하게 사용하는 경우에 있어 적절한 조치를 취해야 함. 또한 회원국은 심각한 침해에 대한 형사제재를 포함하여 침해에 대한 처벌을 규정하여야 하며, 이러한 처벌은 위반의 심각성에 비례하여야 하고, 부적절한 사용에 대한 억제 수단이 되어야 함

3. 부착의 요건(제48조 제3항~제5항)

CE 마크는 고위험 AI 시스템에 대해 눈에 잘 띄고, 읽기 쉽고, 쉽게 지워지지 않는 방식으로 부착되어야 한다. 고위험 AI 시스템의 특성으로 인해 불가능하거나 어려운 경우 포장 또는 첨부 문서에 적절하게 부착해야 한다(§48③). 해당되는 경우 CE 마크 뒤에는 제43조에 규정된 적합성 평가 절차를 담당하는 피통보기관의 식별번호가 표시되어야 한다. 피통보기관의 식별번호는 해당 기관이 직접 또는 그 지시에 따라 공급자 또는 공급자의 권한을 위임받은 대리인이 부착해야 한다. 식별번호는 고위험 AI 시스템이 CE 마크 요건을 충족한다고 언급된 모든 홍보물에 표시되어야 한다(§48④). 고위험 AI 시스템이 CE 마크 부착을 규정하는 다른 EU법의 적용을 받는 경우 CE 마크는 고위험 AI 시스템이 해당 다른 법률의 요건도 충족한다는 것을 표시해야 한다(§48⑤).

V. 적합성의 추정(제42조)

AI법은 특정 요건이 충족되는 경우 적합성이 추정되는 경우에 대해서도 규정하고 있다. '이용되도록 의도된 구체적인 지리적·행동적·맥락적 또는 기능상 설정'을 반영하는 데이터에 기반하여 학습되고 테스트된 고위험 AI 시스템은 제10조 제4항에 따른 관련 요건에 부합하는 것으로 추정되어야 한다(§42①). 또한 적합성 설명이 '사이버보안법(Regulation (EU) 2019/881)'에 따른 사이

버 보안 체계하에서 발행되고 관련 참조가 EU의 관보에 게재된 고위험 AI 시스템은 이 법 제15조에 따른 사이버 보안 요건을 충족하는 것으로 추정되어야 하며, 이는 사이버 보안 인증 또는 적합성 설명의 일부 또는 전부가 이러한 요건에 해당하는 경우에 한한다(§42②).

VI. 고위험 AI 시스템의 EU 데이터베이스 등록(제49조)

1. 부속서 Ⅲ 제2항의 고위험 AI 시스템의 등록

고위험 AI 시스템의 공급자 또는 (해당되는 경우) 국내 대리인은 주요 기반 분야의 고위험 AI 시스템(부속서 Ⅲ의 제2항)을 제외하고 시스템을 시장에 출시하거나 서비스를 공급하기 전에 제71조의 EU 데이터베이스에 자신에 대한 정보와 해당 시스템을 등록하여야 한다(§49①). 의사결정의 결과에 실질적으로 영향을 미치지 않거나 기본권 등을 중대하게 침해할 우려가 없는 경우 공급자에 의해 고위험이 아니라고 판단한 AI 시스템에 대해서는 공급자 또는 (해당되는 경우) 국내 대리인이 해당 시스템을 시장에 출시 또는 서비스를 공급하기 전에 제71조의 EU 데이터베이스에 자신에 대한 정보와 해당 시스템을 등록해야 한다(§49②). 또한 부속서 Ⅲ 제2항에 나열된 중요 인프라 분야의 고위험 AI 시스템을 제외하고 부속서 Ⅲ 제2항에 나열된 고위험 AI 시스템을 서비스 공급하거나 이용하기 전에 관할당국, 기구, 기관, 사무소 또는 청 또는 이들을 대리하는 배포자는 시스템을 선택하고, 자신에 대한 정보와 함께 제71조에 언급된 EU 데이터베이스에 이용 등록을 해야 한다(§49③). 부속서 Ⅲ 제2항의 고위험 AI 시스템은 국가 차원에서 등록되어야 한다(§49⑤).

2. 법 집행, 이민, 망명, 국경 관리 등의 분야 고위험 AI 시스템의 등록 정보 제한

고위험 AI 시스템 중 법 집행, 이민, 망명 및 국경 관리 등의 분야의 시스템 중 일부는 등록되는 정보가 제한적이다. 즉, 부속서 Ⅲ의 제1항(법률에 의해 사용되는 생체인식 시스템), 제6호(법 집행), 제7호(법 집행, 이민, 망명, 국경 관리)의 고위험 AI 시스템은 EU 데이터베이스의 비공개 섹션에 등록해야 한다. 비공개 섹션에 등록된 정보는 EU집행위원회와 시장감시당국만 접근할 수 있으며, 보안 비공개 섹션에 해당되는 경우 다음의 정보만을 등록시켜야 한다(§49④).

구분		정보내용
부속서 VIII 제A절 (제49조 제1항에 따라 최신상태로 유지되어야 하는 정보)	제1항	공급자의 성명, 주소 및 세부 연락처
	제2항	공급자를 대신하여 다른 자가 정보를 제출한 경우, 해당 제출자의 성명, 주소 및 연락처
	제3항	공급자를 위하여 다른 사람이 대신 정보를 제출할 경우, 해당인의 성명, 주소 및 세부 연락처
	제4항	AI 시스템의 상호명 및 해당 AI시스템의 식별과 추적을 가능하게 하는 명확한 추가 확인정보
	제5항	AI 시스템 및 이를 지원하는 구성요소 및 기능의 의도된 목적에 대한 서술
	제7항	AI 시스템의 현황(시장 출시/서비스 제공, 출시/서비스 중단, 리콜)
	제10항	AI 시스템이 시장 출시, 서비스 공급 또는 공급된 EU 내 회원국 내역
부속서 VIII 제B절 (제49조 제2항에 따라 공급자가 제출해야 하는 정보)	제1항	공급자의 성명, 주소 및 세부 연락처
	제2항	공급자를 위하여 다른 사람이 대신 정보를 제출할 경우, 해당인의 성명, 주소 및 세부 연락처
	제3항	국내대리인의 성명, 주소 및 세부 연락처
	제4항	AI 시스템의 상호 및 해당 AI 시스템의 식별 및 추적을 가능하게 하는 명확한 추가 확인정보
	제5항	AI 시스템의 의도된 목적에 대한 서술
	제8항	AI 시스템의 현황(시장 출시/서비스 공급, 출시/서비스 중단, 리콜)
	제9항	AI 시스템이 시장 출시, 서비스 공급 또는 공급된 EU 내 회원국 내역

부속서 VIII 제C절(배포자가 제출해야 하는 정보)	제1호	배포자의 성명, 주소 및 세부 연락처
	제2호	배포자를 위하여 다른 사람이 대신 정보를 제출하는 자의 성명, 주소 및 세부 연락처
	제3호	공급자가 EU 데이터베이스에 입력한 AI 시스템의 URL
부속서 IX (제60조에 따라 실증시 제출해야 하는 정보)	제1호	현실 세계 조건에서의 테스트의 EU 전역 단일 식별 번호
	제2호	현실 세계 조건에서의 테스트에 참여하는 공급자 또는 장래 공급자와 배포자의 성명 및 연락처
	제3호	AI 시스템에 관한 간략한 설명, 해당 AI 시스템의 의도된 목적과 식별에 필요한 기타 정보
	제5호	현실 세계 조건에서의 테스트 중단 또는 종료에 관한 정보

제 4 장

특정 AI 시스템의 투명성 의무

Ⅰ. 특정 AI 시스템의 의미와 여타 AI와의 관계

AI법 제50조에서는 특정 AI 시스템의 경우에 적용되는 투명성의 의무에 대해 규정하고 있다. 이러한 의무들은 공급자와 배포자에게 부과된다. 그러나 이러한 의무가 여타 유럽연합법과 국내법에 영향을 미치지 않으며, 이러한 규정의 원활한 적용을 위하여 AI 사무소 및 EU집행위원회가 해야 하는 역할에 대해서도 함께 규정하고 있다. 다만 AI법에서는 무엇이 특정 AI 시스템인지 명확하게 정의하고 있지는 않으며, 각 조문들을 통해 각각의 특정 AI 시스템에 대한 개별적인 의무들을 적시하고 있을 뿐이다. 다만 위험성을 기준으로 하여 AI 시스템은 다음과 같이 구조화할 수 있다.

AI 시스템의 위험단계

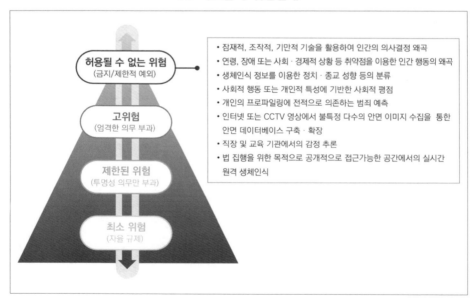

이러한 피라미드 모형의 가장 높은 곳으로부터 금지되는 AI, 고위험 AI 시스템, 약간의 위험이 있는 (혹은 위험이 제한된) AI 시스템 그리고 최소한의 위험만이 있는 AI 시스템으로 구분된다. 일반적으로 세 번째 단계인 약간의 위험이 있는 AI 시스템에 특정 AI 시스템이 포함된다고 소개된다. AI법에서는 이러한

AI 시스템은 투명성을 통해 위험을 최소화할 수 있기 때문에 금지하지 않을 뿐만 아니라 고위험 AI 시스템과 같이 엄격하게 관리하는 것도 아니다. 다만 이용자들에게 AI 시스템과 상호작용 중이거나 콘텐츠가 인위적으로 생성되었음을 알리는 등의 투명성 의무가 부과된다. AI법 제50조에서는 챗봇과 같은 자연인과 직접 상호작용하는 AI 시스템, 딥페이크와 같이 이미지, 오디오, 텍스트 또는 비디오 콘텐츠를 생성하거나 조작하는 AI 시스템 그리고 감정인식 시스템 또는 생체 분류 시스템을 특정 AI 시스템으로 적시하고 있다.

주의해야 하는 것은 이러한 시스템 중 인간의 행동을 조작하기 위한 딥페이크 등은 금지된다는 사실이다. AI법 제50조가 행태 중심으로 특정 AI 시스템에 적용되는 투명성의 의무를 규정하고 있기는 하지만 AI법 제5조로 인하여 금지되는 방식의 AI 활동에 있어 제50조가 적용될 여지는 없다.

Ⅱ. 특정 AI 시스템에 관한 규정의 내용

제50조 제1항에서는 자연인과 직접적으로 상호작용하는 특정 AI 시스템에 관한 투명성의 의무를 규정하고 있다. 이에 따르면 자연인과 직접적으로 상호작용하도록 의도된 AI 시스템의 경우, 공급자는 해당 자연인이 특정 AI 시스템과 상호작용되고 있음에 대하여 그 해당 자연인에게 정보를 제공하는 방식으로 그 특정 AI 시스템을 설계 및 개발하여야 한다. 다만 여기에는 몇 가지 예외가 있다. 첫째, 합리적인 자연인의 관점에서 특정 AI 시스템이 자연인과 상호작용하고 있음이 명백하다고 볼 수 있는 경우에는 이러한 의무가 면제된다. 둘째, 제3자의 권리와 자유를 보호하기 위한 목적으로 범죄행위에 대한 탐지, 예방, 조사 또는 기소를 위한 AI 시스템의 경우에는 이러한 의무가 면제된다. 다만 이러한 AI 시스템은 법에 의하여 승인된 경우에 한정된다(Recital 130 및 132).

제50조 제2항에서는 합성된 오디오, 이미지, 비디오 또는 텍스트 콘텐츠를 만들어 내는 범용 AI 시스템과 같이 인위적으로 결과물을 만들어 내는 AI 시스템의 경우, 공급자는 이러한 결과물이 기계가 읽을 수 있는 형식으로 표시되도록 해야 할 뿐만 아니라, 이러한 결과물이 인위적으로 혹은 조작된 것으로 인식될 수 있도록 해야 하는 의무를 부담한다. 이러한 의무를 이행함에 있어 공

급자는 콘텐츠의 다양한 유형이 갖는 특수성과 한계, 구현에 따른 비용을 고려함과 동시에 기술적으로 가능한 한도에서 효과적인 기술을 사용해야 한다. 다만 여기에는 몇 가지 예외가 있다. 이러한 특정 AI 시스템이 표준의 편집을 위해 보조적인 기능만을 수행하는 경우, 배포자에 의해 제공되는 입력 데이터 또는 그 입력 데이터의 의미를 실질적으로 변경하지 않는 경우, 그리고 범죄행위에 대한 탐지, 예방, 조사 또는 기소를 위해 법에 의해 승인된 경우가 AI법에서 적시하고 있는 예외의 사유이다.

제50조 제3항은 감정 인식 시스템 또는 생체 분류 시스템의 배포자가 부담하는 의무에 대해 규정하고 있다. 이에 따르면 배포자는 해당 시스템에 노출된 자연인에게 해당 시스템의 작동에 대한 정보를 제공하도록 하고 있으며, 만일 그 정보가 일반개인정보보호법(GDPR)(Regulation (EU) 2016/679), 공공기관개인정보보호법(Regulation (EU) 2018/1725) 그리고 형사상개인정보보호지침(Directive (EU) 2016/680)에 해당하는 경우에는 이들 유럽법의 적용을 받게 된다는 점을 명시하고 있다. 다만 이러한 경우에도 예외가 존재하는데, 제3자의 권리와 자유를 보호하기 위한 목적으로 범죄행위에 대한 탐지, 예방, 조사를 위한 법 그리고 EU법에 따라 허용되는 생체 분류와 감정 인식을 위해 사용되는 AI 시스템과 관련해서는 이러한 의무가 부과되지 않는다.

제50조 제4항 제1문 내지 제3문에서는 딥페이크에 해당하는 이미지, 오디오 또는 비디오 콘텐츠를 만들거나 조작하는 AI 시스템의 배포자에게 역시 해당 콘텐츠가 인위적으로 만들어졌다거나 혹은 조작되었다는 것을 밝혀야 할 의무를 부과하고 있다. 다만 해당 콘텐츠가 명백하게 예술적, 창의적, 풍자적, 허구적 작품 또는 프로그램의 일부이거나 혹은 그러한 작품 또는 프로그램의 일부를 비유하는 경우에는 해당 특정 AI 시스템 및 그 결과물의 사용을 통한 표현의 자유 등이 침해하지 않는 방식으로 이러한 의무가 이행되어야 한다. 마찬가지로 이러한 의무는 범죄행위에 대한 탐지, 예방, 조사 또는 기소를 위해 법에 의해 승인된 AI 시스템에는 적용되지 않는다.

제50조 제4항 제4문과 제5문에서는 공익적 사항을 대중에게 알리기 위한 목적으로 텍스트를 만들거나 조작하는 AI 시스템의 배포자에게 이를 밝혀야 할 의무를 부과하고 있다. 다만 범죄행위에 대한 탐지, 예방, 조사 또는 기소를 위

해 법에 의해 승인된 AI 시스템의 경우, 배포자는 이러한 의무를 부담하지 않는다. 또한 AI 시스템에 의하여 텍스트가 만들어졌거나 조작되었더라도 자연인에 의하여 편집상의 통제를 거쳤거나 그러한 텍스트에 대해 자연인 혹은 법인이 책임을 부담하는 경우에는 이러한 의무가 배제된다.

Ⅲ. 투명성 의무와 정책방향

인간이 만들어 낸 실제의 콘텐츠를 AI 시스템에 의해 인위적으로 만들어낸 콘텐츠와 구별하는 것은 사실상 불가능해지고 있으며, 이러한 인위적 콘텐츠는 대량으로 생성되고 있다. 이러한 AI 시스템의 폭넓은 가용성과 증가하는 기능은 정보에 대한 무결성 혹은 신뢰에 대해 다양한 영역에서 중대한 영향을 미치고 있다. 확장되는 규모에 비례하여 잘못된 정보, 콘텐츠에 대한 조작 및 사기 등은 우리 사회 전체와 소비자를 포함한 그 구성원들에게 새로운 위험을 증가시키게 된다. 이러한 영향력의 확대, 빠르게 변화하는 기술 등을 고려할 때 정보에 대한 무결성 혹은 신뢰를 확보하는 방법으로 해당 AI 시스템 제공자에게 기계가 판독할 수 있는 형식으로 그 내용을 표시하고 자연인들이 이를 인식할 수 있도록 함으로써 위험성을 줄일 수 있다. 이러한 과정에서 최신 기술의 적용을 고려함과 동시에 콘텐츠의 특수성 등도 반영하도록 함으로써 AI 시스템에 대한 규제적 측면과 관련 산업의 증진을 위한 측면도 함께 고려하여야 한다 (Recital 133 및 134).

투명성과 관련하여 AI법에서 특히 주목해야 할 점은 역할과 책임을 고려할 때 제50조의 내용은 AI 시스템의 특정한 사용과 관련된 법집행 당국 등에 의한 조치와 관련하여 상당한 예외를 규정함으로써 상당한 수준의 권력 불균형을 특징으로 하고 있다는 것이다. 그렇기 때문에 공정한 재판을 받을 권리, 무죄추정의 원칙과 같은 중요한 절차적 기본권의 행사가 방해받을 수 있으며, 자유로운 이동, 사생활 보호에 관한 권리 등에도 상당한 영향을 미칠 수 있다(Recital 59 및 60). 그렇기 때문에 해당 AI 시스템을 금지되는 AI 활동 혹은 고위험 AI 시스템으로 분류하는 방식도 함께 고려될 필요가 있다.

또 다른 특징으로 AI법은 단순히 AI법 자체로 독립적으로 존재하는 것이

아니라 다수의 유럽법과 상호 연관되어 있음에 유의하여야 한다. 일반개인정보
보호법(GDPR)(Regulation (EU) 2016/679), 공공기관개인정보보호법(Regulation (EU)
2018/1725) 그리고 형사상개인정보보호지침(Directive (EU) 2016/680) 등이 그것
이다. 특히 AI법 제50조 제3항에서 이들 유럽법을 준수하도록 규정한 이유는
매우 중요한데, 왜냐하면 이러한 규정을 준수하도록 함으로써 AI 시스템에 관
한 적법성, 공정성 및 투명성, 목적 제한, 정확성, 저장의 한계를 강조함으로써
앞서 제기한 특정 AI 시스템에 관한 위험성을 통제할 수 있기 때문이다(Recital
94 및 136).

　　AI법에서 딥페이크를 강조하고 있다는 점도 매우 특징적이다. 왜냐하면 딥
페이크에 관해 규정하고 있는 제50조 제4항과 합성된 오디오, 이미지, 비디오
또는 텍스트 콘텐츠를 만들어 내는 범용 AI 시스템과 같이 인위적으로 결과물
을 만들어 내는 AI 시스템에 적용되는 제50조 제2항이 상당 부분 중첩되기 때
문이다.

제 5 장

범용 AI 모델

I. 범용 AI 모델과 여타 AI와의 관계

AI법에서 상정하고 있는 범용 AI 모델은 텍스트, 오디오, 이미지 또는 비디오 형식의 콘텐츠를 유연하게 생성할 수 있는 모델로 파악된다. 일반적으로 범용 AI 모델은 라이브러리, 애플리케이션 프로그래밍 인터페이스(API) 등을 포함하여 다양한 방식으로 시장에 출시될 수 있다.

AI 시스템 및 범용 AI 모델과 AI법 적용 여부

위 그림을 통해 AI 시스템과 범용 AI 모델에 관한 AI법 적용 여부를 확인할 수 있다. 범용 AI 모델인 경우, 만일 시장 출시 전 연구, 개발 및 시스템 생산 전 평가를 위해 미리 만드는 모형 제작의 경우에는 AI법이 적용되지 않는다. 또한 범용 AI 모델에 구조적 위험이 있는 경우에는 AI법이 적용된다. 시스템적 위험이 없는 경우에는 오픈 소스에 해당하는지 여부에 따라 저작권법 등의 적용가능성이 존재한다.

이러한 범용 AI 모델이 시장이 출시되는 경우, 이를 수정하거나 새로운 모델로 미세조정 등이 이루어질 수 있다. 더욱이 시스템으로 사용하기 위해서는 사용자 인터페이스 등을 구성요소로 추가해야 한다. 다시 말하면 여타 AI 시스템과 달리 AI 모델은 AI 시스템의 필수구성요소이기는 하지만 그 자체로 시스템을 구성하는 것은 아니기 때문에 AI법에서는 "모델"이라는 용어를 통해 범용 AI 모델을 규제하고 있는 것이다. 또한 AI법의 내용은 AI 모델이 통합되거나 AI 시스템의 일부를 구성하는 경우에도 적용된다(Recital 97).

　　AI법은 모델 훈련에 필요한 컴퓨팅 능력에 따라 비체계적 위험과 체계적 위험이라는 두 가지 위험 등급을 구분한다. 모든 범용 AI 모델의 경우 투명성 요구사항을 비롯한 일련의 의무를 충족시켜야 하지만, 구조적 위험이 있는 모델에는 훨씬 더 엄격한 의무를 부과하고 있다. 특히 범용 AI 모델의 공급자는 AI 가치사슬에 따라 특별한 역할과 책임을 부여받고 있는데, 이는 그들이 공급하는 모델이 앞서 적시한 다양한 시스템의 기반을 형성하게 되기 때문이다(Recital 99 이하).

　　다만 AI법에서는 오픈 소스의 경우에는 광범위한 예외를 인정하고 있다. 이는 오픈 소스의 특징으로 인한 것인데, 일반적으로 오픈 소스는 공개적으로 공유할 수 있을 뿐만 아니라 이용자가 자유롭게 접근이 가능하며, 이를 사용, 수정 및 재배포할 수 있기 때문에 오픈 소스는 시장의 혁신에 기여하게 된다. 또한 이러한 오픈 소스의 경우 높은 수준의 투명성과 개방성이 보장되어 있기 때문에 AI법에서 이들에 대한 예외를 인정하는 것이다(Recital 102 이하). 다만 이러한 예외는 엄격하게 제한되어 적용되어야 한다. 또한 오픈 소스를 기반으로 범용 AI 모델을 출시한다고 하더라도 모델에 대한 훈련 혹은 미세조정에 사용된 데이터 세트, 나아가 저작권법 준수방식에 대한 실질적인 정보가 반드시 공개되는 것은 아니라는 점을 감안한다면, 투명성에 관한 요구사항에 관한 AI법의 다른 규정들까지 모두 배제되는 것은 아니라는 점은 명확하다(Recital 104). 더욱이 텍스트, 오디오, 이미지 또는 비디오 형식의 콘텐츠를 유연하게 생성할 수 있는 범용 AI 모델을 개발하기 위해서는 방대한 양에 대한 데이터가 필요한 것이 일반적이기 때문에 저작권지침(Directive (EU) 2019/790)에 따른 규제사항도 고려해야 한다(Recital 105 이하).

Ⅱ. 범용 AI 모델에 관한 규정의 내용

1. 구조적 위험이 있는 범용 AI 모델

AI법 제51조 제1항 제a호에서는 구조적 위험이 있는 범용 AI 모델을 성과지표와 벤치마크가 포함된 적절한 기술적 도구와 방법론을 통해 판단된 범용 AI 모델을 구조적 위험이 있는 범용 AI 모델로 정의하고 있다. 기술적 도구에 관해서는 명확하게 규정하고 있지는 않지만 제b호 및 제2항을 통해 기술적 도구가 제시해야 할 기준을 추정해볼 수 있다.

우선 AI법 제51조 제1항 제b호에 따르면 범용 AI 모델이 부속서 ⅩⅢ에 명시된 기준 중 제a호에 언급된 역량이나 동등한 영향력을 갖는다고 EU집행위원회가 결정한 경우, 해당 범용 AI 모델은 구조적 위험이 존재하는 것으로 분류된다. 부속서 ⅩⅢ에서 규정하고 있는 고려해야 하는 사항은 모델의 파라미터 수, 토큰 등을 통해 측정된 데이터 세트의 질과 크기, 측정된 학습 비용·시간 및 에너지 소비 등 다양한 변수의 조합으로 나타내어지거나 부동 소수점 연산으로 측정되는 모델 학습에 사용된 연산의 양 등이다. 다음으로 기술적 도구가 제시해야 할 기준은 AI법 제52조 제2항을 통해 추정할 수 있다. 이에 따르면 범용 AI 모델의 학습을 위해 부동 소수점 연산에서 사용되었던 누적 계산량이 1025보다 큰 경우, 범용 AI 모델은 제1항 제a호에 따라 고영향 성능을 갖는 것으로 추정된다.

다만 이러한 일련의 기준은 기술의 발전 등으로 인해 지속적으로 업데이트되어야 하기 때문에, 이러한 기준치가 현실의 상황에 부합하지 않는 경우, EU집행위원회는 AI법 제51조 제1항 및 제2항에 나열된 기준을 개정하거나 벤치마크와 성과지표를 보완하기 위하여 AI법 제97조에 따른 위임법을 채택하여야 한다.

2. 구조적 위험이 있는 범용 AI 모델로의 지정

만일 공급자가 AI법 제51조 제1항 제a호에 따른 기준에 따라 범용 AI 모델에 구조적 위험이 있다고 판단하는 경우 즉시 EU집행위원회에 통지해야 한다

(제52조 제1항). 이러한 통지를 함에 있어 공급자는 범용 AI 모델이 요구사항을 충족하였음에도 불구하고, 해당 범용 AI 모델이 갖는 특성으로 인하여 구조적 위험을 나타내지 않기 때문에 구조적 위험이 있는 범용 AI 모델로 분류되어서는 안 된다는 입증할 수 있는 충분한 근거가 있는 주장을 제시할 수 있다(제52조 제2항). 그러나 이러한 주장에 대한 판단은 전적으로 EU집행위원회가 하게 되는데, 이러한 공급자의 주장이 받아들여지지 않는 경우에는 해당 범용 AI 모델은 구조적 위험이 있는 것으로 간주된다(제52조 제3항). 물론 EU집행위원회는 앞서 설명한 바와 같이 AI법 제51조 제1항 제b호에 근거하여 직권으로 혹은 과학 패널로부터 적절한 경고에 따라서 범용 AI 모델을 구조적 위험이 있다고 지정할 수도 있다.

AI법에서는 구조적 위험이 있는 범용 AI 모델로 지정된 이후 재평가와 관련된 규정도 함께 마련하고 있다. 이에 따르면 구조적 위험이 있는 범용 AI 모델로 지정된 이후, 공급자가 객관적이고 새로운 사유를 근거를 EU집행위원회에 제시하여 재지정을 요청할 수 있다. 다만 이러한 요청은 해당 모델이 구조적 위험이 있는 범용 AI 모델로 지정된 후 적어도 6개월이 지난 이후에야 가능하다(제52조 제5항).

EU집행위원회는 EU법 또는 회원국의 국내법에 따른 지적재산권, 영업비밀 혹은 기업비밀 등을 고려하여 이렇게 구조적 위험이 있는 범용 AI 모델에 대한 리스트를 공개하고 최신상태로 유지하게 된다.

3. 범용 AI 모델의 공급자 등의 의무

1) 일반

구조적 위험 여부와 관계없이 범용 AI 모델의 공급자는 AI법 제53조 제1항에 규정된 의무를 준수해야 한다. 이러한 의무들은 조화된 표준을 통해 구체화될 수 있다. 즉, AI법이 의무를 부과함으로써 달성해야 하는 목표가 무엇인지에 대해 설정하는 반면, 조화된 표준은 그 목표를 어떻게 달성해야 하는지에 대한 방식을 제시하는 것이다.

EU의 조화된 표준의 역할

집행위원회 / 각료이사회 / 유럽의회

대상

EU법을 통한 규제

- 공공기관
- 필수적인 요소
- **달성**해야 할 **목표의 설정**
- 정책에 따라 필요한 경우 수정

공익을 보장하기 위해 요구되는 구조들

방식

CENELEC ETSI

유럽표준화기구, 유럽전기표준화기구, 유럽통신표준화기구

EU의 조화된 표준

- 민간의 독립단체
- 자발적 요소
- **목표에 도달**하는 **방식**에 대한 설정
- 일반적으로 5년마다의 검토

https://www.cencenelec.eu/media/CEN-CENELEC/AreasOfWork/CEN-CENELEC_Topics/Artificial%20Intelligence/jtc-21-harmonized-standards-webinar_for-website.pdf (필자 번역)

　중요한 의무를 중심으로 소개하면 다음과 같다. 첫째, 범용 AI 모델의 공급자는 기술문서의 작성 및 유지의무를 부담한다. 기술문서에는 해당 모델의 학습 및 테스트 과정에서 작성되어야 하는 부속서 XI에 명시된 정보가 포함되어 있어야 한다. 부속서 XI에 따르면 기술문서에는 범용 AI 모델이 수행하고자 하는 작업 및 해당 모델이 통합될 수 있는 AI 시스템의 유형과 특성 등과 같은 범용 AI 모델에 대한 일반적인 설명을 비롯하여, 범용 AI 모델을 AI 시스템에 통합하는 데 필요한 기술적 수단 등과 같은 개발 프로세스에 대한 관련 정보가 포함되어야 한다.

　둘째, 범용 AI 모델의 공급자는 협조의무 등을 부담하게 된다. 특히 해당 기술문서에 관한 요청이 있는 경우, 공급자는 AI사무국 및 국가관할당국에 기술문서를 제공하여야 한다. 또한 공급자는 AI사무국에서 제공하는 템플릿에 따라 범용 AI 모델의 학습에 이용된 콘텐츠에 대한 충분히 상세한 요약서를 작성하여 공개할 의무를 부담하게 된다. 뿐만 아니라 범용 AI 모델 공급자는 EU집행위원회와 국가관할당국이 이 법에 따른 권한을 행사하는 데 있어 필요한 경우 EU집행위원회와 국가관할당국과 협력해야 할 의무도 부담하게 된다.

셋째, 범용 AI 모델의 공급자는 AI 시스템 공급자에게 정보제공의무 등을 부담하게 된다. 특히 AI 시스템 공급자가 해당 범용 AI 모델의 기능과 한계를 인식할 수 있도록 범용 AI 모델의 공급자는 정보와 문서를 작성하여 제공해야 하는 것이다. 제공되어야 하는 정보에 대해서는 부속서 XII 에 규정되어 있다. 이에 따르면 해당 모델이 수행하기로 의도된 과업 및 해당 모델이 통합될 수 있는 AI 시스템의 유형 및 성격 등과 같은 범용 AI 모델에 관한 일반적 사항뿐만 아니라 범용 AI 모델을 AI 시스템에 통합하는데 요구되는 기술적 수단 등과 같은 해당 모델의 구성요소 및 개발 과정에 대한 사항도 제시되어야 한다.

넷째, 범용 AI 모델의 공급자는 저작권 및 관련 권리에 관한 EU법을 준수하고, 특히 저작권지침(Directive (EU) 2019/790) 제4조 제3항에서 명시된 권리유보를 최첨단 기술을 통해 식별하고 준수하는 정책을 마련해야 한다. 저작권지침에 따르면 회원국들은 텍스트 및 데이터 마이닝을 목적으로 합법적으로 접근 가능한 저작물과 그 밖의 보호대상의 복제와 추출과 관련된 권리에 대한 예외와 제한을 규정해야 한다. 저작권지침 제4조 3항에서는 이러한 저작물 등에 대한 이용은 저작권자 등에 의해 명시적으로 유보되지 않은 경우에 한정된다는 점을 규정하고 있기 때문에 이러한 권리유보에 관한 식별을 가능하게 하도록 그 의무를 구체적으로 적시하고 있는 것이다.

다만 첫 번째 의무와 세 번째 의무는 오픈 소스의 경우에 면제될 수 있다. 만일 범용 AI 모델에 대한 접근, 이용, 수정 및 배포가 오픈 소스 라이선스에 따라 공개되어 있으며, 가중치, 모델의 구조와 설계에 대한 정보, 해당 모델의 이용 정보를 포함한 매개변수가 공개되어 있는 경우에는 기술문서 작성 및 AI 시스템 공급자에게 대한 정보제공의 의무가 중복되기 때문이다. 다만 이러한 예외는 구조적 위험이 있는 범용 AI 모델에는 적용되지 않는다.

2) 범용 AI 모델 공급자의 국내 대리인이 부담하는 의무

범용 AI 모델을 유럽연합 시장에 출시하기 전에 제3국에 설립된 공급자는 AI법 제54조에 따라 서면 위임장을 통해 유럽연합에 설립된 국내 대리인을 지정해야 하며, 대리인이 공급자로부터 받은 위임장에 명시된 업무를 수행할 수 있도록 해야 한다. 이 역시도 구조적 위험 여부와 관계없이 범용 AI 모델의 공급자가 부담해야 하는 의무 중 하나이다.

위임장에는 특히 다음과 같은 내용이 포함되어야 하는데, 이는 위임장을 통해 국내 대리인에게 AI법을 준수함에 있어 관련된 모든 문제에 대해 공급자와 혹은 공급자를 대신하여 AI사무국 또는 관할당국에 의해 처리될 수 있는 권한이 부여되어야 하기 때문이다. 이는 달리 말하면 국내 대리인이 부담하는 의무로 볼 수 있다. 첫째, 국내 대리인은 부속서 XI에 명시된 기술문서가 작성되었고 범용 AI 모델의 공급자가 부담하는 의무가 공급자에 의해 이행되었는지 확인해야 할 의무를 부담한다. 둘째, 국내 내리인은 범용 AI 모델이 시장에 출시된 후 10년 동안 AI사무국과 국가관할당국의 처분에 따라 부속서 XI에 명시된 기술문서의 사본과 국내 대리인을 지정한 공급자의 연락처 정보를 보관해야 할 의무를 부담한다. 셋째, 국내 대리인은 합리적인 요청이 있는 경우, 범용 AI 모델과 관련된 의무를 준수하였음을 증명하는데 필요한 모든 정보 및 문서를 AI사무국에 제공할 의무를 부담한다. 나아가 합리적인 요청이 있는 경우, AI사무국 및 관할당국이 취하는 모든 조치에 대해 협력해야 할 의무를 부담하게 된다.

국내 대리인은 범용 AI 모델 공급자가 AI법에 따른 의무에 위배되는 행동을 한다고 판단되거나 판단될 이유가 있는 경우 위임을 해지해야 할 의무를 부담하게 된다. 이 경우 국내 대리인은 해당 위임이 종료했다는 사실과 그 이유를 즉시 AI사무국에 통지할 의무를 부담하게 된다.

3) 구조적 위험이 있는 범용 인공지능 모델의 공급자의 의무

앞서 적시한 모든 범용 AI 모델의 공급자가 부담하는 의무에 추가하여 구조적 위험이 있는 범용 AI 모델의 공급자는 AI법 제55조에 규정된 의무를 부담하게 된다. 우선 공급자는 구조적 위험이 있는 범용 AI 모델에 대한 적대적 테스트를 수행하고 문서화하는 것을 포함하여 최신 기술을 반영하는 표준화된 프로토콜과 도구에 따라 해당 모델에 대한 평가를 수행해야 할 의무를 부담하게 된다. 이는 구조적 위험을 식별하고 완화하기 위함이다. 같은 맥락에서 공급자는 구조적 위험의 원인을 포함하여 구조적 위험이 있는 범용 AI 모델의 개발, 시장 출시 또는 이용으로 인해 발생할 수 있는 위험을 평가하고 완화해야 한다. 또한 발생할 수 있는 사고와 이를 해결하기 위한 조치에 관련된 정보를 추적하고 문서화해야 하며 이를 AI사무국과 경우에 따라서는 해당 국가의 관할당국에 보호할 의무를 부담하게 된다. 또한 구조적 위험이 있는 범용 AI 모델과 해당 모델의 물리적 인프라에 대해 적절한 수준의 사이버 보안 조치를 수행해야 할 의무도 함께 부담한다.

4. 업무준칙

앞서 설명한 바와 같이 AI법이 의무를 부과함으로써 달성해야 하는 목표가 무엇인지에 대해 설정하는 반면, 조화된 표준은 그 목표를 어떻게 달성해야 하는지에 대한 방식을 제시하게 된다. 조화로운 표준은 일반적으로 유럽표준화기구(CEN), 유럽전기표준화기구(CENELEC) 또는 유럽통신표준화기구(ETSI)와 같이 공인된 유럽의 표준기구에서 개발하게 된다. 수범자들은 이러한 표준을 준수함으로써 AI법에서 규정한 의무를 준수하고 있음을 입증할 수 있게 된다. 그러나 표준의 작성은 일반적으로 상당히 오랜 시간을 거쳐 이루어지게 된다. 그렇기 때문에 AI법 제56조에서는 EU차원에서 업무준칙을 작성하여 활용할 수 있도록 규정하고 있다. 이를 위하여 AI사무국은 범용 AI 모델의 모든 공급자 및 관련 국가관할당국에게 업무준칙 작성에 참여하도록 요청할 수 있다. 또한 시민 사회 단체, 산업계, 학계, 하방공급자 및 독립 전문가 등 기타 관련 이해관계자역시 업무준칙 작성과정에 지원할 수 있다.

Ⅲ. 범용 AI 모델과 관련된 정책방향

범용 AI 모델을 분류하고 이에 따른 차별적인 의무를 부과하는 것 자체도 의미가 있겠지만 이들을 분류하는 명확한 기준과 절차를 제시하는 것도 시사하는 바가 적지 않아 보인다.

또한 입법 기술적으로도 주목할 만한 몇 가지 특징이 확인된다. 우선 분류의 기준이 과학기술의 발전에 부합할 수 있도록 유연한 변화를 상정하고 제시하고 있다는 점과 구조적 위험이 있는 범용 AI 모델의 공급자에게 불복의 기회를 충분히 제공하고 있다는 점이다. 또한 AI법이 빠른 시일 내에 적절히 적용될 수 있도록 유도하는 방식 역시 참고할 가치가 있어 보인다. 예를 들어 조화된 표준 이외에도 업무준칙을 제공하여 이를 따르도록 함으로써 공급자에게 AI법에서 부과하는 의무를 적절히 준수할 수 있게 되기 때문이다.

다만 범용 AI 모델의 공급자는 상당한 부담을 갖게 될 수 있다는 점은 유의해야 한다. 해당 모델과 관련된 매우 상세한 기술정보 등을 포함하는 기술문서 등을 작성해야 할 뿐만 아니라 구조적 위험이 있는 범용 AI 모델의 경우에는 추가적인 의무를 부과하고 있기 때문에다. 추가적으로 AI사무국이 템플릿을 제공하기는 하지만 범용 AI 모델의 학습에 이용된 콘텐츠에 대한 충분히 상세한 요약서를 작성 및 공개해야 한다. 더욱이 저작권법 등에 따른 의무도 고려해야 한다는 점에서 규제의 강도는 매우 크다고 평가할 수 있다. 뿐만 아니라 대리인 지정과 관련해서도 대리인에게 공급자의 의무 이행이나 위반 행위를 확인하거나 신고하도록 규정하고 있기 때문에 범용 AI 모델의 공급자는 상당한 부담을 가질 수밖에 없다.

그러나 EU의 입법자들은 이러한 과중한 의무를 부담시키는 이유를 AI의 가치사슬로 인한 것임을 분명히 하고 있다. 범용 AI 모델은 라이브러리, 애플리케이션 프로그래밍 인터페이스(API) 등을 포함하여 다양한 방식으로 시장에 출시되고, 이에 근거하여 다양한 AI 시스템이 형성된다. 그렇기 때문에 범용 AI 모델 자체에 대해서도 특별한 역할과 책임을 부여할 근거가 존재한다고 판단하고 있는 것이다(Recital 101). 저작권과 관련한 부담에 대해서도 EU의 입법자들은 생성형 AI 모델이 고유한 혁신의 기회를 제공하기는 하지만 이러한 혁신으로 인해 저작권법 등을 통해 보호되는 작가, 예술가를 비롯한 창작자들의 창의적인 콘텐츠 및 이에 따른 권리가 침해될 수 없다는 점을 분명히 하고 있다. 또한 이를 적절히 규제하기 위한 방식으로 범용 AI 모델의 학습에 이용된 콘텐츠에 대한 충분히 상세한 요약서를 제시하고 있는 것이다(Recital 105 이하). 뿐만 아니라 이러한 입법의 방식은 비례성의 원칙에도 부합한다는 점을 적시하고 있다. 즉, 구조적 위험이 있는 범용 AI 모델과 그렇지 않는 경우를 구분하여, 전자의 경우에 더 큰 의무를 부과하는 방식의 적절함을 강조한 것이다. 더욱이 범용 AI 모델 중 일부는 공중, 보건, 안전 등과 관련하여 실제적이거나 합리적으로 예측가능한 부정적인 영향을 미칠 가능성이 존재할 뿐만 아니라 예측하지 못한 영역에서도 다양한 부정적 영향을 미칠 수 있는 가능성이 있다는 점을 이러한 입법의 배경으로 제시하고 있다(Recital 110). 이러한 까닭에 범용 AI 모델을 해당 모델이 미칠 수 있는 영향력을 기준으로 구조적 위험이 있는지 여부를 판단하고 이에 따라 비례적으로 의무를 부과하는 것(Recital 111)은 나름대로의 합리성을 갖추고 있다고 평가할 수 있을 것이다. 같은 맥락에서 오픈 소스와 관련한 예외를 규정하여 산업의 발전 자체를 부정하지 않았다는 점도 주목할 필요가 있다.

제 6 장

인공지능 혁신 지원

I. AI 규제 샌드박스 구축·운영

1. 개요

AI 규제 샌드박스는 규제 감독하에 제한된 기간 동안 AI 규제 샌드박스 계획에 따라 혁신적인 AI 시스템을 개발, 학습, 검증 및 시험할 수 있도록 제공되는 통제된 체계를 의미하며, 현실 세계 조건에서도 개발, 학습, 검증 및 시험을 할 수 있다(§3(55)). AI는 규제 감독과 안전하고 통제된 실험 환경이 필요한 반면, 책임 있는 혁신과 적절한 보호 및 위험감경조치 또한 보장되어야 한다. 이에 AI법은 혁신 및 미래 지향적이며, 혼란에 대한 복원력을 확보할 수 있는 법적 체계로서 AI 규제 샌드박스 제도를 도입하고, 엄격한 감독 하에 혁신적인 AI 시스템의 개발과 테스트를 국가 수준에서 촉진할 수 있도록 하였다(Recital 138).

AI 규제 샌드박스의 구축 및 운영은 AI법과 국내법의 규제 준수를 달성하고, 회원국간 협력을 통해 모범 사례를 공유하며, 혁신과 경쟁을 조성하고 AI 생태계 발전을 촉진하고, 증거 기반 규제에 기여하며, 특히 스타트업을 포함한 중소기업의 EU시장에의 접근을 촉진하고 가속화하려는 데에 그 목적이 있다 (§57⑨).

2. AI 규제 샌드박스 구축 및 운영

AI 규제 샌드박스는 AI 시스템 공급자 또는 장래 공급자를 대상으로 운영되며, 회원국의 관할당국은 국가 차원에서 하나 이상의 AI 규제 샌드박스를 구축하여 2026년 8월 2일까지는 운영이 시작되어야 한다(§57①). 회원국은 반드시 새로운 별도의 AI 규제 샌드박스를 구축거나 각 회원별로 별도 운영을 해야 하는 것은 아니며, 기존 규제 샌드박스를 이용하거나 1개 이상의 회원국의 관할당국과 공동으로 운영하는 것도 가능하다. 또한 EU 여러 기관, 기구 등의 AI 시스템 개발 및 이용을 위해 EU 자체의 AI 규제 샌드박스 설치도 가능하다. 이 경우 유럽데이터보호감독관이 국가관할당국의 역할과 업무를 수행하게 된다 (§57).

회원국은 AI 규제 샌드박스에 충분한 자원을 배정해야 하며, 혁신적인 AI

시스템의 개발, 학습, 테스트 및 검증을 촉진하는 통제 환경을 제공해야 한다. AI 규제 샌드박스 내에는 '현실 세계 조건에서의 테스트'를 포함하여 감독할 수 있다(§57④, ⑤). '현실 세계 조건에서의 테스트'는 실험실 또는 가상 환경이 아닌 '현실 세계 조건'에서 AI 시스템의 목적을 일시적으로 테스트하는 것으로 국가관할당국과 참여자 간 약정에 따라 실시될 수 있다(Recital 139, §3(57)).

국가관할당국은 국가데이터보호당국이나 다른 국가의 당국 또는 관할당국이 AI 규제 샌드박스에 관여하여 각각의 업무와 권한의 범위 내에서 AI 규제 샌드박스를 감독하게 해야 한다(§57⑩).

3. AI 규제 샌드박스 운영 지원 및 공통 규칙 마련

EU집행위원회는 AI 규제 샌드박스의 구축 및 운영을 위한 기술 지원, 자문 및 도구를 제공할 수 있고(§57①), 회원국은 AI 규제 샌드박스 내에서의 기본권, 건강, 안전 등에 대한 위험을 확인하기 위한 지침, 감독 및 지원을 제공하고, 예상되는 규제의 수준과 AI법에서 정한 요건 및 의무를 이행하는 방법에 관한 지침을 제공해야 한다(§57⑥, ⑦).

특히 EU집행위원회는 EU 내에서의 AI 규제 샌드박스의 파편화를 방지하기 위해, AI 규제 샌드박스의 구축, 발전, 시행, 운영 및 감독에 관한 세부 사항을 이행법을 통해 마련해야 하며, 여기에는 "참여 자격 및 선정 기준", "샌드박스 계획과 종료 보고서 등 AI 규제샌드 박스의 적용, 참여, 모니터링, 종료 및 완료 절차" 및 "참여자에게 적용되는 조건"에 관한 공통 원칙이 포함되어야 한다(§58①). 또한 이행법은 자격·선정 기준의 투명성·공정성, 유연한 운영 지원, 스타트업 등 중소기업의 무료 이용 등을 보장하는 방향으로 마련되어야 한다(§58②).

'AI 규제 샌드박스' 관련 이행법을 통한 보장 사항

구분	주요 내용
자격·선정 기준의 투명성·공정성	(a) AI 규제 샌드박스는 자격 및 선정 기준을 충족하는 AI 시스템의 장래 공급자가 신청할 수 있으며, 이는 투명하고 공정하여야 하며, 국가관할당국은 신청 후 3개월 이내에 신청자에게 결정을 통보

평등한 접근 및 참여자 수요 고려	(b) AI 규제 샌드박스는 광범위하고 평등한 접근을 허용하고 참여 수요를 맞춤 공급자와 장래 공급자는 배포자 및 기타 관련 제3자와 제휴하여 신청 가능
유연한 운영 지원	(c) AI 규제 샌드박스에 관한 세부 사항 및 조건은 국가관할당국이 유연하게 AI 규제 샌드박스를 구축 및 운영할 수 있도록 최대한 지원
스타트업 등 중소기업의 무료 이용	(d) 국가관할당국이 공정하고 비례적인 방식으로 회수할 수 있는 예외적인 비용을 침해하지 않으며, 스타트업 등 중소기업은 AI 규제 샌드박스에 무료로 접근 가능
적합성 평가 의무 및 업무준칙 준수 촉진	(e) AI 규제 샌드박스의 학습 결과를 통해 공급자와 장래 공급자가 이 법에 따른 적합성 평가 의무를 준수하고 제95조에 따른 업무준칙을 자발적으로 적용하도록 촉진
AI 생태계 내 다른 참여자의 관여 촉진	(f) AI 규제 샌드박스는 공공과 민간 부문의 협력을 허용하고 촉진하기 위하여 스타트업, 기업, 혁신가, 시험 및 실험 시설, 연구소 및 실험실, 유럽 디지털 혁신 허브, 최고 전문 센터, 개별 연구자, 피통보기관 및 표준화 기관, 스타트업을 포함한 중소기업 등 AI 생태계 내 관련 행위자의 관여를 촉진
신청, 참여 절차 등 간소화 등	(g) 법적 및 행정적 역량이 제한된 스타트업을 포함한 중소기업의 참여를 촉진하기 위하여 간단하고 쉽게 이해할 수 있고 명확하게 전달되어야 하며, 파편화를 방지하고 회원국 또는 유럽데이터보호감독관이 구축한 AI 규제 샌드박스에의 참여가 상호 일관되게 인정되며 EU 전체에 걸쳐 동일한 법적 효과가 부여될 수 있도록, AI 규제 샌드박스 신청, 선정, 참여 및 종료에 관한 절차, 프로세스 및 행정 요건은 EU 전역에서 간소화
적절한 참여 기간 설정 등	(h) AI 규제 샌드박스에의 참여는 프로젝트의 복잡성과 규모에 따라 적절한 기간으로 제한되며 국가관할당국이 연장 가능
관련 도구 개발 및 위험 완화 조치 개발 촉진	(i) AI 규제 샌드박스는 정확성, 견고성, 사이버 보안과 같은 규제 학습과 관련된 AI 시스템의 차원을 시험, 벤치마킹, 평가 및 설명하는 도구와 인프라의 개발, 그리고 기본권 및 사회 전반에 대한 위험을 완화하기 위한 조치의 개발을 촉진

국가관할당국은 AI 규제 샌드박스의 장래 공급자, 특히 중소기업 및 스타트업은 AI법 이행 지침, 표준화 문서, 인증, 테스트 및 실험 시설, 유럽 디지털 허브(European Digital Hub) 등에 대해 안내를 받아야 한다. 또한 국가관할당국은 AI 규제 샌드박스 내에서의 테스트를 승인할 때, 시험 조건뿐 아니라, 기본권, 건강 및 안전을 보호하기 위한 조치에 대해 참여자와 구체적으로 합의해야 한다(§58③, ④).

4. AI 규제 샌드박스 이용 및 활동 보고 등

회원국의 관할당국은 AI 규제 샌드박스를 이용한 공급자 또는 장래 공급자의 요청이 있는 경우, AI 규제 샌드박스에서 이들 공급자들이 성공적으로 수행한 활동에 대한 서면 증명을 제공하고, 활동 및 학습 결과를 상세히 기술한 종료 보고서를 제공해야 한다. 공급자는 서면 증명과 종료 보고서를 적합성 평가 절차 또는 시장 감시 활동에서 AI법을 준수하고 있음을 입증하기 위한 증거 문서로 사용할 수 있다. 이때 시장감시당국은 서면 증명서와 종료 보고서를 입증 증거로 삼는 것을 긍정적으로 고려해야 한다(§57⑦).

EU집행위원회와 유럽AI위원회는 공급자 또는 장래 공급자의 동의를 받아 종료 보고서에 접근할 수 있고, 이들 공급자와 국가관할당국 모두 동의하는 경우 EU집행위원회가 구축하는 단일 전용 창구(§57⑰)에 종료보고서를 공개할 수 있다(§57⑧).

5. AI 규제 샌드박스 감독 및 책임

AI 규제 샌드박스 내에서 AI 시스템을 개발하고 테스트하는 과정에서 건강, 안전 및 기본권에 중대한 위험이 확인된 경우, 이러한 위험을 완화하기 위한 적절한 조치가 취해져야 한다. 이러한 위험을 효과적으로 완화하는 것이 불가능한 경우, 국가관할당국은 테스트 또는 AI 규제 샌드박스 참여를 일시적으로 또는 영구적으로 보류할 수 있다. 보유 결정을 하는 경우, 해당 결정을 AI사무국에 통보해야 한다. 국가관할당국은 AI 규제 샌드박스 내에서 시행하는 프로젝트 관련 법률 내에서 가능한 감독권을 행사해야 한다(§57⑪).

AI 규제 샌드박스에 참여하는 공급자 및 장래 공급자는 AI 규제 샌드박스 내에서 발생한 테스트로 인해 제3자에게 피해가 발생하는 경우 EU법 및 국내법에 따라 책임을 지게 된다. 다만, 장래 공급자에 대해서는, 구체적인 계획 및 참여 조건을 준수하고 국가관할당국의 지침을 성실하게 따랐다면 AI법 위반에 대한 과징금을 부과해서는 안 된다. 또한 EU법 또는 국내법의 소관 관할당국이 AI 규제 샌드박스에 적극적으로 관여하고 이행지침을 제공하였다면, 해당 법 위반에 대해서는 어떠한 과징금도 부과해서는 안 된다(§57⑫). 이는 과징금 부과에 대한 특칙에 해당하는 것으로 공급자 또는 장래 공급자에게 처벌에 대한 부담을 상당히 경감해주어 AI 규제 샌드박스제도에 적극 참여하도록 하는 강력한 유인책으로써 AI 혁신을 견인할 수 있을 것으로 기대된다.

Ⅱ. 공익 목적 AI 시스템 개발 관련 개인정보 처리 특례

AI 규제 샌드박스 내에서 공익목적의 특정 AI 시스템을 개발, 학습 및 테스트할 때, 개인정보를 처리할 수 있도록 하되, 익명화 또는 합성 개인정보를 이용하는 것으로는 목적 달성이 곤란한 경우에 해당하고 AI 규제 샌드박스에의 참여 종료에 따른 개인정보 삭제 등 다음과 같은 조건을 모두 충족하는 경우에만 처리할 수 있도록 하고 있다(§59). 열거된 모든 조건을 충족해야 한다는 엄격한 조건을 규정하고 있으나, 이는 공익달성과 개인정보 보호의 균형을 이루고자 한 데에 의의가 있다.

AI 규제 샌드박스 내에서의 개인정보 처리 조건

구분	조건
목적	다음 중 어느 하나에 해당하는 영역에서 상당한 공익을 위한 목적으로 AI 시스템을 개발하는 경우 (i) 질병 탐지, 진단 예방·통제·치료 및 건강관리 시스템의 개선 등 공공 안전 및 공중 보건 (ii) 높은 수준으로 환경 보호 및 환경의 질 개선, 생물다양성 보호, 오염으로부터 보호, 녹색 전환 조치, 기후 변화 감소 및 적응 조치 (iii) 에너지의 지속가능성

	(iv) 교통 시스템 및 이동수단, 주요 기반 및 네트워크의 안전성과 복원력 (v) 공공행정 및 공공서비스의 효율성 및 질
익명화된 개인정보 처리시 목적 달성 곤란	(b) 제3장 제2절에 따른 고위험 AI 시스템의 요건이 익명화 또는 합성된 개인정보, 그 밖의 비개인정보를 처리하는 것으로는 효과적으로 달성되기 곤란한 경우, 처리된 데이터가 해당 요건의 하나 또는 그 이상을 충족하기 위해 필요
위험 모니터링 체계 및 대응체계 구비	(c) 테스트하는 동안 정보주체의 권리·자유에 대한 고위험이 발생하는지를 파악하는 효과적인 모니터링 체계 및 그러한 위험을 신속하게 완화하고 필요시 그러한 처리를 중단시킬 수 있는 대응체계가 존재
데이터에 대한 접근 제한	(d) AI 규제 샌드박스에서 처리되는 모든 개인정보가 장래 공급자의 통제를 받는 기능적으로 분리·독립되고 보호되는 데이터 처리 환경에 있고, 오직 권한 있는 자만이 이들 데이터에 접근 가능
규제 샌드박스 외에서의 개인정보 공유 금지	(e) 공급자는 EU 개인정보보호법에 따라서만 처음 수집된 데이터를 공유할 수 있다; AI 규제 샌드박스 내에서 생성된 어떠한 개인정보도 AI 규제 샌드박스 외에서 공유 불가
정보주체의 권리 보장	(f) AI 규제 샌드박스 맥락에서의 어떠한 개인정보처리도 정보주체에게 영향을 미치는 조치 또는 결정으로 이어져서는 안 되며, 개인정보 보호에 관하여 EU법에 규정된 정보주체의 권리 적용에 영향을 미쳐서는 안 됨
참여 종료 및 보관기간 종료시 개인정보 삭제	(g) AI 규제 샌드박스 맥락에서의 처리되는 모든 개인정보는 적절한 기술적·조직적 수단으로 보호되어야 하며, AI 규제 샌드박스에의 참여가 종료되거나 개인정보 보관기간이 종료된 경우 해당 개인정보는 삭제
로그 보관	(h) EU 또는 회원국 국내법이 정한 바가 없는 경우, AI 규제 샌드박스 맥락에서의 개인정보 처리에 관한 로그는 AI 규제 샌드박스에 참여하는 동안 보관
학습·테스트·검증 처리 설명 보관	(i) AI 시스템의 학습·테스트·검증 처리에 관한 완전하고 상세한 설명은 부속서 IV에 따른 기술문서의 일부분으로서, 테스트 결과와 함께 보관

사업 요약서, 사업 목적 및 기대되 결과 공개	(j) AI 규제 샌드박스에서 진행된 AI 사업에 관한 요약서, 사업 이 목적 및 기대되는 결과는 관할당국의 웹사이트에 공개, 다만 이러한 의무는 법 집행, 국경 관리, 이민 또는 망명 당국의 활동과 관련된 민감한 작전데이터는 불포함

공중 안전에 대한 위협 예방 및 대응, 범죄 예방·수사·탐지·기소 또는 형 집행을 위한 AI 시스템을 AI 규제 샌드박스에서 테스트할 때, 개인정보를 처리 하기 위해서는 EU법 또는 회원국의 국내법에 구체적인 근거가 있어야 하며, 공 익 목적 AI 시스템의 경우와 동일하게 상기 열거된 조건을 모두 충족하여야 개 인정보 처리가 가능하다(§59②). 이는 범죄 관련 AI 시스템을 개발할 때 관련 법상 개인정보 처리가 가능하더라도 AI법에 따른 조건도 충족하도록 하여, 보 다 엄격한 처리 요건을 규정한 것으로 이해된다.

AI법에 따른 공익 목적의 개인정보 처리는, 명시한 목적 외에는 개인정보 처리를 금지하거나 혁신적인 AI 시스템의 개발, 테스트 또는 학습 목적으로 개 인정보를 처리하는 기준을 명시한 EU법과 국내법을 침해하지 않는다(§59③). 이는 다른 법상 제한되는 개인정보 처리 목적과 명시된 처리 기준이 준수되는 한도 내에서 AI법상 공익목적 개인정보 처리가 가능하다는 것으로 이해된다.

Ⅲ. 고위험 AI 시스템의 '현실 세계 조건에서의 테스트'

AI법은 AI 규제 샌드박스에 '현실 세계 조건에서의 테스트'를 포함하여 규 제할 수 있도록 하고 있다. 이는 기본적으로 AI 규제 샌드박스와 '현실 세계 조 건에서의 테스트'를 구분하고 있는 것으로 이해된다. AI 규제 샌드박스는 개념 정의에 규정된 바와 같이 통제된 체제이나, '현실 세계 조건'은 실제 현장에서 의 테스트인 것으로 이해되므로 테스트되는 상황에서 관할당국이 통제 또는 관 리하는 것이 사실상 곤란하다.

따라서, AI법은 AI 시스템에 대해 '현실 세계 조건에서의 테스트'를 AI 규 제 샌드박스 내로 포함하여 규제하도록 하되, 특히 고위험 AI 시스템에 대해서 는 보다 엄격한 조건을 부과하고 있다. 이는 고위험 AI 시스템의 개발과 시장 출시를 가속화하기 위해서는 고위험 AI 시스템에 대해서도 '현실 세계 조건에서의 테스트'에 참여할 수 있도록 할 필요가 있다는 데에 EU 차원에서의 공통된 이해가 형성된 것으로 볼 수 있다(Recital 141). 고위험 AI 시스템의 '현실 세계 조건에서의 테스트'에는 공급자 또는 장래 공급자가 참여할 수 있으나, 배포자 또는 장래 배포자와 함께 참여할 수도 있다(§60②).

'현실 세계 조건에서의 테스트'에 참여할 수 있는 고위험 AI 시스템은 모든 경우가 아닌, 부속서 Ⅲ에 해당하는 고위험 AI 시스템만 해당된다. 고위험 AI 시스템은 '현실 세계 조건에서의 테스트'를 받기 위해서는 실증 계획을 제출하고 시장감시당국의 동의를 받아야 하며, 이러한 테스트를 등록하고, 6개월(1회 연장하여 최대 12개월)이라는 한정된 기간 동안의 테스트, 취약계층 보호, 개인정보 삭제, AI 결과물 취소 가능성 등 다음의 조건을 모두 충족해야만 한다(§60④). 실증 계획에 기재할 사항 등 상세 요소는 EU집행위원회가 이행법으로 구체화하게 된다(§60①).

부속서 Ⅲ 고위험 AI 시스템의 '현실 세계 조건에서의 테스트' 조건

구분	조건
실증 계획 제출	(a) 공급자 또는 장래 공급자는 실증 계획을 작성하여 해당 계획을 현실 세계 조건에서의 테스트를 실시하는 회원국의 시장감시당국에 제출
시장감시당국의 승인	(b) 현실 세계 조건에서의 테스트가 실시되는 회원국의 시장감시당국이 현실 세계 조건에서의 테스트와 실증계획을 승인 ※ 30일 내에 답변 없는 경우, 승인된 것으로 이해. 다만, 국내법에 묵시적 승인 규정이 없는 경우 (명시적) 승인 필요
테스트의 등록	(c) 공급자 또는 장래 공급자가 제71조 제4항에 따라 현실 세계 조건에서의 테스트를 EU 고유식별번호 및 부속서 Ⅸ에 따른 정보*와 함께 등록(부속서 Ⅸ의 정보는 계속해서 최신으로 유지) * ① 현실 세계 조건에서의 테스트의 EU 전역 단일 식별 번호, ② 현실 세계 조건에서의 테스트에 참여하는 공급자 또는 장래 공급자와 배포자의 성명 및 연락처, ③ AI 시스템

	에 관한 간략한 설명, 해당 AI 시스템의 의도된 목적과 식별에 필요한 기타 정보, ④ 현실 세계 조건에서의 테스트 계획의 주요 특징에 관한 요약, ⑤ 현실 세계 조건에서의 테스트 중단 또는 종료에 관한 정보
법적 대표자 지정	(d) 현실 세계 조건에서의 테스트를 실시하는 공급자 또는 장래 공급자가 EU에 설립되었거나 EU에 설립된 자를 법적 대표자로 지정
데이터의 국외 이전 제한	(e) 현실 세계 조건에서의 테스트 목적으로 수집 및 처리한 데이터는 오직 EU법에 따른 적절하고 적용 가능한 보호가 이행되는 경우에만 제3국으로 이전 가능
테스트 기한: 6개월~12개월	(f) 현실 세계 조건에서의 테스트는 그 목적을 달성하는 데 필요한 기간동안만 지속, 어떠한 경우에도 6개월 초과 불가 - 기간 연장에 필요한 설명과 함께 시장감시당국에 공급자 또는 장래 공급자가 인지된 동의를 한 경우 6개월 추가 연장 가능
취약 집단에 속하는 자 보호	(g) 나이 또는 장애로 인해 취약 집단에 속하는 자가 현실 세계 조건에서의 테스트 대상인 경우, 이들 테스트 대상을 적절하게 보호
배포자와 함께 참여시, 정보 공유, 역할·책임 구체화 등	(h) 공급자 또는 장래 공급자가 현실 세계 조건에서의 테스트를 배포자 또는 장래 배포자와 협력하여 참여하는 경우, 배포자 또는 장래 배포자는 테스트에 관한 모든 측면에 대해 정보, 제13조에 따른 AI 시스템 관련 이용 지침을 제공받을 것, 공급자 또는 장래 공급자와 배포자 또는 장래 배포자는 역할과 책임을 구체화한 협정 체결
개인정보 처리의 효과 및 삭제	(i) 현실 세계 조건에서의 테스트 대상이 제61조에 따라 사전 동의를 받았거나, 인지된 동의를 구하는 것이 AI 시스템을 테스트되는 것을 저해하는 요인이 되는 법집행 분야의 경우 테스트 그 자체와 테스트의 결과가 대상에게 어떠한 부정적 효과도 주지 않음, 그리고 이들 테스트 대상의 개인정보는 테스트 실시 이후 삭제
역량·자격 갖춘 자에 의한 감독	(j) 현실 세계 조건에서의 테스트를 수행하는 데 필요한 권한, 역량을 보유 및 학습하고 관련 분야에서 적절한 자격을 갖춘 자를 통해, 공급자 및 장래 공급자 또는 배포자 또는 장래 배포자를 효과적으로 감독

AI 결과물 취소 가능성	(k) AI 시스템의 예측, 권고 또는 결정을 실질적으로 취소 또는 무시 가능

고위험 AI 시스템을 '현실 세계 조건에서 테스트'함에 따라 발생할 수 있는 결과를 고려할 때, 공급자 또는 장래 공급자가 적절하고 충분한 보장과 조건을 AI법이 정하는 바에 따라 도입하고 이행할 것이 보장되어야 한다(Recital 141). 이러한 보장 방안 중 중요한 것은 '현실 세계 조건에서의 테스트'에 참여에 대한 동의를 받는 것으로, 이는 개인정보 처리에 대해 동의를 받는 것과 구별된다(Recital 141).

'현실 세계 조건에서의 테스트'에 참여하는 것에 대한 동의는 테스트에 참여하기 전 명료하고 테스트와 관련성이 있으며 이해할 수 있는 정보를 제공한 후에, 정보주체의 자유로운 의사에 따라 받은 것이어야 한다(§61①). 제공해야 하는 정보에는 테스트의 성격 및 목적과 참여에 따른 불편사항, 참여대상 및 참여 기간, 참여 철회 등 권리 및 보장 방안 등이 포함된다. 이러한 '자유로운 의사에 따른 인지된 동의'(freely-given informed consent)는 최신의 내용이면서 문서형태로 관리되어야 하고, 해당 문서의 사본은 정보주체 또는 그 법정대리인에게도 제공되어야 한다(§61②).

✪ **'현실 세계 조건에서의 테스트' 참가에 대한 동의받을 때 제공해야 하는 정보**

> (a) 현실 세계 조건에서의 테스트의 성격·목적과 참여와 관련된 불편 가능성
> (b) 대상 또는 대상의 예상되는 참여 기간 등 현실 세계 조건에서 테스트 되는 조건
> (c) 참여와 관련된 권리 및 보장, 특히, 어떠한 정당화 또는 불이익 없이 언제든지 실증 참여를 거절한 권리 또는 참여의 철회
> (d) AI 시스템의 예측, 권고 또는 결정의 취소 또는 무시를 요청하기 위한 조정
> (e) 제60조 제4항 제c호에 따른 현실 세계 조건에서의 테스트의 EU 고유식별번호, 추가 정보를 얻을 수 있는 공급자 또는 공급자의 법적 대리인의 연락처

다만, '현실 세계 조건'을 고려할 때, '대상'의 범위를 특정하기가 쉽지 않고, 불특정 다수가 다닐 수 있음을 고려할 때, 테스트 전에 인지된 동의를 받는

것으로 인해 테스트가 원활하게 진행될 수 있을지 모호한 측면이 있다. 따라서 AI법 시행으로 이행방법이 구체화되어가는 상황을 주시할 필요가 있다.

자동차, 선박, 항공교통 등 교통수단 등 부속서 I에 해당하는 고위험 AI 시스템의 경우 AI법 상 '현실 세계 조건에서의 테스트'를 할 수 있는 대상에 포함되지는 않으나, 관련 EU 조화 법제에 따라 테스트하는 것은 가능하다(§60①).

AI법에 따라 '현실 세계 조건에서의 테스트' 참여에 동의를 하였더라도 해당 정보주체는 언제든지 참가의사를 철회할 수 있고 자신의 개인정보를 영구적으로 삭제할 것을 요청할 수도 있다. 다만, 이러한 철회의사는 이미 수행된 활동에는 영향을 미쳐서는 안되므로(§60⑤), 개인정보 삭제 요구시, 이미 사용된 경우는 제외하고 앞으로 사용하지 않을 것을 전제로 삭제 요청을 이행할 수 있을 것으로 보인다.

'현실 세계 조건에서의 테스트'와 관련하여, 시장감시당국은 정보 제공 요청, 원격 또는 현장 조사, 관련 고위험 AI 시스템 점검 등의 권한을 부여받아, 고위험 AI 시스템의 '현실 세계 조건에서의 테스트'가 안전하게 진행될 수 있도록 권한을 행사할 수 있다(§60⑥).

'현실 세계 조건에서의 테스트' 과정에서 발생한 심각한 사고는 어떠한 것이든지 시장감시당국에 보고되어야 한다. 또한 해당 고위험 AI 시스템의 공급자 또는 장래 공급자는 즉각적으로 해당 사고로 인한 피해를 감경하는 조치를 취해야 하고, 이러한 조치를 취하기 전까지 테스트를 중단하거나 종료해야 한다. 또한 테스트를 종료하는 경우 즉각 해당 고위험 AI 시스템을 리콜하는 절차를 수립해야 한다(§60⑦).

'현실 세계 조건에서의 테스트'를 완료한 경우, 고위험 AI 시스템 공급자 또는 장래 공급자는 해당 테스트의 정지 또는 종료와 최종 산출물을 시장감시당국에게 고지해야 한다. '현실 세계 조건에서의 테스트' 과정에서 발생한 모든 피해에 대해서는 고위험 AI 시스템 공급자 또는 장래 공급자가 관련 EU법 및 국내법에 따라 책임을 지게 된다(§60⑦, ⑧).

AI 규제 샌드박스 개요

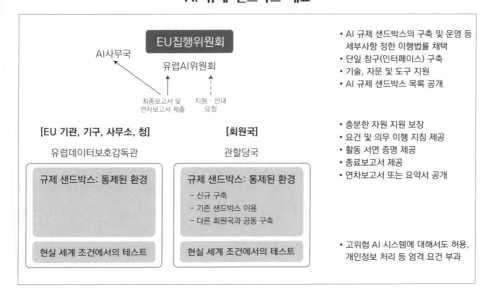

IV. 스타트업을 포함한 중소기업 지원

1. 개요

AI법은 스타트업을 포함한 중소기업(Small and Medium sized Enterprises, 이하 '중소기업 등')이 AI 생태계의 중요한 부분임을 인식하고 있다. 따라서 그들이 규제 환경에서도 경쟁력을 유지하기 위해 혁신을 계속할 수 있도록 지원하고, 직면하게 될 규제 부담 완화를 위한 포괄적인 지원체계를 제시하고 있다. 지원의 유형은 크게 다음의 5가지로 분류할 수 있다(EU의 중소기업의 범위에 대해서는 표 <중소기업 범위기준> 참고).

2. 지원 유형

1) 혁신 지원

AI법은 중소기업 등에 AI 규제 샌드박스에 대한 우선 접근권을 부여하고

(§62①(a)), 무료 참여를 보장하며, 참여 절차를 간소화하여((§58②(d), (g)) 중소기업 등이 AI 시스템을 안전하게 개발할 수 있는 혁신의 환경을 제공한다. AI 규제 샌드박스의 목적이 중소기업 등이 공급하는 AI 시스템의 EU시장 접근성 향상이며(§57⑨(e)) AI사무국에게 AI 시스템에 관한 정부조달절차의 모범사례를 수렴·촉진하도록 하는 조항(§62③(d))에서도 AI법이 중소기업 AI 시스템 제공자 및 배포자의 이익을 특별히 고려하고 있음을 알 수 있다.

다만, 제62조 제1항에 따르면 AI 규제 샌드박스는 'EU에 지사 또는 사무소를 등록한' 중소기업 등이 지원 대상이므로, EU에 국내대리인을 두고 있는 기업의 경우에는 우선 접근권 제공 대상에 포함되지 않는 것으로 보이나, 동시에 자격을 충족하지 않는 중소기업 등에 대한 접근 배제를 금지하여 기회 박탈이라는 차별적 결과를 의도한 것이 아니라는 점을 명확화하고 있으므로, 사실상 접근 배제 효과의 발생 여부는 법 이행 과정을 주시할 필요가 있다.

2) 규제 부담 완화

(1) 의무이행

AI법은 법에 규정된 의무이행에 있어 기업 규모를 고려하고 있다. 중소기업 등은 제11조에 따른 기술문서 작성 시 단순화된 방식으로 제공할 수 있으며(§11①), 제43조에 따른 적합성 평가 수수료 책정 시에도 기업의 규모와 상황을 고려하도록 명시되어 있다(§62②). EU집행위원회는 AI법의 실질적인 이행을 위한 가이드라인을 마련함에 있어서도 중소기업의 요구에 유의하여야 한다(§96①).

한편 협력사 또는 연계기업이 없는 초소기업에 대해서는 제17조에 따른 품질 관리 체계 관련 의무도 완화하여 단순화된 방식으로 준수할 수 있도록 하는데(§63①), 다만 이는 AI법에서 고위험 AI 시스템과 관련하여 규정된 기타 요건 또는 의무로부터 면제를 의미하는 것은 아니다(§63②).

기업의 규모, 혁신 비용의 비례성 등을 보장하여, 중소기업 등이 행정적, 재정적 부담 없이 AI법이 요구하는 의무를 이행하도록 하려는 의도로 이해할 수 있다(Recital 143, 146). 다만 기술문서 작성의 '단순화된 방식'과 품질 관리 체계 관련 의무 완화의 내용을 가늠할 수 있는 바가 규정되지 않았기에, 구체적인 내용과 형식, 절차에 대한 후속 논의가 이어질 것으로 예상된다.

(2) 제재조치

회원국은 AI법 위반에 대한 처벌 및 기타 집행 조치에 대한 규칙을 수립함에 있어 중소기업의 이익과 경제적 생존능력을 고려하여야 하고, 과징금 부과 시에는 같은 조 제3항에서 제5항까지 규정된 비율 또는 금액 중 낮은 금액을 부과하여야 한다(§99①, ⑥). EU집행위원회가 유럽의회 및 EU이사회에 보고하여야 할 정기 보고서에는 AI법 발효 이후 중소기업의 비중을 중점적으로 포함하도록 하는데(§112④), 이는 AI법이 중소기업에 미치는 영향을 지속적으로 모니터링하겠다는 의지로 보인다.

3) 참여 촉진

회원국은 표준 개발 절차에 중소기업의 참여를 독려하여야 하고(§62①(d)), AI사무국 및 회원국은 제95조에 따른 행동강령 수립 시 중소기업 등의 이해와 요구사항을 고려하여야 하며(§95④), EU집행위원회는 자문포럼 위원 위촉시 중소기업 및 기타 이해관계자 간 균형을 갖추어 구성하여야 한다(§67②, ③). 이를 통해 AI 정책 및 규제 형성 과정에 중소기업의 목소리가 반영될 수 있도록 보장하려는 것이다.

4) 정보제공 및 교육

회원국은 AI법에 대한 인식 제고 및 교육활동을 구성하고, 중소기업 등 전용 소통 창구를 마련하여야 하며, AI사무국은 단일 정보 플랫폼의 개발 및 유지, 법 적용 지역에 대한 표준화된 양식 제공 등을 수행하여 중소기업 등이 AI 법에 대한 이해를 높이고 효과적으로 대응할 수 있도록 지원한다(§62①, ③).

5) 무료 오픈 소스 AI 모델의 적용 배제

AI 모델의 접근, 이용, 수정 및 배포를 허용하는 무료 오픈 소스 라이선스에 가중치, 모델의 구조, 설계에 대한 정보, 해당 모델의 이용 정보를 포함한 매개변수가 공개되어 있는 AI 모델의 공급자에 대해서는 제54조 제1항부터 제5

항까지의 의무가 적용되지 않는다(§54⑥).

지원 유형별 중소기업 주요 지원의 내용 등

지원 유형	지원의 주요 내용	지원 주체
혁신 지원	AI 규제 샌드박스 무료 참여 보장, 참여 절차 간소화 (§58②(d), (g))	EU집행위원회 및 회원국
	AI 규제 샌드박스에 대한 우선 접근권 제공(§62①(a))	회원국
	AI법 적용 인식 제고 및 교육 활동 구성(§62①(b))	
	AI법 이행 관련 질의 및 조언을 위한 소통 창구 마련 (§62①(c))	
	표준 개발 절차에 중소기업 등 이해관계자 참여 촉진 (§62①(d))	
	AI 시스템 정부조달절차 모범관행의 수렴 평가 · 촉진 (§62③(d))	AI사무국
규제 부담 완화	중소기업 등 대상 단순화된 방식의 기술문서 양식 마련 (§11①)	EU집행위원회
	초소기업 대상 단순화된 방식으로 준수할 수 있는 품질 관리 체계에 관한 가이드라인 개발(§63①)	
	AI법 이행을 위한 가이드라인 마련 시 중소기업 등을 고려(§96①)	
	유럽의회 및 EU이사회 대상 정기 보고서에 중소기업 등의 시장 진입 비중을 포함(§112④(d))	
	AI법 위반에 대한 처벌 규칙 수립 시 중소기업 등을 고 려(§99⑥)	회원국
참여 촉진	표준 개발 절차에 중소기업 등 이해관계자 참여 촉진 (§62①(d))	회원국
	자문포럼 위원에 중소기업 관계자를 포함(§67②)	EU집행위원회
	중소기업 등의 이익과 필요를 고려한 행동강령 마련 (§95④)	AI사무국 및 회원국

정보 제공 및 교육	AI법 이행 관련 질의 및 조언을 위한 소통 창구 마련 (§62①(c))	회원국
	AI법 적용 지역에 표준화된 양식 제공(§62③(a))	AI사무국
	운영자 대상 단일 정보 제공 플랫폼 구축·유지(§62③(b))	
	AI 의무 인식 제고를 위한 소통 캠페인 구성(§62③(c))	
	AI 시스템 정부조달절차 모범사례의 수렴 평가·촉진 (§62③(d))	

✪ 중소기업 범위기준

EU의 중소기업의 범위는 "중소기업의 개념에 관한 권고(Recommendation 2003/361/EC)"의 규정에 따라 연간 (1) 근로자 수, (2) 매출액 또는 자산총액을 기준으로 중기업, 소기업, 초소기업으로 결정된다.

기업 분류	근로자 수	매출액	또는	자산총액
중기업	< 250인	≤ 5천만 유로		≤ 4.3천만 유로
소기업	< 50인	≤ 1천만 유로		≤ 2.7천만 유로
초소기업	< 10인	≤ 0.2천만 유로		≤ 0.2천만 유로

※ 출처: https://single-market-economy.ec.europa.eu/smes/sme-fundamentals/sme-definition_en(최종방문일: '24.7.14.)

직원 수 250인 미만이며 매출액 5천만 유로 이하 또는 자산총액 4천3백만 유로 이하의 경우 '중기업'으로, 이보다 작은 규모의 기업을 각각 '소기업', '초소기업'으로 구분한다. 여기서 '기업'은 법적 형태와 관계없이 경제활동에 종사하는 실체로, 특히 기타 활동에 종사하는 자영업자 및 가족 기업과 경제활동에 정기적으로 종사하는 조합이나 협회도 포함된다. '근로자 수'에는 전일제 근로자뿐만 아니라 시간제 및 계절 근로자(seasonal worker)도 일부 반영되며, '매출액'은 부가가치세를 비롯한 기타 간접세를 포함하지 않은 금액을 의미한다.

제 7 장

거버넌스, 감독 및 자율규제

제1절 거버넌스

I. EU 및 회원국의 거버넌스 체계 개관

AI법은 국가 수준에서 이 법을 이행하고 협력하며, EU 수준에의 역량을 강화며, AI 분야 이해당사자를 통합할 수 있도록 하는 다양한 거버넌스 체계를 규정하고 있다.

특히 AI법의 실효적 이행 및 집행을 확보하기 위해서는 EU 수준에서 전문가를 확보하고 조정할 수 있는 거버넌스가 필요하므로 이를 위해 EU집행위원회의 결정으로 AI사무국을 설치하고(Recital 148), 각 회원국의 대표로 구성된 유럽AI이사회뿐 아니라 다양한 이해관계자로 구성된 자문포럼 및 EU 및 회원국의 과학적·기술적 전문성 지원을 하는 과학패널을 신설하였다. 또한 AI법의 집행 및 이행을 위해 각 회원국 내에는 국내관할당국으로서 통보당국 및 시장감시당국을 설치 또는 지정하고 단일연락창구를 두도록 하고 있다.

EU 및 회원국 거버넌스 체계 개요

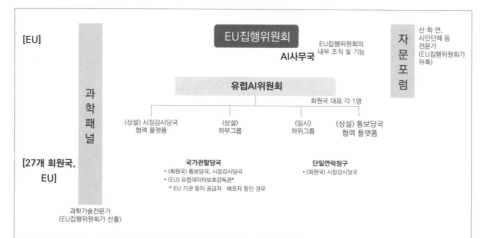

EU 기구 수준과 각 회원국간 AI법 집행 및 이행 책임기관을 명확히 하고, EU와 회원국간 또는 회원국간 소통 체계를 형성하며, 수범자·전문가 및 다양한 이해관계자들과의 소통 또는 지원체계를 갖춤으로써 실효적인 AI법 집행 및 이행을 확보할 수 있을 것으로 기대된다.

Ⅱ. EU 수준에서의 거버넌스

1. AI사무국

EU집행위원회가 AI법이 제정되기 전인 2024년 1월 24일 EU집행위원회의 결정(Commission Decision of 24.1.2024 establishing the European Artificial Intelligence Office C(2024) 390, 이하 'AI사무국 결정')을 채택하였고, 동 결정이 2월 21일 발효되어 AI사무국이 설치되었다. 회원국은 EU 수준에서의 전문성과 역량을 개발하고 디지털시장의 기능을 강화할 수 있도록 AI사무국의 임무를 지원해야 한다(Recital 148). 'AI사무국 결정'에 따라 AI사무국은 EU집행위원회의 '통신 네트워크, 콘텐츠 및 기술 총국'(Directorate-General for Communication Networks, Content and Technology) 소속의 행정조직으로 설치되었으며, AI법의 이행과 집행, 다양한 이해관계자 및 분야 전문가들과의 협력과, 국제사회에서의 AI 규제 접근법 확산 및 관련 협력을 위한 국제협력 등을 수행한다. 인력 및 재정과 관련하여, 'AI사무국 결정' 시행에 따라 대규모의 인력 채용을 실시하고 있고('digital-strategy'의 'Job opportunities at the European AI Office' 게시물), 인건비 등 관련 재정 비용은 '디지털 유럽 프로그램'의 행정지원지출예산으로 충당하게 된다.

✪ AI사무국의 기능

- 국가관할당국간 조정, 시장감시당국의 공동 활동 지원
- 모범 사례 수집·공유
- 범용 AI 모델에 관한 규칙 집행에 자문
- 적합성 평가 절차의 일부 개폐, AI 규제 샌드박스의 기능 수행 등에 기여

- EU집행위원회의 요청에 따라 또는 유럽AI위원회의 자체 발의에 따라, 이 법의 이행과 다음과 같은 일관되고 효과적인 법 적용과 연관된 모든 관련 사안에 대하여 권고 또는 서면 의견을 제시
- AI 리터러시 지원
- 벤치마크 개발 등 공통 기준 개발 및 이해 공유를 촉진
- 제품 안전, 사이버 안전, 경쟁, 디지털 및 미디어 서비스, 금융 서비스, 소비자 보호, 데이터 및 기본권 보호 관련 전문가, EU 기구 등 간 협력
- 제3국의 관할당국 및 국제기구 협력에 기여
- AI법 이행을 위해 필요한 조직적 및 기술적 전문성을 개발 지원
- AI 규제 샌드박스 간 정보공유 및 협력을 촉진
- 지침 개발에의 기여 또는 개발 관련 자문 제공
- AI에 관한 국제적 사안에 관하여 EU집행위원회에 자문
- 범용 AI 모델에 관한 적격 경고에 대해 EU집행위원회에 의견 제시
- 범용 AI 모델 관련 적격 경고와 AI 시스템, 특히 범용 AI 모델을 통합한 시스템의 모니터링 및 집행에 대한 국가 경험 및 업무에 관하여 회원국의 의견을 접수

2. 유럽AI위원회

AI법이 EU 수준 및 회원국 수준에서 효과적이고 원활하며, 조화롭게 이행될 수 있도록 유럽AI위원회가 설치된다. 유럽AI위원회는 AI법 관련 구체적 사안에 대해 EU집행위원회 및 회원국에게 자문을 하거나, 기술기준 또는 기존 표준 등 AI법 이행에 대해 의견, 권고 및 자문을 하고 관련 지침을 마련하는 데 기여하는 역할을 한다. 유럽AI위원회의 대표자 지정 또는 임명은 회원국의 소관이나, 이들 대표자는 AI법에 따른 역할을 수행할 수 있는 관련 역량과 권한을 가져야 한다. 유럽AI위원회는 보다 효율적으로 임무를 수행할 수 있도록 상설 또는 임시 하위그룹을 둘 수 있는데, 특히 시장감시 및 통보당국과의 협력과 의사소통을 위한 플랫폼의 기능을 하는 두 개의 상설 하위그룹(시장감시, 통보당국에 대한 것 각 1개)을 필수적으로 설치해야 한다. 또한 데이터, 디지털 제품 및 서비스와 관련된 EU 기구, 전문가 그룹 등과도 협력을 하게 된다(Recital 149, §66).

3. 자문포럼

자문포럼은 유럽AI이사회 및 EU집행위원회에 기술적인 사항 등에 관한 자문을 제공하기 위해 설치된다. 또한 상업적·비상업적 이해관계 내에서 뿐 아니라 상업적 이해관계간 다양하고 균형잡힌 대표성을 갖게 구성될 수 있도록, 산업계 내, 스타트업, 중소기업, 학계, 시민사회(단체), 기본권청, 사이버보안청(ENISA), 유럽표준위원회(CEN), 유럽전기표준화위원회(CENELEC), 유럽전자통신표준협회(ETSI) 등으로 구성되어야 한다(Recital 150, §67).

4. 과학패널

AI사무국이 범용 AI 모델을 모니터링하는 등 AI법을 이행 및 집행하는 것을 지원하기 위해 독립 전문가로 구성된 과학패널이 설치된다. 이들 독립 전문가는 자신의 임무 수행과정 과정에서 취득한 정보 및 데이터의 기밀성을 보장하고, 공정하고 객관적으로 임무를 수행해야 한다. 회원국은 AI법 집행과 관련된 국가적 역량을 강화하기 위해 과학패널을 구성하고 있는 전문가의 지원을 요청할 수 있다(Recital 151, §68).

EU 거버넌스

구분	AI사무국	유럽AI이사회	자문포럼	과학패널
구성	-	· 위원: 각 회원국당 대표 한 명 · 위원장: 대표 중 한명	· 위원 - (당연직) 기본권청, 사이버보안청(ENISA), 유럽표준위원회(CEN), 유럽전기표준화위원회(CENELEC), 유럽전자통신표준협회(ETSI) · 공동 위원장: 위원 중 2명	※ 집행위가 선출한 전문가로 구성되며, 별도 위원장은 없는 것으로 보임

자격	-	※ 회원국은 대표의 역할·기능 수행 관련 권능·권한 부여 및 보장	· 산업, 스타트업, 중소기업, 시민사회 및 학계 등의 전문성 인정받는 자 · 상업적·비상업적 이익 및 중소기업 및 기타 기업 간 균형	· AI 분야 과학적·기술적 전문성 등 보유; · AI 시스템 또는 범용 AI 모델 공급자로부터 독립 · 성실·정확·객관적 업무 능력
위촉·임명·선출	-	· 회원국	· EU집행위원회	· EU집행위원회
임기	-	· 3년(한 차례 연임)	· 위원: 2년(최대 4년까지 연장) · 공동 위원장: 2년 (한 차례 연임)	-
회기	-	-	· 연간 최소 2회	-
역할·기능	· 국가괄할당국 간 조정, 시장감시당국 공동 활동 지원, EU 기관 간 및 국제 협력 등 · 범용 AI 모델에 관한 규칙 집행 및 감독 · 적합성 평가 절차의 일부 개폐, AI 규제 샌드박스의 기능 수행 등에 기여 · AI 규제 샌드박스 간 정보공유 및 협력 촉진 등	· 공정한 업무 수행 · 유럽AI위원회에 대한 단일 연락 창구, 적절한 경우 이해관계자 대상 단일 연락 창구 · 임무 수행 목적을 위한 관련 데이터·정보 수집, 법 이행에 관하여 국내 관할당국 간 일관성·조정 원활화	· 유럽AI위원회 또는 EU집행위원회의 요청에 따라 의견, 권고 또는 서면에 의한 참여를 준비 · 연간 활동 보고서 마련 및 공개	· 비차별적·객관적 업무 수행(이해관계 선언) · 범용 AI 모델 및 범용 AI 시스템 관련, 구조적 위험 가능성 및 모델·시스템 분류, 역량 평가 도구·방법론 개발 등 · 시장감시당국의 업무 지원 및 회원국간 감독 활동 지원 · EU 세이프가드 절차의 상황에서 AI 사무국 지원

세부 구성	-	· (필수 상설 하위그룹) 시장감시당국 및 통보기관간 협력·교류 플랫폼 · 필요시, 기타 상설 또는 임시 하위 그룹 설치	· 상설·임시 하위 그룹 설치 가능	-
운영 규칙	· EU집행위원회의 결정(C(2024)390) 등	· 3분의 2 다수결에 따라 유럽AI위원회의 운영규칙 채택	· 자체 운영규칙 마련	· 이행법* 마련 *설치근거, 과학패널 및 위원의 조건, 절차 및 상세 구성 등
운영 지원	· 회원국	· AI사무국 - 사무국 제공, 위원장 요청으로 회의 소집, 의제 준비 등	※ EU집행위원회 또는 AI사무국	· AI사무국 - 임무수행 전반 지원 - 이해 충돌 가능성을 적극적으로 관리하고 예방하기 위한 체계·절차 수립
비고	-	· (필수 참여) 유럽 개인정보보호감독당국, AI사무국 · (사안별 참여) 기타 회원국 또는 EU 당국, 기관 또는 전문가	· 회의에 전문가 및 기타 이해관계자 초대 가능	-

Ⅲ. 회원국 수준에서의 거버넌스

각 회원국은 AI법 이행 및 집행을 위해 최소 하나의 통보당국과 최소 하나의 시장감시당국을 국가관할당국으로 설립하거나 지정하고, 해당 정보를 EU집행위원회에 제공해야 한다. 국가관할당국은 객관적이며 독립적으로 역할을 수행하고 공정하게 권한을 행사해야 하며, 이를 위해 국가관할당국의 구성원은 직무와 양립할 수 없는 활동을 해서는 안 된다. 또한 단일 연락 창구로 시장감시당국을 지정해야 하고, EU집행위원회는 이들 단일 연락 창구 목록을 공개해야 한다. 한편, 회원국 차원에서도 2025년 8월 2일까지 전자 통신 수단을 통해 관할당국 및 단일 연락 창구에 연락하는 방법을 공개해야 한다(§70①, ②).

국가관할당국이 AI법을 이행하고 집행하는데 핵심적인 역할을 수행하게 되므로 AI법은 국가관할당국의 전문성 및 인적·물적 자원의 확보에 주안점을 두고 있는 것으로 보인다. 이와 관련하여, AI법에 따라 회원국은 국가관할당국이 적절한 기술, 재정 및 인적 자원과 인프라를 제공받을 수 있도록 해야 하고, AI 기술, 데이터 및 데이터 컴퓨팅, 개인정보 보호, 사이버 보안, 기본권, 건강 및 안전 위험, 기존 표준 및 법적 요건에 대한 지식과 이해를 갖춘 충분한 수의 인력을 상시 확보해야 한다(§70③). 또한 회원국은 2025년 8월 2일까지(이후, 2년에 한 번) 국가관할당국의 재정·인적 자원 현황 및 그 적절성에 대해 EU집행위원회에 보고하여야 한다(§70⑥).

국가관할당국은 업무 수행과 관련하여 충분한 사이버 보안 수준 확보를 위한 조치를 취하고, 업무 수행 중 취득한 정보의 기밀성을 확보해야 하며(§70④, ⑤), 유럽AI위원회와 EU집행위원회의 지침과 권고를 고려하여 특히 스타트업을 포함한 중소기업에게 AI법 이행 관련 지침과 권고를 제공할 수 있다(§70⑧).

EU의 기관, 기구, 청 등이 AI법에 따른 공급자, 배포자 등에 해당될 경우에는 이들 기관의 감독기관은 유럽데이터보호감독관이 된다(§70⑨).

제2절 고위험 AI 시스템을 위한 EU 데이터베이스

Ⅰ. 고위험 AI 시스템을 위한 EU 데이터베이스

1. EU 데이터베이스

1) 구축과 운영

고위험 AI 시스템은 제49조에 따라 EU 데이터베이스에 등록하여야 한다. 8장에서는 EU집행위원회로 하여금 고위험 AI 시스템의 등록을 위한 데이터베이스를 구축하도록 규정하고 있다. EU 데이터베이스에는 일반적인 고위험 AI 시스템은 물론, 부속서 Ⅲ에 따른 고위험 AI 시스템 역시 등록된다. 뿐만 아니라, 부속서 Ⅲ에 포함되지만, 제6조 제3항에 따라 의사결정의 결과에 실질적으로 영향을 미치지 않고 자연인의 건강, 안전 또는 기본권에 대한 중대한 침해를 초래하지 않는 AI 시스템도 등록된다.

AI법은 EU 데이터베이스의 구축을 위하여 EU집행위원회가 각 회원국과 협력하도록 하고 있으며, 데이터베이스의 구축·운영 주체를 EU집행위원회로 하고 있다. 구체적으로는 EU집행위원회의 AI사무국이 구축 및 운영 업무를 수행하게 된다. 다만, 제6항에서는 AI사무국을 직접 규정하지 않고 EU집행위원회가 데이터베이스의 관리자가 된다고만 규정하고 AI사무국의 구체적인 직무로 규정하고 있지는 않다.

2) 기술적 사양

법에서는 세부적 사항을 규정하고 있지는 않으나, EU 데이터베이스의 기본적인 기술적 사양에 대해서는 EU집행위원회가 이를 정하도록 하고, 개정이 필요한 경우 유럽AI위원회와 협의하여 EU집행위원회가 개정할 수 있다. 기술적 사양은 후술하는 등록사항의 내용이 변경되거나 제71조 제4항에 따른 공개 여부, 이용자 친화성의 유지와 증가 등 법률에 규정된 사항의 변경에 따라 개정

수요가 발생할 것으로 보인다. 또한 개인정보의 보호 및 정보보안을 위한 기술 사양의 개정이 있을 수 있다.

2. EU 데이터베이스의 등록사항

1) 기본적 등록사항

법에서는 구체적인 등록 사항을 직접 규정하지 않고 있으나, 본 조문 제2항과 제3항에 따른 정보를 포함하여야 한다고 규정하고 있다. 각 항에서는 AI 시스템의 등록의무자를 규정하고 있으며, 이에 따라 EU 데이터베이스에 등록될 기본사항으로 공급자, 국내대리인, 공공당국, 청 또는 기관인 배포자와 이를 대리하는 자에 대한 정보가 등록된다. 이 등록 사항에 대한 내용은 제49조에서도 확인할 수 있다. 제49조에서는 AI 시스템의 등록자에 대한 정보와 해당 시스템에 대해 공급자 또는 국내대리인에게 등록 의무를 부여하고 있다.

등록 대상이 되는 고위험 AI 시스템이 부속서 Ⅲ 제2호에 해당하는 때에는 고위험 AI 시스템을 서비스 공급하거나 이용하기 전에 관할당국, 기구, 기관, 사무소 또는 청 또는 각 기관을 대리하는 배포자가 배포자 자신에 대한 정보와 함께 EU 데이터베이스에 이용 등록을 한다. 등록사항의 등록은 AI 시스템을 시장에 출시하거나 서비스를 공급·이용하기 전에 이루어져야 한다.

2) 추가적 등록사항과 등록의무자

AI법에서는 EU 데이터베이스에 등록 대상이 되는 AI 시스템과 공급자, 국내대리인, 배포자 등 등록 의무자에 대한 정보 이외에 다른 등록사항에 대한 규정을 제71조 본문에는 두고 있지는 않으며, 부속서와 별도의 조문에서 이를 구체적으로 규정하고 있다.

부속서 Ⅷ에서는 각 절에서 AI 시스템의 종류에 따라 각각 등록사항을 규정하고 있는데, 제49조 제1항에 따른 고위험 AI 시스템, 제49조 제2항에 따른 고위험 AI 시스템 및 제49조 제3항에 따른 고위험 AI 시스템를 각각 따로 규정하고 있다. 등록 대상이 되지만 각 시스템이 모두 고위험 AI 시스템에 해당하지 않기 때문에 조항을 분리하여 규정하고 이용주체의 차이에 따른 등록의무자의 차이를 반영한 것으로 보인다. 즉, 등록의무자를 공급자 또는 국내대리인으로 하거나 배포자로 하는 경우를 달리 규정한 것으로 각 등록사항의 차이를 규정한 것은 아니다.

(1) 부속서 Ⅷ 제A절 및 제B절

부속서 Ⅷ는 EU 데이터베이스에 등록되는 세부적인 사항을 규정하고 있다. 제71조 제2항에 따른 등록의무자는 부속서 Ⅷ 제A절과 제B절에 따른 사항을 등록한다(Annex Ⅷ section A&B). 등록사항은 크게 공급자(국내대리인)에 관한 사항, AI 시스템의 식별(식별과 구성)과 현황(시장현황 및 인증 등)에 관한 사항과 그 밖의 사용지침이나 URL 등으로 구분된다. 제A절과 제B절의 등록사항은 각각 다음과 같다.

부속서 Ⅷ에 따른 EU 데이터베이스 등록사항

제A절(제49조 제1항에 따른 고위험 AI 시스템 등록사항)	제B절(제49조 제2항에 따른 고위험 AI 시스템 등록사항)
1. 공급자의 성명, 주소 및 세부 연락처	1. 공급자의 성명, 주소 및 세부 연락처
2. 공급자를 위하여 다른 사람이 대신 정보를 제출할 경우, 해당인의 성명, 주소 및 세부 연락처	2. 공급자를 위하여 다른 사람이 대신 정보를 제출할 경우, 해당인의 성명, 주소 및 세부 연락처
3. 국내대리인의 성명, 주소 및 세부 연락처	3. 국내대리인의 성명, 주소 및 세부 연락처
4. AI 시스템의 상호 및 해당 AI 시스템의 식별 및 추적을 가능하게 하는 명확한 추가 확인정보	4. AI 시스템의 상호 및 해당 AI 시스템의 식별 및 추적을 가능하게 하는 명확한 추가 확인정보
5. AI 시스템 및 이를 지원하는 구성요소 및 기능의 의도된 목적에 대한 서술	5. AI 시스템의 의도된 목적에 대한 서술
6. 해당 시스템이 이용하는 정보(데이터, 입력물) 및 그 운영로직에 관한 기본적이고 간결한 서술	6. 제6조 제3항에 따른 고위험 AI 시스템 미 해당 조건
	7. 제6조 제3항의 절차에 따른 고위험 AI 시스템 미 해당 사유에 대한 간략한 요약

7. AI 시스템의 현황(시장 출시/서비스 제공, 출시/서비스 중단, 리콜)	8. AI 시스템의 현황(시장 출시/서비스 공급, 출시/서비스 중단, 리콜)
8. 인증기관이 발행한 인증서의 유형, 번호, 만기일 및 해당되는 경우 해당 인증기관의 명칭 및 식별번호	
9. 해당되는 경우 제8호의 인증서의 스캔 사본	
10. AI 시스템이 시장 출시, 서비스 공급, 또는 공급된 유럽연합 내 회원국 내역	9. AI 시스템이 시장 출시, 서비스 공급, 또는 공급된 유럽연합 내 회원국 내역
11. 제47조에 따른 EU 인증 선언의 사본	
12. 전자문서로 된 이용 지침: 본 정보는 부속서 Ⅲ 제1호, 제6호, 제7호에 규정된 법 집행, 이민·망명, 국경 통제에 이용되는 AI 시스템에는 제공되지 않음	
13. 추가 정보를 위한 URL (선택사항)	

제A절과 제B절은 고위험 AI 시스템과 고위험으로 간주되는 AI 시스템의 차이로서 고위험 AI 시스템의 경우 그 위험성에 따른 작동의 기본적인 원리와 인증에 관한 사항이 포함되며, 고위험 AI 시스템은 아니지만 고위험으로 간주되는 AI 시스템의 경우에는 고위험으로 분류되지 않는 원인에 대한 정보를 추가적으로 등록하도록 하고 있다.

(2) 부속서 Ⅷ 제C절

제C절은 배포자가 등록의무자인 경우를 규정한다. 등록의무자가 제71조 제3항에 따라 배포자가 되는 경우에는 배포자에 관한 주요 사항 이외에 기본권 영향평가 결과 및 데이터 보호 영향평가 결과의 요약을 등록하도록 하고 있다. 적용 대상이 되는 부속서 Ⅲ 제2항에 따른 고위험 AI 시스템은 중요한 디지털 인프라, 도로교통 또는 수도, 가스, 난방, 전기 공급의 관리 및 운영에서 안전 구성요소로 이용하려는 AI 시스템으로, 이는 대부분 공공기관에 구축·운영 되기 때문에 이 AI 시스템에 대해서는 배포자로 하여금 등록의무를 수행하도록 하고 기본권과 데이터보호 영향평가의 결과를 등록하도록 하는 것이다. 또한 각 등록사항은 최신의 정보를 유지하도록 규정하고 있으므로 배포자에 관한 일반 사항이 변경되거나 영향평가가 새로이 실시되거나 갱신되는 경우 이러한 사항이 변경 등록되어야 한다. 변경사항이 발생할 경우 변경등록은 앞의 제A절 및 제B절도 마찬가지다.

3. EU 데이터베이스의 접근성

AI법은 EU 데이터베이스의 이용자 친화적 구성과 접근성에 관한 사항을 규정하고 있다. 원칙적으로 EU 데이터베이스는 일반 대중에게 공개된다. 공개는 이용자 친화적인 시스템 구성을 통해 기계판독이 가능한 방식으로 공개되어야 한다.

다만 일부 정보의 경우 당연히 공개되지는 않는다. 제60조에 따라 등록된 사항은 당연히 등록되는 것은 아닌데, 이는 제60조가 고위험 AI 시스템의 테스트에 관한 규정이며, 그 내용은 일종의 영업비밀로서 취급되어야 하기 때문이다. 제60조는 공급자 또는 장래 공급자가 현실 세계 조건에서의 테스트를 EU 고유식별번호 및 부속서 IX에 따른 정보와 함께 EU 데이터베이스에 등록하도록 규정하고 있다. 이 경우에도 법 집행, 이민, 망명 또는 국경 관리 분야 등 고도의 공공성과 국가보안과 관련되는 경우 등록 자체를 면제하고 있으므로 해당되지 않는다.

공개되지 않는 등록정보의 경우, 각 회원국의 시장감시당국과 EU집행위원회로 그 접근이 제한된다. 모든 등록 정보는 시장감시당국 및 EU집행위원회만 접근·열람권을 가지며 일반에 공개되지 않는다. 다만, 공급자 등 등록의무자는 일반 공중에 공개가 가능한 정보를 지정하여 공개하게 할 수 있다.

4. 개인정보 등록의 제한

EU 데이터베이스에 등록되는 정보의 개인정보는 최소화되어 등록되어야 한다. 기본적으로 등록되는 개인정보는 공급자 또는 배포자를 대표할 법적 권한이 있는 자연인의 이름과 연락처에 한정된다. 법문에는 기재되지 않았으나, 등록의무자가 국내대리인인 경우 국내대리인에 관한 정보 역시 등록이 가능한 개인정보로 보아야 할 것이다.

5. 다른 조문에서의 EU 데이터베이스 관련 사항

1) 등록의 누락

제26조 제8항에 따라 공공기관에서 이용되는 고위험 AI 시스템의 배포자는 등록이 누락된 경우 시스템의 이용이 금지되며, 배포자는 공급자와 유통자에게 누락된 사항을 통지해야 한다(§26).

2) 모니터링의 수행

제80조에 따른 모니터링을 수행하는 경우 각 회원국의 시장감시당국은 기본적으로 EU 데이터베이스를 활용한다(§80). 이 경우 EU 데이터베이스를 활용하여 직접 모니터링을 수행하는 것은 아니며 EU 데이터베이스 등록정보를 기준으로 하여 모니터링을 수행하기 때문에 등록의무자는 등록정보를 항상 최신 정보로 유지할 필요가 있다.

3) 등록의 요구

각 회원국의 시장감시당국은 EU 데이터베이스에 등록이 되지 않았거나 등록정보가 최신 정보로 갱신되지 않은 경우 등록의무자에게 등록을 요구할 수 있다(§83).

제3절 사후 시장 관찰, 정보 공유 및 시장 감독

Ⅰ. 모니터링, 위험성 및 중대한 사고 관련 정보 공유

AI법에 따라, 모든 고위험 AI 시스템 공급자는 사후 시장 모니터링체계를 갖추어야 하며, 회원국의 시장감시당국과 EU집행위원회는 고위험 AI 시스템의 AI법 준수 여부를 감독하거나 평가할 권한을 갖고, 회원국간 EU, 회원국간 정보를 공유하게 된다. 고위험 AI 시스템으로 인해 중대한 사고가 발생한 경우, 고위험 AI 시스템 공급자는 해당 시스템과 중대한 사고 간 인과관계의 성립 또는 인과관계가 성립 가능성을 발견한 즉시 회원국의 시장감시당국에 중대한 사고에 관하여 보고해야 한다. 보고는 최대 15일 이내에 해야 하는데, 사고를 보고해야 하는 기간은 사고의 심각성에 따라 달라질 수 있다. 국가관할당국은 보고받은 중대한 사고에 대해 EU집행위원회에 통지해야 한다. 한편, EU집행위원회는 고위험 AI 시스템 공급자의 보고의무를 지원하기 위해 2025년 8월 2일까지 지침을 마련해야 한다(§73①~④).

AI 시스템이 범용 AI 모델을 기반으로 하며, 본 AI 시스템과 범용 AI 모델의 공급자가 동일한 경우 AI사무국은 해당 AI 시스템의 이 법에 따른 의무 준수 여부를 모니터링하고 감독할 권한을 갖는다(§75③). AI 모델에 대해 EU집행위원회는 독점적 감독 권한을 갖는데, 그 권한을 AI사무국에 위임할 수 있다(§88). 한편 AI 모델을 통합한 AI 시스템(범용 AI 시스템을 포함한다)의 공급자인 하방공급자는 AI 모델의 AI법 위반이 발생한다고 이의를 제기할 수 있다(§89).

AI 시스템 관련 중대한 사고의 보고 및 통지 절차

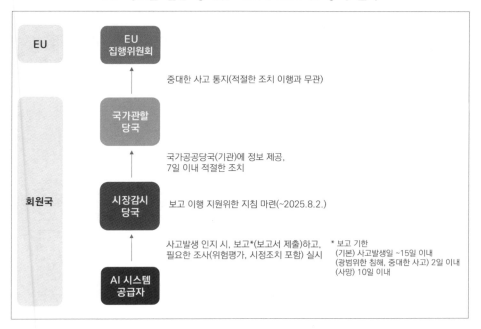

과학패널은 범용 AI 모델이 EU 수준에서 구체적으로 식별할 수 있는 위험이 나타나거나 구조적 위험을 보이는 경우 AI사무국에 적격 경고를 해야 하며, 이 때 EU집행위원회는 적격 경고를 유럽AI위원회에 통보하고 적절한 조치를 AI사무국이 취하게 할 수 있다(§90).

Ⅱ. 집행

　　AI법은 AI법 집행 과정해서 수행해야 하는 다양한 평가 및 감독과 이에 대해 취할 수 있는 조치, 관련하여 취득한 정보의 기밀유지 의무 등을 규정하고 있다(§74~§84). 시장감시당국은 현실 세계 조건에서의 테스트의 AI법에 따른 수행을 감독한다. 공급자가 부속서 Ⅲ에 따른 고위험으로 분류하지 않은 인공지능 시스템의 고위험 여부를 평가하여 고위험이라고 판단하는 경우 공급자에게 필요한 조치를 요구하고, 요구한 조치를 EU집행위원회 및 다른 회원국에 통지해야 한다. 또한 부속서 Ⅲ에 해당하는 기본권의 보호 당국은 감독권한을 행사하기 위해 정보에 접근할 수 있고, 정보에의 접근이 보장되며, 회원국은 기본권 보호 당국의 명단을 공개하고 EU집행위원회에 통보해야 한다. 특히, 고위험 AI 시스템이 AI법을 준수하고 있음에도 불구하고 사람의 건강·안전·기본권 또는 기타 공익 보호에 위험을 보이는 경우, 회원국의 시장감시당국은 관련 운영자에게 그러한 위험이 발생하지 않도록 하는 조치를 취하게 하고, 이러한 정보를 EU집행위원회 및 다른 회원국에 즉시 제공해야 한다. 회원국의 시장감시당국은 다음과 같은 AI법 미준수 사실을 알게 된 경우, AI법 준수를 요구해야 하며, 미준수 행위가 지속되면, 시장 출시 제안, 리콜, 철수 등의 조치를 취해야 한다.

(a) 제48조를 위반하여 CE 마크가 부착된 경우
(b) CE 마크가 부착되지 않은 경우
(c) EU 적합성 선언이 작성되지 않은 경우
(d) EU 적합성 선언이 정확하게 작성되지 않은 경우

(e) 제71조에 언급된 EU 데이터베이스에의 등록이 완료되지 않은 경우
(f) (해당되는 경우) 권한 있는 대리인이 임명되지 않은 경우
(g) 기술문서를 이용할 수 없는 경우

제4절 자발적 이행의 지원

제3장 제2절의 고위험 AI 시스템 요건의 전부 또는 일부를 고위험 AI 시스템이 아닌 AI 시스템에 대해서도 자발적으로 적용될 수 있도록 AI사무국과 회원국들은 행동강령(code of conduct)의 작성을 장려하고 촉진하는 것이 바람직하다(§95①). AI법의 위험기반 접근 및 문맥 등을 고려할 때, 행동강령은 제50조 투명성 의무 대상(고위험 AI가 아닌 경우)과 최소 위험에 해당하는 AI 시스템(금지·고위험 및 제50조 AI 시스템 중 어디에도 해당되지 않는 AI 시스템)에 대한 적용을 의도한 것으로 이해된다. 실효성 확보를 위해 행동강령은 명확한 목적과 목적달성을 측정하는 핵심 성과지표를 기반으로 하여 마련하며, 성과지표에는 다음과 같은 항목을 포함할 수 있다(§95②).

✪ 성과지표에 포함 가능한 사항(예)

(a) 신뢰할 수 있는 AI에 관한 EU 차원의 윤리지침을 위해 제공된 적용 가능한 요소
(b) AI 시스템의 효율적인 설계, 학습 및 이용을 위한 에너지 효율적 프로그래밍 및 기술과 관련된 것을 포함하여 AI 시스템이 환경적 지속가능성에 미치는 영향의 평가와 영향의 최소화
(c) AI를 개발, 운영, 이용하는 사람의 AI 활용능력 향상
(d) 포괄적이고 다양한 개발팀의 구축과 해당 개발과정에 이해관계자의 참여를 장려하는 것을 포함하여 AI 시스템의 포괄적이고 다양한 설계의 촉진
(e) 장애인에 대한 접근성과 관련된 것을 포함하여 성평등과 같이 AI 시스템이 취약한 사람 또는 취약 계층에 미치는 부정적 영향을 평가 및 예방

행동강령은 시민단체, 학계, 공급자, 배포자, 이해관계자 등이 마련하는 것으로, 관련된 시스템의 의도된 목적의 유사성을 고려하여 하나 이상의 AI 시스템을 다룰 수 있다. 행동강령은 산·학·연, 소비자 보호기구, 무역기구 등의 참여 하에 포용적인 성격을 갖도록 개발되고(recital 165), 특히 스타트업을 포함한 중소기업의 구체적인 관심과 요구를 고려하여야 한다(§95④). 행동강령을 통해 AI법 수범자가 추가적인 요건을 자율적으로 준수하게 함으로써 보다 안전하고 신뢰할 수 있는 AI 개발 및 이용 환경을 조성할 수 있을 것으로 생각된다. EU 집행위원회는 행동강령의 효과와 영향을 2028년 8월 2일까지 평가하고, 그 이후로는 3년마다 고위험 AI 시스템 외의 AI 시스템이 준수해야 하는 추가 요건 (환경의 지속가능성 등) 또한 평가해야 한다(§112⑦).

행동강령은 EU 또는 국가 기관이 아닌 수범자가 중심이 되어 마련하는 것인 반면, 가이드라인(guideline)은 AI법의 자발적 이행 지원을 위해 EU집행위원회가 마련하는 것이다. 가이드라인을 마련해야 하는 사항은 AI법에 명시된 바와 같이 AI 시스템의 개념 정의 적용, 제5조 금지된 업무, 제50조에 따른 투명성 의무의 이행 등에 관한 사항이다(§96①). EU집행위원회는 가이드라인을 제정한 이후 회원국 또는 AI사무국의 요청이 있는 경우 또는 스스로 판단하에 자체 발의하여 가이드라인을 개정한다(§96②). 가이드라인은 AI법을 실제 (실무에서) 어떻게 이행하는지를 구체화한 것이며, 특히 제96조에 따라 마련된 가이드라인은 AI법 위반 여부를 판단할 때 고려하게 되는 요소이므로(§99①) 그 내용에 주목할 필요가 있다. 행동강령과 마찬가지로 가이드라인을 개발할 때에는 스타트업을 포함한 중소기업, 지방공공당국, AI법의 영향을 받는 분야에서의 요구를 특별히 고려해야 한다(§96①).

행동강령 및 가이드라인 마련 사항 및 마련 주체

구분	주요 내용	이행 주체
행동강령	■ 목표 및 성과지표 고려, 행동강령의 효과성 및 영향 평가 후 포함할 필요가 있는 요건 등 포함 ■ AI사무국과 회원국들은 행동강령 작성을 장려하고 촉진할 때 스타트업을 포함한 중소기업의 구체적인 관심과 요구를 고려	■ 시민단체, 학계 ■ 공급자, 배포자 ■ 이해관계자 등

가이드라인	■ 법 전체 이행 관련 　· 'AI 시스템'의 정의의 적용(제3조 제1항) 　· 이 법과 부속서 I에 따른 EU조화법 및 기타 관련 　　유럽연합 법률과의 관계, 집행의 일관성 등에 관 　　한 정보 ■ 고위험 AI 시스템 　· '제8조~제15조 및 제25조'에 따른 요건·의무 적용 　· 제5조에 따른 금지된 업무 　· '상당한 수정'(substantial modification) 관련 조 　　항의 이행 ■ 제50조 투명성 의무 대상 AI 시스템 　· 제50조에 규정된 투명성 의무의 이행	■ EU집행위원회

제5절 권한의 위임

　　AI법은 EU집행위원회가 AI법의 구체적 이행을 위한 절차적 사항의 마련 및 AI법 개정 등을 이행법(implementing act), 위임법(delegated act) 또는 가이드라인(guideline)의 형태로 마련하도록 하고 있다. 위임법은 명시적인 법상 위임 근거에 따라 채택되는 것으로 절차 등 오직 중요도가 낮은 사항에 대한 것을 정하도록 한 것이며, 이행법은 법 이행을 위한 통일된 조건을 마련할 필요가 있을 때에 권한을 위임하는 형태이다. 이러한 다양한 형태로의 위임은 AI 기술 발달, AI 생태계의 가치 사슬, 사회적 인식의 변화 및 다양한 이해관계자의 의견 수렴 등을 고려한 것으로, AI법 이행과 사회변화에 따른 AI법 변화에 유연성을 제공할 수 있을 것으로 기대된다(가이드라인은 법 이행 지원을 위한 수단이라는 측면에서 '제4절 자율적 이행'에 포함하였다).

AI법상 위임 사항 및 이행 주체

구분	주요 내용	이행 주체
이행법	■ 고위험 AI 시스템 · 피통보기관 지정의 중지·제한·철회(제37조 제4항) · 공통기준 마련(제41조 제1항) · 업무준칙 승인(제50조 제7항) ■ 제50조 투명성 의무 대상 AI 시스템 · 콘텐츠 탐지·표시 관련 의무 이행 관련 업무준칙 승인 　(제50조 제7항) ■ 범용 AI 모델 · 제53조 및 제55조 이행관련 공통 규칙 마련(제56조 제9항) · 범용 AI 모델 평가 절차 마련(제92조) · 범용 AI 모델 과징금 부과 관련 세부 절차 등 마련(제 　101조) ■ 규제 샌드박스 · 규제 샌드박스 제도 구체화(제58조 제1항) · 실증계획의 세부 내용 구체화(제60조 제1항) · 과학패널 설치 규정 마련(제68조 제1항) · 사후시장감독 계획 견본(template) 마련(제72조 제3항)	· EU집행위원회
위임법	■ 고위험 AI 시스템 · 고위험으로 간주되지 않는 조건 개정(제6조 제6항·제7항) · 고위험 AI 시스템 분류(부속서 III) 개정(제7조 제1항·제3항) · 기술문서(부속서 IV) 개정(제11조 제3항) · 적합성 평가 절차(부속서 VI)(제43조 제5항) · 품질관리시스템 및 기술문서 평가에 근거한 적합성 평 　가(부속서 VII) 개정(제43조 제6항) · 적합성 선언의 내용 수정(부속서 V)(제47조 제5항) ■ 범용 AI 모델 · 구조적 위험 및 고영향 성능 기준 개정(제51조 제3항) · 제52조 제4항 · 제53조 제5항·제6항	· EU집행위원회 - 위임권한은 　법 시행으로 　부터 5년간 유 　효, 연장 가능 - 유럽의회· 　이사회가 권 　한의 위임 취 　소* 가능 * 취소는 관보 　게재일의 다 　음날 효력 발 　생, 이미 시행 　중인 위임법 　은 유효

| 가이드 라인 | ■법 전체 이행 관련
· 'AI 시스템'의 정의의 적용(제3조 제1항)
· 이 법과 부속서 I에 따른 EU조화법 및 기타 관련 유럽연합 법률과의 관계, 집행의 일관성 등에 관한 정보
■고위험 AI 시스템
· '제8조~제15조 및 제25조'에 따른 요건·의무 적용
· 제5조에 따른 금지된 업무
· '상당한 수정'(substantial modification) 관련 조항의 이행
■제50조 투명성 의무 대상 AI 시스템
· 제50조에 규정된 투명성 의무의 이행 | · EU집행위원회 |

제 8 장

구제 및 실효성 확보수단

제1절 구제책(Remedies)

AI법 위반이 있었다고 볼 근거가 있는 자연인 또는 법인은 시장감시당국에 이의를 신청(complaints)할 수 있으며, 이러한 이의신청은 다른 행정적 또는 사법적 구제수단을 추구할 권리에 영향을 주지 않는 별개의 권리라고 할 수 있다(§85). 다만 이러한 이의신청 절차는 해당 시장감시당국이 수립한 기존 절차에 따라 처리되어야 한다(§85).

주요 인프라를 제외한 고위험 AI 시스템의 배포자가 내린 의사결정을 통해 법적 효과를 받거나 그와 유사하게 건강·안전·기본권에 중대한 부정적인 영향을 받은 자는 그 의사결정 과정에서 AI 시스템이 수행한 역할 및 해당 결정의 주요 요소에 관해 배포자에게 설명을 요구할 권리를 갖는다(§86①). 다만 이러한 설명요구권은 다른 EU법 또는 국내법상 제약이 존재하는 경우 적용되지 않으며(§86②), 역으로 EU법상 별도의 설명요구권이 규정되지 않은 경우에만 적용된다(§86③). 한편, AI법 위반행위에 대한 신고자 보호에는 법 위반행위 신고자 보호를 위한 EU 지침(Regulation (EU) 2019/1937)이 적용된다(§87).

제2절 제재(Penalties)

I. 운영자에 대한 제재(제99조)

1. EU집행위원회와 회원국 간 제재 권한의 배분

AI법 준수의 실효성을 확보하기 위해서는 법 위반행위에 대한 적정 수준의 과징금(administrative fines) 등 효과적인 제재수단의 확보가 필수적이다. 상술한 바와 같이 AI법의 집행 권한은 법 위반 유형에 따라 EU집행위원회와 회원국 시장감시당국 간 분산되어 있고, 그에 따라 과징금 부과 등 구체적인 제재 수준을 결정할 권한 역시 EU집행위원회와 회원국 간 배분되어 있다. EU집행위원회는 범용 AI 모델과 관련한 법 위반행위에 대한 제재를 부과할 권한을 보유하며(§101), 금지되는 AI 시스템의 활용, 고위험 AI 시스템의 준수 의무, 특정 AI의 투명성 의무 등의 위반에 대한 제재 권한은 회원국이 갖게 된다(§99). 다만 AI법 위반에 따른 과징금을 강화하고 EU 차원의 통일성을 기하기 위해 각 위반행위 유형별 과징금의 상한선은 AI법에서 정하며(Recital 168), 제재 수준의 결정에 있어 EU집행위원회가 AI법 제96조에 따라 제정할 예정인 가이드라인 및 AI법 제99조에 규정된 여러 원칙을 준수하도록 하는 등(§99①), EU 차원에서 일정한 제약을 부과하고 있다.

회원국은 과징금 외에도 경고, 비금전적 조치 등 법 집행수단(enforcement measures)에 관한 규칙을 정하여 늦어도 AI법의 적용 개시일 이전까지 EU집행위원회에 통지해야 한다(§99②). 회원국이 정하는 제재의 내용과 수준은 효과적이고 법 위반에 대한 억지력을 지녀야 하며, 비례의 원칙을 준수(effective, proportionate, and dissuasive)해야 하며, 중소기업의 과중한 부담을 경감하기 위해 스타트업 등 중소기업(SMEs)의 이익과 경제적 생존가능성(economic viability)을 고려해야 한다(§99①). 한편 회원국 별로 사법 체계 및 법 집행 체계가 각기 다를 수 있다는 점을 고려하여, 과징금에 관한 규칙은 회원국 국내 법원이 부과하는 방식으로 적용될 수 있도록 정하는 재량을 부여하고 있다(§99⑧). 마지막으로, 회원국은 해당 연도에 AI법 위반에 따라 부과한 과징금 및 관련 소송과 사법절차에 관한 사항을 매년 EU집행위원회에 보고해야 한다(§99⑪).

2. 법 위반행위 유형별 과징금 상한

AI법은 각 위반행위의 유형에 따라 과징금의 상한을 차등화하여 규정하고 있다. 그중 가장 높은 수준의 과징금 상한 규정을 두고 있는 법 위반행위 유형은 금지되는 AI 시스템 활용이다. 제5조에 따른 금지되는 AI 시스템의 활용 규정을 위반한 운영자는 최대 3,500만 유로 또는 직전 회계연도 기준 전 세계 연간 매출액(total worldwide annual turnover)의 7% 중 높은 금액의 과징금을 부과받을 수 있다(§99③). 사업자(undertakings)가 아닌 운영자는 매출액이 존재하지 않기 때문에, 연간 매출액 기준과 정액 과징금 기준 중 높은 금액의 적용은 법 위반 운영자가 사업자인 경우에만 해당된다.

금지 규정을 제외한 다른 실체법 위반행위에 대해서는 최대 1,500만 유로 또는 직전 회계연도 기준 전 세계 연간 매출액의 5% 중 높은 금액의 과징금을 부과받을 수 있다(§99④). 고위험 AI 시스템 공급자의 준수 의무(§16)뿐 아니라 국내대리인(§22), 수입자(§23), 유통인(§24), 배포자(§26), 피통보기관(§31, §33①, ③, ④, §34)의 준수 의무, 그리고 특정 AI 시스템에 대한 공급자·배포자의 투명성 의무(§50)가 이에 해당된다.

정보제공 의무와 관련된 법 위반에 대해서는 가장 낮은 수준의 과징금 상한을 규정하고 있다. 국가관할당국이나 피통보기관의 정보제공 요청에 대해 부정확, 불완전하거나 기만 소지가 있는(misleading) 정보를 제공할 경우 최대 750만 유로 또는 직전 회계연도 전 세계 연간 매출액의 1% 중 높은 금액의 과징금이 부과될 수 있다(§99⑤).

한편 스타트업을 포함한 중소기업은 막대한 과징금이 부과될 경우 기업의 존속에 큰 영향을 받을 우려가 있다. 그에 따라, 정액 기준과 매출액 기준 중 높은 금액을 과징금으로 부과받는 다른 운영자들과 달리, 중소기업은 두 기준 중 낮은 금액의 과징금을 부과받는 특례 규정을 두고 있다(§99⑥).

3. 과징금 부과 여부 결정 및 과징금 산정시 고려요소

과징금 부과에 관한 구체적인 규칙은 기본적으로 회원국이 정하는 사항이지만, AI법은 과징금 부과 여부 및 개별 사건에서의 과징금 액수 산정시 필수적으로 고려되어야 할 요소를 규정하고 있어 회원국은 최소한 이러한 요소를 의무적으로 반영해야 한다. 과징금 부과 여부 결정에 있어 주목할 부분은 AI 규제 샌드박스 관련 사항인데, 공급자가 사전계획, 참여조건, 국가관할당국의 지침을 성실히 준수하였다면 규제 샌드박스의 취지상 법 위반행위가 발생하더라도 과징금이 부과되지 않는다(§57⑫).

과징금 산정에서의 고려요소와 관련하여, 전문에서는 특히 법 위반행위의 성질·심각성·기간, 위반행위에 따른 결과, 법 위반 사업자의 규모를 중요한 고려요소로 강조하고 있으며, 사업자의 규모와 관련해서는 스타트업 등 중소기업 여부를 고려할 수 있도록 하고 있다(Recital 168). 그 외의 법정 고려요소로는, 법 위반행위로 영향을 받은 자의 수, 그들이 입은 피해 규모, 다른 시장감시당국으로부터 동일한 법 위반행위로 부과받은 과징금, 동일한 행위에 대해 다른 규제당국으로부터 부과받은 과징금, 국가관할당국에 법 위반사실을 알렸는지 여부 및 피해 완화를 위한 협조 정도, 운영자가 취한 기술적·조직적 조치 등 책임의 정도, 운영자의 연간매출액 및 시장점유율, 운영자의 고의·과실 여부 등이 있다(§99⑦).

Ⅱ. EU 기구·기관·사무소·청에 대한 과징금(제100조)

운영자에 대한 과징금 등 제재 부과 권한이 EU집행위원회와 회원국 간 분산되어 있는 한편, EU 기구·기관·사무소·청이 AI법을 위반한 경우 과징금 부과 권한은 유럽데이터보호감독관(European Data Protection Supervisor)에게 있다(Recital 168). 과징금 부과시 고려요소는 운영자에게 적용되는 기준과 거의 유사한데, EU 기구·기관 등의 연간 예산을 과징금 산정시 고려하도록 명시하여(§100①(g)) 해당 EU 기구·기관 등의 효과적인 운영이 과징금 납부로 인해 부정적인 영향을 받지 않도록 하고 있다는 점이 특징이다(§100⑥).

위의 특수성을 감안하여 과징금 상한 역시 운영자보다 낮은 수준으로 적용되는데, 금지된 AI 시스템의 활용 규정 위반은 최대 150만 유로, 그 외 준수 의무에 대해서는 최대 75만 유로의 정액 과징금이 부과될 수 있다(§100②, ③). 절차적 공정성을 보장하는 차원에서 유럽데이터보호감독관의 과징금 부과 결정 및 금액 산정 과정에서 EU 기구·기관 등의 청문기회(opportunity to be heard)를 보장하도록 명시하고 있으며, 타인의 개인정보 및 영업비밀을 보호하는 한도 내에서 자료 접근권(access to the file) 역시 인정된다(§100④, ⑤). 그 외 회원국과 마찬가지로, 유럽데이터보호감독관 역시 AI법 위반에 따라 부과한 과징금, 관련 소송 및 사법절차 내역을 매년 EU집행위원회에 보고할 의무를 진다(§100⑦).

Ⅲ. 범용 AI 모델 공급자에 대한 과징금(제101조)

범용 AI 모델 공급자에 대한 과징금 부과 원칙은 상기 운영자, EU 기구,

기관 등에 대한 원칙과 유사한 측면이 많지만, 과징금 상한 및 고려요소 등에 있어 일부 차이점을 보인다. 과징금 상한과 관련해서는, 법 위반행위 유형에 관계없이 최대 1,500만 유로 또는 직전 회계연도 기준 전 세계 연간 매출액의 3% 중 높은 금액의 과징금이 부과될 수 있다(§101①). 이는 고위험 AI 시스템 공급자의 준수 의무 위반과 동일한 수준으로, 부정확, 불완전하거나 기만 소지가 있는 정보제공에 대해 낮은 수준의 과징금 상한을 별도로 두고 있지 않다는 점은 주목할 사항으로 여겨진다. 과징금 산정 고려요소에 있어서도 법 위반행위의 성질·심각성·기간이라는 1개 고려요소만 규정하고 있어(§101①), 약 10개의 고려요소를 두고 있는 운영자의 법 위반과 구분된다.

EU AI법 번역본

제1장 총칙(Chapter I General Provisions)

제1조 대상(Article 1 Subject Matter)

원문	번역
Article 1 Subject matter 1. The purpose of this Regulation is to im-prove the functioning of the internal market and promote the uptake of hu-man-centric and trustworthy artificial intelligence (AI), while ensuring a high level of protection of health, safety, fundamental rights enshrined in the Charter, including democracy, the rule of law and environmental protection, against the harmful effects of AI systems in the Union and supporting innovation. 2. This Regulation lays down: (a) harmonised rules for the placing on the market, the putting into service, and the use of AI systems in the Union; (b) prohibitions of certain AI practices; (c) specific requirements for high-risk AI systems and obligations for operators of such systems; (d) harmonised transparency rules for cer-tain AI systems; (e) harmonised rules for the placing on the market of general-purpose AI models; (f) rules on market monitoring, market sur veillance, governance and enforcement; (g) measures to support innovation, with a particular focus on SMEs, including start-ups.	제1조 대상 1. 이 법의 목적은 유럽 내부 시장의 기능을 개선하고 인간 중심의 신뢰할 수 있는 인공지능(AI)의 활용을 촉진하는 한편, EU 내 AI 시스템의 유해한 영향으로부터 건강, 안전, 민주주의, 법치 및 환경 보호를 포함하여 유럽헌장에 명시된 기본권을 높은 수준으로 보호하고 혁신을 지원하는 것이다. 2. 이 법은 다음을 규정한다: (a) EU 내 AI 시스템의 시장 출시, 서비스 공급, 그리고 이용; (b) 특정 AI 업무의 금지; (c) 고위험 AI 시스템에 대한 구체적인 요건과 해당 시스템 운영자의 의무; (d) 특정 AI 시스템에 대한 조화로운 투명성 규칙; (e) 범용 AI 모델의 시장 출시에 대한 조화로운 규칙; (f) 시장 모니터링, 시장 감시, 거버넌스 및 집행에 관한 규칙; (g) 특히 스타트업을 포함한 중소기업에 중점을 둔 혁신 지원 조치.

제2조 적용범위(Article 2 Scope)

원문	번역
1. This Regulation applies to:	1. 이 법은 다음 각 호에 적용된다:
(a) providers placing on the market or put - ting into service AI systems or placing on the market general-purpose AI models in the Union, irrespective of whether those providers are established or lo - cated within the Union or in a third country;	(a) 공급자가 EU 내 혹은 제3국에서 설립되었거나 위치하고 있는지 여부와 상관없이, AI 시스템을 시장에 출시 또는 서비스를 공급하였거나 혹은 범용 AI 모델을 EU 내의 시장에 출시한 공급자;
(b) deployers of AI systems that have their place of establishment or are located within the Union;	(b) EU 내 설립 장소가 있거나 소재하고 있는 배포자;
(c) providers and deployers of AI systems that have their place of establishment or are located in a third country, where the output produced by the AI system is used in the Union;	(c) AI 시스템에 의해 산출된 결과물이 유럽연합 내에서 이용되고 있는 경우, 제3국에 설립 장소가 있거나 소재하고 있는 AI 시스템의 공급자와 배포자;
(d) importers and distributors of AI sys - tems;	(d) AI 시스템의 수입자와 유통자;
(e) product manufacturers placing on the market or putting into service an AI system together with their product and under their own name or trademark;	(e) 상품 제조업자의 이름 또는 상표로 자신의 제품과 함께 AI 시스템을 시장에 출시하거나 서비스를 공급한 상품 제조업자;
(f) authorised representatives of providers, which are not established in the Union;	(f) EU 내에서 설립되지 않은 공급자로부터 권한을 받은 대리인;
(g) affected persons that are located in the Union.	(g) EU 내에 소재하는 영향을 받는 자.
2. For AI systems classified as high-risk AI systems in accordance with Article 6(1) related to products covered by the Union harmonisation legislation listed in Section B of Annex I, only Article 6(1), Articles 102 to 109 and Article 112 apply. Article 57 applies only in so far as the require - ments for high-risk AI systems under this Regulation have been integrated in that Union harmonisation legislation.	2. 부속서 I 제B절에 열거된 EU조화법이 적용되는 제품과 관련하여 제6조 제1항에 따라 고위험 AI 시스템으로 분류된 AI 시스템에 대해서는 오직 제6조 제1항, 제102조부터 제109조까지 및 제112조만이 적용된다. 제57조는 이 법에 따른 고위험 AI 시스템에 대한 요구사항이 EU조화법으로 통합된 경우에만 적용된다.
3. This Regulation does not apply to areas outside the scope of Union law, and	3. 이 법은 EU법이 적용되는 지역 이외에는 적용되지 아니하며, 회원국의 국가 안보와

원문	번역
shall not, in any event, affect the com‐petences of the Member States concern‐ing national security, regardless of the type of entity entrusted by the Member States with carrying out tasks in relation to those competences.	관련된 권한에 근거한 업무를 수행하기 위하여 위임된 조직의 유형에 관계없이, 국가안보에 관한 회원국의 권한에 어떠한 경우에도 영향을 미치지 아니한다.
This Regulation does not apply to AI systems where and in so far they are placed on the market, put into service, or used with or without modification exclusively for military, defence or na‐tional security purposes, regardless of the type of entity carrying out those activities.	오로지 군사, 국방 또는 국가안보만을 위해서 시장에 출시되었거나 서비스를 공급하였거나 혹은 변경되거나 변경되지 않은 채 이용되는 AI 시스템의 경우에는 해당 활동을 수행하는 조직의 유형과 관계없이 이 법은 적용되지 않는다.
This Regulation does not apply to AI systems which are not placed on the market or put into service in the Union, where the output is used in the Union exclusively for military, defence or na‐tional security purposes, regardless of the type of entity carrying out those activities.	AI 시스템에 의한 산출물이 EU 내에서 오로지 군사, 국방 또는 국가안보만을 위해서 이용되는 경우, EU 내에서 시장에 출시되지 않았거나 서비스를 공급하지 않았던 AI 시스템의 경우에는 해당 활동을 수행하는 조직의 유형과 관계없이 이 법은 적용되지 않는다.
4. This Regulation applies neither to public authorities in a third country nor to in‐ternational organisations falling within the scope of this Regulation pursuant to paragraph 1, where those authorities or organisations use AI systems in the framework of international cooperation or agreements for law enforcement and judicial cooperation with the Union or with one or more Member States, pro‐vided that such a third country or inter‐national organisation provides adequate safeguards with respect to the protection of fundamental rights and freedoms of individuals.	4. 제1항에 따라 이 법의 적용범위에 포함되는 제3국의 공공당국 또는 국제기구가 유럽연합 또는 하나 이상의 회원국과의 법집행 및 사법협력을 위한 국제 협력 또는 협정의 틀 안에서 AI 시스템을 이용하는 경우, 그 제3국 또는 국제기구가 개인의 기본권과 자유를 보호하기 위하여 적절한 안전조치를 제공한다는 조건 하에서 이 법은 제3국의 공공당국 또는 국제기구에 적용되지 아니한다.
5. This Regulation shall not affect the ap‐plication of the provisions on the liability	5. 이 법은 Regulation (EU) 2022/2065 제2장에 규정된 중개 서비스 제공자의 책임에 관

원문	번역
of providers of intermediary services as set out in Chapter Ⅱ of Regulation (EU) 2022/2065.	한 규정의 적용에 영향을 미치지 아니한다.
6. This Regulation does not apply to AI systems or AI models, including their output, specifically developed and put into service for the sole purpose of sci−entific research and development.	6. 이 법은 과학적 연구 및 개발 목적으로만 특별히 개발되거나 서비스 공급되는 AI 시스템 또는 AI 모델과 그 결과물에는 적용되지 않는다.
7. Union law on the protection of personal data, privacy and the confidentiality of communications applies to personal data processed in connection with the rights and obligations laid down in this Regulation. This Regulation shall not affect Regulation (EU) 2016/679 or (EU) 2018/1725, or Directive 2002/58/EC or (EU) 2016/680, without prejudice to Article 10(5) and Article 59 of this Regulation.	7. 개인정보, 프라이버시 및 통신비밀 보호에 관한 EU법은 이 법에 규정된 권리 및 의무와 관련하여 처리되는 개인정보에 적용된다. 이 법은 제10조 제5항 및 제59조를 저해함이 없이 Regulation (EU) 2016/679, Regulation (EU) 2018/1725, Directive 2002/58/EC 또는 Directive (EU) 2016/680에 영향을 미치지 않는다.
8. This Regulation does not apply to any research, testing or development activity regarding AI systems or AI models prior to their being placed on the market or put into service. Such activities shall be conducted in accordance with applicable Union law. Testing in real world con−ditions shall not be covered by that exclusion.	8. 이 법은 시장 출시 또는 서비스 공급 이전 단계에 있는 AI 시스템 또는 AI 모델에 관한 모든 연구·시험·개발 활동에 대해 적용되어서는 안 된다. 이러한 활동은 관련 EU법을 준수해야 한다. 현실 세계 조건에서의 테스트에 대해서는 상기 예외가 적용되지 않는다.
9. This Regulation is without prejudice to the rules laid down by other Union legal acts related to consumer protection and product safety.	9. 이 법은 소비자 보호 및 제품 안전에 관한 다른 EU법에 따라 마련된 규칙을 저해하지 아니한다.
10. This Regulation does not apply to obli−gations of deployers who are natural persons using AI systems in the course of a purely personal non−professional activity.	10. 이 법은 순수하게 사적·비직업적 활동 과정에서 AI 시스템을 이용하는 자연인인 배포자의 의무에는 적용되지 않는다.
11. This Regulation does not preclude the Union or Member States from main−taining or introducing laws, regulations	11. 이 법은 EU 또는 회원국이 고용주가 AI 시스템을 이용하는 것과 관련된 근로자의 권리를 보호하기 위해 근로자에게 보다

원문	번역
or administrative provisions which are more favourable to workers in terms of protecting their rights in respect of the use of AI systems by employers, or from encouraging or allowing the ap-plication of collective agreements which are more favourable to workers.	유리한 법령을 유지 또는 도입하거나 근로자에게 보다 유리한 단체협약을 적용하는 것을 장려하거나 허용하는 것을 금지하지 않는다.
12. This Regulation does not apply to AI systems released under free and open-source licences, unless they are placed on the market or put into serv-ice as high-risk AI systems or as an AI system that falls under Article 5 or 50.	12. 고위험 AI 시스템 또는 제5조나 제50조에 따른 AI 시스템으로 시장 출시되거나 서비스 공급하는 경우가 아닌 한 무료 오픈 소스로 공개된 AI 시스템에 대해서는 이 법이 적용되지 않는다.

제3조 정의(Article 3 Definitions)

원문	번역
(1) "AI system" is a machine-based system designed to operate with varying levels of autonomy and that may exhibit adaptiveness after deployment and that, for explicit or implicit objectives, infers, from the input it receives, how to gen-erate outputs such as predictions, con-tent, recommendations, or decisions that can influence physical or virtual environments.	(1) 'AI 시스템'이란 다양한 자율성 수준과 배포 후 적응성을 나타낼 수 있도록 설계된 기계 기반 시스템으로, 명시적·묵시적으로 주어진 목표를 달성하기 위해 실제·가상환경에 영향을 미칠 수 있는 예측, 콘텐츠, 추천, 결정 등의 결과물의 생성 방식을 입력데이터로부터 추론하는 시스템을 의미한다.
(2) 'risk' means the combination of the probability of an occurrence of harm and the severity of that harm.	(2) '위험'이란 피해의 발생 확률 및 그 정도의 조합을 의미한다.
(3) 'provider' means a natural or legal per-son, public authority, agency or other body that develops an AI system or a general purpose AI model or that has an AI system or a general purpose AI model developed and places them on the market or puts the system into service under its own name or trade-	(3) '공급자'란 AI 시스템 또는 범용 AI 모델을 개발하거나 타인이 개발하도록 하여 자신의 명의·상호로 시장에 출시하거나 서비스를 공급(유·무료의 경우를 모두 포함)하는 자연인, 법인, 정부·공공기관, 기타 기관·단체 등을 의미한다.

원문	번역
mark, whether for payment or free of charge.	
(4) 'deployer' means a natural or legal person, public authority, agency or other body using an AI system under its authority except where the AI system is used in the course of a personal non-professional activity.	(4) '배포자'란 자신의 권한에 따라 AI 시스템을 이용하는 자연인, 법인, 정부·공공기관, 기타 기관·단체 등을 의미한다. 단, 직업적 활동이 아닌 개인적 활동 과정에서 AI 시스템을 이용하는 경우는 제외된다.
(5) 'authorized representative' means any natural or legal person located or established in the Union who has received and accepted a written mandate from a provider of an AI system or a general-purpose AI model to, respectively, perform and carry out on its behalf the obligations and procedures established by this Regulation.	(5) '국내 대리인'이란 AI 시스템 또는 범용 AI 모델 공급자를 위해 이 법에 규정된 의무와 절차를 이행할 것을 해당 공급자로부터 서면으로 위임 받은 EU 역내에 소재하거나 설립된 자연인 또는 법인을 의미한다.
(6) 'importer' means any natural or legal person located or established in the Union that places on the market an AI system that bears the name or trademark of a natural or legal person established outside the Union.	(6) '수입자'란 제3국에 설립된 자연인 또는 법인 명의·상호의 AI 시스템을 시장에 출시하는 EU 역내에 소재하거나 설립된 자연인 또는 법인을 의미한다.
(7) 'distributor' means any natural or legal person in the supply chain, other than the provider or the importer, that makes an AI system available on the Union market.	(7) '유통자'란 공급자와 배포자를 제외하고 EU 역내 시장에 AI 시스템을 공급하는 공급망 내의 모든 자연인 또는 법인을 의미한다.
(8) 'operator' means the provider, the product manufacturer, the deployer, the authorized representative, the importer or the distributor.	(8) '운영자'란 공급자, 제조업자, 배포자, 국내 대리인, 수입자, 유통자를 포괄하여 의미한다.
(9) 'placing on the market' means the first making available of an AI system or a general purpose AI model on the Union market.	(9) '시장 출시'란 AI 시스템 또는 범용 AI 모델을 EU 역내 시장에 최초로 공급하는 행위를 의미한다.
(10) 'making available on the market' means any supply of an AI system or a general	(10) '시장 공급'이란 상업적 활동 과정(유·무료 여부와 무관)에서 AI 시스템 또는 범

원문	번역
purpose AI model for distribution or use on the Union market in the course of a commercial activity, whether in return for payment or free of charge.	용 AI 모델을 EU 역내 시장에 공급하는 행위를 의미한다.
(11) 'putting into service' means the supply of an AI system for first use directly to the deployer or for own use in the Union market for its intended purpose.	(11) '서비스 공급'이란 AI 시스템이 의도된 목적에 따라 이용될 수 있도록 배포자의 최초 이용을 위해 직접 공급하거나, 자체 이용 목적으로 EU 역내에 공급하는 행위를 의미한다.
(12) 'intended purpose' means the use for which an AI system is intended by the provider, including the specific context and conditions of use, as specified in the information supplied by the pro— vider in the instructions for use, pro— motional or sales materials and state— ments, as well as in the technical documentation;	(12) '의도된 목적'은 공급자가 이용 지침, 홍보 또는 판매 자료 및 문구, 기술문서에서 제공한 정보에 명시된 대로 특정 상황과 이용 조건을 포함하여, 공급자에 의해 의도된 AI 시스템의 용도를 의미한다;
(13) 'reasonably foreseeable misuse' means the use of an AI system in a way that is not in accordance with its intended purpose, but which may result from reasonably foreseeable human behav— iour or interaction with other systems, including other AI systems;	(13) '합리적으로 예측 가능한 오용'이란 AI 시스템을 의도된 목적에 맞지 않지만 합리적으로 예측 가능한 인간의 행동 또는 다른 AI 시스템을 포함한 다른 시스템과의 상호작용으로 인해 발생할 수 있는 방식으로 사이용하는 것을 의미한다;
(14) 'safety component' means a compo— nent of a product or of an AI system which fulfils a safety function for that product or AI system, or the failure or malfunctioning of which endangers the health and safety of persons or prop— erty;	(14) '안전 구성요소'란 제품 또는 AI 시스템의 안전 기능을 수행하거나 고장이나 오작동으로 인해 사람의 건강 및 안전 또는 재산을 위협하는 제품 또는 AI 시스템의 구성요소를 의미한다;
(15) 'instructions for use' means the in— formation provided by the provider to inform the deployer of, in particular, an AI system's intended purpose and proper use;	(15) '이용 지침'은 공급자가 특히, AI 시스템의 의도된 목적과 적절한 이용법, 배포자에게 알리기 위해 제공하는 정보를 의미한다;
(16) 'recall of an AI system' means any measure aiming to achieve the return	(16) 'AI 시스템 리콜'이란 공급자에게 반환하거나 서비스에서 제외하거나, 배포자가

원문	번역
to the provider or taking out of serv-ice or disabling the use of an AI sys-tem made available to deployers;	이용할 수 있도록 제공된 AI 시스템의 이용을 비활성화하는 것을 목표로 하는 모든 조치를 의미한다;
(17) 'withdrawal of an AI system' means any measure aiming to prevent an AI system in the supply chain being made available on the market;	(17) 'AI 시스템 철수'란 공급망 내의 AI 시스템이 시장에서 제공되는 것을 방지하기 위한 모든 조치를 의미한다;
(18) 'performance of an AI system' means the ability of an AI system to achieve its intended purpose;	(18) 'AI 시스템 성능'이란 AI 시스템이 의도한 목적을 달성할 수 있는 능력을 말한다;
(19) 'notifying authority' means the national authority responsible for setting up and carrying out the necessary procedures for the assessment, designation and notification of conformity assessment bodies and for their monitoring;	(19) '통보당국'이란 적합성 평가기관의 평가, 지정 및 통보와 모니터링을 위해 필요한 절차를 설정하고 수행할 책임이 있는 국가 당국을 의미한다;
(20) 'conformity assessment' means the process of demonstrating whether the requirements set out in Chapter Ⅲ, Section 2 relating to a high-risk AI system have been fulfilled;	(20) '적합성 평가'란 고위험 AI 시스템과 관련하여 제3장 제2절에 명시된 요건이 충족되었는지 여부를 입증하는 절차를 의미한다;
(21) 'conformity assessment body' means a body that performs third-party con-formity assessment activities, including testing, certification and inspection;	(21) '적합성 평가기관'이란 시험, 인증, 검사 등을 포함하여 제3자 적합성 평가활동을 수행하는 기관을 의미한다;
(22) 'notified body' means a conformity as-sessment body notified in accordance with this Regulation and other relevant Union harmonisation legislation;	(22) '피통보기관'이란 이 법 및 기타 관련 EU 조화법에 따라 통보받은 적합성 평가기관을 의미한다;
(23) 'substantial modification' means a change to an AI system after its placing on the market or putting into service which is not foreseen or planned in the initial conformity assessment carried out by the provider and as a result of which the compliance of the AI system with the requirements set out in Chapter Ⅲ, Section 2 is affected or results in a	(23) '본질적 변경'은 공급자가 원래의 적합성 평가에서 예측하거나 계획하지 않았던 시장에 출시되거나 서비스가 공급된 이후의 AI 시스템의 변경으로서 이 법 제2장 제2절에 규정된 요건에 대한 해당 AI 시스템의 준수가 영향받거나 AI 시스템을 평가한 의도된 목적의 변경을 초래하는 결과로서 AI 시스템에 대한 변경을 의미한다;

원문	번역
modification to the intended purpose for which the AI system has been assessed;	
(24) 'CE marking' means a marking by which a provider indicates that an AI system is in conformity with the requirements set out in Chapter III, Section 2 and other applicable Union harmonisation legislation providing for its affixing;	(24) 'CE 마크'는 그것을 부착함으로써 AI 시스템이 제3장 제2절 및 기타 EU조화법에 규정된 요건을 준수하고 있다는 것을 공급자가 나타내는 표시를 의미한다;
(25) 'post-market monitoring system' means all activities carried out by providers of AI systems to collect and review experience gained from the use of AI systems they place on the market or put into service for the purpose of identifying any need to immediately apply any necessary corrective or preventive actions;	(25) '시장 출시 후 모니터링 체계'는 AI 시스템을 시장에 출시했거나 서비스를 공급한 공급자가 필요한 시정조치 혹은 예방조치를 즉시 적용할 필요가 있는지를 확인하기 위한 목적으로 AI 시스템의 이용을 통해 얻어진 경험을 수집하고 검토하기 위하여 AI 공급자에 의해 행해지는 모든 활동을 의미한다;
(26) 'market surveillance authority' means the national authority carrying out the activities and taking the measures pursuant to Regulation (EU) 2019/1020;	(26) '시장감시당국'은 Regulation (EU) 2019/1020에 규정된 활동을 수행하고 조치를 취하는 국내당국을 말한다;
(27) 'harmonised standard' means a harmonised standard as defined in Article 2(1), point (c), of Regulation (EU) No 1025/2012;	(27) '조화된 표준'은 Regulation (EU) 1025/2012 제2조 제1항 제c호에서 정의하고 있는 조화된 표준을 말한다;
(28) 'common specification' means a set of technical specifications as defined in Article 2, point (4) of Regulation (EU) No 1025/2012, providing means to comply with certain requirements established under this Regulation;	(28) '공통기준'은 Regulation (EU) 1025/2012 제2조 제4호에서 정의되어 있는 일련의 기술적 사양을 의미하며, 이 법에 따라 수립된 특정한 요건을 준수하기 위한 수단을 제공한다;
(29) 'training data' means data used for training an AI system through fitting its learnable parameters;	(29) '학습데이터'란 AI 시스템이 학습할 수 있는 매개변수를 피팅(적합)하여 AI 시스템을 훈련하는데 이용되는 데이터를 의미한다;
(30) 'validation data' means data used for providing an evaluation of the trained	(30) '검증데이터'는 과소적합 또는 과대적합을 방지하기 위하여 학습된 AI 시스템을

원문	번역
AI system and for tuning its non-learn-able parameters and its learning process in order, inter alia, to prevent under-fitting or overfitting;	평가하고, 학습 불가능한 매개변수와 학습과정을 튜닝하기 위하여 이용되는 데이터를 말한다;
(31) 'validation data set' means a separate data set or part of the training data set, either as a fixed or variable split;	(31) '검증데이터 세트'는 별도의 데이터 세트 또는 학습 데이터 세트의 일부(고정 또는 가변분할)를 의미한다;
(32) 'testing data' means data used for pro-viding an independent evaluation of the AI system in order to confirm the expected performance of that system before its placing on the market or putting into service;	(32) '시험데이터'는 AI 시스템의 출시 또는 서비스 공급 전에 해당 AI 시스템이 기대하고 있는 성능을 갖추고 있는지 확인하기 위하여 그 AI 시스템에 대한 독립적인 평가를 제공하기 위하여 이용되는 데이터를 말한다;
(33) 'input data' means data provided to or directly acquired by an AI system on the basis of which the system produces an output;	(33) '입력데이터'는 AI 시스템에게 제공하거나 AI 시스템에 의해 직접 취득한 데이터로서, 그 시스템이 결과물을 산출하는 기초가 되는 데이터를 말한다;
(34) 'biometric data' means personal data resulting from specific technical proc-essing relating to the physical, phys-iological or behavioural characteristics of a natural person, such as facial images or dactyloscopic data;	(34) '생체인식 정보'는 얼굴 이미지나 지문 정보와 같이 자연인의 신체적, 생리적 또는 행동적 특징에 관한 구체적인 기술적 처리를 통해 도출된 개인정보를 말한다;
(35) 'biometric identification' means the au-tomated recognition of physical, phys-iological, behavioural, or psychological human features for the purpose of es-tablishing the identity of a natural person by comparing biometric data of that individual to biometric data of in-dividuals stored in a database;	(35) '생체인식 식별'이란 개인의 생체인식 정보를 데이터베이스에 저장된 개인의 생체인식 정보와 비교함으로써 자연인의 신원을 확인할 목적으로 신체적, 생리적, 행동적 또는 심리적 인간의 특징을 자동으로 인식하는 것을 말한다;
(36) 'biometric verification' means the au-tomated, one-to-one verification, including authentication, of the identity of natural persons by comparing their biometric data to previously provided biometric data;	(36) '생체인식 검증'이란 자연인의 생체인식 정보와 이전에 제공된 생체인식 정보를 비교함으로써 본인확인을 포함하여 자연인의 동일성을 자동으로 일대일 검증하는 것을 말한다;

원문	번역
(37) 'special categories of personal data' means the categories of personal data referred to in Article 9(1) of Regulation (EU) 2016/679, Article 10 of Directive (EU) 2016/680 and Article 10(1) of Regulation (EU) 2018/1725;	(37) '개인정보의 특별한 범주'란 Regulation (EU) 2016/679 제9조 제1항, Directive (EU) 2016/680 제10조 및 Regulation (EU) 2018/1725 제10조 제1항에 언급된 개인 정보의 범주를 말한다;
(38) 'sensitive operational data' means operational data related to activities of prevention, detection, investigation or prosecution of criminal offences, the disclosure of which could jeopardise the integrity of criminal proceedings;	(38) '민감한 작전 데이터'란 범죄행위의 예방, 탐지, 조사 또는 기소 활동과 관련된 작전 데이터로서 그 공개가 형사절차의 완전성 을 위태롭게 할 수 있는 것을 말한다;
(39) 'emotion recognition system' means an AI system for the purpose of identifying or inferring emotions or intentions of natural persons on the basis of their biometric data;	(39) '감정 인식 시스템'이란 자연인의 생체인 식 정보를 기초로 그 자연인의 감정이나 의도를 파악하거나 추론하기 위한 목적 을 가진 AI 시스템을 말한다;
(40) 'biometric categorisation system' means an AI system for the purpose of assigning natural persons to specific categories on the basis of their biometric data, unless it is ancillary to another commercial service and strictly necessary for objective technical reasons;	(40) '생체인식 분류 시스템'이란 다른 상업적 서비스에 부수적이고 객관적인 기술적 이유로 엄격하게 필요한 경우를 제외하 고, 자연인을 생체인식 정보에 기초하여 특별한 범주에 배정하는 것을 목적으로 하는 AI 시스템을 말한다;
(41) 'remote biometric identification system' means an AI system for the purpose of identifying natural persons, without their active involvement, typically at a distance through the comparison of a person's biometric data with the biometric data contained in a reference database;	(41) '원격 생체인식 식별 시스템'은 자연인의 생체인식 정보를 그 자연인의 적극적인 관여 없이 일반적으로 먼 거리에서 참조 데이터 베이스에 포함되어 있는 생체인 식 정보와 비교함으로서 그 자연인을 식 별하기 위한 AI 시스템을 말한다;
(42) 'real−time remote biometric identification system' means a remote biometric identification system, whereby the capturing of biometric data, the comparison and the identification all occur without a significant delay, comprising not only	(42) '실시간 원격 생체인식 식별 시스템'이란 즉각적인 식별뿐만 아니라 우회를 피하 기 위한 제한된 짧은 지연도 포함하여 상 당한 지연 없이 생체인식 정보 수집, 비 교 및 식별이 모두 이루어지는 원격 생체 인식 시스템을 말한다;

원문	번역
instant identification, but also limited short delays in order to avoid circum-vention;	
(43) 'post remote biometric identification sys-tem' means a remote biometric identi-fication system other than a real-time remote biometric identification system;	(43) '사후 원격 생체인식 식별 시스템'이란 실시간 원격 생체인식 시스템이 아닌 원격 생체인식 시스템을 말한다;
(44) 'publicly accessible space' means any publicly or privately owned physical place accessible to an undetermined number of natural persons, regardless of whether certain conditions for ac-cess may apply, and regardless of the potential capacity restrictions;	(44) '공개적으로 접근 가능한 공간'이란 특정 접근 조건의 적용 여부 및 잠재적 용량 제한과 관계없이, 확정되지 않은 수의 자연인이 접근할 수 있는 공공이나 민간 소유의 물리적 장소를 의미한다;
(45) 'law enforcement authority' means:	(45) '법 집행 당국'은 다음 각 호를 의미한다:
(a) any public authority competent for the prevention, investigation, detection or prosecution of criminal offences or the execution of criminal penalties, in-cluding the safeguarding against and the prevention of threats to public se-curity; or	(a) 공공 안전에 대한 위협의 방지 및 예방을 포함하여, 범죄행위의 예방, 탐지, 조사나 기소 또는 형사처벌의 집행에 관할이 있는 공공 당국; 또는
(b) any other body or entity entrusted by Member State law to exercise public authority and public powers for the purposes of the prevention, inves-tigation, detection or prosecution of criminal offences or the execution of criminal penalties, including the safe-guarding against and the prevention of threats to public security;	(b) 공공 안전에 대한 위협의 방지 및 예방을 포함하여, 범죄행위의 예방, 탐지, 조사나 기소 또는 형사처벌의 집행을 위한 공적 권한 및 공적 권력을 행사하도록 회원국 법에 의해 위임된 그 밖의 기관 또는 단체;
(46) 'law enforcement' means activities car-ried out by law enforcement authorities or on their behalf for the prevention, investigation, detection or prosecution of criminal offences or the execution of criminal penalties, including safe-guarding against and preventing threats to public security;	(46) '법집행'이란 법집행당국 또는 법집행당국을 대리하는 자가 범죄의 예방, 수사, 탐지, 기소 또는 형사 처벌의 집행을 위하여 수행하는 활동을 의미하고, 이에는 공공안전에 대한 위협의 보호와 예방을 포함한다;

원문	번역
(47) 'AI Office' means the Commission's function of contributing to the im-plementation, monitoring and super-vision of AI systems and general-purpose AI models, and AI gover-nance, provided for in Commission Decision of 24 January 2024; refer-ences in this Regulation to the AI Office shall be construed as references to the Commission;	(47) 'AI사무국'란 2024. 1. 24. EU집행위원회 결정에 의해 규정된 AI 시스템과 범용 AI 모델 및 AI 거버넌스의 구현, 감시 및 감독을 수행하는 EU집행위원회의 기능을 의미하며, 이 법에서 AI사무국에 대한 언급은 EU집행위원회에 대한 언급으로 간주한다;
(48) 'national competent authority' means a notifying authority or a market sur-veillance authority; as regards AI sys-tems put into service or used by Union institutions, agencies, offices and bod-ies, references to national competent authorities or market surveillance au-thorities in this Regulation shall be con-strued as references to the European Data Protection Supervisor;	(48) '국가관할당국'은 통보당국 또는 시장감시당국을 의미하며, EU 기구, 청, 사무소 및 기관이 서비스 공급하거나 이용하는 AI 시스템과 관련하여 이 법에서 국가관할당국 또는 시장감시당국에 대한 언급은 유럽데이터보호 감독관에 대한 언급으로 간주한다;
(49) 'serious incident' means an incident or malfunctioning of an AI system that directly or indirectly leads to any of the following:	(49) '중대한 사고'란 다음 중 어느 하나를 직접적 또는 간접적으로 초래하는 AI 시스템의 사고 또는 오작동을 말한다;
(a) the death of a person, or serious harm to a person's health;	(a) 사람의 사망 또는 건강에 대한 심각한 피해;
(b) a serious and irreversible disruption of the management or operation of crit-ical infrastructure;	(b) 중요 인프라의 관리 또는 운영에 대한 심각하고 회복 불가능한 장애;
(c) the infringement of obligations under Union law intended to protect funda-mental rights;	(c) 기본권을 보호하기 위한 EU법상의 의무의 위반;
(d) serious harm to property or the envi-ronment;	(d) 재산 또는 환경에 대한 심각한 피해;
(50) 'personal data' means personal data as defined in Article 4, point (1), of Regulation (EU) 2016/679;	(50) '개인정보'란 Regulation (EU) 2016/679 제4조 제1호에 정의된 개인정보를 말한다;
(51) 'non-personal data' means data other than personal data as defined in Article	(51) '비개인정보'란 Regulation (EU) 2016/679 제4조 제1호에 정의된 개인정보 이외의

원문	번역
4, point (1), of Regulation (EU) 2016/679;	정보를 말한다;
(52) 'profiling' means profiling as defined in Article 4, point (4), of Regulation (EU) 2016/679;	(52) '프로파일링'이란 Regulation (EU) 2016/679 제4조 제4호에서 정의하는 프로파일링을 의미한다;
(53) 'real—world testing plan' means a docu—ment that describes the objectives, meth—odology, geographical, population and temporal scope, monitoring, organ—isation and conduct of testing in re—al—world conditions;	(53) '실증계획'이란 현실 세계 조건에서의 테스트의 목적, 방법론, 지리적, 인구 및 시간적 범위, 모니터링, 조직 및 수행을 기술한 문서를 말한다;
(54) 'sandbox plan' means a document agreed between the participating provider and the competent authority describing the objectives, conditions, timeframe, meth—odology and requirements for the ac—tivities carried out within the sandbox;	(54) '샌드박스 계획'이란 샌드박스 내에서 수행되는 활동을 위한 목적, 조건, 일정, 방법론 및 요건을 기술하는 참여 공급자와 관계 당국 간에 합의된 문서를 말한다;
(55) 'AI regulatory sandbox' means a con—trolled framework set up by a com—petent authority which offers providers or prospective providers of AI systems the possibility to develop, train, vali—date and test, where appropriate in real—world conditions, an innovative AI system, pursuant to a sandbox plan for a limited time under regulatory supervision;	(55) 'AI 규제 샌드박스'란 관할당국이 설정한 통제된 체계로서, 규제 감독하에서 제한된 기간 동안 샌드박스 계획에 따라 현실 세계에서 적절하게 혁신적인 AI 시스템을 개발, 학습, 검증, 시험할 수 있도록 AI 시스템 공급자 또는 잠재적 공급자에게 제공되는 것을 의미한다;
(56) 'AI literacy' means skills, knowledge and understanding that allow pro—viders, deployers and affected persons, taking into account their respective rights and obligations in the context of this Regulation, to make an informed deployment of AI systems, as well as to gain awareness about the oppor—tunities and risks of AI and possible harm it can cause;	(56) 'AI 리터러시'란 이 법의 맥락에서 공급자, 배포자 및 영향을 받는 사람이 각자의 권리와 의무를 고려하고 정보에 입각하여 AI 시스템을 배포할 수 있도록 하고, AI의 기회와 위험, 발생할 수 있는 피해에 대해 인식할 수 있도록 하는 기술, 지식 및 이해를 의미한다;
(57) 'testing in real—world conditions' means the temporary testing of an AI system	(57) '현실 세계 조건에서의 테스트'는 신뢰할 수 있는 견고한 데이터를 수집하고 AI 시

원문	번역
for its intended purpose in real—world conditions outside a laboratory or otherwise simulated environment, with a view to gathering reliable and robust data and to assessing and verifying the conformity of the AI system with the requirements of this Regulation and it does not qualify as placing the AI system on the market or putting it into service within the meaning of this Regulation, provided that all the con—ditions laid down in Article 57 or 60 are fulfilled;	스템이 이 법상 요건을 충족하는지 여부를 평가 및 검증하려는 관점에서, 실험실 또는 그 밖의 가상 환경이 아닌 현실 세계 조건에서 AI 시스템의 의도된 목적을 위해 해당 시스템을 임시로 시험하는 것을 의미하며, 제57조 또는 제60조를 충족하는 한 이 법상 AI 시스템을 시장 출시하거나 서비스 공급하기에 적합한 요건을 갖춘 것으로 간주되어서는 안 된다;
(58) 'subject', for the purpose of real—world testing, means a natural person who participates in testing in re—al—world conditions;	(58) 현실 세계 조건에서의 테스트 목적상 '피험자'란 현실 세계 조건에서의 테스트에 참여하는 자연인을 말한다;
(59) 'informed consent' means a subject's freely given, specific, unambiguous and voluntary expression of his or her willingness to participate in a particular testing in real—world conditions, after having been informed of all aspects of the testing that are relevant to the subject's decision to participate;	(59) '인지된 동의'란 피험자들이 참여를 결정하는 것과 관련된 시험의 모든 사항에 관한 정보를 제공받은 후 자유롭게, 구체적이며 명확하게, 그리고 자발적으로 특정 현실 세계 조건에서의 테스트에 참여한다는 의사를 표시하는 것을 말한다;
(60) 'deep fake' means AI—generated or manipulated image, audio or video content that resembles existing per—sons, objects, places, entities or events and would falsely appear to a person to be authentic or truthful;	(60) '딥페이크'란 인공지능으로 생성되거나 조작된 것으로, 현존하는 사람, 사물, 장소, 기관 및 사건과 유사하고 실제 또는 사실인 것으로 잘못 여겨질 수 있는 이미지, 음성 및 영상 콘텐츠를 말한다;
(61) 'widespread infringement' means any act or omission contrary to Union law protecting the interest of individuals, which:	(61) '광범위한 위반'이란 개인의 이익을 보호하는 EU법에 반하는 작위 또는 부작위로서, 다음 중 어느 하나에 해당하는 작위 또는 부작위를 말한다:
(a) has harmed or is likely to harm the collective interests of individuals re—siding in at least two Member States other than the Member State in which:	(a) 다음 중 어느 하나에 해당하는 회원국을 제외한 최소 2개 회원국에 거주하고 있는 개인들의 집단적 이익을 침해하였거나 침해할 가능성이 있는 경우:

원문	번역
(i) the act or omission originated or took place;	(i) 작위 또는 부작위가 유래하였거나 발생한 회원국;
(ii) the provider concerned, or, where applicable, its authorised representative is located or established; or	(ii) 관련 공급자 또는 해당 공급자의 국내대리인의 소재지 또는 설립지(해당되는 경우);
(iii) the deployer is established, when the infringement is committed by the deployer;	(iii) 배포자가 법 위반행위를 한 경우 해당 배포자의 설립지;
(b) has caused, causes or is likely to cause harm to the collective interests of individuals and has common features, including the same unlawful practice or the same interest being infringed, and is occurring concurrently, committed by the same operator, in at least three Member States;	(b) 개인들의 집단적 이익을 침해하였거나, 침해하거나 침해할 가능성이 있고 불법행위 또는 위반행위를 통해 침해된 이익의 동일성 등 공통 특징을 지니며, 최소한 3개 회원국 내에서 동일한 운영자에 의해 동시에 발생하고 있는 경우;
(62) 'critical infrastructure' means critical infrastructure as defined in Article 2, point (4), of Directive (EU) 2022/2557;	(62) '중요 인프라'란 Directive (EU) 2022/2557호 제2조 제4항의 의미에 따른 '중요 인프라'를 의미한다;
(63) 'general-purpose AI model' means an AI model, including where such an AI model is trained with a large amount of data using self-supervision at scale, that displays significant generality and is capable of competently performing a wide range of distinct tasks regardless of the way the model is placed on the market and that can be integrated into a variety of downstream systems or applications, except AI models that are used for research, development or prototyping activities before they are placed on the market;	(63) '범용 AI 모델'은 시장 출시 방법 및 다양한 하방 시스템 또는 애플리케이션에 통합되는 방법에 상관없이 상당한 일반성을 가지며 광범위한 범위의 다양한 업무를 능숙하게 수행할 수 있는 AI 모델로서, 상당한 규모의 자기지도학습을 이용하여 대량의 데이터를 학습한 AI 모델을 포함한다. 다만 연구·개발 및 시제품 제작 활동을 위해 시장 출시 전에 이용되는 AI 모델은 포함하지 않는다;
(64) 'high-impact capabilities' means capabilities that match or exceed the capabilities recorded in the most advanced general-purpose AI models;	(64) '고영향 성능'이란 가장 진보된 범용 AI 모델에 기록된 성능과 유사하거나 이를 초과하는 성능을 말한다;
(65) 'systemic risk' means a risk that is specific to the high-impact capa-	(65) '구조적 위험'이란 그 도달 범위 또는 공중보건·안전·치안·기본권 또는 사회 전

원문	번역
bilities of general—purpose AI mod—els, having a significant impact on the Union market due to their reach, or due to actual or reasonably foresee—able negative effects on public health, safety, public security, fundamental rights, or the society as a whole, that can be propagated at scale across the value chain;	반에 대해 인공지능 가치사슬에 걸쳐 상당한 규모로 전파될 수 있는 실재하거나 합리적으로 예측 가능한 부정적 영향에 따라 EU 역내 시장에 중대한 영향을 미치는 것으로, 범용 AI 모델의 고영향 성능에 특유한 위험을 말한다;
(66) 'general—purpose AI system' means an AI system which is based on a gen—eral—purpose AI model and which has the capability to serve a variety of purposes, both for direct use as well as for integration in other AI systems;	(66) '범용 AI 시스템'이란 범용 AI 모델에 기반하고 다양한 목적을 수행하는 성능을 보유한 AI 시스템으로서 다른 AI 시스템에 통합되거나 직접 이용되기도 하는 AI 시스템을 말한다;
(67) 'floating—point operation' means any mathematical operation or assignment involving floating—point numbers, which are a subset of the real num—bers typically represented on com—puters by an integer of fixed precision scaled by an integer exponent of a fixed base;	(67) '부동 소수점 연산'은 부동 소수점 수를 포함하는 모든 수학 연산 또는 배정을 의미하며, 부동 소수점 수란 고정된 값인 밑의 정수 지수 형태로 크기를 나타내고 고정된 정밀도를 가진 실수로 일반적으로 표현되는 실수의 부분집합을 말한다;
(68) 'downstream provider' means a pro—vider of an AI system, including a general—purpose AI system, which integrates an AI model, regardless of whether the AI model is provided by themselves and vertically integrated or provided by another entity based on contractual relations.	(68) '하방 공급자'란 AI 모델을 통합한 AI 시스템(범용 AI 시스템을 포함한다)의 공급자를 말하며, 해당 공급자가 자체적으로 모델을 제공하는지, 수직적으로 통합되었는지, 또는 계약에 따라 다른 기관이 제공하였는지는 불문한다.

제4조 AI 리터러시(Article 4 AI Literacy)

원문	번역
Providers and deployers of AI systems shall take measures to ensure, to their best ex—tent, a sufficient level of AI literacy of their	AI 시스템의 공급자와 배포자는 직원 및 자신을 대신하여 기타 AI 시스템의 운영과 이용을 담당하는 사람의 기술적인 지식, 경험, 교육

원문	번역
staff and other persons dealing with the operation and use of AI systems on their behalf, taking into account their technical knowledge, experience, education and training and the context the AI systems are to be used in, and considering the persons or groups of persons on whom the AI sys-tems are to be used.	및 훈련, AI 시스템이 이용되는 맥락을 고려하고 AI 시스템을 이용할 사람이나 집단을 고려하여 충분한 수준의 AI 리터러시를 최대한 보장하기 위한 조치를 취하여야 한다.

제2장 금지되는 AI 업무(Chapter II Prohibited AI Practices)

제5조 금지되는 AI 업무(Article 5 Prohibited AI Practices)

원문	번역
1. The following AI practices shall be pro-hibited: (a) the placing on the market, the putting into service or the use of an AI system that deploys subliminal techniques beyond a person's consciousness or purposefully manipulative or deceptive techniques, with the objective, or the effect of materially distorting the be-haviour of a person or a group of persons by appreciably impairing their ability to make an informed decision, thereby causing them to take a deci-sion that they would not have other-wise taken in a manner that causes or is reasonably likely to cause that per-son, another person or group of per-sons significant harm;	1. 다음 방식의 AI 활용은 금지된다: (a) 인간의 의식을 넘어서는 잠재의식에 영향을 미치는 기법이나 의도적으로 조작하거나 기만적인 기법을 이용하여, 정보에 입각한 결정을 내리는 능력을 현저하게 손상시킴으로써 개인 또는 집단의 행동을 실질적으로 왜곡하여 특정인이 해당 개인과 다른 사람 또는 집단에 심각한 피해를 입히거나 입힐 가능성이 있는 방식으로, 그러한 왜곡이 없었을 경우에는 취하지 않았을 결정을 내리도록 하는 목적 또는 효과를 유발하는 AI시스템을 시장에 출시하거나 서비스를 제공 또는 이용하는 경우;
(b) the placing on the market, the putting into service or the use of an AI system that exploits any of the vulnerabilities of a natural person or a specific group of persons due to their age, disability or a specific social or economic sit-uation, with the objective, or the ef-fect, of materially distorting the be-haviour of that person or a person belonging to that group in a manner that causes or is reasonably likely to cause that person or another person significant harm;	(b) 자연인 또는 특정 집단의 연령, 장애 또는 특정 사회적·경제적 상황으로 인한 개인 또는 특정 집단의 취약성을 악용하여 해당 개인이나 집단에 속한 사람의 행동을 실질적으로 왜곡함으로써 해당 개인 또는 다른 사람에게 심각한 피해를 입히거나 입힐 가능성이 있는 방식으로 행동을 왜곡할 목적 또는 효과를 유발하는 AI시스템을 시장에 출시하거나 서비스를 제공 또는 이용하는 경우;
(c) the placing on the market, the putting into service or the use of AI systems for the evaluation or classification of natural persons or groups of persons	(c) 일정 기간 동안 자연인이나 집단을 사회적 행동이나 알려진, 추론되거나 예측된 개인적 또는 성격적 특성을 기반으로 평가하거나 분류하여 다음 중 하나 또는 두

원문	번역
over a certain period of time based on their social behaviour or known, in—ferred or predicted personal or per—sonality characteristics, with the social score leading to either or both of the following:	개 모두에 해당하는 사회적 점수를 부여하는 목적의 AI 시스템을 시장에 출시하거나 서비스를 제공 또는 이용하는 경우:
(i) detrimental or unfavourable treatment of certain natural persons or groups of persons in social contexts that are unrelated to the contexts in which the data was originally generated or col—lected;	(i) 데이터가 원래 생성되거나 수집된 맥락과 관련이 없는 사회적 맥락에서 특정 자연인 또는 집단에 대해 불리하거나 불이익이 되는 대우를 하는 경우;
(ii) detrimental or unfavourable treatment of certain natural persons or groups of persons that is unjustified or dis—proportionate to their social behav—iour or its gravity;	(ii) 특정 자연인 또는 집단의 사회적 행동이나 그 심각성에 비해 부당하거나 불균형하여, 해당 자연인 또는 집단에 대해 불리하거나 불이익이 되는 대우;
(d) the placing the on market, the putting into service for this specific purpose, or the use of an AI system for making risk assessments of natural persons in order to assess or predict the like—lihood of a natural person committing a criminal offence, based solely on the profiling of a natural person or on assessing their personality traits or characteristics; this prohibition shall not apply to AI systems used to sup—port the human assessment of the in—volvement of a person in a criminal activity, which is already based on objective and verifiable facts directly linked to a criminal activity;	(d) 자연인에 대한 프로파일링 또는 개인적·성격적 특성의 평가에 전적으로 근거하여 해당인의 범죄 발생 가능성을 평가 또는 예측하기 위한 위험평가 AI 시스템의 이용 또는 그러한 목적을 위한 시장 출시 또는 서비스 공급; 단, 인간이 수행하는 범죄 발생 가능성 평가를 지원하기 위해 이용되는 AI 시스템으로서, 범죄행위와 직접적으로 관련된 객관적이고 검증가능한 사실에 근거한 AI 시스템은 제외된다;
(e) the placing on the market, the putting into service for this specific purpose, or the use of AI system that create or expand facial recognition databases through the untargeted scrapping of facial images from the internet or	(e) 인터넷 또는 CCTV 화면으로부터 불특정 다수의 안면이미지를 수집하여 안면인식 데이터베이스를 구축 또는 확장하기 위한 AI 시스템의 이용 또는 그러한 목적을 위한 시장 출시 또는 서비스 공급.

원문	번역
CCTV footage.	
(f) the placing on the market, the putting into service for this specific purpose, or the use of AI system to infer emotions of a natural person in the ares of workplace and education institutions, except where the use of the AI system is intended to be put in place or into the market for medical safety reasons.	(f) 직장 또는 교육기관에서 자연인의 감정을 추론하기 위한 AI 시스템의 이용 또는 그러한 목적을 위한 시장 출시 또는 서비스 공급. 단, 의료상 안전 사유를 목적으로 한 AI 시스템의 설치 또는 시장 출시는 제외된다.
(g) the placing on the market, the putting into service for this specific purpose, or the use of biometric categorization systems for that categorise individually natural persons based on their bio－metric data to deduce or infer their race, political opinions, trade union membership, religious or philosophical beliefs, sex life or sexual orientation; this prohibition does not cover any labeling or filtering of lawfully ac－quired datasets, such as images, based on biometric data or categorizing of biometric data in the area of law enforcement.	(g) 자연인의 인종, 정치적 견해, 노동조합 가입 여부, 종교 · 철학적 신념, 성생활 또는 성적 지향을 추론 또는 연역적으로 도출하기 위해 생체인식 정보에 기반하여 자연인을 분류하는 생체 분류 시스템의 이용 또는 그러한 목적을 위한 시장 출시 또는 서비스 공급; 단, 적법하게 수집된 이미지 등 생체인식 정보에 기반한 데이터 세트의 라벨링 또는 필터링 및 법 집행을 위한 생체인식 정보의 분류는 제외된다.
(h) the use of 'real time' remote biometric identification systems in publicly ac－cessible spaces for the purposes of law enforcement, unless and in so far as such use is strictly necessary for one of the following objectives:	(h) 다음 각 호 중 하나의 목적을 위해 엄격하게 필요한 경우를 제외한, 법 집행을 목적으로 한 공개적으로 접근 가능한 공간에서의 '실시간' 원격 생체인식 시스템의 이용;
(i) the targeted search for specific victims of abduction, trafficking in human beings or sexual exploitation of hu－man beings, as well as searching for missing persons;	(i) 납치, 인신매매 또는 성착취 범죄 희생자의 수색 또는 실종자 수색;
(ii) the prevention of a specific, substantial and imminent threat to the life or physical safety of natural person or a	(ii) 자연인의 생명 또는 신체적 안전에 대한 구체적이고 상당하며 급박한 위협의 방지 또는 진정하고 현존 또는 예측 가능

원문	번역
genuine and present or genuine and forseeable threat of a terrorist attack;	한 테러 공격의 방지;
(iii) the localisation or identification of a person suspected of having com-mitted a criminal offence, for the purpose of conducting a criminal investigation, prosecution or ex-ecuting a criminal penalty for offen-ces referred to in Annex Ⅱ and punishable in the Member State concerned by a custodial sentence or a detention order for a maximum period of at least four years.	(iii) 부속서 Ⅱ에 명시된 범죄 중 회원국 국내법에 의해 4년 이상의 자유형이 부과될 수 있는 범죄의 수사, 기소, 형 집행을 위해 해당 범죄의 혐의가 있는 자에 대한 소재 파악.
Point (h) of the first subparagraph is with-out prejudice to Article 9 of Regulation (EU) 2016/679 for the processing of bio-metric data for purposes other than law enforcement.	본 호는 법 집행 외 목적의 생체인식 정보 처리에 관한 일반개인정보보호법 (GDPR) (Regulation (EU) 2016/67) 제9조에 영향을 주지 않는다.
2. The use of 'real-time' remote biometric identification systems in publicly acces-sible spaces for the purposes of law enforcement for any of the objectives referred to in paragraph 1, first sub-paragraph, point (h), shall be deployed for the purposes set out in that point only to confirm the identity of the spe-cifically targeted individual, and it shall take into account the following elements:	2. 제1항 제1단락 제h호에 언급된 목적을 위한 법 집행을 목적으로 한 공개적으로 접근가능한 공간에서의 '실시간' 원격 생체인식 식별 시스템의 이용은 구체적으로 표적화된 개인의 신원을 확인하기 위해 제1항 제1단락 제h호에 따른 목적을 위해서만 배포되어야 하며, 다음 요소를 고려해야 한다:
(a) the nature of the situation giving rise to the possible use, in particular the seriousness, probability and scale of the harm that would be caused if the system were not used;	(a) 이용 가능성을 초래하는 상황의 성격, 특히 시스템 이용이 없을 때 야기되는 피해의 중대성, 개연성 및 규모;
(b) the consequences of the use of the system for the rights and freedoms of all persons concerned, in particular the seriousness, probability and scale of those consequences.	(b) 관련된 모든 사람의 권리와 자유를 위한 시스템 이용의 결과, 특히 그러한 결과의 중대성, 개연성 및 규모.
In addition, the use of 'real-time' re-	또한, 제1항 제1단락 제h호에 언급된 목적

원문	번역
mote biometric identification systems in publicly accessible spaces for the pur-poses of law enforcement for any of the objectives referred to in paragraph 1, first subparagraph, point (h), of this Article shall comply with necessary and propor-tionate safeguards and conditions in re-lation to the use in accordance with the national law authorising the use thereof, in particular as regards the temporal, geographic and personal limitations. The use of the 'real-time' remote biometric identification system in publicly accessible spaces shall be authorised only if the law enforcement authority has completed a fundamental rights impact assessment as provided for in Article 27 and has regis-tered the system in the EU database ac-cording to Article 49. However, in duly justified cases of urgency, the use of such systems may be commenced without the registration in the EU database, provided that such registration is completed with-out undue delay.	을 위하여 법 집행을 목적으로 공개적으로 접근 가능한 공간에서 '실시간' 원격 생체인식 시스템을 이용하는 것은, 특히 시간적, 지리적, 개인적 제한에 관하여 그 이용을 허가하는 국내법에 따른 이용과 관련된 필요하고 비례적인 안전조치 및 조건을 준수해야 한다. 법집행당국이 제27조에 규정된 바에 따라 기본권영향평가를 완료하고 제49조에 따라 그 시스템을 EU 데이터베이스에 등록한 경우에만, 공개적으로 접근 가능한 공간에서의 '실시간' 원격 생체인식 시스템의 이용이 허가된다. 다만, 긴급한 정당화 사유가 있는 경우에는, 부당한 지체 없이 등록을 완료한다면 EU 데이터베이스에 등록을 하지 아니하고 시스템의 이용을 개시할 수 있다.
3. For the purposes of paragraph 1, first subparagraph, point (h) and paragraph 2, each use for the purposes of law enforcement of a 'real-time' remote biometric identification system in pub-licly accessible spaces shall be subject to a prior authorisation granted by a judi-cial authority or an independent ad-ministrative authority whose decision is binding of the Member State in which the use is to take place, issued upon a reasoned request and in accordance with the detailed rules of national law re-ferred to in paragraph 5. However, in a duly justified situation of urgency, the	3. 위 제1항 제1단락 제h호 및 제2항의 목적상, 공개적으로 접근 가능한 공간에서 '실시간' 원격 생체인식 식별 시스템을 법 집행 목적으로 이용할 때마다, 그 사유를 기재한 요청에 따라 제5항에 언급된 국내법의 세부사항에 따라 발급된 사법당국 또는 그 이용이 이루어질 회원국을 구속하는 결정을 하는 독립 행정당국의 사전승인이 있어야 한다. 단, 충분히 정당한 긴급 상황의 경우, 늦어도 24시간 이내에 부당한 지체 없이 그러한 승인을 요청한 경우, 승인 없이 시스템 이용을 할 수 있다. 그러한 승인이 거부되면 즉시 이용이 중단되고 모든 데이터와 해당 이용의 결과물 및 산출물은 즉시 폐기 및 삭제되어야 한다.

원문	번역
use of such system may be commenced without an authorisation provided that such authorisation is requested without undue delay, at the latest within 24 hours. If such authorisation is rejected, the use shall be stopped with immediate effect and all the data, as well as the results and outputs of that use shall be immediately discarded and deleted. The competent judicial authority or an independent administrative authority whose decision is binding shall grant the au－thorisation only where it is satisfied, on the basis of objective evidence or clear indications presented to it, that the use of the 'real－time' remote biometric iden－tification system concerned is necessary for, and proportionate to, achieving one of the objectives specified in paragraph 1, first subparagraph, point (h), as identified in the request and, in partic－ular, remains limited to what is strictly necessary concerning the period of time as well as the geographic and personal scope. In deciding on the request, that authority shall take into account the el－ements referred to in paragraph 2. No decision that produces an adverse legal effect on a person may be taken based solely on the output of the 'realtime' remote biometric identification system. 4. Without prejudice to paragraph 3, each use of a 'real－time' remote biometric identification system in publicly acces－sible spaces for law enforcement pur－poses shall be notified to the relevant market surveillance authority and the national data protection authority in ac－cordance with the national rules referred	관할 사법당국 또는 결정에 구속력이 있는 독립 행정당국은, 제시된 객관적인 증거나 명확한 징후에 근거하여, 해당 '실시간' 원격 생체인식 시스템의 이용이 제1항 제1단락 제h호에 명시된 목적 중 하나를 달성하는 데 필요성과 비례성을 충족하는 경우에만 승인을 부여하고, 특히 지리적 및 인적 범위는 물론 기간과 관련하여 엄격히 필요한 한도 내에서 제한되어야 한다. 승인 요청에 대한 결정을 내릴 때, 당국은 제2항에 언급된 요소를 고려해야 한다. '실시간' 원격 생체인식 시스템의 결과만을 근거로 개인에게 불리한 법적 효과를 초래하는 결정을 내릴 수 없다. 4. 제3항의 적용에 영향을 미치지 않는 한도에서, 법 집행을 위하여 공개적으로 접근 가능한 공간에서 '실시간' 원격 생체인식 식별 시스템을 이용할 때마다 시장감시당국과 제5항에 명시된 국내법에 따라 국내 개인정보 보호당국에 통지되어야 한다. 통지에는 최소한 제6항에 규정된 정보가 포함되어야 하며, 민감한 작전 데이터는 포함될 수 없다.

원문	번역
to in paragraph 5. The notification shall, as a minimum, contain the information specified under paragraph 6 and shall not include sensitive operational data.	
5. A Member State may decide to provide for the possibility to fully or partially authorise the use of 'real—time' remote biometric identification systems in pub—licly accessible spaces for the purposes of law enforcement within the limits and under the conditions listed in paragraph 1, first subparagraph, point (h), and paragraphs 2 and 3. Member States concerned shall lay down in their na—tional law the necessary detailed rules for the request, issuance and exercise of, as well as supervision and reporting re—lating to, the authorisations referred to in paragraph 3. Those rules shall also specify in respect of which of the ob—jectives listed in paragraph 1, first sub—paragraph, point (h), including which of the criminal offences referred to in point (h)(iii) thereof, the competent authorities may be authorised to use those systems for the purposes of law enforcement. Member States shall notify those rules to the Commission at the latest 30 days following the adoption thereof. Member States may introduce, in accordance with Union law, more restrictive laws on the use of remote biometric identification systems.	5. 회원국은 제1항 제1단락 제h호, 제2항 및 제3항에 규정된 제한 및 조건의 범위 내에서 법 집행을 위하여 공개적으로 접근가능한 공간에서 '실시간' 원격 생체인식 식별 시스템을 전적으로 혹은 부분적으로 이용할 수 있는 권한을 부여할 수 있다. 회원국은 제3항에 명시된 권한의 요청, 승인, 행사 및 감독과 보고에 관하여 필요한 세부사항을 국내법에 규정하여야 한다. 이러한 세부사항은 제1항 제1단락 제h호 (iii)에 명시된 형사 범죄를 포함하여, 제1항 제h호에 규정된 목적 중 어떠한 목적과 관련하여 관할당국이 법 집행을 위하여 이러한 시스템을 이용할 권한이 부여되었는지를 특정하여야 한다. 회원국은 해당 규정을 도입한 후 늦어도 30일 이내에 EU집행위원회에 통지하여야 한다. 회원국은 EU법에 따라서 원격 생체인식 시스템의 이용에 대하여 더욱 엄격한 법률을 도입할 수 있다.
6. National market surveillance authorities and the national data protection au—thorities of Member States that have been notified of the use of 'real—time' remote biometric identification systems in publicly accessible spaces for law	6. 제4항에 따라 법 집행 목적의 공개적으로 접근 가능한 공간에서 '실시간' 원격 생체인식 식별 시스템의 이용에 관한 통지를 받은 회원국의 시장감시당국 및 개인정보보호당국은 해당 이용에 관한 연차 보고서를 EU집행위원회에 제출해야 한다. 이러한 목

원문	번역
enforcement purposes pursuant to para-graph 4 shall submit to the Commission annual reports on such use. For that purpose, the Commission shall provide Member States and national market sur-veillance and data protection authorities with a template, including information on the number of the decisions taken by competent judicial authorities or an in-dependent administrative authority whose decision is binding upon requests for authorisations in accordance with paragraph 3 and their result.	적을 위해 EU집행위원회는 회원국과 회원국의 시장감시당국 및 개인정보보호당국에게 양식을 제공해야 하며, 양식에는 제3항에 따른 승인요청에 대해 구속력 있는 결정을 할 수 있는 사법기관 또는 독립 행정당국이 행한 결정의 수 및 그 결과에 관한 정보를 포함한다.
7. The Commission shall publish annual reports on the use of real-time remote biometric identification systems in pub-licly accessible spaces for law enforce-ment purposes, based on aggregated data in Member States on the basis of the annual reports referred to in para-graph 6. Those annual reports shall not include sensitive operational data of the related law enforcement activities.	7. EU집행위원회는 제6항에 따른 연차 보고서상의 회원국 내 취합된 데이터에 기반하여 법 집행 목적으로 공개적으로 접근 가능한 공간에서의 실시간 원격 생체인식 식별 시스템의 이용에 관한 연차 보고서를 공개해야 한다. 해당 연차 보고서는 관련 법 집행 활동에 관한 민감한 작전 데이터를 포함해서는 안 된다.
8. This Article shall not affect the prohib-itions that apply where an AI practice infringes other Union law	8. 이 조는 AI 활용이 그 밖의 EU 법을 위반하는 경우에 적용되는 금지에 영향을 주어서는 안 된다.

제3장 고위험 AI 시스템(Chapter Ⅲ High-risk AI Systems)

제1절 고위험 AI 시스템의 분류(SECTION 1 Classification of AI systems as high-risk)

제6조 고위험 AI 시스템의 분류 규칙(Article 6 Classification rules for high-risk AI systems)

원문	번역
1. Irrespective of whether an AI system is placed on the market or put into service independently of the products referred to in points (a) and (b), that AI system shall be considered to be high-risk where both of the following conditions are fulfilled:	1. AI 시스템이 제a호 및 제b호에 언급된 제품과 독립적으로 시장 출시되거나 서비스 공급되는지 여부와 관계없이, 다음 조건이 모두 충족되면 해당 AI 시스템은 고위험으로 간주된다:
(a) the AI system is intended to be used as a safety component of a product, or the AI system is itself a product, covered by the Union harmonisation legislation listed in Annex I;	(a) AI 시스템이, 부속서 I에 열거된 EU조화법의 적용을 받는 제품의 안전 구성요소로 이용되거나 그 자체가 부속서 I에 열거된 EU조화법의 적용을 받는 제품인 경우;
(b) the product whose safety component pursuant to point (a) is the AI system, or the AI system itself as a product, is required to undergo a third-party conformity assessment, with a view to the placing on the market or the putting into service of that product pursuant to the Union harmonisation legislation listed in Annex I.	(b) 제a호에 따른 안전 구성요소가 AI 시스템인 제품 또는 AI 시스템 자체가 제품인 경우로서, 부속서 I에 열거된 EU조화법에 따라 해당 제품을 시장 출시나 서비스 공급을 위해 제3자 적합성 평가를 받아야 하는 경우.
2. In addition to the high-risk AI systems referred to in paragraph 1, AI systems referred to in Annex Ⅲ shall be considered to be high-risk.	2. 제1항에 언급된 고위험 AI 시스템 외에, 부속서 Ⅲ에 언급된 AI 시스템도 고위험으로 간주되어야 한다.
3. By derogation from paragraph 2, an AI system referred to in Annex Ⅲ shall not be considered to be high-risk where it does not pose a significant risk of harm to the health, safety or fundamental	3. 제2항의 예외로서, 부속서 Ⅲ에 규정된 AI 시스템은 의사결정의 결과에 실질적으로 영향을 미치지 아니하는 것을 포함하여, 자연인의 건강, 안전 또는 기본권을 해할 중대한 위험을 초래하지 아니하는 경우에는

원문	번역
rights of natural persons, including by not materially influencing the outcome of decision making.	고위험으로 간주되지 아니한다.
The first subparagraph shall apply where any of the following conditions is ful— filled:	제1단락은 다음 조건 중 어느 하나가 충족되는 경우에 적용되어야 한다:
(a) the AI system is intended to perform a narrow procedural task;	(a) AI 시스템이 협소한 절차적 과업을 수행하도록 의도된 경우;
(b) the AI system is intended to improve the result of a previously completed human activity;	(b) AI 시스템이 이전에 완료된 인간 활동의 결과를 개선하도록 의도된 경우;
(c) the AI system is intended to detect decision—making patterns or devia— tions from prior decision—making patterns and is not meant to replace or influence the previously completed human assessment, without proper human review; or	(c) AI 시스템이 의사결정 패턴이나 이전 의사결정 패턴과의 편차를 탐지하도록 의도된 것이고, 적절한 인적 검토 없이 이전에 완료된 인적 평가를 대체하거나 영향을 미치기 위한 것이 아닌 경우; 또는
(d) the AI system is intended to perform a preparatory task to an assessment rel— evant for the purposes of the use cases listed in Annex Ⅲ.	(d) AI 시스템이 부속서 Ⅲ에 열거된 이용 사례의 목적과 관련된 평가에 대한 준비 작업을 수행하도록 의도된 경우.
Notwithstanding the first subparagraph, an AI system referred to in Annex Ⅲ shall always be considered to be high—risk where the AI system performs profiling of natural persons.	제1단락에도 불구하고, 부속서 Ⅲ에 언급된 AI 시스템은 그 AI 시스템이 자연인의 프로파일링을 수행하는 경우 항상 고위험으로 간주된다.
4. A provider who considers that an AI system referred to in Annex Ⅲ is not high—risk shall document its assessment before that system is placed on the market or put into service. Such pro— vider shall be subject to the registration obligation set out in Article 49(2). Upon request of national competent author— ities, the provider shall provide the documentation of the assessment.	4. 부속서 Ⅲ에 열거된 AI 시스템에 해당되지만 고위험이 아니라고 판단하는 공급자는 해당 시스템이 시장 출시나 서비스 공급되기 전에 그 평가결과를 서면화 해야 한다. 해당 공급자는 제49조 제2항에 규정된 등록 의무를 준수해야 한다. 국가관할당국의 요청이 있을 경우, 해당 공급자는 상기 평가결과를 서면으로 제공해야 한다.
5. The Commission shall, after consulting the European Artificial Intelligence Board	5. EU집행위원회는, 유럽AI위원회(the'Board') 와 협의한 후, 늦어도 2026년 2월 2일 이내

원문	번역
(the 'Board'), and no later than 2 February 2026, provide guidelines specifying the practical implementation of this Article in line with Article 96 together with a comprehensive list of practical examples of use cases of AI systems that are high-risk and not high-risk.	에, 고위험 또는 고위험이 아닌 AI 시스템의 이용 사례에 대한 포괄적인 실제 사례 목록과 함께 제96조에 따라 이 조의 실제 이행을 명시하는 가이드라인을 제공해야 한다.
6. The Commission is empowered to adopt delegated acts in accordance with Article 97 in order to amend paragraph 3, second subparagraph, of this Article by adding new conditions to those laid down therein, or by modifying them, where there is concrete and reliable evidence of the existence of AI systems that fall under the scope of Annex Ⅲ, but do not pose a significant risk of harm to the health, safety or fundamental rights of natural persons.	6. EU집행위원회는 이 조 제3항 제2단락을 개정하기 위해 이에 규정된 조건에 새로운 조건을 추가하거나 수정함으로써 제97조에 따라 위임법을 채택할 권한이 있고, 이는 부속서 Ⅲ의 범위에 해당하는 AI 시스템이 존재한다는 구체적이고 신뢰할 수 있는 증거가 있으나 자연인의 건강, 안전 또는 기본권을 해할 중대한 위험을 초래하지 않는 경우에 한한다.
7. The Commission shall adopt delegated acts in accordance with Article 97 in order to amend paragraph 3, second subparagraph, of this Article by deleting any of the conditions laid down therein, where there is concrete and reliable evidence that this is necessary to maintain the level of protection of health, safety and fundamental rights provided for by this Regulation.	7. 이 법에서 규정한 건강, 안전과 기본권의 보호 수준을 유지할 필요가 있다는 구체적이고 신뢰할 만한 증거가 있는 경우, EU집행위원회는 이 조 제3항 제2단락을 개정하기 위해 이에 규정된 조건을 삭제함으로써 제97조에 따라 위임법을 채택해야 한다.
8. Any amendment to the conditions laid down in paragraph 3, second subparagraph, adopted in accordance with paragraphs 6 and 7 of this Article shall not decrease the overall level of protection of health, safety and fundamental rights provided for by this Regulation and shall ensure consistency with the delegated acts adopted pursuant to Article 7(1), and take account of market and technological developments.	8. 이 조 제6항 및 제7항에 따라 채택된 제3항 제2단락에 규정된 조건의 어떠한 개정도 이 법에서 규정한 건강, 안전과 기본권의 전반적인 보호 수준을 낮출 수는 없고, 제7조 제1항에 따라 채택된 위임법과의 일관성을 보장하고, 시장 및 기술 발전을 고려해야 한다.

제7조 부속서 Ⅲ의 개정(Article 7 Amendments to Annex Ⅲ)

원문	번역
1. The Commission is empowered to adopt delegated acts in accordance with Article 97 to amend Annex Ⅲ by adding or modifying use-cases of high-risk AI systems where both of the following conditions are fulfilled:	1. EU집행위원회는 부속서 Ⅲ을 개정하기 위해 다음 조건을 모두 충족하는 경우 고위험 AI 시스템의 이용 사례를 추가하거나 수정함으로써 제97조에 따라 위임법을 채택할 권한이 있다:
(a) the AI systems are intended to be used in any of the areas listed in Annex Ⅲ;	(a) AI 시스템이 부속서 Ⅲ에 명시된 영역에서 이용되도록 의도된 경우;
(b) the AI systems pose a risk of harm to health and safety, or an adverse impact on fundamental rights, and that risk is equivalent to, or greater than, the risk of harm or of adverse impact posed by the high-risk AI systems already referred to in Annex Ⅲ.	(b) AI 시스템이 건강과 안전을 해하거나 기본권에 부정적 영향을 미칠 위험이 있고, 그 위험이 부속서 Ⅲ에 이미 언급된 고위험 AI 시스템에 의해 초래된 피해 또는 부정적 영향의 위험과 같거나 그보다 더 큰 경우.
2. When assessing the condition under paragraph 1, point (b), the Commission shall take into account the following criteria:	2. EU집행위원회는 제1항 제b호에 따른 조건을 평가할 때 다음의 기준을 고려하여야 한다:
(a) the intended purpose of the AI system;	(a) AI 시스템의 의도된 목적;
(b) the extent to which an AI system has been used or is likely to be used;	(b) AI 시스템에 이용되었거나 이용될 가능성이 있는 정도;
(c) the nature and amount of the data processed and used by the AI system, in particular whether special categories of personal data are processed;	(c) AI 시스템에 의해 처리되거나 이용되는 데이터의 성질과 양, 특히 특별한 범주의 개인정보가 처리되는지 여부;
(d) the extent to which the AI system acts autonomously and the possibility for a human to override a decision or recommendations that may lead to potential harm;	(d) AI 시스템이 자율적으로 작동하는 정도 및 인간이 잠재적 피해를 초래할 수 있는 결정이나 권고를 무시할 가능성;
(e) the extent to which the use of an AI system has already caused harm to health and safety, has had an adverse impact on fundamental rights or has given rise to significant concerns in relation to the likelihood of such harm or adverse impact, as demonstrated,	(e) AI 시스템의 이용이 이미 건강과 안전에 피해를 끼쳤거나 기본권에 부정적 영향을 미쳤거나 그러한 피해 또는 부정적 영향의 가능성과 관련하여 중대한 우려를 불러일으킨 정도, 예를 들어 국가관할당국에 제출된 보고서나 문서화된 주장 또는 적절한 기타 보고서를 통해 입증된 경우;

원문	번역
for example, by reports or docu‒ mented allegations submitted to na‒ tional competent authorities or by other reports, as appropriate;	
(f) the potential extent of such harm or such adverse impact, in particular in terms of its intensity and its ability to affect multiple persons or to dis‒ proportionately affect a particular group of persons;	(f) 특히 강도와 여러 사람에게 영향을 미치 거나 특정 집단에 불균형적으로 영향을 미칠 수 있는 능력의 측면에서, 그러한 피해 또는 부정적 영향의 잠재적 정도;
(g) the extent to which persons who are potentially harmed or suffer an adverse impact are dependent on the outcome produced with an AI system, in par‒ ticular because for practical or legal reasons it is not reasonably possible to opt‒out from that outcome;	(g) 특히 실질적 또는 법적인 이유로 인해 해 당 결과를 거부하는 것이 합리적으로 가능 하지 않기 때문에, 잠재적으로 피해를 입 거나 부정적 영향을 받는 사람들이 AI 시 스템에서 생산된 결과에 의존하는 정도;
(h) the extent to which there is an im‒ balance of power, or the persons who are potentially harmed or suffer an adverse impact are in a vulnerable position in relation to the deployer of an AI system, in particular due to status, authority, knowledge, economic or social circumstances, or age;	(h) 잠재적으로 피해를 입을 수 있거나 부정 적 영향을 받을 수 있는 사람이, 특히 지 위, 권한, 지식, 경제적 또는 사회적 상황 또는 나이로 인해, AI 시스템 배포자와 관련하여 취약한 지위에 있거나 힘의 불 균형이 존재하는 정도;
(i) the extent to which the outcome pro‒ duced involving an AI system is easily corrigible or reversible, taking into ac‒ count the technical solutions available to correct or reverse it, whereby out‒ comes having an adverse impact on health, safety or fundamental rights, shall not be considered to be easily corrigible or reversible;	(i) AI 시스템과 관련하여 생성된 결과가 이 를 수정하거나 되돌리기 위해 이용할 수 있는 기술적 해결책을 고려할 때 쉽게 수 정 가능하거나 되돌릴 수 있는 정도, 건 강, 안전 또는 기본권에 부정적 영향을 초 래하는 결과는 쉽게 수정 가능하거나 되 돌릴 수 있는 것으로 간주되지 않는다;
(j) the magnitude and likelihood of benefit of the deployment of the AI system for individuals, groups, or society at large, including possible improvements in product safety;	(j) 제품 안전의 개선 가능성을 포함하여, 개 인, 집단 또는 사회 전반에 대한 AI 시스 템의 배포로 인한 혜택의 규모와 가능성;

원문	번역
(k) the extent to which existing Union law provides for:	(k) 기존의 EU법이 제공하는 정도:
(i) effective measures of redress in rela‐tion to the risks posed by an AI sys‐tem, with the exclusion of claims for damages;	(i) 손해배상청구를 제외한 AI 시스템이 초래한 위험과 관련하여 효과적인 구제 조치;
(ii) effective measures to prevent or sub‐stantially minimise those risks.	(ii) 이러한 위험을 예방하거나 실질적으로 최소화하기 위한 효과적 조치.
3. The Commission is empowered to adopt delegated acts in accordance with Article 97 to amend the list in Annex Ⅲ by re‐moving high‐risk AI systems where both of the following conditions are fulfilled:	3. EU집행위원회는 다음 조건을 모두 충족하는 고위험 AI 시스템을 부속서 Ⅲ 목록에서 삭제하기 위하여 제97조에 따라 위임법을 채택할 권한이 있다:
(a) the high‐risk AI system concerned no longer poses any significant risks to fundamental rights, health or safety, taking into account the criteria listed in paragraph 2;	(a) 제2항에 열거된 기준을 고려하여, 해당 고위험 AI 시스템이 더 이상 기본권, 건강 또는 안전에 중대한 위험을 초래하지 않는 경우;
(b) the deletion does not decrease the overall level of protection of health, safety and fundamental rights under Union law.	(b) 목록에서의 삭제가 EU법에 따른 건강, 안전 그리고 기본권 보호의 전반적 수준을 저하시키지 않는 경우.

제2절 고위험 AI 시스템의 요건(SECTION 2 Requirements for high‐risk AI systems)

제8조 요건 준수(Article 8 Compliance with the requirements)

원문	번역
1. High‐risk AI systems shall comply with the requirements laid down in this Section, taking into account their in‐tended purpose as well as the generally acknowledged state of the art on AI and AI‐related technologies. The risk man‐agement system referred to in Article 9 shall be taken into account when ensur‐ing compliance with those requirements.	1. 의도된 목적과 AI와 AI 관련 기술에 대해 일반적으로 인정되는 최신 기술을 고려하여, 고위험 AI 시스템은 이 절에 명시된 요건을 준수해야 한다. 이러한 요건을 준수할 때, 제9조에 언급된 위험 관리 체계가 고려되어야 한다.

원문	번역
2. Where a product contains an AI system, to which the requirements of this Regulation as well as requirements of the Union harmonisation legislation listed in Section A of Annex I apply, providers shall be responsible for ensuring that their prod─uct is fully compliant with all applicable requirements under applicable Union harmonisation legislation.	2. 이 법의 요건과 부속서 I의 제A절에 나열된 EU조화법의 요건이 적용되는 AI 시스템이 포함된 제품의 경우, 공급자는 해당 제품이 EU조화법에 따라 요구되는 모든 요건들을 완전히 준수하도록 보장할 책임이 있다.
In ensuring the compliance of high─risk AI systems referred to in paragraph 1 with the requirements set out in this Section, and in order to ensure con─sistency, avoid duplication and minimise additional burdens, providers shall have a choice of integrating, as appropriate, the necessary testing and reporting processes, information and documentation they pro─vide with regard to their product into documentation and procedures that al─ready exist and are required under the Union harmonisation legislation listed in Section A of Annex I.	제1항에서 언급된 고위험 AI 시스템이 이 절에 명시된 요건을 준수하도록 보장하고, 일관성을 유지하고 중복을 피하며 추가적인 부담을 최소화하기 위해, 공급자는 그들의 제품과 관련하여 제공하는 필요한 테스트, 보고 절차, 정보 및 문서를 부속서 I의 제A절에 나열된 EU조화법에 따라 이미 존재하고 요구되는 문서 및 절차에 적절히 통합하는 것을 선택할 수 있어야 한다.

제9조 위험 관리 체계(Article 9 Risk management system)

원문	번역
1. A risk management system shall be es─tablished, implemented, documented and maintained in relation to high─risk AI systems.	1. 고위험 AI 시스템과 관련하여 위험 관리 체계은 구축, 실행, 문서화되어야 하고, 이는 유지되어야 한다.
2. The risk management system shall be understood as a continuous iterative process planned and run throughout the entire lifecycle of a high─risk AI system, re─quiring regular systematic review and updating. It shall comprise the following steps:	2. 위험 관리 체계는 고위험 AI 시스템의 전체 수명주기에 걸쳐 계획되고 시행되는 지속적이고 반복적인 과정으로 이해되어야 하고, 정기적이며 체계적인 검토와 업데이트가 요구된다. 이는 다음 각 호의 단계로 구성되어야 한다:
(a) the identification and analysis of the	(a) 고위험 AI 시스템이 의도된 목적에 따라

원문	번역
known and the reasonably foreseeable risks that the high-risk AI system can pose to health, safety or fundamental rights when the high-risk AI system is used in accordance with its intended purpose;	이용될 때 해당 AI 시스템이 건강, 안전 또는 기본권에 문제를 일으킬 수 있는 알려진 위험과 합리적으로 예측가능한 위험을 식별하고 분석하는 단계;
(b) the estimation and evaluation of the risks that may emerge when the high-risk AI system is used in accordance with its intended purpose, and under conditions of reasonably foreseeable misuse;	(b) 의도된 목적에 따라 그리고 합리적으로 예측 가능한 오용의 조건하에서 고위험 AI 시스템이 이용될 때 초래될 수 있는 위험에 대한 추정 및 평가하는 단계;
(c) the evaluation of other risks possibly arising, based on the analysis of data gathered from the post-market monitoring system referred to in Article 72;	(c) 제72조에 언급된 시장 출시 후 모니터링 체계에서 수집된 데이터의 분석을 기반으로, 발생할 수 있는 기타 위험에 대해 평가하는 단계;
(d) the adoption of appropriate and targeted risk management measures designed to address the risks identified pursuant to point (a).	(d) 제a호에 따라 식별된 위험을 해결하기 위해 설계된 적절하고 목표지향적인 위험 관리 조치를 채택하는 단계.
3. The risks referred to in this Article shall concern only those which may be reasonably mitigated or eliminated through the development or design of the high-risk AI system, or the provision of adequate technical information.	3. 이 조에 언급된 위험은 고위험 AI 시스템의 개발이나 설계 또는 적절한 기술 정보 제공을 통해 합리적으로 완화되거나 제거될 수 있는 위험만을 말한다.
4. The risk management measures referred to in paragraph 2, point (d), shall give due consideration to the effects and possible interaction resulting from the combined application of the requirements set out in this Section, with a view to minimising risks more effectively while achieving an appropriate balance in implementing the measures to fulfil those requirements.	4. 해당 요건을 충족하기 위한 조치를 이행하는데 적절한 균형을 달성함과 동시에 위험을 보다 효과적으로 최소화 하기 위하여, 제2항 제d호에 언급된 위험 관리 조치는 이 절에서 명시하고 있는 요건을 함께 적용함으로써 발생하는 영향과 가능한 상호작용에 대해 충분히 고려되어야 한다.
5. The risk management measures referred to in paragraph 2, point (d), shall be such that the relevant residual risk as-	5. 제2항 제d호에 언급된 위험 관리 조치는 각 위험요소와 관련된 중요한 잔여 위험뿐만 아니라 고위험 AI 시스템의 전반적인 잔여

원문	번역
sociated with each hazard, as well as the overall residual risk of the high−risk AI systems is judged to be acceptable. In identifying the most appropriate risk management measures, the following shall be ensured: (a) elimination or reduction of risks iden− tified and evaluated pursuant to para− graph 2 in as far as technically feasible through adequate design and devel− opment of the high−risk AI system; (b) where appropriate, implementation of adequate mitigation and control measures addressing risks that cannot be eliminated; (c) provision of information required pur− suant to Article 13 and, where appro− priate, training to deployers. With a view to eliminating or reducing risks related to the use of the high−risk AI system, due consideration shall be given to the technical knowledge, expe− rience, education, the training to be ex− pected by the deployer, and the pre− sumable context in which the system is intended to be used. 6. High−risk AI systems shall be tested for the purpose of identifying the most ap− propriate and targeted risk management measures. Testing shall ensure that high−risk AI systems perform con− sistently for their intended purpose and that they are in compliance with the re− quirements set out in this Section. 7. Testing procedures may include testing in real−world conditions in accordance with Article 60. 8. The testing of high−risk AI systems shall be performed, as appropriate, at any	위험이 수용 가능한 것으로 평가되도록 하여야 한다. 가장 적절한 위험 관리 조치를 식별함에 있어 다음 각 호의 사항이 지켜져야 한다: (a) 고위험 AI 시스템의 적절한 설계 및 개발을 통해 기술적으로 가능한 범위 내에서 제2항에 따라 식별되고 평가된 위험을 제거하거나 감소시키는 것; (b) 경우에 따라서는, 제거할 수 없는 위험을 적절히 감소시키거나 통제하는 조치를 실시하는 것; (c) 제13조에 따라 요구되는 정보를 제공하는 것과 필요한 경우 배포자에 대한 훈련 고위험 AI 시스템의 이용과 관련된 위험을 제거하거나 감소시키는 과정에서, 배포자가 기대하는 기술적 지식, 경험, 교육 및 훈련 그리고 해당 시스템이 이용될 것으로 추정 가능한 상황을 충분히 고려해야 한다. 6. 가장 적절하고 표적화된 위험 관리 조치를 식별하기 위한 목적으로 고위험 AI 시스템이 테스트되어야 한다. 테스트는 고위험 AI 시스템이 의도한 목적에 따라 일관되게 작동하고 이 절에 명시된 요건을 준수하고 있는지를 확인해야 한다. 7. 테스트 절차에는 제60조에 따른 현실 세계 조건에서의 테스트가 포함될 수 있다. 8. 고위험 AI 시스템의 테스트는 개발의 전 과정에서 언제든지 적절하게 시행되어야 하

원문	번역
time throughout the development proc—ess, and, in any event, prior to their being placed on the market or put into service. Testing shall be carried out against prior defined metrics and proba—bilistic thresholds that are appropriate to the intended purpose of the high—risk AI system.	고, 어떠한 경우에도, 시장 출시나 서비스 공급 전에 실시되어야 한다. 테스트는 고위험 AI 시스템의 의도된 목적에 적절하게 사전에 정의된 지표와 확률적 임계값에 따라 수행되어야 한다.
9. When implementing the risk management system as provided for in paragraphs 1 to 7, providers shall give consideration to whether in view of its intended purpose the high—risk AI system is likely to have an adverse impact on persons under the age of 18 and, as appropriate, other vulnerable groups.	9. 제1항 내지 제7항에 규정된 위험 관리 체계를 실행하는 경우, 공급자는 고위험 AI 시스템의 의도된 목적에 비추어 18세 미만의 사람, 경우에 따라서는 기타 취약 계층에게 부정적인 영향을 미칠 가능성을 고려해야 한다.
10. For providers of high—risk AI systems that are subject to requirements re—garding internal risk management processes under other relevant provi—sions of Union law, the aspects pro—vided in paragraphs 1 to 9 may be part of, or combined with, the risk man—agement procedures established pur—suant to that law.	10. EU법의 기타 관련 조항에 따른 내부의 위험 관리 절차에 관한 요건이 적용되는 고위험 AI 시스템의 공급자의 경우, 제1항 내지 제9항에 규정된 사항들은 해당 EU법에 따라 수립된 위험 관리 절차의 일부로 보거나 이와 결합될 수 있다.

제10조 데이터 및 데이터 거버넌스(Article 10 Data and data governance)

원문	번역
1. High—risk AI systems which make use of techniques involving the training of AI models with data shall be developed on the basis of training, validation and test—ing data sets that meet the quality criteria referred to in paragraphs 2 to 5 whenever such data sets are used.	1. 데이터로 AI 모델을 학습시키는 기술을 이용하는 고위험 AI 시스템은 데이터 세트가 이용될 때마다 제2항부터 제5항까지 언급된 품질 기준을 충족하는 학습, 검증 및 테스트 데이터 세트를 기반으로 개발되어야 한다.
2. Training, validation and testing data sets shall be subject to data governance and	2. 학습, 검증 및 테스트 데이터 세트는 고위험 AI 시스템의 의도된 목적에 적합한 데이터

원문	번역
management practices appropriate for the intended purpose of the high-risk AI system. Those practices shall concern in particular:	거버넌스 및 관리 업무에 따라야 한다. 이러한 업무는 특히 다음과 같은 사항을 고려해야 한다:
(a) the relevant design choices;	(a) 관련 설계 선택;
(b) data collection processes and the origin of data, and in the case of personal data, the original purpose of the data collection;	(b) 데이터 수집 절차 및 데이터 출처, 그리고 개인정보의 경우, 수집의 본래 목적;
(c) relevant data-preparation processing operations, such as annotation, labelling, cleaning, updating, enrichment and aggregation;	(c) 주석, 라벨링, 정리, 업데이트, 강화와 집계 등과 같은 관련 데이터 준비 처리 작업;
(d) the formulation of assumptions, in particular with respect to the information that the data are supposed to measure and represent;	(d) 특히 데이터가 측정하고 나타내야 하는 정보와 관련된, 가정의 공식화;
(e) an assessment of the availability, quantity and suitability of the data sets that are needed;	(e) 필요한 데이터 세트의 유효성, 수량 및 적합성에 대한 평가;
(f) examination in view of possible biases that are likely to affect the health and safety of persons, have a negative impact on fundamental rights or lead to discrimination prohibited under Union law, especially where data outputs influence inputs for future operations;	(f) 특히 데이터 결과물이 향후 작업을 위한 입력에 영향을 미치는 경우, 사람의 건강과 안전에 영향을 미치거나, 기본권에 부정적인 영향을 미치거나, EU법에 따라 금지된 차별을 초래할 수 있는 가능한 편향을 고려한 조사;
(g) appropriate measures to detect, prevent and mitigate possible biases identified according to point (f);	(g) 제f호에 따라 식별된 가능한 편향을 탐지하고 예방하고 완화하기 위한 적절한 조치;
(h) the identification of relevant data gaps or shortcomings that prevent compliance with this Regulation, and how those gaps and shortcomings can be addressed.	(h) 이 법의 준수를 방해하는 관련 데이터 간극 또는 결함의 식별과 그러한 간극과 결함의 해결방법 규명.
3. Training, validation and testing data sets shall be relevant, sufficiently representative, and to the best extent possible, free of errors and complete in view of the	3. 학습, 검증 및 테스트 데이터 세트는 관련성이 있고, 충분히 대표성이 있으며, 가능한 한 최대한 오류가 없고, 의도된 목적에 비추어 완전해야 한다. 해당되는 경우, 고위험

원문	번역
intended purpose. They shall have the appropriate statistical properties, includ— ing, where applicable, as regards the persons or groups of persons in relation to whom the high—risk AI system is in— tended to be used. Those characteristics of the data sets may be met at the level of individual data sets or at the level of a combination thereof.	AI 시스템을 이용할 사람 또는 사람과 연관된 집단에 관련된 적절한 통계적 특성을 포함해야 한다. 데이터 세트들의 이러한 특성들은 개별 데이터 세트 수준 또는 이들의 조합 수준에서 충족될 수 있다.
4. Data sets shall take into account, to the extent required by the intended purpose, the characteristics or elements that are particular to the specific geographical, contextual, behavioural or functional setting within which the high—risk AI system is intended to be used.	4. 데이터 세트는, 의도된 목적에 따라 필요한 범위 내에서, 고위험 AI 시스템이 이용되도록 의도된 특정 지리적, 맥락적, 행동적 또는 기능적 환경에 특화된 특성이나 요소를 고려하여야 한다.
5. To the extent that it is strictly necessary for the purpose of ensuring bias de— tection and correction in relation to the high—risk AI systems in accordance with paragraph (2), points (f) and (g) of this Article, the providers of such systems may exceptionally process special cate— gories of personal data, subject to ap— propriate safeguards for the fundamental rights and freedoms of natural persons. In addition to the provisions set out in Regulations (EU) 2016/679 and (EU) 2018/1725 and Directive (EU) 2016/680, all the following conditions must be met in order for such processing to occur:	5. 이 조 제2항 제f호, 제g호에 따라 고위험 AI 시스템과 관련하여 편향 탐지 및 보정을 담보하기 위한 목적을 위해 엄격히 필요한 경우, 해당 시스템의 공급자는 자연인의 기본권과 자유를 위한 적절한 보호조치에 따라 예외적으로 특별한 범주의 개인정보를 처리할 수 있다. 이러한 처리가 이루어지기 위해서는, Regulation (EU) 2016/679과 Regulation (EU) 2018/1725 및 Directive (EU) 2016/680에 명시된 조항에 더하여, 다음의 모든 조건이 충족되어야 한다.
(a) the bias detection and correction cannot be effectively fulfilled by processing other data, including synthetic or ano— nymised data;	(a) 합성 데이터나 익명 데이터를 포함한 기타 데이터를 처리함으로써 편향 탐지 및 보정을 효과적으로 수행할 수 없는 경우;
(b) the special categories of personal data are subject to technical limitations on the re—use of the personal data, and state—of—the—art security and pri—	(b) 특별한 범주의 개인정보는 개인정보를 재이용함에 있어 기술적 제한이 적용되고, 가명처리를 포함한 최첨단 보안 및 사생활 보호조치가 적용될 수 있는 경우;

원문	번역
vacy-preserving measures, including pseudonymisation; (c) the special categories of personal data are subject to measures to ensure that the personal data processed are se-cured, protected, subject to suitable safeguards, including strict controls and documentation of the access, to avoid misuse and ensure that only authorised persons have access to those personal data with appropriate confidentiality obligations; (d) the special categories of personal data are not to be transmitted, transferred or otherwise accessed by other parties; (e) the special categories of personal data are deleted once the bias has been corrected or the personal data has reached the end of its retention period, whichever comes first; (f) the records of processing activities pur-suant to Regulations (EU) 2016/679 and (EU) 2018/1725 and Directive (EU) 2016/680 include the reasons why the proc-essing of special categories of personal data was strictly necessary to detect and correct biases, and why that objective could not be achieved by processing other data. 6. For the development of high-risk AI systems not using techniques involving the training of AI models, paragraphs 2 to 5 apply only to the testing data sets.	(c) 오용 방지와 승인받은 사람만 적절한 비밀유지 의무하에 해당 개인정보에 접근하는 것을 보장하기 위하여, 특별한 범주의 개인정보에 대한 접근을 엄격히 통제하고, 문서화를 포함한 처리된 개인정보가 안전하고 보호되는 것을 담보하는 조치와 적절한 보호처리가 적용되는 경우; (d) 특별한 범주의 개인정보가 다른 당사자에게 전송, 이전 또는 달리 접근될 수 없는 경우; (e) 특별한 범주의 개인정보가 편향 보정 시점 또는 보존기간 종료 시점 중 먼저 도래하는 시점에 즉시 삭제되도록 하는 경우; (f) Regulation (EU) 2016/679 및 Regulation (EU) 2018/1725, Directive (EU) 2016/680에 따른 처리절차 기록이 특별한 범주의 개인정보 처리가 편향을 탐지하고 보정하기 위해 엄격히 필요했고 다른 데이터의 처리로 이러한 목표를 달성할 수 없었던 이유를 포함하는 경우. 6. AI 모델의 학습을 수반하는 기술을 이용하지 않는 고위험 AI 시스템을 개발하는 경우에는, 제2항부터 제5항은 테스트 데이터 세트에만 적용된다.

제11조 기술문서(Article 11 Technical documentation)

원문	번역
1. The technical documentation of a high-risk AI system shall be drawn up before that system is placed on the market or put into service and shall be kept up-to date. The technical documentation shall be drawn up in such a way as to demonstrate that the high-risk AI system complies with the requirements set out in this Section and to provide national competent authorities and notified bodies with the necessary information in a clear and comprehensive form to assess the compliance of the AI system with those requirements. It shall contain, at a minimum, the elements set out in Annex Ⅳ. SMEs, including start-ups, may provide the elements of the technical documentation specified in Annex Ⅳ in a simplified manner. To that end, the Commission shall establish a simplified technical documentation form targeted at the needs of small and microenterprises. Where an SME, including a start-up, opts to provide the information required in Annex Ⅳ in a simplified manner, it shall use the form referred to in this paragraph. Notified bodies shall accept the form for the purposes of the conformity assessment.	1. 고위험 AI 시스템의 기술문서는 해당 시스템이 시장 출시나 서비스 공급되기 전에 작성되어야 하고 최신 상태로 유지되어야 한다. 기술문서는, 고위험 AI 시스템이 이 절에 규정된 요건을 충족함을 입증하고, 해당 요건을 충족하는지 평가하기 위한 명확하고 포괄적인 형태의 필요한 정보를 국가관할당국 및 피통보기관에 제공하는, 방식으로 작성되어야 한다. 여기에는 최소한 부속서 Ⅳ에 규정된 요소를 포함해야 한다. 스타트업을 포함한 중소기업은 부속서 Ⅳ에 명시된 기술문서의 요소를 간소화된 방식으로 제공할 수 있다. 이를 위해 EU집행위원회는 중소기업의 요구에 맞춘 간소화된 기술문서 양식을 마련해야 한다. 스타트업을 포함한 중소기업이 부속서 Ⅳ에서 요구하는 정보를 간소화된 방식으로 제공하기로 선택한 경우, 중소기업은 이 항에서 규정하는 양식을 이용하여야 한다. 피통보기관은 적합성 평가 목적을 위해 해당 양식을 수용하여야 한다.
2. Where a high-risk AI system related to a product covered by the Union harmonisation legislation listed in Section A of Annex I is placed on the market or put into service, a single set of technical documentation shall be drawn up containing all the information set out in paragraph 1, as well as the information	2. 부속서 I 제A절에 나열된 EU조화법이 적용되는 제품과 관련된 고위험 AI 시스템이 시장 출시나 서비스 공급되는 경우, 해당 법률에서 요구하는 정보와 제1항에 명시된 모든 정보를 포함하는 단일 기술문서 세트가 작성되어야 한다.

원문	번역
required under those legal acts. 3. The Commission is empowered to adopt delegated acts in accordance with Article 97 in order to amend Annex Ⅳ, where necessary to ensure that, in light of technical progress, the technical doc- umentation provides all the information necessary to assess the compliance of the system with the requirements set out in this Section.	3. EU집행위원회는, 기술 발전의 관점에서, 기술문서가 이 절에 규정된 요건을 해당 시스템이 충족하는지 여부를 평가하기 위해 필요한 모든 정보를 제공하는 것을 담보하기 위하여 필요한 경우, 부속서 Ⅳ를 개정하기 위해 제97조에 따라 위임법을 채택할 권한이 있다.

제12조 기록보관(Article 12 Record-keeping)

원문	번역
1. High-risk AI systems shall technically allow for the automatic recording of events (logs) over the lifetime of the system.	1. 고위험 AI 시스템은 기술적으로 수명기간 동안 모든 이벤트(로그)를 자동으로 기록할 수 있어야 한다.
2. In order to ensure a level of traceability of the functioning of a high-risk AI system that is appropriate to the in- tended purpose of the system, logging capabilities shall enable the recording of events relevant for:	2. 해당 시스템의 의도된 목적에 적합하게 고위험 AI 시스템의 추적 기능 수준을 보장하기 위해서, 로깅 능력은 다음과 관련된 이벤트를 기록할 수 있어야 한다:
(a) identifying situations that may result in the high-risk AI system presenting a risk within the meaning of Article 79(1) or in a substantial modification;	(a) 고위험 AI 시스템이 제79조 제1항의 의미에 따른 위험을 발생시키거나 본질적 변경을 초래하는 상황의 식별;
(b) facilitating the post-market monitoring referred to in Article 72; and	(b) 제72조에 언급된 시장 출시 후 모니터링의 촉진; 그리고
(c) monitoring the operation of high-risk AI systems referred to in Article 26(5).	(c) 제26조 제5항에 언급된 고위험 AI 시스템 운영에 대한 모니터링.
3. For high-risk AI systems referred to in point 1 (a), of Annex Ⅲ, the logging capabilities shall provide, at a minimum:	3. 부속서 Ⅲ 제1항 제a호에 언급된 고위험 AI 시스템과 관련하여, 로깅 능력은 최소한 다음 각 호의 내용을 제공할 수 있어야 한다:
(a) recording of the period of each use of the system (start date and time and end date and time of each use);	(a) 시스템이 이용된 각각의 기간의 기록(이용별 시작·종료의 날짜와 시각);

원문	번역
(b) the reference database against which in-put data has been checked by the system;	(b) 시스템에 의해 확인되었던 입력데이터를 기준으로 한 참조 데이터베이스;
(c) the input data for which the search has led to a match;	(c) 검색결과 일치하는 항목이 나온 입력데이터;
(d) the identification of the natural persons involved in the verification of the re-sults, as referred to in Article 14(5).	(d) 제14조 제5항에 언급된 것과 같은 결과의 검증에 포함된 자연인의 식별.

제13조 배포자에 대한 투명성과 정보 제공(Article 13 Transparency and provision of information to deployers)

원문	번역
1. High-risk AI systems shall be designed and developed in such a way as to en-sure that their operation is sufficiently transparent to enable deployers to in-terpret a system's output and use it appropriately. An appropriate type and degree of transparency shall be ensured with a view to achieving compliance with the relevant obligations of the pro-vider and deployer set out in Section 3.	1. 고위험 AI 시스템은 배포자가 시스템의 결과물을 해석하고 그것을 적절하게 이용할 수 있도록 그 운영이 충분히 투명하게 설계되고 개발되어야 한다. 제3절에 명시된 공급자와 배포자의 관련 의무 준수를 충족하기 위하여 투명성의 적절한 유형과 정도가 보장되어야 한다.
2. High-risk AI systems shall be accom-panied by instructions for use in an ap-propriate digital format or otherwise that include concise, complete, correct and clear information that is relevant, acces-sible and comprehensible to deployers.	2. 고위험 AI 시스템에는 배포자와 관련되고 접근가능하며 이해할 수 있는 간결하고 완전하며 정확하고 명확한 정보가 포함된 적절한 디지털 형식 혹은 기타 형식의 이용지침이 함께 제공되어야 한다.
3. The instructions for use shall contain at least the following information:	3. 이용 지침에는 적어도 다음 각 호의 정보가 포함되어야 한다:
(a) the identity and the contact details of the provider and, where applicable, of its authorised representative;	(a) 공급자 그리고, 해당되는 경우, 그의 국내 대리인의 신원 및 연락처;
(b) the characteristics, capabilities and lim-itations of performance of the high-risk AI system, including:	(b) 다음 각 목을 포함하여, 고위험 AI 시스템의 특징, 역량 및 성능의 한계:
(i) its intended purpose;	(i) 고위험 AI 시스템의 의도된 목적;

원문	번역
(ii) the level of accuracy, including its met-rics, robustness and cybersecurity re-ferred to in Article 15 against which the high-risk AI system has been tested and validated and which can be expected, and any known and fore-seeable circumstances that may have an impact on that expected level of accuracy, robustness and cyberse-curity;	(ii) 고위험 AI 시스템이 테스트 및 검증을 거쳤고 예상할 수 있는 제15조에 언급된 지표, 견고성 및 사이버 보안을 포함한, 정확성의 수준과 예상되는 정확도, 견고성 및 사이버 보안에 영향을 미칠 수 있는 알려진 예측 가능한 모든 상황;
(iii) any known or foreseeable circum-stance, related to the use of the high-risk AI system in accordance with its intended purpose or under conditions of reasonably foreseeable misuse, which may lead to risks to the health and safety or fundamental rights referred to in Article 9(2);	(iii) 의도된 목적에 따라 혹은 제9조 제2항에 언급된 건강과 안전 또는 기본권에 위험을 초래할 수 있는 합리적으로 예측 가능한 오용의 조건하에서 고위험 AI 시스템의 이용과 관련된, 모든 알려지고 예측 가능한 상황;
(iv) where applicable, the technical ca-pabilities and characteristics of the high-risk AI system to provide in-formation that is relevant to explain its output;	(iv) 해당되는 경우, 고위험 AI 시스템 결과물을 설명하기 위해 적절한 정보를 제공하기 위한 해당 시스템의 기술적 능력 및 특성;
(v) when appropriate, its performance re-garding specific persons or groups of persons on which the system is in-tended to be used;	(v) 적절한 경우, 해당 시스템을 이용하려는 의도를 가진 특정 개인 또는 집단에 관련된 고위험 AI 시스템의 성능;
(vi) when appropriate, specifications for the input data, or any other relevant in-formation in terms of the training, validation and testing data sets used, taking into account the intended purpose of the high-risk AI system;	(vi) 적절한 경우, 고위험 AI 시스템의 의도된 목적을 고려하여, 입력데이터의 기준 또는 이용된 학습, 검증, 테스트 데이터 세트와 관련된 기타 정보;
(vii) where applicable, information to en-able deployers to interpret the output of the high-risk AI system and use it appropriately;	(vii) 해당되는 경우, 배포자가 고위험 AI 시스템 결과물을 해석하고 그것을 적절하게 이용할 수 있도록 하는 정보;
(c) the changes to the high-risk AI sys-tem and its performance which have	(c) 변경이 있는 경우, 최초의 적합성 평가시점에 공급자에 의해 미리 결정된 고위험

원문	번역
been pre-determined by the provider at the moment of the initial conformity assessment, if any;	AI 시스템 및 그 시스템의 성능에 대한 변경사항;
(d) the human oversight measures referred to in Article 14, including the technical measures put in place to facilitate the interpretation of the outputs of the high-risk AI systems by the deployers;	(d) 배포자에 의한 고위험 AI 시스템 결과물의 해석이 가능하게 하기 위해 마련된 기술적 조치를 포함하여, 제14조에 언급된 인간의 관리·감독 조치;
(e) the computational and hardware resources needed, the expected lifetime of the high-risk AI system and any necessary maintenance and care measures, including their frequency, to ensure the proper functioning of that AI system, including as regards software updates;	(e) 필요한 컴퓨팅과 하드웨어 리소스, 고위험 AI 시스템의 예상 수명기간 그리고 소프트웨어 업데이트를 포함하여 해당 AI 시스템의 적절한 기능을 보장하기 위하여 필요한 유지 및 관리 조치와 그 빈도;
(f) where relevant, a description of the mechanisms included within the high-risk AI system that allows deployers to properly collect, store and interpret the logs in accordance with Article 12.	(f) 관련된 경우, 배포자가 제12조에 따른 로그를 적절하게 수집, 저장 및 해석하는 것을 허용하는 고위험 AI 시스템 내에 포함된 메커니즘에 대한 설명.

제14조 인간의 관리·감독(Article 14 human oversight)

원문	번역
1. High-risk AI systems shall be designed and developed in such a way, including with appropriate human-machine interface tools, that they can be effectively overseen by natural persons during the period in which they are in use.	1. 고위험 AI 시스템은 이용되는 동안에, 적절한 인간-기계 간 인터페이스 도구를 포함하여, 자연인이 효과적으로 관리·감독 할 수 있는 방식으로 설계·개발되어야 한다.
2. Human oversight shall aim to prevent or minimise the risks to health, safety or fundamental rights that may emerge when a high-risk AI system is used in accordance with its intended purpose or under conditions of reasonably foreseeable misuse, in particular where such	2. 특히 이 절에 규정된 다른 요건을 준수하였음에도 불구하고 그와 같은 위험이 지속되는 경우, 인간의 관리·감독은 고위험 AI 시스템이 의도된 목적으로 이용되거나 합리적으로 예견가능한 오용 상황하에 발생할 수 있는 건강, 안전 또는 기본권에 대한 위험을 방지 또는 최소화하도록 해야 한다.

원문	번역
risks persist despite the application of other requirements set out in this Section. 3. The oversight measures shall be com-mensurate with the risks, level of au-tonomy and context of use of the high-risk AI system, and shall be en-sured through either one or both of the following types of measures: (a) measures identified and built, when technically feasible, into the high-risk AI system by the provider before it is placed on the market or put into serv-ice; (b) measures identified by the provider before placing the high-risk AI sys-tem on the market or putting it into service and that are appropriate to be implemented by the deployer. 4. For the purpose of implementing para-graphs 1, 2 and 3, the high-risk AI system shall be provided to the deployer in such a way that natural persons to whom human oversight is assigned are enabled, as appropriate and propor-tionate: (a) to properly understand the relevant ca-pacities and limitations of the high-risk AI system and be able to duly monitor its operation, including in view of de-tecting and addressing anomalies, dys-functions and unexpected performance; (b) to remain aware of the possible ten-dency of automatically relying or over-relying on the output produced by a high-risk AI system (automation bias), in particular for high-risk AI systems used to provide information or rec-ommendations for decisions to be taken by natural persons;	3. 관리·감독 조치는 해당 고위험 AI 시스템의 위험도, 자율성의 수준, 이용되는 맥락에 비례해야 하고, 다음 각 호의 조치 중 하나 이상을 포함해야 한다: (a) 고위험 AI 시스템의 시장 출시 또는 서비스 공급 전, 공급자가 식별하여 수립한 기술적으로 가능한 조치; (b) 고위험 AI 시스템의 시장 출시 또는 서비스 공급 전 공급자가 식별하고, 배포자가 이행하기에 적합한 조치. 4. 제1항부터 제3항까지의 의무를 이행하기 위해, 고위험 AI 시스템은 관리·감독 역할을 부여받는 자연인이 적절하고 비례적으로 다음과 같이 할 수 있도록 배포자에게 제공되어야 한다: (a) 고위험 AI 시스템의 관련 역량과 한계에 대한 적절한 이해, 이상 징후, 기능 장애, 예상치 않은 성능의 감지 및 해결을 포함한 시스템 운영에 대한 적절한 모니터링; (b) 특히 자연인의 의사결정을 위한 정보 제공 또는 추천을 제공하는 고위험 AI 시스템 등, 고위험 AI 시스템의 결과물에 대한 기계적 의존 또는 과도한 의존 경향의 발생 가능성 인식(자동화 편견);

원문	번역
(c) to correctly interpret the high-risk AI system's output, taking into account, for example, the interpretation tools and methods available;	(c) 예를 들어 이용가능한 해석 도구와 방법 등을 고려한, 고위험 AI 시스템의 결과물에 대한 정확한 해석;
(d) to decide, in any particular situation, not to use the high-risk AI system or to otherwise disregard, override or reverse the output of the high-risk AI system;	(d) 특정한 상황에서, 고위험 AI 시스템의 이용을 중단하거나, 그 결과물을 무시, 무효화, 번복하는 결정;
(e) to intervene in the operation of the high-risk AI system or interrupt the system through a 'stop' button or a similar procedure that allows the system to come to a halt in a safe state.	(e) 고위험 AI 시스템 운영에 개입하거나 정지 버튼이나 기타 유사한 절차를 통해 해당 시스템을 안전 상태로 일시 중단.
5. For high-risk AI systems referred to in point 1(a) of Annex Ⅲ, the measures referred to in paragraph 3 of this Article shall be such as to ensure that, in addition, no action or decision is taken by the deployer on the basis of the identification resulting from the system unless that identification has been separately verified and confirmed by at least two natural persons with the necessary competence, training and authority.	5. 부속서 Ⅲ의 제1항 제a호에 명시된 고위험 AI 시스템의 경우, 이 조 제3항에 따른 조치는 필요한 능력, 훈련, 권한을 갖춘 2인 이상의 자연인에 의해 별도 검증하고 확인되지 않는 한, 배포자가 해당 시스템에서 발생한 식별에 근거하여 어떠한 행위 또는 결정을 내릴 수 없도록 하여야 한다.
The requirement for a separate verification by at least two natural persons shall not apply to high-risk AI systems used for the purposes of law enforcement, migration, border control or asylum, where Union or national law considers the application of this requirement to be disproportionate.	최소 2인 이상의 자연인에 의한 별도의 검증 요건은, EU법 또는 국내법의 요구 사항의 적용이 불균형하다고 간주될 경우, 법 집행, 이민, 국경 관리, 망명을 위해 이용되는 고위험 AI 시스템에는 적용되지 않는다.

제15조 정확성, 견고성 및 사이버 보안(Article 15 accuracy, robustness, and cyber-
　　　security)

원문	번역
1. High-risk AI systems shall be designed and developed in such a way that they achieve an appropriate level of accuracy, robustness, and cybersecurity, and that they perform consistently in those respects throughout their lifecycle.	1. 고위험 AI 시스템은 적정 수준의 정확성, 견고성 및 사이버 보안을 달성하여야 하고, 전 수명주기에 걸쳐 일관성 있게 작동하도록 설계되고 개발되어야 한다.
2. To address the technical aspects of how to measure the appropriate levels of accuracy and robustness set out in paragraph 1 and any other relevant performance metrics, the Commission shall, in cooperation with relevant stakeholders and organisations such as metrology and benchmarking authorities, encourage, as appropriate, the development of benchmarks and measurement methodologies.	2. 제1항에 명시된 적정 수준의 정확성과 견고성을 측정하는 방법 및 기타 관련 성과 지표의 기술적 측면을 해결하기 위하여, EU집행위원회는 계량 및 벤치마킹 당국과 같은 관련 이해관계인 및 기관과 협력하여 적절한 경우 벤치마크 및 측정 방법론의 개발을 장려하여야 한다.
3. The levels of accuracy and the relevant accuracy metrics of high-risk AI systems shall be declared in the accompanying instructions of use.	3. 고위험 AI 시스템의 정확성 수준 및 관련 정확도 지표는 함께 제공되는 이용 지침에 명시되어야 한다.
4. High-risk AI systems shall be as resilient as possible regarding errors, faults or inconsistencies that may occur within the system or the environment in which the system operates, in particular due to their interaction with natural persons or other systems.	4. 특히 자연인 또는 다른 시스템과 상호작용의 경우에, 고위험 AI 시스템은 해당 시스템 또는 해당 시스템이 운영되는 환경 내에서 발생할 수 있는 오류, 결함, 일관성 결여에 대해 가능한 복원력을 가져야 한다.
Technical and organisational measures shall be taken in this regard. The robustness of high-risk AI systems may be achieved through technical redundancy solutions, which may include backup or fail-safe plans.	이와 관련하여 기술적·조직적 조치가 이루어져야 한다. 고위험 AI 시스템의 견고성은 백업 또는 오작동 안전 설계를 포함하는 기술적 중복조치를 통해 달성될 수 있다.
High-risk AI systems that continue to learn after being placed on the market or put into service shall be developed in	시장 출시 또는 서비스 공급 후 지속적으로 학습하는 고위험 AI 시스템은 향후 운영을 위한 입력에 영향을 미칠 수 있는 편향된 결

원문	번역
such a way as to eliminate or reduce as far as possible the risk of possibly biased outputs influencing input for future op-erations (feedback loops) and as to en-sure that any such feedback loops are duly addressed with appropriate miti-gation measures.	과물의 위험(피드백 루프)을 최대한 제거하거나 감소시키고, 그러한 피드백 루프가 적절한 완화 조치를 통해 적절히 해결되는 것을 보장하도록 개발되어야 한다.
5. High-risk AI systems shall be resilient against attempts by unauthorised third parties to alter their use, outputs or performance by exploiting system vulnerabilities.	5. 고위험 AI 시스템은 권한을 부여받지 않은 제3자가 해당 시스템의 취약점을 악용하여 그 이용, 결과물, 성능을 변경하려는 시도에 대한 복원력을 갖추어야 한다.
The technical solutions aiming to ensure the cybersecurity of high-risk AI sys-tems shall be appropriate to the relevant circumstances and the risks.	고위험 AI 시스템의 사이버 보안을 보장하기 위한 기술적 방안은 관련 상황 및 위험에 부합하는 적절한 것이어야 한다.
The technical solutions to address AI specific vulnerabilities shall include, where appropriate, measures to prevent, detect, respond to, resolve and control for attacks trying to manipulate the training data set (data poisoning), or pre-trained components used in train-ing (model poisoning), inputs designed to cause the AI model to make a mis-take (adversarial examples or model evasion), confidentiality attacks or model flaws.	AI 고유의 취약점에 대응하기 위한 기술적 방안은, 학습 데이터 세트에 대한 조작 공격(데이터 오염), 학습에 이용되는 사전 훈련된 요소에 대한 조작 공격(모델 오염), AI 모델에 착오를 유발하도록 하는 투입물의 주입 공격(적대적 예제 또는 모델 회피), 기밀 공격, 모델 오류 등을 적절하게 방지, 탐지, 대응, 해결, 또는 통제하는 방안을 포함해야 한다.

제3절 고위험 AI 시스템의 공급자 · 배포자 기타 당사자의 의무(SECTION 3 Obligations of providers and deployers of high-risk AI systems and other parties)

제16조 고위험 AI 시스템 공급자의 의무(Article 16 Obligations of providers of high-risk AI systems)

원문	번역
Providers of high-risk AI systems shall:	고위험 AI 시스템 공급자는 다음을 이행하여야 한다:
(a) ensure that their high-risk AI systems are compliant with the requirements set out in Section 2;	(a) 고위험 AI 시스템이 제2절에 규정된 요건을 준수하도록 할 것;
(b) indicate on the high-risk AI system or, where that is not possible, on its packaging or its accompanying doc-umentation, as applicable, their name, registered trade name or registered trade mark, the address at which they can be contacted;	(b) 고위험 AI 시스템에 또는 불가능한 경우 포장이나 동봉된 문서에 이름, 등록상호 또는 등록상표, 연락할 수 있는 주소의 기재;
(c) have a quality management system in place which complies with Article 17;	(c) 제17조를 준수하는 품질 관리 체계의 마련;
(d) keep the documentation referred to in Article 18;	(d) 제18조에 규정된 문서의 보관;
(e) when under their control, keep the logs automatically generated by their high-risk AI systems as referred to in Article 19;	(e) 통제 하에 있는 경우, 제19조에 규정된 고위험 AI 시스템에 의해 자동으로 생성된 로그의 보관;
(f) ensure that the high-risk AI system undergoes the relevant conformity as-sessment procedure as referred to in Article 43, prior to its being placed on the market or put into service;	(f) 고위험 AI 시스템이 시장 출시되거나 서비스 공급되기 전에 제43조에 규정된 관련 적합성 평가절차를 거치도록 할 것;
(g) draw up an EU declaration of con-formity in accordance with Article 47;	(g) 제47조에 따른 EU 적합성 선언서의 작성;
(h) affix the CE marking to the high-risk AI system or, where that is not possi-ble, on its packaging or its accom-panying documentation, to indicate	(h) 제48조에 따라, 이 법의 준수를 표시하기 위하여 고위험 AI 시스템에 또는, 불가능한 경우, 그 포장이나 동봉된 문서에 CE 마크를 부착;

원문	번역
conformity with this Regulation, in accordance with Article 48; (i) comply with the registration obligations referred to in Article 49(1); (j) take the necessary corrective actions and provide information as required in Article 20; (k) upon a reasoned request of a national competent authority, demonstrate the conformity of the high-risk AI system with the requirements set out in Section 2; (l) ensure that the high-risk AI system complies with accessibility require-ments in accordance with Directives (EU) 2016/2102 and (EU) 2019/882.	(i) 제49조 제1항에 규정된 등록 의무를 준수; (j) 제20조에 따라 필요한 시정 조치를 취하고 정보를 제공; (k) 국가관할당국의 그 사유를 기재한 요청이 있는 경우, 고위험 AI 시스템이 제2절에 규정된 요건에 부합함을 입증; (l) 고위험 AI 시스템이 Directive (EU) 2016/2102 및 Directive (EU) 2019/882에 따라 접근성 요건을 준수하도록 보장.

제17조 품질 관리 체계(Article 17 Quality management system)

원문	번역
1. Providers of high-risk AI systems shall put a quality management system in place that ensures compliance with this Regulation. That system shall be docu-mented in a systematic and orderly manner in the form of written policies, procedures and instructions, and shall include at least the following aspects: (a) a strategy for regulatory compliance, including compliance with conformity assessment procedures and procedures for the management of modifications to the high-risk AI system; (b) techniques, procedures and systematic actions to be used for the design, design control and design verification of the high-risk AI system; (c) techniques, procedures and systematic actions to be used for the develop-	1. 고위험 AI 시스템 공급자는 이 법의 준수를 보장하는 품질 관리 체계를 구축해야 한다. 해당 체계는 서면 정책, 절차 및 지침의 형태로 체계적이고 질서정연한 방식으로 문서화되어야 하며, 최소한 다음 사항을 포함해야 한다: (a) 적합성 평가 절차 및 고위험 AI 시스템의 수정사항 관리를 위한 절차의 준수를 포함한 규제 준수 전략; (b) 고위험 AI 시스템의 설계, 설계 제어 및 설계 검증에 이용되는 기술, 절차 및 체계적 조치; (c) 고위험 AI 시스템의 개발, 품질 관리 및 품질 보장을 위해 이용되는 기술, 절차

원문	번역
ment, quality control and quality assurance of the highrisk AI system;	및 체계적 조치;
(d) examination, test and validation procedures to be carried out before, during and after the development of the highrisk AI system, and the frequency with which they have to be carried out;	(d) 고위험 AI 시스템 개발 전, 개발 중, 개발 후에 수행되어야 하는 검사, 시험, 유효성 검증 절차와 이를 수행해야 하는 빈도;
(e) technical specifications, including standards, to be applied and, where the relevant harmonised standards are not applied in full or do not cover all of the relevant requirements set out in Section 2, the means to be used to ensure that the highrisk AI system complies with those requirements;	(e) 표준을 포함한 적용되는 기술기준, 그리고 관련 조화된 표준이 완전하게 적용되지 않거나 제2절에 규정된 관련 요건 모두를 다루지 않는 경우에 고위험 AI 시스템이 해당 요건을 준수하도록 보장하기 위하여 이용되는 수단;
(f) systems and procedures for data management, including data acquisition, data collection, data analysis, data labelling, data storage, data filtration, data mining, data aggregation, data retention and any other operation regarding the data that is performed before and for the purpose of the placing on the market or the putting into service of highrisk AI systems;	(f) 데이터 획득, 데이터 수집, 데이터 분석, 데이터 라벨링, 데이터 저장, 데이터 여과, 데이터 마이닝, 데이터 종합, 데이터 보유 및 고위험 AI 시스템의 시장 출시 또는 서비스 공급 목적으로 그 이전에 수행되는 데이터에 관한 기타 작업을 포함한 데이터 관리를 위한 시스템 및 절차;
(g) the risk management system referred to in Article 9;	(g) 제9조에 규정된 위험 관리 체계;
(h) the settingup, implementation and maintenance of a postmarket monitoring system, in accordance with Article 72;	(h) 제72조에 따른 시장 출시 후 모니터링 체계의 설치, 이행 및 유지;
(i) procedures related to the reporting of a serious incident in accordance with Article 73;	(i) 제73조에 따른 중대한 사고의 보고와 관련된 절차;
(j) the handling of communication with national competent authorities, other relevant authorities, including those providing or supporting the access to data, notified bodies, other operators,	(j) 데이터 접근을 제공하거나 지원하는 자, 피통보기관, 타 운영자, 고객 또는 다른 이해관계자를 포함하여 국가관할당국, 그 밖의 관련 당국과의 통신의 의사소통 처리;

원문	번역
customers or other interested parties;	
(k) systems and procedures for record— keeping of all relevant documentation and information;	(k) 모든 관련 문서 및 정보의 기록 보관 체계 및 절차;
(l) resource management, including se— curity—of—supply related measures;	(l) 공급 보안 관련 조치를 포함한 자원 관리;
(m) an accountability framework setting out the responsibilities of the management and other staff with regard to all the aspects listed in this paragraph.	(m) 이 항 각 호에 열거된 모든 사항에 대한 경영진 및 기타 직원의 책임을 명시한 책임 체계.
2. The implementation of the aspects re— ferred to in paragraph 1 shall be pro— portionate to the size of the provider's organisation. Providers shall, in any event, respect the degree of rigour and the level of protection required to ensure the compliance of their high—risk AI systems with this Regulation.	2. 제1항에 규정된 사항의 이행은 공급자의 조직의 규모에 비례하여야 한다. 공급자는 어떠한 경우에도 그 고위험 AI 시스템의 이 법 준수를 보장하기 위해 요구되는 엄격성의 정도와 보호 수준을 준수해야 한다.
3. Providers of high—risk AI systems that are subject to obligations regarding quality management systems or an equivalent function under relevant sec— toral Union law may include the aspects listed in paragraph 1 as part of the quality management systems pursuant to that law.	3. 관련 일부 EU법 하에서 품질 관리 체계 또는 이와 동등한 기능에 관한 의무의 대상이 되는 고위험 AI 시스템 공급자는 제1항에 열거된 항목을 해당 법률에 따른 품질 관리 체계의 일부로 포함할 수 있다.
4. For providers that are financial in— stitutions subject to requirements re— garding their internal governance, ar— rangements or processes under Union financial services law, the obligation to put in place a quality management system, with the exception of paragraph 1, points (g), (h) and (i) of this Article, shall be deemed to be fulfilled by complying with the rules on internal governance arrangements or processes pursuant to the relevant Union financial services law. To that end, any harmon—	4. EU 금융서비스법 하에서 내부 지배구조, 협정 또는 절차에 관한 요건의 대상인 금융기관인 공급자의 경우, 이 조 제1항 제g호, 제h호 및 제i호를 제외하고, 품질 관리 체계를 구축할 의무는 관련 EU 금융서비스법에 따른 내부 지배구조, 협정 또는 절차에 관한 규칙을 준수함으로써 이행된 것으로 간주되어야 한다. 이를 위하여, 제40조에 규정된 조화된 표준이 고려되어야 한다.

원문	번역
ised standards referred to in Article 40 shall be taken into account.	

제18조 문서보관(Article 18 Documentation keeping)

원문	번역
1. The provider shall, for a period ending 10 years after the high−risk AI system has been placed on the market or put into service, keep at the disposal of the national competent authorities:	1. 공급자는 고위험 AI 시스템이 시장 출시 또는 서비스 공급된 이후 10년 동안 국가관할당국이 이용할 수 있도록 다음 각호의 문서를 보관하여야 한다:
(a) the technical documentation referred to in Article 11;	(a) 제11조에 따른 기술문서;
(b) the documentation concerning the quality management system referred to in Article 17;	(b) 제17조에 따른 품질 관리 체계에 관한 문서;
(c) the documentation concerning the changes approved by notified bodies, where applicable;	(c) 해당 사항이 있는 경우, 피통보기관이 승인한 변경에 관한 문서;
(d) the decisions and other documents is−sued by the notified bodies, where applicable;	(d) 해당 사항이 있는 경우, 피통보기관에 의한 결정 또는 기타 문서;
(e) the EU declaration of conformity re−ferred to in Article 47.	(e) 제47조에 따른 EU 적합성 선언.
2. Each Member State shall determine con−ditions under which the documentation referred to in paragraph 1 remains at the disposal of the national competent au−thorities for the period indicated in that paragraph for the cases when a provider or its authorised representative estab−lished on its territory goes bankrupt or ceases its activity prior to the end of that period.	2. 각 회원국은 EU 역내 공급자 또는 국내 대리인이 제1항에서 정한 기간이 만료되기 전에 파산하거나 활동을 중단하는 경우에 대비하여 제1항에 따른 문서가 같은 항에서 정한 기간 동안 국가관할당국의 처리 하에 있도록 하는 조건을 정해야 한다.
3. Providers that are financial institutions subject to requirements regarding their internal governance, arrangements or processes under Union financial services law shall maintain the technical doc−	3. EU 금융서비스법에 따른 내부 거버넌스, 협약 또는 절차를 준수해야 하는 금융기관인 공급자는 관련 금융서비스법에 따라 보관해야 하는 문서의 하나로서 기술문서를 보관해야 한다.

원문	번역
umentation as part of the documentation kept under the relevant Union financial services law.	

제19조 자동 생성된 로그(Article 19 Automatically generated logs)

원문	번역
1. Providers of high-risk AI systems shall keep the logs referred to in Article 12(1), automatically generated by their high-risk AI systems, to the extent such logs are under their control. Without prejudice to applicable Union or national law, the logs shall be kept for a period appropriate to the intended purpose of the high-risk AI system, of at least six months, unless provided otherwise in the applicable Union or national law, in particular in Union law on the protection of personal data.	1. 고위험 AI 시스템 공급자는 해당 시스템이 자동으로 생성한 제12조 제1항에 따른 로그를 관리할 수 있는 수준으로 보관해야 한다. 관련 EU법 또는 국내법에도 불구하고, 관련 EU법 또는 국내법, 특히 개인정보 보호에 관한 EU법에서 달리 정하지 않은 경우, 로그는 고위험 AI 시스템의 의도된 목적에 적절한 기간, 최소 6개월 동안 보관되어야 한다.
2. Providers that are financial institutions subject to requirements regarding their internal governance, arrangements or processes under Union financial services law shall maintain the logs automatically generated by their high-risk AI systems as part of the documentation kept under the relevant financial services law.	2. EU 금융서비스법에 따른 내부 거버넌스, 협약 또는 절차를 준수해야 하는 금융기관인 공급자는 관련 금융서비스법에 따라 보관해야 하는 문서의 하나로서 고위험 AI 시스템이 자동으로 생성한 로그를 보관해야 한다.

제20조 시정조치 및 정보 제공 의무(Article 20 Corrective actions and duty of information)

원문	번역
1. Providers of high-risk AI systems which consider or have reason to consider that a high-risk AI system that they have placed on the market or put into service is not in conformity with this Regulation	1. 시장 출시하거나 서비스 공급한 고위험 AI 시스템이 이 법에 부합하지 않는다고 생각하거나 그렇게 생각할 만한 이유를 갖고 있는 고위험 AI 시스템 공급자는 해당 시스템을 철수하거나, 이용을 불가능하게 하거나,

원문	번역
shall immediately take the necessary corrective actions to bring that system into conformity, to withdraw it, to dis－able it, or to recall it, as appropriate. They shall inform the distributors of the high－risk AI system concerned and, where applicable, the deployers, the authorised representative and importers accordingly.	리콜하는 등 이 법에 부합하도록 하는 데 필요한 시정조치를 즉시 취해야 한다. 고위험 AI 시스템 공급자는 해당 고위험 AI 시스템의 유통자에게 정보를 제공해야 하며, 해당되는 경우, 배포자, 국내 대리인 및 수입자에게도 정보를 제공해야 한다.
2. Where the high－risk AI system presents a risk within the meaning of Article 79(1) and the provider becomes aware of that risk, it shall immediately investigate the causes, in collaboration with the report－ing deployer, where applicable, and in－form the market surveillance authorities competent for the high－risk AI system concerned and, where applicable, the notified body that issued a certificate for that high－risk AI system in accordance with Article 44, in particular, of the na－ture of the non－compliance and of any relevant corrective action taken.	2. 고위험 AI 시스템이 제79조 제1항의 의미 내에서의 위험을 보이고 공급자가 해당 위험을 인지한 경우, 공급자는 해당되는 경우 즉시 보고한 배포자와 협력하여 그 원인을 조사해야 하고, 권한을 갖는 시장감시당국 및 해당되는 경우 제44조에 따라 고위험 AI 시스템에 대해 인증서를 발급해 준 피통보기관에게 문제된 고위험 AI 시스템에 대해 특히 불이행의 성질과 조치를 위한 모든 관련 시정조치에 관하여 정보를 제공해야 한다.

제21조 관할당국과의 협력(Article 21 Cooperation with competent authorities)

원문	번역
1. Providers of high－risk AI systems shall, upon a reasoned request by a competent authority, provide that authority all the information and documentation necessary to demonstrate the conformity of the high－risk AI system with the require－ments set out in Section 2, in a language which can be easily understood by the authority in one of the official languages of the institutions of the Union as in－dicated by the Member State concerned.	1. 고위험 AI 시스템 공급자는 관할당국의 그 사유를 기재한 요청이 있는 경우 해당 관할당국에게 고위험 AI 시스템이 제2절에 따른 요건에 합치한다는 것을 입증하는 데 필요한 모든 정보 및 문서를 관계 회원국이 나타내는 EU 기관의 공식 언어 중 하나로 해당 당국이 쉽게 이해할 수 있도록 제공해야 한다.

원문	번역
2. Upon a reasoned request by a competent authority, providers shall also give the requesting competent authority, as ap-plicable, access to the automatically generated logs of the high-risk AI sys-tem referred to in Article 12(1), to the extent such logs are under their control.	2. 관할당국의 그 사유를 기재한 요청에 따라, 공급자는 해당되는 경우 요청을 한 당국이 고위험 AI 시스템이 자동으로 생성한 로그가 공급자의 통제하에 있는 범위 내에서 로그에 접근할 수 있도록 해야 한다.
3. Any information obtained by a competent authority pursuant to this Article shall be treated in accordance with the con-fidentiality obligations set out in Article 78.	3. 이 조에 따른 관할당국이 확보한 모든 정보는 제78조에 따른 기밀유지 의무에 따라 다루어져야 한다.

제22조 고위험 AI 시스템 공급자의 국내 대리인(Article 22 Authorised representatives of providers of high-risk AI systems)

원문	번역
1. Prior to making their high-risk AI sys-tems available on the Union market, providers established in third countries shall, by written mandate, appoint an authorised representative which is es-tablished in the Union.	1. 고위험 AI 시스템을 EU시장에서 이용할 수 있게 하기 전에, 제3국에서 설립된 공급자는 EU에 설립된 국내 대리인을 서면 위임장에 의하여 선임해야 한다.
2. The provider shall enable its authorised representative to perform the tasks specified in the mandate received from the provider.	2. 공급자는 국내 대리인이 공급자로부터 받은 위임장에 명시된 임무를 수행할 수 있도록 해야 한다.
3. The authorised representative shall per-form the tasks specified in the mandate received from the provider. It shall pro-vide a copy of the mandate to the mar-ket surveillance authorities upon request, in one of the official languages of the institutions of the Union, as indicated by the competent authority. For the pur-poses of this Regulation, the mandate shall empower the authorised repre-sentative to carry out the following tasks:	3. 국내 대리인은 공급자로부터 받은 위임장에 명시된 임무를 수행해야 한다. 국내 대리인은 시장감시당국의 요청이 있는 경우 해당 위임장의 사본을 관할당국이 지시한 대로 EU 공식 언어 중 하나로 제공해야 한다. 이 법의 목적상 위임장은 국내 대리인이 다음 임무를 수행할 권한을 부여해야 한다:

원문	번역
(a) verify that the EU declaration of con—formity referred to in Article 47 and the technical documentation referred to in Article 11 have been drawn up and that an appropriate conformity assess—ment procedure has been carried out by the provider;	(a) 제47조에 따른 EU 적합성 선언 및 제11조에 따른 기술문서가 작성되었다는 점과 공급자가 적절한 적합성 평가 절차를 수행하였다는 점을 입증;
(b) keep at the disposal of the competent authorities and national authorities or bodies referred to in Article 74(10), for a period of 10 years after the high—risk AI system has been placed on the market or put into service, the contact details of the provider that appointed the authorised representa—tive, a copy of the EU declaration of conformity referred to in Article 47, the technical documentation and, if ap—plicable, the certificate issued by the notified body;	(b) 고위험 AI 시스템이 시장 출시 또는 서비스 공급된 후 10년간 국내 대리인을 선임한 공급자의 연락처, 제47조에 따른 EU 적합성 선언의 사본, 기술문서, 해당되는 경우 피통보기관이 발행한 인증서를 제74조 제10항에 따른 관할당국 및 국내 당국 또는 기관의 관할 하에 있도록 할 것;
(c) provide a competent authority, upon a reasoned request, with all the in—formation and documentation, includ—ing that referred to in point (b) of this subparagraph, necessary to demon—strate the conformity of a high—risk AI system with the requirements set out in Section 2, including access to the logs, as referred to in Article 12(1), auto—matically generated by the high—risk AI system, to the extent such logs are under the control of the provider;	(c) 그 사유를 기재한 요청이 있는 경우, 관할당국에 이 단락 제b호에서 언급한 사항을 포함하여, 제12조 제1항에 따라 고위험 AI 시스템이 자동으로 생성한 로그가 공급자의 통제하에 있는 범위 내에서 해당 로그에 대한 접근 등 제2절에 따른 요건에 고위험 AI 시스템이 부합하는 지를 입증하는 데 필요한 모든 정보 및 문서를 제공;
(d) cooperate with competent authorities, upon a reasoned request, in any ac—tion the latter take in relation to the high—risk AI system, in particular to reduce and mitigate the risks posed by the high—risk AI system;	(d) 국내 대리인이 고위험 AI 시스템에 관하여 취하는 모든 조치, 특히 고위험 AI 시스템으로 인한 위험을 경감하거나 완화하기 위한 조치와 관련하여, 그 사유를 기재한 요청이 있는 경우 관할당국과 협력;
(e) where applicable, comply with the	(e) 해당되는 경우 제49조 제1항에 따른 등록

원문	번역
registration obligations referred to in Article 49(1), or, if the registration is carried out by the provider itself, ensure that the information referred to in point 3 of Section A of Annex Ⅷ is correct. The mandate shall empower the authorised representative to be addressed, in addition to or instead of the provider, by the competent authorities, on all issues related to ensuring compliance with this Regulation. 4. The authorised representative shall terminate the mandate if it considers or has reason to consider the provider to be acting contrary to its obligations pursuant to this Regulation. In such a case, it shall immediately inform the relevant market surveillance authority, as well as, where applicable, the relevant notified body, about the termination of the mandate and the reasons therefor.	의무를 준수, 또는 공급자 스스로 등록을 한 경우 부속서 Ⅷ 제A절 제3호에 따른 정보가 정확한지를 보장. 위임은 공급자에 추가적으로 또는 공급자를 대신하여 이 법 준수를 보장하는 것과 관련된 모든 사안에 관하여 관할당국이 다룰 수 있도록 국내 대리인에게 권한을 부여해야 한다. 4. 국내 대리인은 공급자가 이 법에 따른 의무와 반대되는 행동을 한다고 생각하거나 그렇게 생각할 만한 이유를 갖고 있는 경우에는 위임을 종료해야 한다. 이 경우 국내 대리인은 관련 시장감시당국과 해당되는 경우 관련 피통보기관에 즉시 위임종료 및 그 이유를 알려야 한다.

제23조 수입자의 의무(Article 23 Obligations of importers)

원문	번역
1. Before placing a highrisk AI system on the market, importers shall ensure that the system is in conformity with this Regulation by verifying that: (a) the relevant conformity assessment procedure referred to in Article 43 has been carried out by the provider of the highrisk AI system; (b) the provider has drawn up the technical documentation in accordance with Article 11 and Annex Ⅳ; (c) the system bears the required CE marking and is accompanied by the	1. 수입자는 고위험 AI 시스템을 시장에 출시하기 전에 다음을 확인하여 해당 시스템이 이 법에 적합하도록 해야 한다: (a) 고위험 AI 시스템의 공급자가 제43조에 규정된 관련 적합성 평가 절차를 수행하였다는 사실; (b) 공급자가 제11조 및 부속서 Ⅳ에 따라 기술문서를 작성하였다는 사실; (c) 시스템에 요구되는 CE 마크가 부착되어 있으며, 제47조에 규정된 EU 적합성 선언

원문	번역
EU declaration of conformity referred to in Article 47 and instructions for use;	및 이용 지침이 함께 제공된다는 사실;
(d) the provider has appointed an au—thorised representative in accordance with Article 22(1).	(d) 공급자가 제22조 제1항에 따른 국내 대리인을 선임하였다는 사실.
2. Where an importer has sufficient reason to consider that a high—risk AI system is not in conformity with this Regulation, or is falsified, or accompanied by falsified documentation, it shall not place the system on the market until it has been brought into conformity. Where the high—risk AI system presents a risk within the meaning of Article 79(1), the importer shall inform the provider of the system, the authorised representative and the market surveillance authorities to that effect.	2. 고위험 AI 시스템이 이 법에 부합하지 않거나 위조되었거나 혹은 위조된 문서와 동반되었다고 수입자가 생각할 충분한 이유가 있는 경우, 해당 시스템이 적합해질 때까지 수입자는 이를 시장에 출시할 수 없다. 고위험 AI 시스템이 제79조 제1항의 의미에 따른 위험을 나타내는 경우, 수입자는 해당 시스템의 공급자, 국내 대리인 및 시장감시 당국에게 그 사실을 알려야 한다.
3. Importers shall indicate their name, reg—istered trade name or registered trade mark, and the address at which they can be contacted on the high—risk AI system and on its packaging or its accompanying documentation, where applicable.	3. 해당되는 경우, 수입자는 고위험 AI 시스템의 포장이나 첨부되는 서류에 해당 시스템과 관련되어 연락할 수 있는 이름, 등록된 상호명 또는 상표명, 그리고 주소를 표시하여야 한다.
4. Importers shall ensure that, while a high—risk AI system is under their respon—sibility, storage or transport conditions, where applicable, do not jeopardise its compliance with the requirements set out in Section 2.	4. 수입자는 고위험 AI 시스템이 자신의 책임하에 있는 동안 보관 또는 운송 조건이, 해당하는 경우, 제2절에 규정된 요건의 준수를 위태롭게 하지 않도록 해야 한다.
5. Importers shall keep, for a period of 10 years after the high—risk AI system has been placed on the market or put into service, a copy of the certificate issued by the notified body, where applicable, of the instructions for use, and of the EU declaration of conformity referred to in Article 47.	5. 수입자는 고위험 AI 시스템이 시장에 출시되거나 서비스가 개시된 이후 10년 동안 피통보기관이 발행한 인증서 사본 및 해당되는 경우 이용 지침 사본과 제47조에 규정된 EU 적합성 선언의 사본을 보관하여야 한다.

원문	번역
6. Importers shall provide the relevant com-petent authorities, upon a reasoned re-quest, with all the necessary information and documentation, including that re-ferred to in paragraph 5, to demonstrate the conformity of a high-risk AI system with the requirements set out in Section 2 in a language which can be easily understood by them. For this purpose, they shall also ensure that the technical documentation can be made available to those authorities.	6. 수입자는 관련 관할당국의 그 사유를 기재한 요청이 있는 경우, 고위험 AI 시스템이 제2절에서 명시된 요건에 부합하다는 것을 증명하기 위하여 제5항에 따른 보관 등 필요한 모든 정보와 문서를 그들이 쉽게 이해할 수 있는 언어로 관련 관할당국에 제공하여야 한다. 이를 위하여 수입자는 해당 당국이 기술문서를 이용 가능하도록 하여야 한다.
7. Importers shall cooperate with the rele-vant competent authorities in any action those authorities take in relation to a high-risk AI system placed on the market by the importers, in particular to reduce and mitigate the risks posed by it.	7. 수입자는 자신이 시장에 출시한 고위험 AI 시스템과 관련하여 관련 관할당국이 행한 모든 조치, 특히 해당 시스템에 의한 위험을 경감하고 완화하기 위한 조치에 관련 관할당국과 협력하여야 한다.

제24조 유통자의 의무(Article 24 Obligations of distributors)

원문	번역
1. Before making a high-risk AI system available on the market, distributors shall verify that it bears the required CE marking, that it is accompanied by a copy of the EU declaration of conformity referred to in Article 47 and instructions for use, and that the provider and the importer of that system, as applicable, have complied with their respective obligations as laid down in Article 16, points (b) and (c) and Article 23(3).	1. 고위험 AI 시스템이 시장에 출시되기 전에 유통자는 해당 시스템에 CE 마크가 부착되었다는 사실, 해당 시스템에 제47조에 규정된 EU 적합성 선언 및 이용 지침의 사본이 첨부되어 있다는 사실, 그리고 해당되는 경우 고위험 AI 시스템의 공급자와 수입자가 제16조 제b호 및 제c호 그리고 제23조 제3항에 규정된 각자의 의무를 이행했다는 사실을 확인하여야 한다.
2. Where a distributor considers or has reason to consider, on the basis of the information in its possession, that a high-risk AI system is not in con-formity with the requirements set out in Section 2, it shall not make the	2. 유통자가 보유하고 있는 정보를 바탕으로, 고위험 AI 시스템이 제2절에 규정된 요건에 적합하지 않다고 유통자가 생각하거나 그렇게 생각할 이유가 있는 경우, 해당 시스템이 그 요건에 적합해질 때까지 해당 고위험 AI 시스템을 시장에 출시할 수 없다.

원문	번역
high-risk AI system available on the market until the system has been brought into conformity with those requirements. Furthermore, where the high-risk AI system presents a risk within the meaning of Article 79(1), the distributor shall inform the provider or the importer of the system, as applicable, to that effect.	또한 고위험 AI 시스템이 제79조 제1항의 의미에 따른 위험을 나타내는 경우, 유통자는 해당되는 경우 해당 시스템의 공급자 또는 수입자에게 그 사실을 알려야 한다.
3. Distributors shall ensure that, while a high-risk AI system is under their responsibility, storage or transport conditions, where applicable, do not jeopardise the compliance of the system with the requirements set out in Section 2.	3. 유통자는 고위험 AI 시스템이 자신의 책임 하에 있는 동안 보관 또는 운송조건이, 해당하는 경우, 제2절에 규정된 요건의 준수를 위태롭게 하지 않도록 해야 한다.
4. A distributor that considers or has reason to consider, on the basis of the information in its possession, a high-risk AI system which it has made available on the market not to be in conformity with the requirements set out in Section 2, shall take the corrective actions necessary to bring that system into conformity with those requirements, to withdraw it or recall it, or shall ensure that the provider, the importer or any relevant operator, as appropriate, takes those corrective actions. Where the high-risk AI system presents a risk within the meaning of Article 79(1), the distributor shall immediately inform the provider or importer of the system and the authorities competent for the high-risk AI system concerned, giving details, in particular, of the non-compliance and of any corrective actions taken.	4. 자신이 보유하고 있는 정보를 바탕으로, 시장에 이미 출시된 고위험 AI 시스템이 제2절에 규정된 요건에 부합하지 않는다고 생각하거나 그렇게 생각할 이유가 있는 유통자는 해당 시스템을 그 요건에 부합시키거나, 철수 혹은 리콜하는데 필요한 적절한 조치를 취하거나, 공급자, 수입자 또는 관련 운영자가 적절하게 그러한 시정조치를 취할 수 있도록 해야 한다. 고위험 AI 시스템이 제79조 제1항의 의미에 따른 위험을 나타내는 경우, 유통자는 즉시 해당 시스템의 공급자 또는 수입자 그리고 관련된 고위험 AI 시스템에 관할이 있는 당국에 특히 위반사항 및 취해진 시정조치 등 세부사항을 알려야 한다.
5. Upon a reasoned request from a relevant competent authority, distributors of a high-risk AI system shall provide that au-	5. 관련 관할당국에 의한 그 사유를 기재한 요청이 있는 경우, 고위험 AI 시스템의 유통자는 해당 시스템이 제2절에 명시된 요건에

원문	번역
thority with all the information and doc—umentation regarding their actions pur—suant to paragraphs 1 to 4 necessary to demonstrate the conformity of that sys—tem with the requirements set out in Section 2.	부합하다는 것을 증명하기 위하여 필요한 제1항부터 제4항까지에 따라 행해진 조치와 관련된 모든 정보와 문서를 관련 관할당국에 제공하여야 한다.
6. Distributors shall cooperate with the rel—evant competent authorities in any action those authorities take in relation to a high—risk AI system made available on the market by the distributors, in partic—ular to reduce or mitigate the risk posed by it.	6. 유통자는 자신이 시장에 출시한 고위험 AI 시스템과 관련하여 관련 관할당국이 행한 모든 조치, 특히 해당 시스템에 의한 위험을 경감하고 완화하기 위한 조치에 관련 관할당국과 협력하여야 한다.

제25조 AI 가치사슬에 따른 책임(Article 25 Responsibilities along the AI value chain)

원문	번역
1. Any distributor, importer, deployer or other third—party shall be considered to be a provider of a high—risk AI system for the purposes of this Regulation and shall be subject to the obligations of the provider under Article 16, in any of the following circumstances:	1. 다음 각 호의 상황에 해당하는 경우, 유통자, 수입자, 배포자 또는 기타 제3자는 이 법의 목적을 위하여 고위험 AI 시스템의 공급자로 간주되며, 제16조에 따른 공급자의 의무를 준수해야 한다:
(a) they put their name or trademark on a high—risk AI system already placed on the market or put into service, without prejudice to contractual arrangements stipulating that the obligations are otherwise allocated;	(a) 의무가 다르게 할당되어 있는 계약상 약정이 있더라도, 그들이 이미 시장에 출시되거나 서비스가 개시된 고위험 AI 시스템에 자신의 이름 또는 상표를 부착한 경우;
(b) they make a substantial modification to a high—risk AI system that has already been placed on the market or has al—ready been put into service in such a way that it remains a high—risk AI system pursuant to Article 6;	(b) 그들이 이미 시장에 출시되거나 서비스가 공급된 고위험 AI 시스템을 제6조에 따른 고위험 AI 시스템을 유지한 채 본질적 변경을 한 경우;
(c) they modify the intended purpose of	(c) 고위험으로 분류되지 않고 이미 시장에

원문	번역
an AI system, including a general—purpose AI system, which has not been classified as high—risk and has already been placed on the market or put into service in such a way that the AI system concerned becomes a high—risk AI system in accordance with Article 6.	출시되거나 서비스가 개시된 범용 AI 시스템을 포함하여, 관련 AI 시스템을 제6조에 따른 고위험 AI 시스템으로 만들기 위해 그들이 해당 AI 시스템의 의도된 목적을 변경하는 경우.
2. Where the circumstances referred to in paragraph 1 occur, the provider that initially placed the AI system on the market or put it into service shall no longer be considered to be a provider of that specific AI system for the purposes of this Regulation. That initial provider shall closely cooperate with new providers and shall make available the necessary information and provide the reasonably expected technical access and other assistance that are required for the fulfilment of the obligations set out in this Regulation, in particular regarding the compliance with the conformity assessment of high—risk AI systems. This paragraph shall not apply in cases where the initial provider has clearly specified that its AI system is not to be changed into a high—risk AI system and therefore does not fall under the obligation to hand over the documentation.	2. 제1항에서 규정된 상황이 발생하는 경우, AI 시스템을 시장에 출시하거나 서비스를 개시한 최초 공급자는 이 법의 목적상 더 이상 특정 AI 시스템의 공급자로 간주되지 않는다. 최초 공급자는 새로운 공급자와 긴밀히 협력하여야 하고, 필요한 정보를 제공하여야 하며, 특히 고위험 AI 시스템의 적합성 평가의 준수와 관련된 내용을 포함하여 이 법에 규정된 의무의 이행을 위해 요구되는 합리적으로 예견되는 기술적 접근 및 기타 지원을 제공하여야 한다. 본항은 해당 AI 시스템이 고위험 AI 시스템으로 변경되지 않기 때문에 문서를 전달할 의무가 부과되지 않는다는 것을 최초 공급자가 명시한 경우에는 적용되지 않는다.
3. In the case of high—risk AI systems that are safety components of products covered by the Union harmonisation legislation listed in Section A of Annex I, the product manufacturer shall be considered to be the provider of the high—risk AI system, and shall be subject to the obligations under Article 16 under either of the following circumstances:	3. 부속서 I 제A절에 열거된 EU조화법이 적용되는 제품의 안전구성요소가 고위험 AI 시스템인 경우, 제품 제조업자는 고위험 AI 시스템의 공급자로 간주되며, 다음 각 호의 상황에 해당하는 경우 제16조에 규정된 의무를 준수하여야 한다:

원문	번역
(a) the high−risk AI system is placed on the market together with the product under the name or trademark of the product manufacturer;	(a) 제품 제조업자의 이름이나 상표로 고위험 AI 시스템이 해당 제품과 함께 시장에 출시된 경우;
(b) the high−risk AI system is put into service under the name or trademark of the product manufacturer after the product has been placed on the market.	(b) 해당 제품이 시장에 출시된 이후 제품 제조업자의 이름 또는 상표로 고위험 AI 시스템이 서비스를 개시한 경우.
4. The provider of a high−risk AI system and the third party that supplies an AI system, tools, services, components, or processes that are used or integrated in a high−risk AI system shall, by written agreement, specify the necessary in−formation, capabilities, technical access and other assistance based on the gen−erally acknowledged state of the art, in order to enable the provider of the high−risk AI system to fully comply with the obligations set out in this Regulation. This paragraph shall not apply to third parties making accessible to the public tools, services, processes, or components, other than gen−eral−purpose AI models, under a free and open−source licence.	4. 고위험 AI 시스템의 공급자와 고위험 AI 시스템에 이용되거나 통합되는 AI 시스템, 도구, 서비스, 구성요소 또는 프로세스를 공급하는 제3자는 서면 약정으로 고위험 AI 시스템의 공급자가 이 법에 규정된 의무를 완전히 준수할 수 있도록 하기 위하여 일반적으로 인정되는 최신 기술을 기반으로 필요한 정보, 역량, 기술적 접근 및 기타 지원을 명시하여야 한다. 이 항은 무료 오픈 소스 라이센스에 따라 범용 AI 모델 이외의 공용 도구, 서비스, 프로세스 또는 구성요소에 접근할 수 있도록 하는 제3자에게는 적용되지 않는다.
The AI Office may develop and recom−mend voluntary model terms for con−tracts between providers of high−risk AI systems and third parties that supply tools, services, components or processes that are used for or integrated into high−risk AI systems. When developing those voluntary model terms, the AI Office shall take into account possible contractual requirements applicable in specific sectors or business cases. The voluntary model terms shall be pub−	AI사무국은 고위험 AI 시스템의 공급자와 고위험 AI 시스템에 이용되거나 통합되는 도구, 서비스, 구성요소 또는 프로세스를 공급하는 제3자 사이의 계약을 위한 자발적인 모범 계약조항을 개발하고 권장할 수 있다. 자발적인 모범 계약조항을 개발하는 경우, AI사무국은 특정 영역 또는 사업 사례에 적용할 수 있는 계약요건을 고려하여야 한다. 자발적인 모범 계약조항은 쉽게 이용할 수 있는 전자 형태로 무료로 공개되어야 한다.

원문	번역
lished and be available free of charge in an easily usable electronic format. 5. Paragraphs 2 and 3 are without prejudice to the need to observe and protect in-tellectual property rights, confidential business information and trade secrets in accordance with Union and national law.	5. 제2항과 제3항은 EU법과 국내법에 근거하고 있는 지식재산권, 기밀 사업 정보 및 영업비밀을 관찰하고 보호해야 할 필요성에 영향을 미치지 않는다.

제26조 고위험 AI 시스템 배포자의 의무(Article 26 Obligations of deployers of high-risk AI systems)

원문	번역
1. Deployers of high-risk AI systems shall take appropriate technical and organisa-tional measures to ensure they use such systems in accordance with the in-structions for use accompanying the systems, pursuant to paragraphs 3 and 6.	1. 고위험 AI 시스템 배포자는 제3항부터 제6항까지에 따라 해당 시스템에 수반되는 이용 지침에 따라 해당 시스템을 이용할 수 있도록 보장하기 위한 적절한 기술적 및 조직적 조치를 취해야 한다.
2. Deployers shall assign human oversight to natural persons who have the neces-sary competence, training and authority, as well as the necessary support.	2. 배포자는 필요한 역량, 훈련, 권한 및 필요한 지원을 갖춘 자연인에게 인간 관리·감독을 할당해야 한다.
3. The obligations set out in paragraphs 1 and 2, are without prejudice to other deployer obligations under Union or national law and to the deployer's free-dom to organise its own resources and activities for the purpose of implement-ing the human oversight measures in-dicated by the provider.	3. 제1항 및 제2항에 따른 의무는 EU법 또는 국내법상 다른 배포자 의무 및 공급자가 지시한 인간 관리·감독 조치를 이행하기 위한 자신의 자원 및 활동을 구성할 수 있는 배포자의 자유에 영향을 미치지 않는다.
4. Without prejudice to paragraphs 1 and 2, to the extent the deployer exercises control over the input data, that deployer shall ensure that input data is relevant and sufficiently representative in view of the intended purpose of the high-risk AI system.	4. 제1항 및 제2항을 침해하지 않고, 배포자는 입력데이터에 대한 통제를 행사하고 있는 한도 내에서 고위험 AI 시스템의 의도된 목적을 고려하여 입력데이터가 관련성이 있고 충분한 대표성을 갖추고 있음을 보장해야 한다.

원문	번역
5. Deployers shall monitor the operation of the high−risk AI system on the basis of the instructions for use and, where rel−evant, inform providers in accordance with Article 72. Where deployers have reason to consider that the use of the high−risk AI system in accordance with the instructions may result in that AI system presenting a risk within the meaning of Article 79(1), they shall, without undue delay, inform the provider or distributor and the relevant market surveillance authority, and shall suspend the use of that system. Where deployers have identified a serious incident, they shall also immediately inform first the provider, and then the importer or dis−tributor and the relevant market surveil−lance authorities of that incident. If the deployer is not able to reach the pro−vider, Article 73 shall apply mutatis mutandis. This obligation shall not cover sensitive operational data of deployers of AI systems which are law enforcement authorities.	5. 배포자는 이용 지침에 기초하여 고위험 AI 시스템의 운영을 모니터링해야 하며, 관련된 경우 제72조에 따라 공급자에게 통지해야 한다. 배포자가 이용 지침에 따른 고위험 AI 시스템의 이용이 제79조 제1항의 의미에 따른 위험을 나타내는 AI 시스템을 초래할 수 있다고 고려할 이유가 있는 경우 부당한 지체 없이 공급자, 유통자 및 관련 시장감시당국에 그 사실을 알리고 해당 시스템의 이용을 중지해야 한다. 배포자가 중대한 사고를 인지한 경우 먼저 공급자에게 즉시 그 사실을 통지한 후 수입자, 유통자 및 해당 사고와 관련된 시장감시당국에 통지해야 한다. 배포자가 공급자와 연락이 되지 않을 경우 제73조를 준용한다. 이 의무는 법 집행 당국인 AI 시스템의 배포자의 민감한 작전 데이터에는 적용되지 않는다.
For deployers that are financial in−stitutions subject to requirements re−garding their internal governance, ar−rangements or processes under Union financial services law, the monitoring obligation set out in the first subpara−graph shall be deemed to be fulfilled by complying with the rules on internal governance arrangements, processes and mechanisms pursuant to the relevant fi−nancial service law.	배포자가 EU 금융서비스법 상 내부 거버넌스, 배치 또는 프로세스와 관련한 요건을 준수해야 하는 금융기관인 경우, 관련 금융서비스법에 따른 내부 거버넌스 배치, 프로세스 및 메커니즘에 관한 규칙을 준수함으로써 제1단락에 규정된 모니터링 의무를 준수한 것으로 본다.
6. Deployers of high−risk AI systems shall keep the logs automatically generated by that high−risk AI system to the extent	6. 특히 개인정보 보호에 관한 EU법을 포함한 현행 EU법이나 회원국 국내법에서 달리 정하지 않는 한, 고위험 AI 시스템 배포자는

원문	번역
such logs are under their control, for a period appropriate to the intended purpose of the high-risk AI system, of at least six months, unless provided otherwise in applicable Union or national law, in particular in Union law on the protection of personal data. Deployers that are financial institutions subject to requirements regarding their internal governance, arrangements or processes under Union financial services law shall maintain the logs as part of the documentation kept pursuant to the relevant Union financial service law.	로그 기록이 자신의 통제 하에 있는 범위 내에서 해당 고위험 AI 시스템에 의해 자동적으로 생성된 로그 기록을 최소 6개월 이상 해당 고위험 AI 시스템의 의도된 목적에 맞는 기간 동안 보존해야 한다. 배포자가 EU 금융서비스법 상 내부 거버넌스, 배치 또는 프로세스와 관련한 요건을 준수해야 하는 금융기관인 경우, 관련 EU 금융서비스법에 따라 보존되는 문서의 일부로서 로그 기록을 보존해야 한다.
7. Before putting into service or using a high-risk AI system at the workplace, deployers who are employers shall inform workers' representatives and the affected workers that they will be subject to the use of the high-risk AI system. This information shall be provided, where applicable, in accordance with the rules and procedures laid down in Union and national law and practice on information of workers and their representatives.	7. 고위험 AI 시스템을 직장 내에서 서비스 개시하거나 이용하기 전, 고용인에 해당되는 배포자는 근로자 대표 및 영향 받는 근로자들에게 해당 고위험 AI 시스템의 적용을 받게 된다는 사실을 알려야 한다. 이 정보는 해당되는 경우 근로자 및 그 대표의 정보에 관한 EU법 및 회원국 국내법과 업무에 규정된 규칙과 절차에 따라 제공되어야 한다.
8. Deployers of high-risk AI systems that are public authorities, or Union institutions, bodies, offices or agencies shall comply with the registration obligations referred to in Article 49. When such deployers find that the high-risk AI system that they envisage using has not been registered in the EU database referred to in Article 71, they shall not use that system and shall inform the provider or the distributor.	8. 고위험 AI 시스템 배포자가 공공 당국, EU 기구, 기관, 사무소 또는 청인 경우 제49조에 따라 등록 의무를 이행해야 한다. 상기 배포자가 이용하고자 하는 고위험 AI 시스템이 제71조에 따라 EU 데이터베이스에 등록되어 있지 않은 것을 발견한 때에 배포자는 해당 AI 시스템을 이용하는 것이 금지되며, 그 사실을 공급자 또는 유통자에게 통지해야 한다.
9. Where applicable, deployers of high-risk AI systems shall use the information	9. 고위험 AI 시스템의 배포자는, 해당되는 경우, Regulation (EU) 2016/679 제35조 또는

원문	번역
provided under Article 13 of this Regulation to comply with their obligation to carry out a data protection impact assessment under Article 35 of Regulation (EU) 2016/679 or Article 27 of Directive (EU) 2016/680.	Directive (EU) 2016/680 제27조에 따른 데이터 보호 영향평가 이행 의무를 준수하기 위해 이 법 제13조에 따라 제공되는 정보를 이용해야 한다.
10. Without prejudice to Directive (EU) 2016/680, in the framework of an investigation for the targeted search of a person suspected or convicted of having committed a criminal offence, the deployer of a high-risk AI system for post-remote biometric identification shall request an authorisation, ex ante, or without undue delay and no later than 48 hours, by a judicial authority or an administrative authority whose decision is binding and subject to judicial review, for the use of that system, except when it is used for the initial identification of a potential suspect based on objective and verifiable facts directly linked to the offence. Each use shall be limited to what is strictly necessary for the investigation of a specific criminal offence.	10. Directive(EU) 2016/680을 침해하지 않으면서 범죄 혐의자 또는 유죄 판결을 받은 사람의 표적화된 수색을 위한 조사 체계 내에서 사후 원격 생체인식 식별을 위한 고위험 AI 시스템의 배포자는 사전 또는 사후 최소 48시간 이내 부당한 지체 없이 사법당국 또는 사법심사의 대상이 되는 구속력 있는 결정 권한을 보유한 행정당국으로부터 해당 AI 시스템의 이용 승인을 요청해야 한다. 단, 해당 AI 시스템이 범죄와 직접적으로 연결된 객관적이고 검증가능한 사실에 근거한 잠재적 범죄혐의자의 최초 식별을 위해 이용되는 경우는 예외로 한다. 각각의 이용은 특정 형사 범죄의 수사를 위해 엄격히 필요한 범위 내로 제한된다.
If the authorisation requested pursuant to the first subparagraph is rejected, the use of the post-remote biometric identification system linked to that requested authorisation shall be stopped with immediate effect and the personal data linked to the use of the high-risk AI system for which the authorisation was requested shall be deleted.	제1단락에 따라 요청된 승인이 거부된 경우, 그 요청된 승인과 연결된 해당 사후 원격 생체인식 시스템의 이용은 즉각 중단되어야 하고, 승인이 요청된 고위험 AI 시스템의 이용과 연결된 개인정보는 삭제되어야 한다.
In no case shall such high-risk AI system for post-remote biometric identification be used for law enforcement purposes in an untargeted way, without any link to a criminal offence, a	상기 사후 원격 생체인식을 위한 고위험 AI 시스템은 형사 범죄, 형사소송, 실제적이고 현존하거나 또는 실제적이고 예측가능한 형사 범죄 위험, 또는 특정한 실종자의 수색과 연결되지 않은 표적화되지 않는

원문	번역
criminal proceeding, a genuine and present or genuine and foreseeable threat of a criminal offence, or the search for a specific missing person. It shall be ensured that no decision that produces an adverse legal effect on a person may be taken by the law en-forcement authorities based solely on the output of such post-remote biometric identification systems.	방식의 법집행 목적을 위해서는 이용될 수 없다. 법 집행 당국은 상기 사후 원격 생체인식 시스템의 결과물에만 의존하여 자연인에 대해 부정적인 법적 법적 효력을 가지는 어떤 결정도 하지 않도록 해야 한다.
This paragraph is without prejudice to Article 9 of Regulation (EU) 2016/679 and Article 10 of Directive (EU) 2016/680 for the processing of biometric data.	본항은 생체인식 정보의 처리와 관련된 Regulation (EU) 2016/679 제9조 및 Directive (EU) 2016/680 제10조에 영향을 미치지 않는다.
Regardless of the purpose or deployer, each use of such high-risk AI systems shall be documented in the relevant police file and shall be made available to the relevant market surveillance au-thority and the national data protection authority upon request, excluding the disclosure of sensitive operational data related to law enforcement. This sub-paragraph shall be without prejudice to the powers conferred by Directive (EU) 2016/680 on supervisory authorities.	목적 또는 배포자와 관계없이, 법 집행과 관련된 민감한 작전 데이터의 공개를 제외하고, 상기 고위험 AI 시스템의 각각의 이용은 관련 경찰 파일에 문서화되어야 하고, 요청이 있는 경우 관련 시장감시당국 및 회원국 정보보호당국이 이용 가능하도록 해야 한다. 이 단락은 감독 당국에 관하여 Directive (EU) 2016/680이 부여한 권한에 영향을 미치지 않는다.
Deployers shall submit annual reports to the relevant market surveillance and national data protection authorities on their use of post-remote biometric identification systems, excluding the disclosure of sensitive operational data related to law enforcement. The reports may be aggregated to cover more than one deployment.	배포자는 법 집행과 관련된 민감한 작전정보의 공개를 제외하고, 관련 시장감시당국 및 회원국 정보보호당국에 사후 원격 생체인식 시스템의 이용에 관한 연차보고서를 제출해야 한다. 해당 보고서는 2 이상의 배포를 다루기 위하여 종합될 수 있다.
Member States may introduce, in ac-cordance with Union law, more re-strictive laws on the use of post-remote	회원국은 EU법에 따라 사후 원격 생체인식 시스템의 이용에 관해 이 법보다 더 엄격한 법률을 제정할 수 있다.

원문	번역
biometric identification systems.	
11. Without prejudice to Article 50 of this Regulation, deployers of high-risk AI systems referred to in Annex Ⅲ that make decisions or assist in making decisions related to natural persons shall inform the natural persons that they are subject to the use of the high-risk AI system. For high-risk AI systems used for law enforcement purposes Article 13 of Directive (EU) 2016/680 shall apply.	11. 이 법 제50조를 침해하지 않으면서, 자연인과 관련된 의사결정을 내리거나 그러한 의사결정을 보조하는 부속서 Ⅲ에 규정된 고위험 AI 시스템의 배포자는 해당 자연인에게 고위험 AI 시스템의 이용 대상이 되고 있다는 사실을 알려야 한다. 법 집행 목적을 위해 이용된 고위험 AI 시스템의 경우, Directive (EU) 2016/680 제13조가 적용된다.
12. Deployers shall cooperate with the relevant competent authorities in any action those authorities take in relation to the high-risk AI system in order to implement this Regulation.	12. 배포자는 이 법의 이행을 위해 고위험 AI 시스템과 관련하여 해당 당국이 취하는 조치에 대해 관련 관할당국과 협조해야 한다.

제27조 고위험 AI 시스템을 위한 기본권 영향평가(Article 27 Fundamental rights impact assessment for high-risk AI systems)

원문	번역
1. Prior to deploying a high-risk AI system referred to in Article 6(2), with the exception of high-risk AI systems intended to be used in the area listed in point 2 of Annex Ⅲ, deployers that are bodies governed by public law, or are private entities providing public services, and deployers of high-risk AI systems referred to in points 5 (b) and (c) of Annex Ⅲ, shall perform an assessment of the impact on fundamental rights that the use of such system may produce. For that purpose, deployers shall perform an assessment consisting of:	1. 부속서 Ⅲ 제2항에 열거된 영역에서의 이용이 의도된 고위험 AI 시스템을 제외하고 제6조 제2항에 규정된 고위험 AI 시스템을 배포하기 전에 공법의 적용대상이 되는 기관이나 공공서비스를 제공하는 민간 조직인 배포자, 및 부속서 Ⅲ 제5항 제b호 및 제c호에 규정된 고위험 AI 시스템의 배포자는 해당 시스템의 이용이 초래하는 기본권에 대한 영향 평가를 수행해야 한다. 상기 목적을 위하여, 배포자는 다음을 포함하는 평가를 수행해야 한다:
(a) a description of the deployer's processes in which the high-risk AI system will be used in line with its in-	(a) 해당 고위험 AI 시스템이 그 의도된 목적에 부합되게 이용되도록 하는 배포자의 절차에 대한 설명;

원문	번역
tended purpose; (b) a description of the period of time within which, and the frequency with which, each high-risk AI system is intended to be used; (c) the categories of natural persons and groups likely to be affected by its use in the specific context; (d) the specific risks of harm likely to have an impact on the categories of natural persons or groups of persons identified pursuant to point (c) of this paragraph, taking into account the information given by the provider pursuant to Article 13; (e) a description of the implementation of human oversight measures, according to the instructions for use; (f) the measures to be taken in the case of the materialisation of those risks, in-cluding the arrangements for internal governance and complaint mechanisms. 2. The obligation laid down in paragraph 1 applies to the first use of the high-risk AI system. The deployer may, in similar cases, rely on previously conducted fundamental rights impact assessments or existing impact assessments carried out by provider. If, during the use of the high-risk AI system, the deployer con-siders that any of the elements listed in paragraph 1 has changed or is no longer up to date, the deployer shall take the necessary steps to update the information. 3. Once the assessment referred to in para-graph 1 of this Article has been per-formed, the deployer shall notify the market surveillance authority of its re-sults, submitting the filled-out template	(b) 각각의 고위험 AI 시스템의 이용이 의도된 기간 및 빈도에 대한 설명; (c) 특정 맥락에서 해당 고위험 AI 시스템의 이용에 의하여 영향을 받을 가능성이 있는 자연인 및 집단의 범주; (d) 제13조에 따라 공급자가 제공하는 정보를 고려하여, 본항 제c호에 따라 식별된 자연인 또는 사람 집단의 범주에 영향을 미칠 가능성이 있는 특정 피해 위험; (e) 이용 지침에 따른 인간 관리·감독 조치의 이행에 관한 설명; (f) 내부 거버넌스 및 고충처리체계를 위한 준비를 포함하여 상기 위험이 현실화되는 경우 취해야 할 조치. 2. 제1항에 따른 의무는 고위험 AI 시스템의 최초 이용에 적용된다. 유사한 경우 배포자는 과거 수행된 기본권 영향평가 또는 공급자가 수행한 현행 영향평가에 의존할 수 있다. 고위험 AI 시스템을 이용하는 동안 배포자가 제1항에 열거된 항목 중 하나라도 변경되거나 최신화 되지 않은 것으로 볼 경우, 그 배포자는 해당 정보를 최신화하기 위해 필요한 조치를 취해야 한다. 3. 본조 제1항에 규정된 평가가 수행되면, 배포자는 통지의 일부로서 본조 제5항에 따른 양식을 작성하여 제출하면서 그 결과를 시장감시당국에 통지하여야 한다. 제46조 제1항에 규정된 경우에 배포자는 통지 의무가

원문	번역
referred to in paragraph 5 of this Article as part of the notification. In the case referred to in Article 46(1), deployers may be exempt from that obligation to notify.	면제될 수 있다.
4. If any of the obligations laid down in this Article is already met through the data protection impact assessment conducted pursuant to Article 35 of Regulation (EU) 2016/679 or Article 27 of Directive (EU) 2016/680, the fundamental rights impact assessment referred to in paragraph 1 of this Article shall complement that data protection impact assessment.	4. 본조에 규정된 의무 중 하나라도 Regulation (EU) 2016/679 제35조 또는 Directive (EU) 2016/680 제27조에 따라 수행된 데이터 보호 영향평가에 의해 이미 충족된 경우, 본조 제1항에 규정된 기본권 영향평가는 해당 데이터 보호 영향평가를 보완한다.
5. The AI Office shall develop a template for a questionnaire, including through an automated tool, to facilitate deployers in complying with their obligations under this Article in a simplified manner.	5. AI사무국은 배포자가 간소화된 방식으로 본조의 의무를 준수하도록 촉진하기 위해 자동화된 도구를 포함한 질의서 양식을 개발해야 한다.

제4절 통보당국 및 피통보기관(SECTION 4 Notifying authorities and notified bodies)

제28조 통보당국(Article 28 Notifying authorities)

원문	번역
1. Each Member State shall designate or establish at least one notifying authority responsible for setting up and carrying out the necessary procedures for the assessment, designation and notification of conformity assessment bodies and for their monitoring. Those procedures shall be developed in cooperation between the notifying authorities of all Member States.	1. 각 회원국은 적합성 평가기관의 평가, 지정, 통보, 모니터링에 필요한 절차를 수립하고 집행할 책임이 있는 통보당국을 지정하거나 설립해야 한다. 이러한 절차는 모든 회원국의 통보당국 간의 협력을 통해 개발되어야 한다.
2. Member States may decide that the as—	2. 회원국은 제1항에 언급된 Regulation (EC)

원문	번역
sessment and monitoring referred to in paragraph 1 is to be carried out by a national accreditation body within the meaning of, and in accordance with, Regulation (EC) No 765/2008.	No 765/2008의 의미 내에서, 그리고 규정에 따라, 국가인증기관이 수행하도록 결정할 수 있다.
3. Notifying authorities shall be established, organised and operated in such a way that no conflict of interest arises with conformity assessment bodies, and that the objectivity and impartiality of their activities are safeguarded.	3. 통보당국은 적합성 평가기관과 이해 충돌이 발생하지 않고, 적합성 평가기관이 활동하는 데 있어 객관성과 공정성이 보장되도록 설립, 조직, 운영되어야 한다.
4. Notifying authorities shall be organised in such a way that decisions relating to the notification of conformity assessment bodies are taken by competent persons different from those who carried out the assessment of those bodies.	4. 통보당국은 적합성 평가기관의 평가를 맡은 자와 통보 결정을 맡은 자가 서로 다른 사람이 될 수 있도록 조직을 구성하여야 한다.
5. Notifying authorities shall offer or provide neither any activities that conformity as-sessment bodies perform, nor any con-sultancy services on a commercial or competitive basis.	5. 통보당국은 적합성 평가기관이 수행하는 활동을 상업적 또는 경쟁을 기반으로 하는 어떠한 컨설팅 서비스도 제안하거나 제공하여서는 안 된다.
6. Notifying authorities shall safeguard the confidentiality of the information that they obtain, in accordance with Article 78.	6. 통보당국은 제78조에 따라 취득한 정보의 비밀성을 보장하여야 한다.
7. Notifying authorities shall have an ad-equate number of competent personnel at their disposal for the proper per-formance of their tasks. Competent per-sonnel shall have the necessary ex-pertise, where applicable, for their function, in fields such as information technologies, AI and law, including the supervision of fundamental rights.	7. 통보당국은 적절한 업무 수행을 위해 적합한 수의 능력을 갖춘 인력을 보유해야 한다. 이러한 인력은 가능한 경우 기본권 감독을 포함하여 정보기술과 AI 및 법률 등의 분야에서 해당 직무에 필요한 전문 지식을 보유해야 한다.

제29조 통보를 위한 적합성 평가기관의 신청(Article 29 Application of a conformity assessment body for notification)

원문	번역
1. Conformity assessment bodies shall submit an application for notification to the notifying authority of the Member State in which they are established.	1. 적합성 평가기관은 해당 기관이 설립된 회원국의 통보당국에 통보 신청서를 제출하여야 한다.
2. The application for notification shall be accompanied by a description of the conformity assessment activities, the conformity assessment module or modules and the types of AI systems for which the conformity assessment body claims to be competent, as well as by an accreditation certificate, where one exists, issued by a national accreditation body attesting that the conformity assessment body fulfils the requirements laid down in Article 31.	2. 통보 신청서에는 적합성 평가 활동, 적합성 평가 모듈 및 적합성 평가기관이 관할권을 갖는다고 판단하는 AI 시스템 유형에 대한 설명과 적합성 평가기관이 제31조에 규정된 요건을 충족한다는 것을 증명하는 국가 인증기관이 발행한 인증서가 있는 경우 해당 인증서를 첨부해야 한다.
Any valid document related to existing designations of the applicant notified body under any other Union harmonisation legislation shall be added.	다른 EU조화법에 따른 신청 피통보기관의 기존 지정과 관련된 모든 유효한 문서가 추가되어야 한다.
3. Where the conformity assessment body concerned cannot provide an accreditation certificate, it shall provide the notifying authority with all the documentary evidence necessary for the verification, recognition and regular monitoring of its compliance with the requirements laid down in Article 31.	3. 해당 적합성 평가기관이 국가 인증기관으로부터 받은 인증서를 제공할 수 없는 경우 적합성 평가기관은 제31조에 규정된 요건의 준수 여부의 확인, 인정 및 정기 모니터링에 필요한 모든 증거 문서를 통보당국에게 제공하여야 한다.
4. For notified bodies which are designated under any other Union harmonisation legislation, all documents and certificates linked to those designations may be used to support their designation procedure under this Regulation, as appropriate. The notified body shall update the documentation referred to in paragraphs 2	4. EU조화법에 따라 지정된 피통보기관의 경우 해당 지정과 관련된 모든 문서 및 인증서를 이 법에 따른 지정 절차를 지원하기 위해 적절하게 이용할 수 있다. 피통보기관은 변경사항이 발생할 때마다 이 조의 제2항 및 제3항에 언급된 문서를 업데이트하여 피통보기관을 담당하는 기관이 제31조에 규정된 모든 요건을 지속적으로 준수하고

원문	번역
and 3 of this Article whenever relevant changes occur, in order to enable the authority responsible for notified bodies to monitor and verify continuous com — pliance with all the requirements laid down in Article 31.	있는지 모니터링하고 확인할 수 있도록 해야 한다.

제30조 통보절차(Article 30 Notification procedure)

원문	번역
1. Notifying authorities may notify only con — formity assessment bodies which have satisfied the requirements laid down in Article 31.	1. 통보당국은 제31조에 규정된 요건을 충족하는 적합성 평가기관에 대해서만 통보할 수 있다.
2. Notifying authorities shall notify the Com — mission and the other Member States, using the electronic notification tool de — veloped and managed by the Commission, of each conformity assessment body re — ferred to in paragraph 1.	2. 통보당국은 EU집행위원회가 개발 및 관리하는 전자적 통보 방식으로 제1항에 따른 각 적합성 평가기관을 EU집행위원회와 다른 회원국에 통보하여야 한다.
3. The notification referred to in paragraph 2 of this Article shall include full details of the conformity assessment activities, the conformity assessment module or modules, the types of AI systems con — cerned, and the relevant attestation of competence. Where a notification is not based on an accreditation certificate as referred to in Article 29(2), the notifying authority shall provide the Commission and the other Member States with docu — mentary evidence which attests to the competence of the conformity assessment body and to the arrangements in place to ensure that that body will be moni — tored regularly and will continue to sat — isfy the requirements laid down in Article 31.	3. 이 조 제2항에 언급된 통보에는 적합성 평가 활동, 적합성 평가 모듈, 해당 AI 시스템의 유형 및 관련 능력 증명에 대한 모든 세부 정보가 포함되어야 한다. 통보가 제29조 제2항에 따른 인증서에 기초하지 않는 경우 통보당국은, 적합성 평가기관의 능력과 해당 기관이 정기적으로 모니터링되고 제31조에 규정된 요건을 지속적으로 충족한다는 것을 보장하기 위한 조치를 증명하는 증거 문서를 EU집행위원회 및 다른 회원국에 제공하여야 한다.

원문	번역
4. The conformity assessment body concerned may perform the activities of a notified body only where no objections are raised by the Commission or the other Member States within two weeks of a notification by a notifying authority where it includes an accreditation certificate referred to in Article 29(2), or within two months of a notification by the notifying authority where it includes documentary evidence referred to in Article 29(3).	4. 해당 적합성 평가기관은 제29조 제2항에 언급된 인증서가 포함된 경우 통보당국이 통보한 날부터 2주 이내 또는 제29조 제3항에 따른 증거 문서가 포함된 경우 통보한 날부터 2개월 이내에 EU집행위원회 또는 다른 회원국이 이의를 제기하지 않는 경우에만 피통보기관의 활동을 수행할 수 있다.
5. Where objections are raised, the Commission shall, without delay, enter into consultations with the relevant Member States and the conformity assessment body. In view thereof, the Commission shall decide whether the authorisation is justified. The Commission shall address its decision to the Member State concerned and to the relevant conformity assessment body.	5. 이의가 제기되는 경우 EU집행위원회는 지체 없이 관련 회원국 및 적합성 평가기관과 협의에 착수해야 한다. 이를 고려하여 EU집행위원회는 승인이 정당한지 여부를 결정하여야 한다. EU집행위원회는 해당 회원국 및 관련 적합성 평가기관에 결정을 통보해야 한다.

제31조 피통보기관의 요건(Article 31 Requirements relating to notified bodies)

원문	번역
1. A notified body shall be established under the national law of a Member State and shall have legal personality.	1. 피통보기관은 회원국의 국내법에 따라 설립되어야 하고 법인격을 가져야 한다.
2. Notified bodies shall satisfy the organisational, quality management, resources and process requirements that are necessary to fulfil their tasks, as well as suitable cybersecurity requirements.	2. 피통보기관은 적절한 사이버 보안 요구사항뿐만 아니라 업무 수행에 필요한 조직, 품질 관리, 자원 및 프로세스 요건을 충족해야 한다.
3. The organisational structure, allocation of responsibilities, reporting lines and operation of notified bodies shall ensure confidence in their performance, and in the results of the conformity assessment	3. 피통보기관의 조직 구조, 책임 분배, 보고 체계 및 운영은 피통보기관의 성과와, 피통보기관이 수행하는 적합성 평가 활동의 결과에 대한 신뢰를 보장해야 한다.

원문	번역
activities that the notified bodies conduct.	
4. Notified bodies shall be independent of the provider of a high−risk AI system in relation to which they perform con−formity assessment activities. Notified bodies shall also be independent of any other operator having an economic in−terest in high−risk AI systems assessed, as well as of any competitors of the provider. This shall not preclude the use of assessed high−risk AI systems that are necessary for the operations of the conformity assessment body, or the use of such high−risk AI systems for per−sonal purposes.	4. 피통보기관은 피통보기관이 수행하는 적합성 평가 활동을 수행하는 것과 관련하여 고위험 AI 시스템의 공급자로부터 독립적이어야 한다. 또한 피통보기관은 평가되는 고위험 AI 시스템에 경제적 이해관계가 있는 다른 운영자, 공급자의 경쟁자로부터 독립적이어야 한다. 이는 적합성 평가기관의 운영에 필요한 평가된 고위험 AI 시스템의 이용, 또는 개인적 목적을 위한 위와 같은 고위험 AI 시스템의 이용을 배제하지 아니한다.
5. Neither a conformity assessment body, its top−level management nor the person−nel responsible for carrying out its con−formity assessment tasks shall be directly involved in the design, development, marketing or use of high−risk AI sys−tems, nor shall they represent the parties engaged in those activities. They shall not engage in any activity that might con−flict with their independence of judgement or integrity in relation to conformity as−sessment activities for which they are notified. This shall, in particular, apply to consultancy services.	5. 적합성 평가기관, 그 최고경영진 및 적합성 평가 업무 수행을 책임지는 인력은 고위험 AI 시스템의 설계, 개발, 마케팅 또는 이용에 직접 관여하거나 그러한 활동에 관여하는 당사자를 대변하여서는 안 된다. 이들은 통보받은 적합성 평가 활동과 관련하여 판단의 독립성 또는 청렴성과 상충될 수 있는 어떠한 활동에도 관여해서는 안 된다. 이는 특히, 컨설팅 서비스에 적용된다.
6. Notified bodies shall be organised and operated so as to safeguard the in−dependence, objectivity and impartiality of their activities. Notified bodies shall document and implement a structure and procedures to safeguard impartiality and to promote and apply the principles of impartiality throughout their organisation, personnel and assessment activities.	6. 피통보기관은 그 활동의 독립성, 객관성 및 공정성을 보호할 수 있도록 조직·운영되어야 한다. 피통보기관은 공정성을 보호하고 그 조직, 구성원 및 평가 활동 전반에 걸쳐 공정성의 원칙을 촉진하고 적용하기 위한 구조와 절차를 문서화하고 구현하여야 한다.

원문	번역
7. Notified bodies shall have documented procedures in place ensuring that their personnel, committees, subsidiaries, sub—contractors and any associated body or personnel of external bodies maintain, in accordance with Article 78, the con—fidentiality of the information which comes into their possession during the per—formance of conformity assessment ac—tivities, except when its disclosure is required by law. The staff of notified bodies shall be bound to observe pro—fessional secrecy with regard to all in—formation obtained in carrying out their tasks under this Regulation, except in relation to the notifying authorities of the Member State in which their activities are carried out.	7. 피통보기관은 법률에 따라 공개가 요구되는 경우를 제외하고, 제78조 따라 그 구성원, 위원회, 자회사, 하수급인 및 관련 기관 또는 외부 기관의 구성원이 적합성 평가 활동 수행 중에 보유하게 되는 정보의 비밀성을 유지하도록 보장하는 문서화된 절차를 마련하여야 한다. 피통보기관의 직원은, 그 활동이 수행되는 회원국의 통보당국과 관련된 경우를 제외하고, 이 법에 따라 업무를 수행하면서 취득한 모든 정보에 관하여 직무상 비밀을 준수할 의무가 있다.
8. Notified bodies shall have procedures for the performance of activities which take due account of the size of a provider, the sector in which it operates, its structure, and the degree of complexity of the AI system concerned.	8. 피통보기관은 공급자의 규모, 운영분야, 구조, 해당 AI 시스템의 복잡성 정도를 적절히 고려한 활동 수행 절차를 보유하여야 한다.
9. Notified bodies shall take out appropriate liability insurance for their conformity assessment activities, unless liability is assumed by the Member State in which they are established in accordance with national law or that Member State is itself directly responsible for the conformity assessment.	9. 피통보기관은 피통보기관이 설립되어 있는 회원국의 국내법에 따라 그 책임을 부담하거나 그 회원국 스스로 적합성 평가에 대하여 직접 책임을 지지 아니하는 한, 적합성 평가 활동에 대하여 적절한 책임보험을 가입하여야 한다.
10. Notified bodies shall be capable of car—rying out all their tasks under this Regulation with the highest degree of professional integrity and the requisite competence in the specific field, whether those tasks are carried out by notified bodies themselves or on their	10. 피통보기관은 피통보기관이 직접 수행하든지, 피통보기관의 책임하에 피통보기관을 대신하여 수행되는지에 관계없이, 해당 분야에서 최고 수준의 전문적 완전성과 필요한 능력을 갖추고 이 법에 따른 모든 업무를 수행할 수 있어야 한다.

원문	번역
behalf and under their responsibility. 11. Notified bodies shall have sufficient in—ternal competences to be able effec—tively to evaluate the tasks conducted by external parties on their behalf. The notified body shall have permanent availability of sufficient administrative, technical, legal and scientific personnel who possess experience and knowledge relating to the relevant types of AI sys—tems, data and data computing, and relating to the requirements set out in Section 2. 12. Notified bodies shall participate in co—ordination activities as referred to in Article 38. They shall also take part di—rectly, or be represented in, European standardisation organisations, or ensure that they are aware and up to date in respect of relevant standards.	11. 피통보기관은 피통보기관을 대신하여 외부 당사자가 수행하는 업무를 효과적으로 평가할 수 있는 충분한 내부 역량을 보유하여야 한다. 피통보기관은 관련 유형의 AI 시스템, 데이터 및 데이터 컴퓨팅과 제2절에 규정된 요건과 관련된 경험과 지식을 보유한 충분한 행정적, 기술적, 법적 및 과학적 구성원을 상시적으로 보유하여야 한다. 12. 피통보기관은 제38조에 언급된 조정 활동에 참여하여야 한다. 또한 유럽표준화기구에 직접 참여하거나, 대표로 참여하거나, 관련 표준을 인지하고 최신의 상태를 유지하도록 해야 한다.

제32조 피통보기관 요건의 적합성 추정(Article 32 Presumption of conformity with requirements relating to notified bodies)

원문	번역
Where a conformity assessment body dem—onstrates its conformity with the criteria laid down in the relevant harmonised standards or parts thereof, the references of which have been published in the Official Journal of the European Union, it shall be pre—sumed to comply with the requirements set out in Article 31 in so far as the applicable harmonised standards cover those require—ments.	적합성 평가기관이 EU의 관보에 게재된 관련 조화된 표준 또는 그 일부, 참조에 규정된 기준에 대한 적합성을 증명하는 경우, 해당 조화된 표준이 제31조에 명시된 요구사항을 포함하는 한 제31조에 명시된 요구사항을 준수하는 것으로 추정한다.

제33조 피통보기관의 자회사 및 하도급(Article 33 Subsidiaries of notified bodies and subcontracting)

원문	번역
1. Where a notified body subcontracts specific tasks connected with the conformity assessment or has recourse to a subsidiary, it shall ensure that the subcontractor or the subsidiary meets the requirements laid down in Article 31, and shall inform the notifying authority accordingly.	1. 피통보기관이 적합성 평가와 관련된 특정 업무를 하도급하거나 자회사에 위탁하는 경우, 하수급인 또는 자회사가 제31조에 규정된 요건을 충족할 수 있도록 보장하고, 이를 통보당국에 알려야 한다.
2. Notified bodies shall take full responsibility for the tasks performed by any subcontractors or subsidiaries.	2. 피통보기관은 하수급인 또는 자회사가 수행하는 업무에 대해 전적인 책임을 진다.
3. Activities may be subcontracted or carried out by a subsidiary only with the agreement of the provider. Notified bodies shall make a list of their subsidiaries publicly available.	3. 공급자의 동의가 있는 경우에만 업무를 하도급하거나 자회사가 업무를 수행할 수 있다. 피통보기관은 자회사의 목록을 공개해야 한다.
4. The relevant documents concerning the assessment of the qualifications of the subcontractor or the subsidiary and the work carried out by them under this Regulation shall be kept at the disposal of the notifying authority for a period of five years from the termination date of the subcontracting.	4. 하수급인 또는 자회사의 자격평가 및 이 법에 따라 그들이 수행한 작업에 관련된 관계 문서들은 하도급계약 종료일로부터 5년 동안 통보당국이 처분할 수 있도록 보관하여야 한다.

제34조 피통보기관의 운영 의무(Article 34 Operational obligations of notified bodies)

원문	번역
1. Notified bodies shall verify the conformity of high-risk AI systems in accordance with the conformity assessment procedures set out in Article 43.	1. 피통보기관은 제43조에 규정된 적합성 평가 절차에 따라 고위험 AI 시스템의 적합성을 검증해야 한다.
2. Notified bodies shall avoid unnecessary burdens for providers when performing their activities, and take due account of the size of the provider, the sector in	2. 피통보기관은 활동을 수행할 때 공급자를 위하여 불필요한 부담을 피하고, 특히 Recommendation 2003/361/EC의 의미 내에서 영세 및 중소기업의 행정적 부담 및 준

원문	번역
which it operates, its structure and the degree of complexity of the high—risk AI system concerned, in particular in view of minimising administrative bur—dens and compliance costs for micro—and small enterprises within the meaning of Recommendation 2003/361/EC. The notified body shall, nevertheless, respect the degree of rigour and the level of protection required for the compliance of the high—risk AI system with the re—quirements of this Regulation.	수 비용을 최소화한다는 관점에서, 공급자의 규모, 운영 분야, 구조 및 관련 고위험 AI 시스템의 복잡성 정도를 적절히 고려해야 한다. 그럼에도 불구하고 피통보기관은 고위험 AI 시스템의 EU AI법의 요건 준수에 요구되는 엄격성의 정도와 보호의 수준을 존중해야 한다.
3. Notified bodies shall make available and submit upon request all relevant doc—umentation, including the providers' documentation, to the notifying authority referred to in Article 28 to allow that authority to conduct its assessment, des—ignation, notification and monitoring ac—tivities, and to facilitate the assessment outlined in this Section.	3. 피통보기관은 요청을 받은 경우, 통보당국이 평가, 지정, 통보 및 모니터링 활동을 수행할 수 있도록 하고, 이 절에 규정된 평가를 촉진하기 위하여 공급자의 문서를 포함한 모든 관련 문서를 제28조에 따른 통보당국에 제공하거나 제출해야 한다.

제35조 피통보기관의 식별번호 및 목록(Article 35 Identification numbers and lists of notified bodies)

원문	번역
1. The Commission shall assign a single iden—tification number to each notified body, even where a body is notified under more than one Union act.	1. EU집행위원회는 한 기관이 둘 이상의 EU법에 따라 통보를 받은 경우에도 각 피통보기관에 단일 식별번호를 할당해야 한다.
2. The Commission shall make publicly avail—able the list of the bodies notified under this Regulation, including their identi—fication numbers and the activities for which they have been notified. The Commission shall ensure that the list is kept up to date.	2. EU집행위원회는 식별번호 및 통보받은 활동을 포함하여, 이 법에 따라 통보받은 기관들의 목록을 공개해야 한다. EU집행위원회는 그 목록이 최신으로 유지되도록 해야 한다.

제36조 통보의 변경(Article 36 Changes to notifications)

원문	번역
1. The notifying authority shall notify the Commission and the other Member States of any relevant changes to the notification of a notified body via the electronic notification tool referred to in Article 30(2).	1. 통보당국은 제30조 제2항에 따른 전자적 통보 방식을 통해 피통보기관의 통보와 관련된 모든 변경사항을 EU집행위원회와 다른 회원국들에 통보해야 한다.
2. The procedures laid down in Articles 29 and 30 shall apply to extensions of the scope of the notification. For changes to the notification other than extensions of its scope, the procedures laid down in paragraphs (3) to (9) shall apply.	2. 통보 범위의 확장에는 제29조 및 제30조에 규정된 절차가 적용된다. 통보 범위 확장 이외의 변경에 대해서는 제3항부터 제9항까지에서 규정된 절차가 적용된다.
3. Where a notified body decides to cease its conformity assessment activities, it shall inform the notifying authority and the providers concerned as soon as possible and, in the case of a planned cessation, at least one year before ceasing its activities. The certificates of the notified body may remain valid for a period of nine months after cessation of the notified body's activities, on condition that another notified body has confirmed in writing that it will assume responsibilities for the high-risk AI systems covered by those certificates. The latter notified body shall complete a full assessment of the high-risk AI systems affected by the end of that nine-month-period before issuing new certificates for those systems. Where the notified body has ceased its activity, the notifying authority shall withdraw the designation.	3. 피통보기관이 적합성 평가 활동을 중단하기로 결정한 경우, 피통보기관은 가능한 한 신속하게 통보당국과 관련 공급자에게 통보해야 하며, 계획된 중단의 경우 활동을 중단하기 최소 1년 전에 통보해야 한다. 피통보기관의 인증서는 다른 피통보기관이 해당 인증서의 적용을 받는 고위험 AI 시스템에 대한 책임을 부담할 것임을 서면으로 확인하는 것을 조건으로 피통보기관의 활동이 중단된 후 9개월의 기간 동안 유효하게 유지될 수 있다. 후자의 피통보기관은 해당 시스템에 대한 신규 인증서 발급 기간의 9개월 전까지 영향을 받는 고위험 AI 시스템에 대한 전체 평가를 완료해야 한다. 피통보기관이 활동을 중단한 경우, 통보당국은 지정을 철회해야 한다.
4. Where a notifying authority has sufficient reason to consider that a notified body	4. 통보당국은 피통보기관이 더 이상 제31조에 규정된 요건을 충족하지 못하거나 의무를

원문	번역
no longer meets the requirements laid down in Article 31, or that it is failing to fulfil its obligations, the notifying authority shall without delay investigate the matter with the utmost diligence. In that context, it shall inform the notified body concerned about the objections raised and give it the possibility to make its views known. If the notifying authority comes to the conclusion that the notified body no longer meets the requirements laid down in Article 31 or that it is failing to fulfil its obligations, it shall restrict, suspend or withdraw the designation as appropriate, depending on the seriousness of the failure to meet those requirements or fulfil those obligations. It shall immediately inform the Commission and the other Member States accordingly.	이행하지 못하고 있다고 판단할 충분한 이유가 있는 경우, 통보당국은 지체없이 최대한 주의를 기울여 사안을 조사해야 한다. 그러한 맥락에서 통보당국은 제기된 이의에 대해 관련 피통보기관에게 알리고 의견을 밝힐 기회를 주어야 한다. 통보당국이 피통보기관이 제31조에 규정된 요건을 더 이상 충족하지 않거나 의무를 이행하지 못하고 있다고 결론을 내리는 경우, 통보당국은 해당 요건을 충족하지 못하거나 의무를 이행하지 못한 심각성에 따라 적절하게 지정을 제한, 정지 또는 취소해야 한다. 통보당국은 EU집행위원회와 다른 회원국에 이를 즉시 알려야 한다.
5. Where its designation has been suspended, restricted, or fully or partially withdrawn, the notified body shall inform the providers concerned within 10 days.	5. 지정이 정지, 제한되거나 전부 또는 일부 취소된 경우, 피통보기관은 10일 이내에 관련 공급자에게 이를 알려야 한다.
6. In the event of the restriction, suspension or withdrawal of a designation, the notifying authority shall take appropriate steps to ensure that the files of the notified body concerned are kept, and to make them available to notifying authorities in other Member States and to market surveillance authorities at their request.	6. 지정의 제한, 정지 또는 취소가 있는 경우, 통보당국은 관련 피통보기관의 파일의 보관 및 요청 시 다른 회원국의 통보당국과 시장감시당국이 이를 이용할 수 있도록 하기 위한 적절한 조치를 취하여야 한다.
7. In the event of the restriction, suspension or withdrawal of a designation, the notifying authority shall: (a) assess the impact on the certificates issued by the notified body; (b) submit a report on its findings to the	7. 지정의 제한, 정지 또는 취소가 있는 경우, 통보당국은 다음을 이행해야 한다: (a) 피통보기관이 발급한 인증서에 미치는 영향을 평가; (b) 지정 변경 사항을 통보한 후 3개월 이내

원문	번역
Commission and the other Member States within three months of having notified the changes to the desig-nation;	에 EU집행위원회와 다른 회원국에 조사 결과에 대한 보고서 제출;
(c) require the notified body to suspend or withdraw, within a reasonable period of time determined by the authority, any certificates which were unduly is-sued, in order to ensure the continuing conformity of high-risk AI systems on the market;	(c) 통보당국이 정한 합리적 기간 내에 시장에서 고위험 AI 시스템의 지속적인 적합성을 보장하기 위하여 부당하게 발급된 인증서를 피통보기관이 정지 또는 철회하도록 요구;
(d) inform the Commission and the Member States about certificates the suspension or withdrawal of which it has required;	(d) 정지 또는 철회가 요구되는 인증서에 대해 EU집행위원회와 회원국에 통보;
(e) provide the national competent author-ities of the Member State in which the provider has its registered place of business with all relevant information about the certificates of which it has required the suspension or withdrawal; that authority shall take the appropriate measures, where necessary, to avoid a potential risk to health, safety or fun-damental rights.	(e) 공급자가 등록된 사업장을 두고 있는 회원국의 국가관할당국에 대하여 공급자가 정지 또는 철회를 요구한 인증서에 관한 모든 관련 정보를 제공; 해당 당국은 필요한 경우 건강, 안전 또는 기본권에 대한 잠재적 위험을 피하기 위하여 적절한 조치를 취해야 한다.
8. With the exception of certificates unduly issued, and where a designation has been suspended or restricted, the certif-icates shall remain valid in one of the following circumstances:	8. 부당하게 발급된 인증서를 제외하고, 지정이 정지되거나 제한된 경우 해당 인증서는 다음 상황 중 어느 하나에 해당하는 경우에는 효력이 유지된다:
(a) the notifying authority has confirmed, within one month of the suspension or restriction, that there is no risk to health, safety or fundamental rights in relation to certificates affected by the suspension or restriction, and the no-tifying authority has outlined a timeline for actions to remedy the suspension or restriction; or	(a) 통보당국이 정지 또는 제한으로 영향을 받는 인증서와 관련하여 건강, 안전 또는 기본권에 대한 위험이 없음을 정지 또는 제한 후 1개월 이내에 확인하였고, 통보당국이 정지 또는 제한을 시정하기 위한 조치 일정을 설명한 경우; 또는
(b) the notifying authority has confirmed	(b) 통보당국이 정지와 관련한 인증서가 정지

원문	번역
that no certificates relevant to the suspension will be issued, amended or re-issued during the course of the suspension or restriction, and states whether the notified body has the capability of continuing to monitor and remain responsible for existing certificates issued for the period of the suspension or restriction; in the event that the notifying authority determines that the notified body does not have the capability to support existing cer-tificates issued, the provider of the system covered by the certificate shall confirm in writing to the national competent authorities of the Member State in which it has its registered place of business, within three months of the suspension or restriction, that another qualified notified body is temporarily assuming the functions of the notified body to monitor and re-main responsible for the certificates during the period of suspension or restriction.	또는 제한 과정 동안 발급, 수정 또는 재발급되지 않을 것임을 확인했으며, 피통보기관이 정지 또는 제한 기간 동안 발급된 기존 인증서를 계속 모니터링하고 책임을 유지할 역량을 가지고 있는지 여부를 명시한 경우; 통보당국은 피통보기관이 발행한 기존 인증서를 지원할 역량을 가지고 있지 않다고 결정하는 경우에 해당 인증서의 적용을 받는 시스템의 공급자는, 정지 또는 제한 후 3개월 이내에 등록된 사업장이 있는 회원국의 국가관할당국에 정지 또는 제한 기간 동안 해당 인증서를 모니터링하고 책임지는 피통보기관의 기능을 다른 적격 피통보기관이 일시적으로 인수함을 서면으로 확인한 경우.
9. With the exception of certificates unduly issued, and where a designation has been withdrawn, the certificates shall remain valid for a period of nine months under the following circumstances:	9. 부당하게 발급된 증명서를 제외하고, 지정이 취소된 경우에 인증서는 다음 상황 하에서 9개월 동안 유효하다:
(a) the national competent authority of the Member State in which the provider of the high-risk AI system covered by the certificate has its registered place of business has confirmed that there is no risk to health, safety or fundamental rights associated with the high-risk AI systems concerned; and	(a) 해당 인증서의 적용을 받는 고위험 AI 시스템의 공급자가 등록된 사업장을 두고 있는 회원국의 국가관할당국이 관련 고위험 AI 시스템과 연계된 건강, 안전 또는 기본권에 대한 위험이 없음을 확인한 경우; 및
(b) another notified body has confirmed in	(b) 다른 피통보기관이 해당 AI 시스템에 대

원문	번역
writing that it will assume immediate responsibility for those AI systems and completes its assessment within 12 months of the withdrawal of the designation.	한 즉각적인 책임을 부담하고 지정이 철회된 후 12개월 이내에 평가를 완료할 것임을 서면으로 확인한 경우.
In the circumstances referred to in the first subparagraph, the national com‐petent authority of the Member State in which the provider of the system cov‐ered by the certificate has its place of business may extend the provisional validity of the certificates for additional periods of three months, which shall not exceed 12 months in total.	제1단락에 따른 상황에서 인증서의 적용을 받는 시스템의 공급자가 사업장을 두고 있는 회원국의 국가관할당국은 해당 인증서의 잠정 유효기간을 총 12개월을 초과하지 않는 한도 내에서 3개월을 추가 연장할 수 있다.
The national competent authority or the notified body assuming the functions of the notified body affected by the change of designation shall immediately inform the Commission, the other Member States and the other notified bodies thereof.	국가관할당국 또는 지정 변경으로 영향을 받는 피통보기관의 기능을 인수하는 피통보기관은 즉시 EU집행위원회, 다른 회원국 및 다른 피통보기관에 그 사실을 통보해야 한다.

제37조 피통보기관의 능력에 대한 이의제기(Article 37 Challenge to the competence of notified bodies)

원문	번역
1. The Commission shall, where necessary, investigate all cases where there are reasons to doubt the competence of a notified body or the continued fulfilment by a notified body of the requirements laid down in Article 31 and of its appli‐cable responsibilities.	1. EU집행위원회는 필요한 경우, 피통보기관의 능력과 제31조에 따른 요건 및 관련한 책임을 지속적으로 수행할 수 있는지를 의심할 만한 근거가 있는 모든 사례를 조사해야 한다.
2. The notifying authority shall provide the Commission, on request, with all relevant information relating to the notification or the maintenance of the competence of the notified body concerned.	2. 통보당국은 요청이 있는 경우 통보와 관련되거나 능력이 우려되는 피통보기관의 능력 유지에 관한 모든 관련 정보를 EU집행위원회에 제공해야 한다.

원문	번역
3. The Commission shall ensure that all sensitive information obtained in the course of its investigations pursuant to this Article is treated confidentially in accordance with Article 78.	3. EU집행위원회는 이 조에 따른 조사 과정에서 획득된 모든 민감한 정보가 제78조에 따라 비밀로 취급되도록 보장하여야 한다.
4. Where the Commission ascertains that a notified body does not meet or no longer meets the requirements for its notification, it shall inform the notifying Member State accordingly and request it to take the necessary corrective measures, including the suspension or withdrawal of the notification if necessary. Where the Member State fails to take the necessary corrective measures, the Commission may, by means of an implementing act, suspend, restrict or withdraw the designation. That implementing act shall be adopted in accordance with the examination procedure referred to in Article 98(2).	4. EU집행위원회는 피통보기관이 통보요건을 충족하지 않거나 더 이상 충족하지 못한다고 확신하는 경우, 통보를 실시한 회원국에 이를 알리고 통보의 철회 또는 정지 등 필요한 시정조치를 취할 것을 요청해야 한다. 회원국이 필요한 시정 조치를 취하지 못한 경우, EU집행위원회는 이행법을 통해 지정을 정지, 제한 또는 취소할 수 있다. 해당 이행법은 제98조 제2항에 따른 검토절차에 따라 채택되어야 한다.

제38조 피통보기관의 협조(Article 38 Coordination of notified bodies)

원문	번역
1. The Commission shall ensure that, with regard to high-risk AI systems, appropriate coordination and cooperation between notified bodies active in the conformity assessment procedures pursuant to this Regulation are put in place and properly operated in the form of a sectoral group of notified bodies.	1. EU집행위원회는 고위험 AI 시스템에 관하여, 이 법상 적합성 평가 절차에 참여하는 피통보기관 간 적절한 조정 및 협력이 이루어지도록 하고 이러한 조정 및 협력이 분야별 그룹으로 적절하게 운영되도록 해야 한다.
2. Each notifying authority shall ensure that the bodies notified by it participate in the work of a group referred to in paragraph 1, directly or through designated representatives.	2. 각 통보당국은 통보를 받은 기관이 직접 또는 지정된 대표를 통해 제1항에 따른 분야별 그룹 활동에 참여하는 것을 보장해야 한다.

원문	번역
3. The Commission shall provide for the exchange of knowledge and best prac— tices between notifying authorities.	3. EU집행위원회는 통보당국 간 지식의 교환 및 모범사례가 교환될 수 있도록 해야 한다.

제39조 제3국의 적합성 평가기관(Article 39 Conformity assessment bodies of third countries)

원문	번역
Conformity assessment bodies established under the law of a third country with which the Union has concluded an agreement may be authorised to carry out the activities of notified bodies under this Regulation, pro— vided that they meet the requirements laid down in Article 31 or they ensure an equivalent level of compliance.	EU가 협정을 체결한 제3국의 법에 따라 설치된 적합성 평가기관은 제31조에 따른 요건을 충족하거나 동등한 이행 수준을 보장하는 한 이 법에 따라 피통보기관으로 활동하는 것을 승인받을 수 있다.

제5절 표준, 적합성 평가, 인증 및 등록(SECTION 5 Standards, conformity assessment, certificates, registration)

제40조 조화된 표준 및 표준화 산출물(Article 40 Harmonised standards and standardisation deliverables)

원문	번역
1. High—risk AI systems or general—purpose AI models which are in conformity with harmonised standards or parts thereof the references of which have been published in the Official Journal of the European Union in accordance with Regulation (EU) No 1025/2012 shall be presumed to be in conformity with the requirements set out in Section 2 of this Chapter or, as applicable, with the obligations set out in of Chapter V, Sections 2 and 3, of this Regulation, to the extent that those	1. 조화된 표준 또는 Regulation (EU) 1025/2012에 따라 EU 공보에 게재된 참조에 부합하는 고위험 AI 시스템 또는 범용 AI 모델은 이 장의 제2절 또는, 적용가능한 경우, 제5장 제2절 및 제3절 따른 요건에 부합하는 것으로 추정되어야 하며, 이러한 추정은 해당 표준이 이러한 요건 또는 의무에 해당되는 범위 내로 한정된다.

원문	번역
standards cover those requirements or obligations.	
2. In accordance with Article 10 of Regulation (EU) No 1025/2012, the Commission shall issue, without undue delay, stand—ardisation requests covering all require—ments set out in Section 2 of this Chapter and, as applicable, standardisation re—quests covering obligations set out in Chapter V, Sections 2 and 3, of this Regulation. The standardisation request shall also ask for deliverables on report—ing and documentation processes to im—prove AI systems' resource performance, such as reducing the high—risk AI sys—tem's consumption of energy and of other resources during its lifecycle, and on the energy—efficient development of general—purpose AI models. When preparing a standardisation request, the Commission shall consult the Board and relevant stakeholders, including the ad—visory forum.	2. Regulation (EU) 1025/2012 제10조에 따라, EU집행위원회는 부당한 지체없이 이 장 제2절에 규정된 모든 요건을 포함하는 표준화 요청을 유럽표준화기구에 의뢰해야만 한다. 또한 에너지 효율적으로 범용 AI 모델 개발, 고위험 AI 시스템의 생애주기 동안 에너지 또는 기타 자원 절약 등 AI 시스템의 자원 성능을 향상하기 위해, 표준화 요청은 보고 및 문서 절차에 관한 산출물을 요구해야 한다. EU집행위원회는 표준화 요청을 준비할 때 유럽AI위원회 및 자문포럼을 포함한 관련 이해관계자와 협의하여야 한다.
When issuing a standardisation request to European standardisation organisations, the Commission shall specify that stand—ards have to be clear, consistent, includ—ing with the standards developed in the various sectors for products covered by the existing Union harmonisation legis—lation listed in Annex I, and aiming to ensure that high—risk AI systems or general—purpose AI models placed on the market or put into service in the Union meet the relevant requirements or obligations laid down in this Regulation.	EU집행위원회는 유럽표준화기구에 표준화를 의뢰할 때, 표준이 부속서 I에 명시된 기존 EU조화법이 적용되는 제품의 다양한 분야에서 개발된 표준에 부합하고 명확해야 하며, EU에 시장 출시되거나 서비스 공급된 고위험 AI 시스템 또는 범용 AI 모델이 이 법에 따른 관련 요건 또는 의무를 충족하는 것을 보장하는 것을 목표로 해야 한다는 점을 명시해야 한다.
The Commission shall request the European standardisation organisations to provide evidence of their best efforts to fulfil the	EU집행위원회는 유럽표준화기구에 대해 Regulation (EU) 1025/2012 제24조에 따라 이 항의 제1단락 및 제2단락에 따른 목적을

원문	번역
objectives referred to in the first and the second subparagraph of this paragraph in accordance with Article 24 of Regulation (EU) No 1025/2012. 3. The participants in the standardisation process shall seek to promote invest－ment and innovation in AI, including through increasing legal certainty, as well as the competitiveness and growth of the Union market, to contribute to strengthening global cooperation on standardisation and taking into account existing international standards in the field of AI that are consistent with Union values, fundamental rights and interests, and to enhance multi－stakeholder governance ensuring a balanced repre－sentation of interests and the effective participation of all relevant stakeholders in accordance with Articles 5, 6, and 7 of Regulation (EU) No 1025/2012.	달성하기 위해 최선을 다하였다는 증거를 제공할 것을 요청해야 한다. 3. EU의 가치, 기본권 및 이익에 부합하는, 표준에 대한 국제협력을 강화하고 AI 분야의 기존 국제표준을 검토하는 것에 기여하고, 이익을 균형 있게 대표하고 Regulation (EU) 1025/2012 제5조부터 제7조까지에 따른 관련 모든 이해관계자가 효과적으로 참여하는 것을 보장하는 다양한 이해관계자 거버넌스를 제고하기 위해, 표준 절차에의 참여자는 EU시장의 경쟁·성장뿐 아니라 법적 확실성을 제고함으로써 AI에 대한 투자 및 혁신을 촉진하기 위해 노력해야 한다.

제41조 공통기준(Aarticle 41 Common specifications)

원문	번역
1. The Commission may adopt, implement－ing acts establishing common specifica－tions for the requirements set out in Section 2 of this Chapter or, as appli－cable, for the obligations set out in Sections 2 and 3 of Chapter V where the following conditions have been fulfilled: (a) the Commission has requested, pur－suant to Article 10(1) of Regulation (EU) No 1025/2012, one or more European standardisation organisations to draft a harmonised standard for the requirements set out in Section 2 of this Chapter, or, as applicable, for the	1. EU집행위원회는 다음 조건이 충족되는 경우 이 장 제2절에 따른 요건 또는 제5장 제2절 및 제3절에 따른 의무에 관한 공통기준을 마련하는 이행법을 채택할 수 있다: (a) EU집행위원회가 Regulation (EU) 1025/2012 제10조에 따라 하나 이상의 유럽표준화기구에 이 장 제2절에 따른 요건 또는 는 적용가능한 경우 제5장 제2절 및 제3절에 따른 의무에 관한 조화된 표준안을 마련해 줄 것을 요청한 바 있음, 그리고:

원문	번역
obligations set out in Sections 2 and 3 of Chapter V, and:	
(i) the request has not been accepted by any of the European standardisation organisations; or	(i) 유럽표준화기구가 해당 요청을 수락하지 않음; 또는
(ii) the harmonised standards addressing that request are not delivered within the deadline set in accordance with Article 10(1) of Regulation (EU) No 1025/2012; or	(ii) 요청에 관한 조화된 표준이 Regulation (EU) 1025/2012 제10조 제1항에 따른 기한 내에 제공되지 않음; 또는
(iii) the relevant harmonised standards insufficiently address fundamental rights concerns; or	(iii) 관련 조화된 표준이 기본권 관련 우려 사항을 충분히 다루지 못함; 또는
(iv) the harmonised standards do not com-ply with the request; and	(iv) 조화된 표준이 요청에 부합하지 않음; 그리고
(b) no reference to harmonised standards covering the requirements referred to in Section 2 of this Chapter or, as appli-cable, the obligations referred to in Sections 2 and 3 of Chapter V has been published in the Official Journal of the European Union in accordance with Regulation (EU) No 1025/2012, and no such reference is expected to be published within a reasonable period.	(b) 이 장 제2절에 따른 요건 또는 적용 가능한 경우 제5장 제2절 및 제3절에 따른 의무에 관한 조화된 표준의 어떠한 참조도 Regulation (EU) 1025/2012에 따라 유럽연합의 관보에 게재되지 않았으며 합리적 기간 내에 게재될 것으로 기대되지 않는 경우.
When drafting the common specifications, the Commission shall consult the advisory forum referred to in Article 67.	EU집행위원회는 공통기준을 마련할 때 제67조에 따른 자문포럼과 협의해야 한다.
The implementing acts referred to in the first subparagraph of this paragraph shall be adopted in accordance with the ex-amination procedure referred to in Article 98(2).	이 항의 제1단락에 따른 이행법은 제98조 제2항에 따른 검토절차에 따라 채택되어야 한다.
2. Before preparing a draft implementing act, the Commission shall inform the committee referred to in Article 22 of Regulation (EU) No 1025/2012 that it considers the conditions laid down in paragraph 1 of this Article to be fulfilled.	2. 이행법을 준비하기 전에 EU집행위원회는 Regulation (EU) 1025/2012 제22조에 따른 위원회에 이 조의 제1항에 규정된 조건이 충족되었다는 것을 알려야 한다.

원문	번역
3. High-risk AI systems or general-purpose AI models which are in conformity with the common specifications referred to in paragraph 1, or parts of those specifications, shall be presumed to be in conformity with the requirements set out in Section 2 of this Chapter or, as applicable, to comply with the obligations referred to in Sections 2 and 3 of Chapter V, to the extent those common specifications cover those requirements or those obligations.	3. 제1조에 따른 공통기준의 일부 또는 전부에 부합하는 고위험 AI 시스템 또는 범용 AI 모델은 이 장의 제2절에 따른 요건 또는 적용가능한 경우 제5장 제2절 또는 제3절에 따른 의무에 부합되는 것으로 추정되어야 하며, 이는 이러한 공통기준이 이러한 요건 또는 의무를 포함하는 범위에 한한다.
4. Where a harmonised standard is adopted by a European standardisation organisation and proposed to the Commission for the publication of its reference in the Official Journal of the European Union, the Commission shall assess the harmonised standard in accordance with Regulation (EU) No 1025/2012. When reference to a harmonised standard is published in the Official Journal of the European Union, the Commission shall repeal the implementing acts referred to in paragraph 1, or parts thereof which cover the same requirements set out in Section 2 of this Chapter or, as applicable, the same obligations set out in Sections 2 and 3 of Chapter V.	4. 조화된 표준이 유럽표준화기구에 의해 채택되고 해당 표준의 참조를 EU의 관보에 게재하기 위해 EU집행위원회에 제안된 경우, EU집행위원회는 해당 표준을 Regulation (EU) 1025/2012에 따라 평가해야 한다. 조화된 표준에 관한 참조가 EU의 관보에 게재된 경우 EU집행위원회는 이 장 제2절에 따른 요건 또는 적용가능한 경우 제5장 제2절 및 제3절에 따른 의무와 동일한 사항을 규정한 제1항에 따른 이행법을 폐지해야 한다.
5. Where providers of high-risk AI systems or general-purpose AI models do not comply with the common specifications referred to in paragraph 1, they shall duly justify that they have adopted technical solutions that meet the requirements referred to in Section 2 of this Chapter or, as applicable, comply with the obligations set out in Sections 2 and 3 of Chapter V to a level at least equiv-	5. 고위험 AI 시스템 또는 범용 AI 모델이 제1항에 따른 공통기준에 부합하지 않는 경우, 해당 AI 시스템 및 AI 모델은 이 장 제2절에 따른 요건을 충족하는 기술적 솔루션을 채택하였다거나, 해당되는 경우 제5장 제2절 및 제3절에 명시된 의무를 적어도 동등한 수준으로 준수하였음을 적절히 정당화해야 한다.

원문	번역
alent thereto. 6. Where a Member State considers that a common specification does not entirely meet the requirements set out in Section 2 or, as applicable, comply with obliga — tions set out in Sections 2 and 3 of Chapter V, it shall inform the Commission thereof with a detailed explanation. The Commission shall assess that information and, if appropriate, amend the im — plementing act establishing the common specification concerned.	6. 공통기준이 제2절에 따른 요건 또는 적용가능한 경우 제5장 제2절 및 제3절에 따른 의무에 완전히 부합하지 않는다고 생각하는 회원국은 EU집행위원회에 그에 관한 상세한 설명을 제공해야 한다. EU집행위원회는 제공받은 정보를 평가하고 적절한 경우 관련 공통기준에 관한 이행법을 개정해야 한다.

제42조 특정 요건 충족시 적합성 추정(Article 42 Presumption of conformity with certain requirements)

7.12	번역
1. High — risk AI systems that have been trained and tested on data reflecting the specific geographical, behavioural, con — textual or functional setting within which they are intended to be used shall be presumed to comply with the relevant requirements laid down in Article 10(4).	1. '이용되도록 의도된 구체적인 지리적 · 행동적 · 맥락적 또는 기능상 설정'을 반영하는 데이터에 기반하여 학습되고 테스트된 고위험 AI 시스템은 제10조 제4항에 따른 관련 요건에 부합하는 것으로 추정되어야 한다.
2. High — risk AI systems that have been certified or for which a statement of conformity has been issued under a cy — bersecurity scheme pursuant to Regulation (EU) 2019/881 and the references of which have been published in the Official Journal of the European Union shall be presumed to comply with the cybersecurity requirements set out in Article 15 of this Regulation in so far as the cybersecurity certificate or statement of conformity or parts thereof cover those requirements.	2. 적합성 설명이 Regulation (EU) 2019/881에 따른 사이버 보안 체계하에서 발행되고 관련 참조가 EU의 관보에 게재된 고위험 AI 시스템은 이 법 제15조에 따른 사이버 보안 요건을 충족하는 것으로 추정되어야 하며, 이는 사이버 보안 인증 또는 적합성 설명의 일부 또는 전부가 이러한 요건에 해당하는 경우에 한한다.

제43조 적합성 평가(Article 43 Conformity Assessment)

원문	번역
1. For high—risk AI systems listed in point 1 of Annex Ⅲ, where, in demonstrating the compliance of a high—risk AI system with the requirements set out in Section 2, the provider has applied harmonised standards referred to in Article 40, or, where applicable, common specifications referred to in Article 41, the provider shall opt for one of the following con— formity assessment procedures based on:	1. 부속서 Ⅲ 제1항에 열거된 고위험 AI 시스템이 이 법 제2장의 준수의무를 이행하였음을 증빙하기 위해 공급자가 제40조의 통합 표준 또는 제41조의 공통기준을 적용한 경우, 공급자는 다음 각 호 중 하나의 방식으로 적합성 평가를 수행해야 한다.
(a) the internal control referred to in Annex Ⅵ; or	(a) 부속서 Ⅵ에 명시된 내부통제
(b) the assessment of the quality man— agement system and the assessment of the technical documentation, with the involvement of a notified body, re— ferred to in Annex Ⅶ.	(b) 피통보기관이 관여하는 부속서 Ⅶ에 명시된 품질관리 시스템 및 기술문서 평가
In demonstrating the compliance of a high—risk AI system with the require— ments set out in Section 2, the provider shall follow the conformity assessment procedure set out in Annex Ⅶ where:	부속서 Ⅲ 제1항에 열거된 고위험 AI 시스템이 이 법 제2장의 준수의무를 이행하였음을 증빙하기 위해 공급자는 다음 각 호 중 하나에 해당하는 경우 부속서 Ⅶ의 절차에 따라 적합성 평가를 수행해야 한다.
(a) harmonised standards referred to in Article 40 do not exist, and common specifications referred to in Article 41 are not available;	(a) 제40조에 따른 조화된 표준 및 제41조에 따른 공통 사양이 수립되어 있지 않은 경우
(b) the provider has not applied, or has applied only part of, the harmonised standard;	(b) 공급자가 조화된 표준을 적용하지 않았거나 그 일부만을 적용했을 경우
(c) the common specifications referred to in point (a) exist, but the provider has not applied them;	(c) 제a호의 공통 사양이 수립되어 있지만 공급자가 해당 사양을 적용하지 않은 경우
(d) one or more of the harmonised stand— ards referred to in point (a) has been published with a restriction, and only on the part of the standard that was restricted.	(d) 제a호의 조화된 표준이 공개되었으나 일정한 제약이 따르고, 해당 표준 중 제약이 따르는 부분만 공개된 경우
For the purposes of the conformity as—	부속서 Ⅶ에 따른 적합성 평가와 관련하여,

원문	번역
sessment procedure referred to in Annex Ⅶ, the provider may choose any of the notified bodies. However, where the high-risk AI system is intended to be put into service by law enforcement, immigration or asylum authorities or by Union institutions, bodies, offices or agencies, the market surveillance authority referred to in Article 74(8) or (9), as applicable, shall act as a notified body.	공급자는 피통보기관을 자유롭게 선택할 수 있다. 그러나, 고위험 AI 시스템이 EU 기구, 기관, 사무소 또는 청 등의 법 집행, 이민 또는 망명 관련 서비스 공급을 위해 이용될 경우 시장감시당국이 피통보기관의 역할을 수행해야 한다.
2. For high-risk AI systems referred to in points 2 to 8 of Annex Ⅲ, providers shall follow the conformity assessment procedure based on internal control as referred to in Annex Ⅵ, which does not provide for the involvement of a notified body.	2. 부속서 Ⅲ 제2항부터 제8항에 명시된 고위험 AI 시스템의 공급자는 부속서 Ⅵ에 규정된 바와 같이 피통보기관의 관여 없이 내부통제에 따른 적합성 평가를 수행해야 한다.
3. For high-risk AI systems covered by the Union harmonisation legislation listed in Section A of Annex Ⅰ, the provider shall follow the relevant conformity assessment procedure as required under those legal acts. The requirements set out in Section 2 of this Chapter shall apply to those high-risk AI systems and shall be part of that assessment. Points 4.3., 4.4., 4.5. and the fifth paragraph of point 4.6 of Annex Ⅶ shall also apply.	3. 부속서 Ⅰ 제A절에 명시된 EU조화법의 적용 대상이 되는 고위험 AI 시스템 공급자는 해당 법률에서 요구되는 적합성 평가를 수행해야 한다. 상기 고위험 AI 시스템에 대한 적합성 평가에는 이 장 제2절의 요건 및, 부속서 Ⅶ의 제4.3항, 제4.4항, 제4.5항 및 제4.6항 제5단락이 적용된다.
For the purposes of that assessment, notified bodies which have been notified under those legal acts shall be entitled to control the conformity of the high-risk AI systems with the requirements set out in Section 2, provided that the compliance of those notified bodies with requirements laid down in Article 31(4), (5), (10) and (11) has been assessed in the context of the notification procedure under those legal acts.	상기 EU조화법상 지정 절차에 따라 이 법 제31조 제4항, 제5항, 제10항 및 제11항의 요건을 충족하는 피통보기관은 이 장 제2절의 요건에 따라 고위험 AI 시스템의 적합성 여부를 통제할 권한이 있다.

원문	번역
Where a legal act listed in Section A of Annex I enables the product manufacturer to opt out from a third—party conformity assessment, provided that that manu—facturer has applied all harmonised standards covering all the relevant re—quirements, that manufacturer may use that option only if it has also applied harmonised standards or, where appli—cable, common specifications referred to in Article 41, covering all requirements set out in Section 2 of this Chapter.	소관 EU조화법이 조화된 표준상 관련 요건을 준수한 제품 제조업자에 대해 제3자 적합성 평가를 의무로 규정하고 있지 않은 경우, 제품 제조업자가 해당 조화된 표준을 적용하였거나, 이 장 제2절에 규정된 요건을 포함한 제41조의 공통기준을 적용한 경우에 한하여 제3자 적합성 평가를 면제받을 수 있다.
4. High—risk AI systems that have already been subject to a conformity assessment procedure shall undergo a new con—formity assessment procedure in the event of a substantial modification, re—gardless of whether the modified system is intended to be further distributed or continues to be used by the current deployer. For high—risk AI systems that continue to learn after being placed on the mar—ket or put into service, changes to the high—risk AI system and its performance that have been pre—determined by the provider at the moment of the initial conformity assessment and are part of the information contained in the tech—nical documentation referred to in point 2(f) of Annex Ⅳ, shall not constitute a substantial modification.	4. 적합성 평가를 완료한 고위험 AI 시스템에 상당한 변경이 수반되는 경우, 변경 이후 시스템이 동일한 배포자에게 유통되거나 이용되는지 여부와 관계 없이 적합성 평가를 다시 수행해야 한다. 시장 출시 또는 서비스 공급 이후 학습을 계속하는 고위험 AI 시스템의 경우, 최초 적합성 평가 및 해당 평가의 일부로 포함된 부속서 Ⅳ 제2항 제f호에 따른 기술문서에 공급자가 기재한 해당 시스템 및 그 성능에 대한 변경은 이 조의 상당한 변경에 해당되지 않는다.
5. The Commission is empowered to adopt delegated acts in accordance with Article 97 in order to amend Annexes Ⅵ and Ⅶ by updating them in light of technical progress.	5. EU집행위원회는 제97조에 따라 기술발전 상황을 고려하여 부속서 Ⅳ 및 부속서 Ⅶ을 개정할 수 있는 위임입법 권한을 보유한다.
6. The Commission is empowered to adopt delegated acts in accordance with Article	6. EU집행위원회는 제97조에 따라 부속서 Ⅲ 제2항부터 제8항의 고위험 AI 시스템이 부

원문	번역
97 in order to amend paragraphs 1 and 2 of this Article in order to subject high-risk AI systems referred to in points 2 to 8 of Annex Ⅲ to the con-formity assessment procedure referred to in Annex Ⅶ or parts thereof. The Commission shall adopt such delegated acts taking into account the effectiveness of the conformity assessment procedure based on internal control referred to in Annex Ⅵ in preventing or minimising the risks to health and safety and pro-tection of fundamental rights posed by such systems, as well as the availability of adequate capacities and resources among notified bodies.	속서 Ⅶ의 전부 또는 일부에 명시된 적합성 평가의 대상이 되도록 이 조 제1항 및 제2항을 개정할 수 있는 위임입법 권한을 보유한다. EU집행위원회는 상기 위임입법 권한을 행사함에 있어, 해당 시스템이 건강, 안전, 기본권 보호에 미치는 위험을 방지 또는 최소화함에 있어 부속서 Ⅵ에 따른 내부 통제에 기반한 적합성 평가의 유효성 및 적합성 평가 수행을 위한 피통보기관의 적정 역량과 자원을 고려하여야 한다.

제44조 인증서(Article 44 Certificates)

원문	번역
1. Certificates issued by notified bodies in accordance with Annex Ⅶ shall be drawn-up in a language which can be easily understood by the relevant au-thorities in the Member State in which the notified body is established.	1. 피통보기관이 부속서 Ⅶ에 따라 발급하는 인증서는 해당 피통보기관이 설립된 회원국 내 소관 당국이 쉽게 이해할 수 있는 언어로 작성되어야 한다.
2. Certificates shall be valid for the period they indicate, which shall not exceed five years for AI systems covered by Annex Ⅰ, and four years for AI systems covered by Annex Ⅲ. At the request of the provider, the validity of a certificate may be extended for further periods, each not exceeding five years for AI systems covered by Annex Ⅰ, and four years for AI systems covered by Annex Ⅲ, based on a re-assessment in ac-cordance with the applicable conformity assessment procedures. Any supplement	2. 인증서의 유효기간은 기재된 바에 따르되, 부속서 Ⅰ에 명시된 AI 시스템의 경우 5년, 부속서 Ⅲ에 명시된 AI 시스템의 경우 4년을 초과할 수 없다. 공급자의 요청이 있을 경우, 인증서의 유효기간은 적용되는 적합성 평가 절차상 재평가 결과에 따라 추가로 연장될 수 있으며, 이 경우 각 연장기간은 부속서 Ⅰ에 명시된 AI 시스템의 경우 5년, 부속서 Ⅲ에 명시된 AI 시스템의 경우 4년을 초과할 수 없다. 인증서의 첨부자료는 해당 인증서의 유효기간 동안 동일하게 유효하다.

원문	번역
to a certificate shall remain valid, pro-vided that the certificate which it sup-plements is valid.	
3. Where a notified body finds that an AI system no longer meets the requirements set out in Section 2, it shall, taking ac-count of the principle of proportionality, suspend or withdraw the certificate is-sued or impose restrictions on it, unless compliance with those requirements is ensured by appropriate corrective action taken by the provider of the system within an appropriate deadline set by the notified body. The notified body shall give reasons for its decision.	3. 피통보기관이 해당 AI 시스템이 제2절의 요건을 더 이상 충족하지 않는다고 판단할 경우, 비례의 원칙을 고려하여 인증서의 효력을 일시 중지 또는 철회하거나 제약을 부과할 수 있다. 이 경우 피통보기관은 그러한 결정에 대한 이유를 기재해야 한다. 단, 피통보기관이 정한 기한 내에 공급자가 적절한 시정조치를 취함으로써 상기 요건을 준수하는 경우에는 그러하지 아니하다.
An appeal procedure against decisions of the notified bodies, including on con-formity certificates issued, shall be available.	적합성 인증서를 포함한 피통보기관의 결정에 대한 이의제기 절차가 마련되어야 한다.

제45조 피통보기관의 정보제공 의무(Article 45 Information obligations of notified bodies)

원문	번역
1. Notified bodies shall inform the notifying authority of the following:	1. 피통보기관은 통보당국에 다음 각 호의 사항을 알려야 한다.
(a) any Union technical documentation as-sessment certificates, any supplements to those certificates, and any quality management system approvals issued in accordance with the requirements of Annex Ⅶ;	(a) 부속서 Ⅶ의 요건에 따른 EU 기술문서 평가 인증서 및 그 첨부자료 및 품질 관리 체계 승인 내역
(b) any refusal, restriction, suspension or withdrawal of a Union technical doc-umentation assessment certificate or a quality management system approval issued in accordance with the re-quirements of Annex Ⅶ;	(b) 부속서 Ⅶ의 요건에 따른 EU 기술문서 평가 인증서 또는 품질 관리 체계의 거부, 제한, 보류 또는 철회 내역 및 품질 관리 체계 승인 내역

원문	번역
(c) any circumstances affecting the scope of or conditions for notification;	(c) 통보의 범위 및 조건에 영향을 미친 정황
(d) any request for information which they have received from market surveillance authorities regarding conformity as-sessment activities;	(d) 적합성 평가 활동과 관련하여 시장감시당국으로부터 받은 자료제공요청
(e) on request, conformity assessment ac-tivities performed within the scope of their notification and any other activity performed, including cross-border activities and subcontracting.	(e) 통보당국이 요청할 경우 통보 범위 내의 적합성 평가 활동 및 국외 활동 및 하도급 등 기타 수행한 활동
2. Each notified body shall inform the other notified bodies of:	2. 피통보기관은 다른 피통보기관에 다음 각 호의 사항을 알려야 한다.
(a) quality management system approvals which it has refused, suspended or withdrawn, and, upon request, of quality system approvals which it has issued;	(a) 해당 기관이 거부, 보류 또는 철회하였던 품질 관리 체계의 승인 내역 또는 다른 피통보기관이 요청할 경우 해당기관이 발행한 품질 관리 체계의 승인 내역
(b) Union technical documentation assess-ment certificates or any supplements thereto which it has refused, with-drawn, suspended or otherwise re-stricted, and, upon request, of the certificates and/or supplements thereto which it has issued.	(b) 해당 기관이 거부, 보류 또는 철회하였던 EU 기술문서 평가 인증서 및 그 첨부문서의 내역 또는 다른 피통보기관이 요청할 경우 해당기관이 발행한 EU 기술문서 평가 승인서 및 그 첨부문서의 내역
3. Each notified body shall provide the other notified bodies carrying out similar con-formity assessment activities covering the same types of AI systems with relevant information on issues relating to negative and, on request, positive conformity as-sessment results.	3. 피통보기관은 해당 피통보기관이 수행한 동일 유형의 AI 시스템에 대한 유사한 적합성 평가를 수행하고 있는 다른 피통보기관에 그 부정적 사항에 관한 정보를 제공해야 한다. 다른 피통보기관의 요청이 있을 경우 긍정적 적합성 평가 결과를 제공해야 한다.
4. Notified bodies shall safeguard the con-fidentiality of the information that they obtain, in accordance with Article 78.	4. 피통보기관은 이 법 제78조에 따라 취득한 정보의 비밀성을 유지해야 한다.

제46조 적합성 평가 절차의 예외(Article 46 Derogation from Conformity Assessment Procedure)

원문	번역
1. By way of derogation from Article 43 and upon a duly justified request, any market surveillance authority may authorise the placing on the market or the putting into service of specific high-risk AI systems within the territory of the Member State concerned, for exceptional reasons of public security or the protection of life and health of persons, environmental protection or the protection of key in-dustrial and infrastructural assets. That authorisation shall be for a limited period while the necessary conformity assess-ment procedures are being carried out, taking into account the exceptional rea-sons justifying the derogation. The com-pletion of those procedures shall be un-dertaken without undue delay.	1. 제43조의 적용제외 규정에 근거한 적법하게 정당한 요청에 의해, 시장감시당국은 공공안전, 개인의 생명·건강의 보호, 환경 보호, 주요 산업자산 및 사회기반시설의 보호 등 예외적인 경우 회원국의 영토 내에서 특정한 고위험 AI 시스템의 시장 출시 또는 서비스 공급을 승인할 수 있다. 해당 승인은 적용제외를 정당화할 예외적인 사유를 고려하여 요구되는 적합성 평가 수행기간 동안 제한적으로 이루어져야 한다. 상기 적합성 평가 절차는 지체없이 시행되어야 한다.
2. In a duly justified situation of urgency for exceptional reasons of public security or in the case of specific, substantial and imminent threat to the life or physical safety of natural persons, law-enforce-ment authorities or civil protection au-thorities may put a specific high-risk AI system into service without the author-isation referred to in paragraph 1, pro-vided that such authorisation is requested during or after the use without undue delay. If the authorisation referred to in paragraph 1 is refused, the use of the high-risk AI system shall be stopped with immediate effect and all the results and outputs of such use shall be imme-diately discarded.	2. 공공안전의 극히 예외적인 이유로 적법하게 정당화되는 긴급상황 또는 자연인의 생명, 신체에 대한 구체적이고 상당하며 급박한 위협이 발생한 경우, 법 집행당국 또는 민간보호당국은 제1항의 승인 없이 특정 고위험 AI 시스템을 시장 출시하거나 서비스를 공급하도록 할 수 있다. 이 경우, 법 집행당국 또는 민간보호당국은 해당 고위험 AI 시스템을 이용하고 있는 기간 동안 또는 이용을 마친 후 지체 없이 그 이용에 대한 승인을 요청해야 한다. 제2단락에 따른 승인요청이 거부된 경우, 고위험 AI 시스템에 대한 이용이 즉시 중단되어야 하며, 해당 AI 시스템의 이용에 따른 결과물 및 산출물은 즉시 폐기되어야 한다.

원문	번역
3. The authorisation referred to in paragraph 1 shall be issued only if the market surveillance authority concludes that the high−risk AI system complies with the requirements of Section 2. The market surveillance authority shall inform the Commission and the other Member States of any authorisation issued pursuant to paragraphs 1 and 2. This obligation shall not cover sensitive operational data in relation to the activities of law−enforcement authorities.	3. 제1항에 언급된 승인은 시장감시당국이 고위험 AI 시스템이 제2절의 요건을 준수한다고 결론을 내린 경우에만 가능하다. 시장감시당국은 제1항 및 제2항에 따라 발급된 모든 승인을 EU집행위원회와 다른 회원국에 통보하여야 한다. 이러한 통보의무는 법집행당국의 활동과 관련된 민감한 작전 데이터에는 적용되지 않는다.
4. Where, within 15 calendar days of receipt of the information referred to in paragraph 3, no objection has been raised by either a Member State or the Commission in respect of an authorisation issued by a market surveillance authority of a Member State in accordance with paragraph 1, that authorisation shall be deemed justified.	4. 제3항에 언급된 정보를 수령한 날로부터 15일 이내에 회원국의 시장감시당국이 제1항에 따라 발급한 승인에 대해 회원국 또는 EU집행위원회가 이의를 제기하지 않는 경우, 해당 승인은 정당한 것으로 간주된다.
5. Where, within 15 calendar days of receipt of the notification referred to in paragraph 3, objections are raised by a Member State against an authorisation issued by a market surveillance authority of another Member State, or where the Commission considers the authorisation to be contrary to Union law, or the conclusion of the Member States regarding the compliance of the system as referred to in paragraph 3 to be unfounded, the Commission shall, without delay, enter into consultations with the relevant Member State. The operators concerned shall be consulted and have the possibility to present their views. Having regard thereto, the Commission shall decide whether the authorisation is	5. 제3항에 언급된 통보를 받은 날로부터 15일 이내에 회원국이 다른 회원국의 시장감시당국이 실시한 승인에 대해 이의를 제기하거나 EU집행위원회가 해당 승인이 EU법에 위반되거나 제3항에 언급된 시스템의 준수에 관한 회원국의 결론이 근거가 없다고 판단하는 경우, EU집행위원회는 지체없이 관련 회원국과 협의에 착수해야 한다. 운영자는 협의를 거쳐 자신의 의견을 제시할 수 있다. 이를 고려하여 EU집행위원회는 승인이 정당한지 여부를 결정하여야 한다. EU집행위원회는 해당 회원국 및 관련 운영자에게 결정 내용을 통보하여야 한다.

원문	번역
justified. The Commission shall address its decision to the Member State con-cerned and to the relevant operators.	
6. Where the Commission considers the au-thorisation unjustified, it shall be with-drawn by the market surveillance au-thority of the Member State concerned.	6. EU집행위원회가 승인이 정당하지 않다고 판단하는 경우, 해당 회원국의 시장감시당국은 승인을 철회해야 한다.
7. For high-risk AI systems related to products covered by Union harmo-nisation legislation listed in Section A of Annex I, only the derogations from the conformity assessment established in that Union harmonisation legislation shall apply.	7. 부속서 I 제A절에 나열된 EU조화법이 적용되는 제품과 관련된 고위험 AI 시스템의 경우, EU조화법에서 정한 적합성 평가에 대한 예외 사항만 적용된다.

제47조 EU 적합성 선언(Article 47 EU declaration of conformity)

원문	번역
1. The provider shall draw up a written machine readable, physical or elec-tronically signed EU declaration of con-formity for each high-risk AI system, and keep it at the disposal of the na-tional competent authorities for 10 years after the high-risk AI system has been placed on the market or put into service. The EU declaration of conformity shall identify the high-risk AI system for which it has been drawn up. A copy of the EU declaration of conformity shall be submitted to the relevant national com-petent authorities upon request.	1. 공급자는 각 고위험 AI 시스템에 대해 기계판독이 가능하고 물리적 또는 전자적으로 서명된 EU 적합성 선언을 서면으로 작성하고 고위험 AI 시스템이 시장에 출시되거나 서비스 공급 후 10년 동안 국가관할당국이 처분할 수 있도록 보관하여야 한다. EU 적합성 선언서에는 해당 선언의 대상이 되는 고위험 AI 시스템이 적시되어 있어야 한다. EU 적합성 선언 사본은 관련 국가관할당국이 요청할 경우 이를 제출하여야 한다.
2. The EU declaration of conformity shall state that the high-risk AI system con-cerned meets the requirements set out in Section 2. The EU declaration of con-formity shall contain the information set out in Annex V, and shall be translated	2. EU 적합성 선언에는 해당 고위험 AI 시스템이 제2절에 규정되어 있는 요건을 충족한다는 내용이 명시되어 있어야 한다. EU 적합성 선언에는 부속서 V에 명시된 정보를 포함하여야 하며, 고위험 AI 시스템이 출시되거나 서비스가 공급된 회원국의 국가관

원문	번역
into a language that can be easily un-derstood by the national competent au-thorities of the Member States in which the high-risk AI system is placed on the market or made available.	할당국이 쉽게 이해할 수 있는 언어로 번역되어야 한다.
3. Where high-risk AI systems are subject to other Union harmonisation legislation which also requires an EU declaration of conformity, a single EU declaration of conformity shall be drawn up in respect of all Union law applicable to the high-risk AI system. The declaration shall contain all the information required to identify the Union harmonisation legis-lation to which the declaration relates.	3. 고위험 AI 시스템이 EU 적합성 선언을 요구하는 다른 EU조화법의 적용을 받는 경우 고위험 AI 시스템에 적용되는 모든 EU법과 관련하여 단일 EU 적합성 선언은 작성되어야 한다. 선언에는 선언과 관련된 EU조화법을 식별하는 데 필요한 모든 정보를 포함하여야 한다.
4. By drawing up the EU declaration of conformity, the provider shall assume responsibility for compliance with the requirements set out in Section 2. The provider shall keep the EU declaration of conformity up-to-date as appropriate.	4. 공급자는 EU 적합성 선언을 작성함으로써 제2절에 규정된 요건의 준수에 대한 책임을 진다. 공급자는 EU 적합성 선언을 적절하게 최신의 상태로 유지하여야 한다.
5. The Commission is empowered to adopt delegated acts in accordance with Article 97 in order to amend Annex V by up-dating the content of the EU declaration of conformity set out in that Annex, in order to introduce elements that become necessary in light of technical progress.	5. EU집행위원회는 기술 발전에 따라 필요한 요소를 도입하기 위해 부속서에 명시된 EU 적합성 선언의 내용을 업데이트하여 부속서 V를 수정하기 위한 목적으로 제97조에 따라 위임 법률을 채택할 권한이 있다.

제48조 CE 마크(Article 48 CE marking)

원문	번역
1. The CE marking shall be subject to the general principles set out in Article 30 of Regulation (EC) No 765/2008.	1. CE 마크는 Regulation (EC) 765/2008 제30조에 명시된 일반 원칙을 따라야 한다.
2. For high-risk AI systems provided dig-itally, a digital CE marking shall be used, only if it can easily be accessed via the	2. 디지털 방식으로 제공되는 고위험 AI 시스템의 경우 디지털 CE 마크는 해당 시스템에 접근하는 인터페이스를 통해 또는 쉽게

원문	번역
interface from which that system is accessed or via an easily accessible machine-readable code or other electronic means.	접근할 수 있는 기계 판독 코드 또는 기타 전자적 수단을 통해 쉽게 확인할 수 있는 경우에만 이용할 수 있다.
3. The CE marking shall be affixed visibly, legibly and indelibly for high-risk AI systems. Where that is not possible or not warranted on account of the nature of the high-risk AI system, it shall be affixed to the packaging or to the accompanying documentation, as appropriate.	3. CE 마크는 고위험 AI 시스템에 대해 눈에 잘 띄고, 읽기 쉽고, 쉽게 지워지지 않는 방식으로 부착되어야 한다. 고위험 AI 시스템의 특성으로 인해 불가능하거나 어려운 경우 포장 또는 첨부 문서에 적절하게 부착해야 한다.
4. Where applicable, the CE marking shall be followed by the identification number of the notified body responsible for the conformity assessment procedures set out in Article 43. The identification number of the notified body shall be affixed by the body itself or, under its instructions, by the provider or by the provider's authorised representative. The identification number shall also be indicated in any promotional material which mentions that the high-risk AI system fulfils the requirements for CE marking.	4. 해당되는 경우, CE 마크 뒤에는 제43조에 규정된 적합성 평가 절차를 담당하는 피통보기관의 식별번호가 표시되어야 한다. 피통보기관의 식별번호는 해당 기관이 직접 또는 그 지시에 따라 공급자 또는 공급자의 권한을 위임받은 대리인이 부착해야 한다. 식별번호는 고위험 AI 시스템이 CE 마크 요건을 충족한다고 언급된 모든 홍보물에 표시되어야 한다.
5. Where high-risk AI systems are subject to other Union law which also provides for the affixing of the CE marking, the CE marking shall indicate that the high-risk AI system also fulfil the requirements of that other law.	5. 고위험 AI 시스템이 CE 마크 부착을 규정하는 다른 EU법의 적용을 받는 경우 CE 마크는 고위험 AI 시스템이 해당 다른 법률의 요건도 충족한다는 것을 표시해야 한다.

제49조 등록(Article 49 Registration)

원문	번역
1. Before placing on the market or putting into service a high-risk AI system listed in Annex Ⅲ, with the exception of high-risk AI systems referred to in point	1. 부속서 Ⅲ의 제2항에 언급된 고위험 AI 시스템을 제외하고 부속서 Ⅲ에 나열된 고위험 AI 시스템을 시장에 출시하거나 서비스를 공급하기 전에 공급자 또는 해당되는 경

원문	번역
2 of Annex Ⅲ, the provider or, where applicable, the authorised representative shall register themselves and their system in the EU database referred to in Article 71.	우 국내 대리인은 제71조에 언급된 EU 데이터베이스에 공급자에 대한 정보와 해당 시스템을 등록해야 한다.
2. Before placing on the market or putting into service an AI system for which the provider has concluded that it is not high−risk according to Article 6(3), that provider or, where applicable, the authorised representative shall register themselves and that system in the EU database referred to in Article 71.	2. 공급자가 제6조 제3항에 따라 고위험이 아니라고 판단한 AI 시스템을 시장에 출시하거나 서비스를 공급하기 전에 공급자 또는 해당되는 경우 국내 대리인은 제71조에 언급된 EU 데이터베이스에 공급자에 대한 정보와 해당 시스템을 등록해야 한다.
3. Before putting into service or using a high−risk AI system listed in Annex Ⅲ, with the exception of high−risk AI systems listed in point 2 of Annex Ⅲ, deployers that are public authorities, Union institutions, bodies, offices or agencies or persons acting on their behalf shall register themselves, select the system and register its use in the EU database referred to in Article 71.	3. 부속서 Ⅲ 제2항에 나열된 고위험 AI 시스템을 제외하고 부속서 Ⅲ 제2항에 나열된 고위험 AI 시스템을 서비스 공급하거나 이용하기 전에 관할당국, 기구, 기관, 사무소 또는 청 또는 이들을 대리하는 배포자는 시스템을 선택하고, 자신에 대한 정보와 함께 제71조에 언급된 EU 데이터베이스에 이용 등록을 해야 한다.
4. For high−risk AI systems referred to in points 1, 6 and 7 of Annex Ⅲ, in the areas of law enforcement, migration, asylum and border control management, the registration referred to in paragraphs 1, 2 and 3 of this Article shall be in a secure non−public section of the EU database referred to in Article 71 and shall include only the following information, as applicable, referred to in:	4. 부속서 Ⅲ의 제1항, 제6항, 제7항에 언급된 법 집행, 이민, 망명 및 국경 관리 분야 고위험 AI 시스템의 경우, 이 조 제1항, 제2항, 제3항에 언급된 등록은 제71조에 언급된 EU 데이터베이스의 보안 비공개 절에서 이루어져야 하며, 해당되는 경우 다음의 정보만 포함해야 한다:
(a) Section A, points 1 to 10, of Annex Ⅷ, with the exception of points 6, 8 and 9;	(a) 제6항, 제8항, 제9항를 제외한 부속서 Ⅷ의 제A절 제1항부터 제10항까지;
(b) Section B, points 1 to 5, and points 8 and 9 of Annex Ⅷ;	(b) 부속서 Ⅷ의 제B절 제1항부터 제5항, 제8항, 제9항;
(c) Section C, points 1 to 3, of Annex Ⅷ;	(c) 부속서 Ⅷ의 제C절 제1항부터 제3항;
(d) points 1, 2, 3 and 5, of Annex Ⅸ.	(d) 부속서 Ⅸ의 제1항부터 제3항, 제5항.

원문	번역
Only the Commission and national authorities referred to in Article 74(8) shall have access to the respective restricted sections of the EU database listed in the first subparagraph of this paragraph.	EU집행위원회와 제74조 제8항에 언급된 국가 당국만 이 조 제1단락에서 언급된 EU 데이터베이스의 각각 제한된 절에 접근할 수 있다.
5. High-risk AI systems referred to in point 2 of Annex Ⅲ shall be registered at national level.	5. 부속서 Ⅲ 제2항의 고위험 AI 시스템은 국가 차원에서 등록되어야 한다.

제4장 특정 AI 시스템의 공급자와 배포자의 투명성 의무(Chapter IV Transparency obligations for providers and deployers of certain AI systems)

제50조 특정 AI 시스템의 투명성 의무(Article 50 Transparency obligations for providers and deployers of certain AI systems)

원문	번역
1. Providers shall ensure that AI systems in-tended to interact directly with natural persons are designed and developed in such a way that the natural persons concerned are informed that they are interacting with an AI system, unless this is obvious from the point of view of a natural person who is reasonably well-informed, observant and circumspect, taking into account the circumstances and the context of use. This obligation shall not apply to AI systems authorised by law to detect, prevent, investigate or prosecute criminal offences, subject to appropriate safeguards for the rights and freedoms of third parties, unless those systems are available for the public to report a criminal offence.	1. 상황과 맥락을 고려하여 합리적으로 적절히 인식하고 있고, 통찰력 및 관찰력이 있는 자연인의 관점에서 명백하지 않다면, 공급자는 자연인과 직접적으로 상호작용하도록 의도된 AI 시스템이 해당 자연인이 AI 시스템과 상호작용되고 있음에 대하여 그에게 정보를 제공하는 방식으로 설계 및 개발하여야 한다. 대중이 범죄행위에 대해 신고할 수 있도록 하는 시스템을 제외하고, 이 의무는 제3자의 권리와 자유에 대한 적절한 보호 장치로서 범죄행위에 대한 탐지, 예방, 조사 또는 기소를 위한 법에 의해 승인된 AI 시스템에는 적용되지 않는다.
2. Providers of AI systems, including gen-eral-purpose AI systems, generating syn-thetic audio, image, video or text con-tent, shall ensure that the outputs of the AI system are marked in a machine-readable format and detectable as artifi-cially generated or manipulated. Providers shall ensure their technical solutions are effective, interoperable, robust and reli-able as far as this is technically feasible, taking into account the specificities and limitations of various types of content, the costs of implementation and the	2. 합성된 오디오, 이미지, 비디오 또는 텍스트 콘텐츠를 만들어 내는 범용 AI 시스템을 포함하여, AI 시스템의 공급자는 AI 시스템의 결과물이 기계가 읽을 수 있는 형식으로 표시되도록 하여야 하며, 그러한 결과물이 인위적으로 만들어졌거나 조작된 것으로 인식될 수 있도록 해야 한다. 공급자는 콘텐츠의 다양한 유형이 갖는 특수성과 한계, 구현에 따른 비용, 관련 기술 표준에 반영될 수 있는 일반적으로 인정되는 최신 기술을 고려하여, 기술적으로 가능한 한도에서 그들의 기술적 해결방식이 효과적이고, 상호 운용이 가능하며, 견고하고 신뢰할 수 있도

원문	번역
generally acknowledged state of the art, as may be reflected in relevant technical standards. This obligation shall not apply to the extent the AI systems perform an assistive function for standard editing or do not substantially alter the input data provided by the deployer or the seman – tics thereof, or where authorised by law to detect, prevent, investigate or prose – cute criminal offences.	록 하여야 한다. 이 의무는 AI 시스템이 표준의 편집을 위하여 보조적인 기능만을 수행하거나, 배포자에 의해 제공되는 입력 데이터 또는 그 의미를 실질적으로 변경하지 않거나 혹은 범죄행위에 대한 탐지, 예방, 조사 또는 기소를 위한 법에 의해 승인된 경우에는 적용되지 않는다.
3. Deployers of an emotion recognition system or a biometric categorisation system shall inform the natural persons exposed thereto of the operation of the system, and shall process the personal data in accordance with Regulations (EU) 2016/679 and (EU) 2018/1725 and Directive (EU) 2016/680, as applicable. This obligation shall not apply to AI systems used for biometric categorisation and emotion recognition, which are permitted by law to detect, prevent or investigate criminal offences, subject to appropriate safeguards for the rights and freedoms of third parties, and in ac – cordance with Union law.	3. 감정 인식 시스템 또는 생체인식 분류 시스템의 배포자는 이에 노출된 자연인에게 해당 시스템의 작동에 대해 정보를 제공하여야 하며, 그 개인정보는 해당하는 경우 Regulations (EU) 2016/679 및 (EU) 2018/1725과 Directive (EU) 2016/680에 따라 처리되어야 한다. 이 의무는 제3자의 권리와 자유에 대한 적절한 보호 장치로서 범죄행위에 대한 탐지, 예방 또는 조사를 위한 법 및 EU법에 따라 허용되는 생체인식 분류와 감정 인식을 위해 이용되는 AI 시스템에는 적용되지 않는다.
4. Deployers of an AI system that generates or manipulates image, audio or video content constituting a deep fake, shall disclose that the content has been artifi – cially generated or manipulated. This obligation shall not apply where the use is authorised by law to detect, prevent, investigate or prosecute criminal offence. Where the content forms part of an evi – dently artistic, creative, satirical, fictional or analogous work or programme, the transparency obligations set out in this paragraph are limited to disclosure of the	4. 딥페이크에 해당하는 이미지, 오디오 또는 비디오 콘텐츠를 만들거나 조작하는 AI 시스템의 배포자는 해당 콘텐츠가 인위적으로 만들어졌다거나 혹은 조작되었다는 것을 밝혀야 한다. 이 의무는 범죄행위에 대한 탐지, 예방, 조사 또는 기소를 위한 법에 의해 승인된 AI 시스템에는 적용되지 않는다. 콘텐츠가 명백히 예술적, 창의적, 풍자적, 허구적 작품 또는 프로그램의 일부이거나, 작품 또는 프로그램의 일부를 비유하는 경우, 이 항에 명시된 투명성 의무의 이행은 해당 작품의 표시 또는 향유를 방해하지 않는 적절한 방식으로 생성되거나 조작된

원문	번역
existence of such generated or manipu-lated content in an appropriate manner that does not hamper the display or en-joyment of the work.	콘텐츠를 밝히는 것으로 제한된다.
Deployers of an AI system that generates or manipulates text which is published with the purpose of informing the public on matters of public interest shall disclose that the text has been artificially gen-erated or manipulated. This obligation shall not apply where the use is au-thorised by law to detect, prevent, in-vestigate or prosecute criminal offences or where the AI-generated content has undergone a process of human review or editorial control and where a natural or legal person holds editorial responsibility for the publication of the content.	공익적 사항을 대중에게 알리기 위한 목적으로 공개된 텍스트를 만들거나 조작하는 AI 시스템의 배포자는 해당 텍스트가 인공적으로 만들어졌거나 혹은 조작되었음을 밝혀야 한다. 이 의무는 범죄행위에 대한 탐지, 예방, 조사 또는 기소를 위한 법에 의해 승인되었거나 AI에 의해 생성된 콘텐츠가 사람에 의한 검토 또는 편집상의 통제를 거쳤고 자연인 혹은 법인이 콘텐츠의 공개에 관하여 편집적인 책임을 부담하는 경우에는 적용되지 않는다.
5. The information referred to in paragraphs 1 to 4 shall be provided to the natural persons concerned in a clear and dis-tinguishable manner at the latest at the time of the first interaction or exposure. The information shall conform to the applicable accessibility requirements.	5. 제1항 내지 제4항에 언급된 정보는 적어도 첫 번째 상호작용 또는 노출시점에는 명확하고 식별 가능한 방식으로 관련 자연인에게 제공되어야 한다. 정보는 적용되는 접근성의 요구사항을 준수하여야 한다.
6. Paragraphs 1 to 4 shall not affect the requirements and obligations set out in Chapter Ⅲ, and shall be without preju-dice to other transparency obligations laid down in Union or national law for deployers of AI systems.	6. 제1항 내지 제4항은 제3장에 명시된 요구사항 및 의무에 영향을 미치지 않으며, AI 시스템의 배포자에게 적용되는 EU법 또는 국내법에 규정된 여타의 투명성 의무에도 영향을 미치지 않는다.
7. The AI Office shall encourage and facil-itate the drawing up of codes of practice at Union level to facilitate the effective implementation of the obligations re-garding the detection and labelling of artificially generated or manipulated content. The Commission may adopt implementing acts to approve those co-	7. AI사무국은 인위적으로 만들어졌거나 조작된 콘텐츠의 탐지 및 표시와 관련된 의무의 효과적인 이행을 촉진하기 위하여 유럽연합 차원에서 업무준칙의 작성을 장려하고 촉진해야 한다. EU집행위원회는 제56조 제6항에 규정된 절차에 따라 해당 업무준칙을 승인하기 위하여 이행법을 채택할 수 있다. 업무준칙이 적절하지 않다고 판단하는 경

원문	번역
des of practice in accordance with the procedure laid down in Article 56 (6). If it deems the code is not adequate, the Commission may adopt an implementing act specifying common rules for the im－plementation of those obligations in ac－cordance with the examination procedure laid down in Article 98(2).	우, EU집행위원회는 제98조 제2항에 규정된 검토절차에 따라 해당 의무의 이행을 위한 공통기준을 정하는 이행법을 채택할 수 있다.

제5장 범용 AI 모델(Chapter V General-purpose AI models)

제1절 분류규칙(Section 1 Classification rules)

제51조 범용 AI 모델을 구조적 위험이 있는 범용 AI 모델로의 분류(Article 51 Classification of general-purpose AI models as general-purpose AI models with systemic risk)

원문	번역
1. A general-purpose AI model shall be classified as a general-purpose AI model with systemic risk if it meets any of the following conditions:	1. 범용 AI 모델이 다음 각 호의 조건 중 어느 하나에 해당하는 경우, 해당 범용 AI 모델은 구조적 위험이 있는 범용 AI 모델로 분류하여야 한다:
(a) it has high impact capabilities evaluated on the basis of appropriate technical tools and methodologies, including indicators and benchmarks;	(a) 성과지표와 벤치마크가 포함된 적절한 기술적 도구와 방법론을 통해 고영향 성능이 있다고 판단된 범용 AI 모델;
(b) based on a decision of the Commission, ex officio or following a qualified alert from the scientific panel, it has capa-bilities or an impact equivalent to those set out in point (a) having re-gard to the criteria set out in Annex XIII.	(b) 범용 AI 모델이 부속서 XIII에 명시된 기준을 고려할 때 제a호에 언급된 역량이나 동등한 영향력을 갖는다고 EU집행위원회의 직권으로 또는 과학 패널로부터 적절한 경고에 따라서 EU집행위원회가 결정한 경우.
2. A general-purpose AI model shall be presumed to have high impact capa-bilities pursuant to paragraph 1, point (a), when the cumulative amount of computation used for its training meas-ured in floating point operations is greater than 1025.	2. 범용 AI 모델의 학습을 위해 부동 소수점 연산에서 이용되었던 누적 계산량이 1025 보다 큰 경우, 범용 AI 모델은 제1항 제a호에 따라 고영향 성능을 갖는 것으로 추정된다.
3. The Commission shall adopt delegated acts in accordance with Article 97 to amend the thresholds listed in para-graphs 1 and 2 of this Article, as well as to supplement benchmarks and in-dicators in light of evolving technological developments, such as algorithmic im-provements or increased hardware effi-ciency, when necessary, for these thresh-	3. 알고리즘의 발전 또는 하드웨어의 효율성 향상과 같이 기술적 발전 따라 기준치가 그러한 종류의 상태를 반영할 필요가 있는 경우, EU집행위원회는 제1항 및 제2항에 나열된 기준을 개정하거나 벤치마크와 성과지표를 보완하기 위하여 제97조에 따른 위임법을 채택하여야 한다.

원문	번역
olds to reflect the state of the art.	

제52조 절차(Article 52 Procedure)

원문	번역
1. Where a general−purpose AI model meets the condition referred to in Article 51(1), point (a), the relevant provider shall notify the Commission without delay and in any event within two weeks after that re− quirement is met or it becomes known that it will be met. That notification shall include the information necessary to demonstrate that the relevant requirement has been met. If the Commission be− comes aware of a general−purpose AI model presenting systemic risks of which it has not been notified, it may decide to designate it as a model with systemic risk.	1. 범용 AI 모델이 제51조 제1항 제a호에 따른 조건을 충족하는 경우, 관련 공급자는 이를 지체없이 그리고 어떠한 경우라도 해당 요구사항이 충족되었거나 그것이 충족될 것임을 알게 된 후 2주 내에는 EU집행위원회에 통지하여야 한다. 해당 통지에는 관련 요구사항이 충족되었음을 입증하는 데 필요한 정보가 포함되어야 한다. EU집행위원회가 통지되지는 않았으나 구조적 위험을 보여주는 범용 AI 모델을 인지한 경우, EU집행위원회는 그 모델을 구조적 위험이 있는 모델로 지정하기로 결정할 수 있다.
2. The provider of a general−purpose AI model that meets the condition referred to in Article 51(1), point (a), may pres− ent, with its notification, sufficiently substantiated arguments to demonstrate that, exceptionally, although it meets that requirement, the general−purpose AI model does not present, due to its spe− cific characteristics, systemic risks and therefore should not be classified as a general−purpose AI model with sys− temic risk.	2. 제51조 제1항 제a호에 따른 조건을 충족하는 범용 AI 모델의 공급자는 통지를 함에 있어, 예외적으로, 범용 AI 모델이 요구사항을 충족하였음에도 불구하고, 해당 범용 AI 모델이 갖는 특성으로 인하여 구조적 위험을 나타내지 않기 때문에 구조적 위험이 있는 범용 AI 모델로 분류되어서는 안 된다는 입증할 수 있는 충분한 근거가 있는 주장을 제시할 수 있다.
3. Where the Commission concludes that the arguments submitted pursuant to para− graph 2 are not sufficiently substantiated and the relevant provider was not able to demonstrate that the general−purpose AI model does not present, due to its specific characteristics, systemic risks, it	3. 제2항에 따라 제시된 주장이 충분히 입증되지 않았으며, 해당 공급자가 해당 범용 AI 모델이 갖는 특성으로 인하여 구조적 위험이 없다는 것을 증명하지 못했다고 EU집행위원회가 결론을 내린 경우, EU집행위원회는 해당 주장을 거부해야 하며, 해당 범용 AI 모델은 구조적 위험이 있는 모델로 간주

원문	번역
shall reject those arguments, and the general−purpose AI model shall be considered to be a general−purpose AI model with systemic risk.	된다.
4. The Commission may designate a gen−eral−purpose AI model as presenting systemic risks, ex officio or following a qualified alert from the scientific panel pursuant to Article 90(1), point (a), on the basis of criteria set out in Annex XⅢ. The Commission is empowered to adopt delegated acts in accordance with Article 97 in order to amend Annex XⅢ by specifying and updating the criteria set out in that Annex.	4. EU집행위원회는 부속서 XⅢ에 명시된 기준을 기반으로 하여 직권으로 또는 제90조 제1항 제a호에 따라 과학 패널로부터 적절한 경고에 따라 범용 AI 모델을 구조적 위험이 있는 것으로 지정할 수 있다. 부속서 XⅢ에 명시된 기준을 명확하게 하고 업데이트 하는 방식으로 부속서 XⅢ을 개정하기 위하여 EU집행위원회에게는 XⅢ 제97조에 따른 위임법을 수용할 권한이 주어진다.
5. Upon a reasoned request of a provider whose model has been designated as a general−purpose AI model with sys−temic risk pursuant to paragraph 4, the Commission shall take the request into account and may decide to reassess whether the general−purpose AI model can still be considered to present sys−temic risks on the basis of the criteria set out in Annex XⅢ. Such a request shall contain objective, detailed and new reasons that have arisen since the des−ignation decision. Providers may request reassessment at the earliest six months after the designation decision. Where the Commission, following its reassessment, decides to maintain the designation as a general−purpose AI model with sys−temic risk, providers may request re−assessment at the earliest six months after that decision.	5. 제4항에 따라 구조적 위험이 있는 범용 AI 모델로 지정된 모델의 공급자에 의한 그 사유를 기재한 요청이 있는 경우, EU집행위원회는 해당 요청을 고려하여 해당 범용 AI 모델이 부속서 XⅢ에 명시된 기준에 기반하여 여전히 구조적 위험을 나타내는 것으로 판단해야 하는지 여부를 재평가하기로 결정할 수 있다. 이러한 요청은 지정이 결정된 이후 발생한 객관적이고 상세하며 새로운 사유가 포함되어야 한다. 공급자는 지정이 결정된 후 최소 6개월 후에 재평가를 요청할 수 있다. EU집행위원회가 재평가 후 구조적 위험이 있는 범용 AI 모델로 지정을 유지하기로 결정한 경우, 공급자는 그 결정이 있는 후 최소 6개월 후에 재평가를 요청할 수 있다.
6. The Commission shall ensure that a list of general−purpose AI models with systemic risk is published and shall keep	6. EU집행위원회는 구조적 위험이 있는 범용 AI 모델의 리스트가 공개되도록 보장해야 하며, EU법 또는 국내법에 따른 지적재산

원문	번역
that list up to date, without prejudice to the need to observe and protect in-tellectual property rights and confidential business information or trade secrets in accordance with Union and national law.	권과 영업비밀 혹은 기업비밀의 준수 및 보호의 필요성에 영향을 주지 않는 한도에서 해당 데이터의 리스트를 최신 상태로 유지하여야 한다.

제2절 범용 AI 모델 공급자의 의무(SECTION 2 Obligations for providers of general-purpose AI models)

제53조 범용 AI 모델 공급자의 의무(Article 53 Obligations for providers of general-purpose AI models)

원문	번역
1. Providers of general-purpose AI models shall: (a) draw up and keep up-to-date the technical documentation of the model, including its training and testing process and the results of its evalua-tion, which shall contain, at a mini-mum, the information set out in Annex XI for the purpose of providing it, upon request, to the AI Office and the national competent authorities; (b) draw up, keep up-to-date and make available information and documentation to providers of AI systems who intend to integrate the general-purpose AI model into their AI systems. Without prejudice to the need to observe and protect intellectual property rights and confidential business information or trade secrets in accordance with Union and national law, the information and documentation shall:	1. 범용 AI 모델 공급자는 다음 각 호를 이행해야 한다: (a) 해당 모델의 학습 및 테스트 과정과 최소한 해당 모델을 공급할 목적으로 작성되어야 하는 부속서 XI에 명시된 정보가 포함되어 있는 평가 결과가 포함된 기술문서를 작성하고 최신 상태로 유지해야 하며, 요청이 있는 경우 AI사무국 및 국가 관할당국에 제공하여야 한다; (b) 정보와 문서를 작성하고 최신상태로 유지해야 하며, 자신의 AI 시스템에 범용 AI 모델을 통합하고자 하는 AI 시스템 공급자에게 이용가능하게 하여야 한다. EU법 또는 국내법에 따른 지적재산권과 영업비밀 혹은 기업비밀의 준수 및 보호의 필요성에 영향을 주지 않는 한도에서 정보 및 문서는 다음 각 목의 내용을 충족해야 한다:

원문	번역
(i) enable providers of AI systems to have a good understanding of the capa—bilities and limitations of the gen—eral—purpose AI model and to com—ply with their obligations pursuant to this Regulation; and	(i) AI 시스템 공급자가 범용 AI 모델의 기능과 한계를 잘 이해하고 이 법에 따른 의무를 준수할 수 있도록 해야 한다; 그리고
(ii) contain, at a minimum, the elements set out in Annex XII;	(ii) 최소한 부속서 XII에 명시된 요소를 포함해야 한다;
(c) put in place a policy to comply with Union law on copyright and related rights, and in particular to identify and comply with, including through state—of—the—art technologies, a reser—vation of rights expressed pursuant to Article 4(3) of Directive (EU) 2019/790;	(c) 저작권 및 관련 권리에 관한 EU법을 준수하고, 특히 Directive (EU) 2019/790 제4조 제3항에서 명시된 권리 유보를 최첨단 기술을 통해 식별하고 준수하는 정책을 마련해야 한다;
(d) draw up and make publicly available a sufficiently detailed summary about the content used for training of the gen—eral—purpose AI model, according to a template provided by the AI Office.	(d) AI사무국에서 제공하는 템플릿에 따라 범용 AI 모델의 학습에 이용된 콘텐츠에 대한 충분히 상세한 요약서를 작성하고, 공개적으로 제공해야 한다.
2. The obligations set out in paragraph 1, points (a) and (b), shall not apply to providers of AI models that are released under a free and open—source licence that allows for the access, usage, mod—ification, and distribution of the model, and whose parameters, including the weights, the information on the model architecture, and the information on model usage, are made publicly available. This exception shall not apply to general—purpose AI models with systemic risks.	2. 제1항 제a호 및 제b호에 명시된 의무는 해당 모델의 접근, 이용, 수정 및 배포를 허용하는 무료 오픈 소스 라이선스에 따라 공개되어 있으며, 가중치, 모델의 구조와 설계에 대한 정보, 해당 모델의 이용 정보를 포함한 매개변수가 공개되어 있는 AI 모델 공급자에게 적용되지 않는다. 이 예외는 구조적 위험이 있는 범용 AI 모델에는 적용되지 않는다.
3. Providers of general—purpose AI models shall cooperate as necessary with the Commission and the national competent authorities in the exercise of their com—petences and powers pursuant to this Regulation.	3. 범용 AI 모델 공급자는 EU집행위원회와 국가관할당국이 이 법에 따른 권한을 행사하는 데 있어 필요한 경우 EU집행위원회와 국가관할당국과 협력해야 한다.

원문	번역
4. Providers of general-purpose AI models may rely on codes of practice within the meaning of Article 56 to demonstrate compliance with the obligations set out in paragraph 1 of this Article, until a harmonised standard is published. Compliance with European harmonised standards grants providers the presumption of conformity to the extent that those standards cover those obligations. Providers of general-purpose AI models who do not adhere to an approved code of practice or do not comply with a European harmonised standard shall demonstrate alternative adequate means of compliance for assessment by the Commission.	4. 범용 AI 모델 공급자는 조화된 표준이 공개될 때까지 제1항에 명시된 의무를 준수함을 입증하기 위해 제56조에 따른 업무준칙을 따를 수 있다. 유럽연합의 조화된 표준의 준수는 해당 표준이 해당 의무를 포함하는 범위 내에서 공급자의 적합성을 추정할 수 있다. 승인된 업무준칙을 준수하지 않거나 유럽연합의 조화된 표준을 준수하지 않는 범용 AI 모델 공급자는 EU집행위원회의 평가를 위한 적절한 대체 준수 수단을 증명해야 한다.
5. For the purpose of facilitating compliance with Annex XI, in particular points 2 (d) and (e) thereof, the Commission is empowered to adopt delegated acts in accordance with Article 97 to detail measurement and calculation methodologies with a view to allowing for comparable and verifiable documentation.	5. 부속서 XI, 특히 제2항 제d호 및 제e호의 준수를 촉진시키기 위하여 EU집행위원회는 비교 가능하고 검증 가능한 문서를 허용하기 위한 목적으로 측정 및 계산방식을 세분화하기 위하여 제97조에 따른 위임법을 채택할 수 있는 권한이 있다.
6. The Commission is empowered to adopt delegated acts in accordance with Article 97(2) to amend Annexes XI and XII in light of evolving technological developments.	6. EU집행위원회는 진화하는 기술 발전을 고려하여 부속서 XI 및 XII를 개정하기 위하여 제97조 제2항에 따른 위임법을 채택할 권한이 있다.
7. Any information or documentation obtained pursuant to this Article, including trade secrets, shall be treated in accordance with the confidentiality obligations set out in Article 78.	7. 영업비밀을 포함하여 이 조에 따라 취득한 모든 정보 또는 문서는 제78조에 명시된 기밀 유지 의무에 따라 취급되어야 한다.

제54조 범용 AI 모델 공급자의 국내 대리인(Article 54 Authorised representatives of providers of general-purpose AI models)

원문	번역
1. Prior to placing a general-purpose AI model on the Union market, providers established in third countries shall, by written mandate, appoint an authorised representative which is established in the Union.	1. 범용 AI 모델을 EU시장에 출시하기 전에 제3국에 설립된 공급자는 서면 위임장을 통해 EU에 설립된 국내 대리인을 지정해야 한다.
2. The provider shall enable its authorised representative to perform the tasks specified in the mandate received from the provider.	2. 공급자는 국내 대리인이 공급자로부터 받은 위임장에 명시된 업무를 수행할 수 있도록 해야 한다.
3. The authorised representative shall perform the tasks specified in the mandate received from the provider. It shall provide a copy of the mandate to the AI Office upon request, in one of the official languages of the institutions of the Union. For the purposes of this Regulation, the mandate shall empower the authorised representative to carry out the following tasks:	3. 국내 대리인은 공급자로부터 받은 위임장에 명시된 업무를 수행해야 한다. 위임장 사본은 요청이 있을 시 EU 기구의 공식 언어 중 하나로 AI사무국에 제공해야 한다. 이 법의 목적을 위하여, 위임장은 권한 있는 대리인에게 다음 각 호의 업무를 수행할 수 있는 권한을 부여하여야 한다:
(a) verify that the technical documentation specified in Annex XI has been drawn up and all obligations referred to in Article 53 and, where applicable, Article 55 have been fulfilled by the provider;	(a) 부속서 XI에 명시된 기술문서가 작성되었고 제53조 및 해당되는 경우 제55조에 언급된 모든 의무가 공급자에 의해 이행되었는지 확인한다;
(b) keep a copy of the technical documentation specified in Annex XI at the disposal of the AI Office and national competent authorities, for a period of 10 years after the general-purpose AI model has been placed on the market, and the contact details of the provider that appointed the authorised representative;	(b) 범용 AI 모델이 시장에 출시된 후 10년 동안 AI사무국과 국가관할당국의 처분에 따라 부속서 XI에 명시된 기술문서의 사본과 국내 대리인을 지정한 공급자의 연락처 정보를 보관한다;
(c) provide the AI Office, upon a reasoned request, with all the information and	(c) 그 사유를 기재한 요청이 있을 경우, 제b호에 언급된 내용을 포함하여, 본 장에

원문	번역
documentation, including that referred to in point (b), necessary to demon-strate compliance with the obligations in this Chapter;	규정된 의무를 준수 하였음을 증명하는데 필요한 모든 정보 및 문서를 AI사무국에 제공한다;
(d) cooperate with the AI Office and com-petent authorities, upon a reasoned request, in any action they take in re-lation to the general-purpose AI model, including when the model is integrated into AI systems placed on the market or put into service in the Union.	(d) 그 사유를 기재한 요청이 있을 경우, 범용 AI 모델과 관련하여 EU시장에 출시되거나 서비스가 공급된 AI 시스템에 모델을 통합시키는 경우를 포함한 AI사무국 및 관할당국이 취하는 모든 조치에 대해 협력한다.
4. The mandate shall empower the au-thorised representative to be addressed, in addition to or instead of the provider, by the AI Office or the competent au-thorities, on all issues related to ensuring compliance with this Regulation.	4. 위임장은 국내 대리인에게 이 법을 준수함에 있어 관련된 모든 문제에 대해 공급자와 혹은 공급자를 대신하여 AI사무국 또는 관할당국에 의해 처리될 수 있는 권한을 부여해야 한다.
5. The authorised representative shall ter-minate the mandate if it considers or has reason to consider the provider to be acting contrary to its obligations pursuant to this Regulation. In such a case, it shall also immediately inform the AI Office about the termination of the mandate and the reasons therefor.	5. 국내 대리인은 공급자가 이 법에 따른 의무에 위배되는 행동을 한다고 판단되거나 판단될 이유가 있는 경우 위임을 해지해야 한다. 이 경우 위임 종료 사실과 그 이유를 즉시 AI사무국에 알려야 한다.
6. The obligation set out in this Article shall not apply to providers of general-purpose AI models that are released under a free and open-source licence that allows for the access, usage, modification, and dis-tribution of the model, and whose pa-rameters, including the weights, the in-formation on the model architecture, and the information on model usage, are made publicly available, unless the gen-eral-purpose AI models present systemic risks.	6. 해당 범용 AI 모델이 구조적 위험을 초래하지 않는 한 이 조에 명시된 의무는 해당 모델의 접근, 이용, 수정 및 배포를 허용하는 무료 오픈 소스 라이선스에 따라 공개되어 있으며, 가중치, 모델의 구조와 설계에 대한 정보, 해당 모델의 이용 정보를 포함한 매개변수가 공개되어 있는 AI 모델 공급자에게 적용되지 않는다.

제3절 구조적 위험을 가진 범용 AI 모델 공급자의 의무(SECTION 3 Obligations of providers of general-purpose AI models with systemic risk)

제55조 구조적 위험을 가진 범용 AI 모델 공급자의 의무(Article 55 Obligations of providers of general-purpose AI models with systemic risk)

원문	번역
1. In addition to the obligations listed in Articles 53 and 54, providers of general-purpose AI models with systemic risk shall:	1. 제53조 및 제54조에 나열된 의무에 추가하여, 구조적 위험이 있는 범용 AI 모델 공급자는 다음 각 호의 의무를 부담한다:
(a) perform model evaluation in accordance with standardised protocols and tools reflecting the state of the art, including conducting and documenting adversarial testing of the model with a view to identifying and mitigating systemic risks;	(a) 구조적 위험을 식별하고 완화하기 위해 모델에 대한 적대적 테스트를 수행하고 문서화하는 것을 포함하여 최신 기술을 반영하는 표준화된 프로토콜과 도구에 따라 모델 평가를 수행한다;
(b) assess and mitigate possible systemic risks at Union level, including their sources, that may stem from the development, the placing on the market, or the use of general-purpose AI models with systemic risk;	(b) 위험의 원인을 포함하여 구조적 위험이 있는 범용 AI 모델의 개발, 시장 출시 또는 이용으로 인해 발생할 수 있는 구조적 위험을 유럽연합 차원에서 평가하고 완화한다;
(c) keep track of, document, and report, without undue delay, to the AI Office and, as appropriate, to national competent authorities, relevant information about serious incidents and possible corrective measures to address them;	(c) 중대한 사고와 이를 해결하기 위한 가능한 시정 조치에 대한 관련 정보를 추적하고 문서화하며 AI사무국, 적절한 경우 국가관할당국에 지체 없이 보고한다;
(d) ensure an adequate level of cybersecurity protection for the general-purpose AI model with systemic risk and the physical infrastructure of the model.	(d) 구조적 위험이 있는 범용 AI 모델과 해당 모델의 물리적 인프라에 대해 적절한 수준의 사이버 보안 보호를 보장한다.
2. Providers of general-purpose AI models with systemic risk may rely on codes of practice within the meaning of Article 56 to demonstrate compliance with the obligations set out in paragraph 1 of this Article, until a harmonised standard is	2. 조화된 표준이 발표될 때까지, 구조적 위험이 있는 범용 AI 모델 공급자는 이 조 제1항에 명시된 의무를 준수하고 있음을 증명하기 위해 제56조의 의미 내에서 업무준칙을 적용할 수 있다. 유럽연합의 조화된 표준의 준수는 해당 표준이 해당 의무를 포함

원문	번역
published. Compliance with European harmonised standards grants providers the presumption of conformity to the extent that those standards cover those obligations. Providers of general—purpose AI models with systemic risks who do not adhere to an approved code of practice or do not comply with a European harmonised standard shall demonstrate alternative adequate means of compliance for assessment by the Commission.	하는 범위 내에서 공급자의 적합성을 추정할 수 있다. 승인된 업무준칙을 준수하지 않거나 유럽 조화된 표준을 준수하지 않는 범용 AI 모델 공급자는 EU집행위원회의 평가를 위한 적절한 대체 준수 수단을 증명해야 한다.
3. Any information or documentation ob—tained pursuant to this Article, including trade secrets, shall be treated in accord—ance with the confidentiality obligations set out in Article 78.	3. 영업비밀을 포함하여 이 조에 따라 취득한 모든 정보 또는 문서는 제78조에 명시된 기밀 유지 의무에 따라 취급되어야 한다.

제4절 업무준칙(SECTION 4 Codes of practice)

제56조 업무준칙(Article 56 Codes of practice)

원문	번역
1. The AI Office shall encourage and facil—itate the drawing up of codes of practice at Union level in order to contribute to the proper application of this Regulation, taking into account international approaches.	1. AI사무국은 국제적 접근방법을 고려하여 이 법의 적절한 적용에 기여하기 위하여 유럽연합 차원에서 업무준칙의 작성을 장려하고 촉진해야 한다.
2. The AI Office and the Board shall aim to ensure that the codes of practice cover at least the obligations provided for in Articles 53 and 55, including the follow—ing issues:	2. AI사무국과 유럽AI위원회는 업무준칙에 최소한 다음 각 호를 포함하여 제53조 및 제55조에 규정된 의무가 포함되도록 하는 것을 목표로 해야 한다:
(a) the means to ensure that the information referred to in Article 53(1), points (a) and (b), is kept up to date in light of market and technological develop—ments;	(a) 제53조 제1항 제a호 및 제b호에 따른 정보가 시장 및 기술 발전에 비추어 최신의 상태를 유지하도록 보장하는 방법;

원문	번역
(b) the adequate level of detail for the summary about the content used for training;	(b) 학습에 이용된 콘텐츠에 대한 요약을 위한 적절한 수준의 세부사항;
(c) the identification of the type and nature of the systemic risks at Union level, including their sources, where appropriate;	(c) 적절한 경우 구조적인 위험의 원인을 포함하여 유럽연합 차원에서의 구조적 위험의 유형과 성격의 확인;
(d) the measures, procedures and modalities for the assessment and management of the systemic risks at Union level, including the documentation thereof, which shall be proportionate to the risks, take into consideration their severity and probability and take into account the specific challenges of tackling those risks in light of the possible ways in which such risks may emerge and materialise along the AI value chain.	(d) 인공지능의 가치사슬에 따라 위험이 나타나고 구체화될 수 있는 방식에 비추어, 해당 위험에 비례하며, 그 심각성과 가능성이 고려된 유럽연합 차원에서 이루어져야 하는 구조적 위험의 평가 및 관리를 위한 조치, 절차와 양식 및 이에 따른 문서.
3. The AI Office may invite all providers of general-purpose AI models, as well as relevant national competent authorities, to participate in the drawing-up of codes of practice. Civil society organisations, industry, academia and other relevant stakeholders, such as downstream providers and independent experts, may support the process.	3. AI사무국은 범용 AI 모델의 모든 공급자 및 관련 국가관할당국에게 업무준칙 작성에 참여하도록 요청할 수 있다. 시민 사회 단체, 산업계, 학계, 하방공급자 및 독립 전문가 등 기타 관련 이해관계자가 이 과정을 지원할 수 있다.
4. The AI Office and the Board shall aim to ensure that the codes of practice clearly set out their specific objectives and contain commitments or measures, including key performance indicators as appropriate, to ensure the achievement of those objectives, and that they take due account of the needs and interests of all interested parties, including affected persons, at Union level.	4. AI사무국과 유럽AI위원회는 업무준칙이 특정 목표를 명확하게 제시하고, 해당 목표의 달성을 보장하기 위해 핵심 성과 지표 등 책무나 조치를 적절하게 포함함과 동시에 유럽연합차원에서 영향을 받는 사람을 포함한 모든 이해 당사자의 요구와 이익을 적절히 고려하도록 보장하는 것을 목표로 하여야 한다.

원문	번역
5. The AI Office shall aim to ensure that participants to the codes of practice report regularly to the AI Office on the implementation of the commitments and the measures taken and their outcomes, including as measured against the key performance indicators as appropriate. Key performance indicators and reporting commitments shall reflect differences in size and capacity between various participants.	5. AI사무국은 적절한 핵심 성과 지표 측정을 포함하여 책무 이행, 취한 조치 및 그 결과에 대해 업무준칙 참여자가 AI사무국에 정기적으로 보고하도록 하는 것을 목표로 해야 한다. 핵심 성과 지표와 보고 책무는 다양한 참여자 간의 규모와 역량의 차이를 반영해야 한다.
6. The AI Office and the Board shall regularly monitor and evaluate the achievement of the objectives of the codes of practice by the participants and their contribution to the proper application of this Regulation. The AI Office and the Board shall assess whether the codes of practice cover the obligations provided for in Articles 53 and 55, and shall regularly monitor and evaluate the achievement of their objectives. They shall publish their assessment of the adequacy of the codes of practice.	6. AI사무국과 유럽AI위원회는 참여자의 업무준칙 목표 달성과 이 법의 적절한 적용에 대한 참여자의 기여를 정기적으로 모니터링하고 평가해야 한다. AI사무국과 유럽AI위원회는 업무준칙이 제53조와 제55조에 규정된 의무가 포함되었는지 여부를 평가해야 하며, 업무준칙에서 설정한 목표 달성 여부를 정기적으로 모니터링하고 평가해야 한다. AI사무국과 유럽AI위원회는 업무준칙의 적절성에 대한 평가를 공표해야 한다.
The Commission may, by way of an implementing act, approve a code of practice and give it a general validity within the Union. That implementing act shall be adopted in accordance with the examination procedure referred to in Article 98(2).	EU집행위원회는 이행법을 통해 업무준칙을 승인하고 유럽연합 내에서의 유효성을 부여할 수 있다. 해당 이행법은 제98조 제2항에 규정된 검토절차에 따라 채택되어야 한다.
7. The AI Office may invite all providers of general-purpose AI models to adhere to the codes of practice. For providers of general-purpose AI models not presenting systemic risks this adherence may be limited to the obligations provided for in Article 53, unless they declare explicitly their interest to join the full code.	7. AI사무국은 범용 AI 모델의 모든 공급자에게 업무준칙을 준수하도록 요청할 수 있다. 구조적 위험을 나타내지 아니하는 범용 AI 모델의 공급자가 업무준칙 전부에 참여하겠다는 관심을 명시적으로 선언하지 않는 공급자에게 요청된 업무준칙은 제53조에 규정된 의무로 제한될 수 있다.

원문	번역
8. The AI Office shall, as appropriate, also encourage and facilitate the review and adaptation of the codes of practice, in particular in light of emerging standards. The AI Office shall assist in the assess—ment of available standards.	8. AI사무국은 특히 새로운 표준에 비추어 업무준칙의 검토 및 적용을 적절하게 장려하고 촉진해야 한다. AI사무국은 이용가능한 표준에 관한 평가를 지원해야 한다.
9. Codes of practice shall be ready at the latest by 2 May 2025. The AI Office shall take the necessary steps, including in—viting providers pursuant to paragraph 7. If, by 2 August 2025, a code of practice cannot be finalised, or if the AI Office deems it is not adequate following its assessment under paragraph 6 of this Article, the Commission may provide, by means of implementing acts, common rules for the implementation of the ob—ligations provided for in Articles 53 and 55, including the issues set out in para—graph 2 of this Article. Those im—plementing acts shall be adopted in ac—cordance with the examination proce—dure referred to in Article 98(2).	9. 업무준칙은 늦어도 2025년 5월 2일까지 준비돼야 한다. AI사무국은 제7항에 따라 공급자에게 요청하는 등 필요한 조치를 취해야 한다. 만약 2025년 8월 2일까지 업무준칙을 확정할 수 없거나, AI사무국 이 조 제6항에 따른 평가결과가 적절치 않다고 판단하는 경우, EU집행위원회는 이행법을 통해 이 조 제2항에 규정된 사안 등 제53조와 제55조에 규정된 의무의 이행을 위한 공통기준을 제공할 수 있다. 해당 이행법은 제98조 제2항에 규정된 검토절차에 따라 채택되어야 한다.

제6장 혁신 지원 조치(Chapter VI Measures in support of innovation)

제57조 AI 규제 샌드박스(Article 57 AI regulatory sandboxes)

원문	번역
1. Member States shall ensure that their competent authorities establish at least one AI regulatory sandbox at national level, which shall be operational by 2 August 2026. That sandbox may also be established jointly with the competent authorities of other Member States. The Commission may provide technical support, advice and tools for the estab-lishment and operation of AI regulatory sandboxes.	1. 회원국은 관할당국이 국가 차원에서 하나 이상의 AI 규제 샌드박스를 구축하도록 하여야 하며, 이는 2026년 8월 2일까지 운영되어야 한다. 샌드박스는 다른 회원국의 관할당국과 공동으로 구축될 수도 있다. EU 집행위원회는 AI 규제 샌드박스의 구축 및 운영을 위한 기술 지원, 자문 및 도구를 제공할 수 있다.
The obligation under the first subpara-graph may also be fulfilled by partic-ipating in an existing sandbox in so far as that participation provides an equiv-alent level of national coverage for the participating Member States.	제1단락에 따른 의무는 참여 회원국에 대하여 동등한 수준의 국내 보장을 제공하는 경우에 한하여 기존 샌드박스에 참여하는 것으로도 충족될 수 있다.
2. Additional AI regulatory sandboxes at regional or local level, or established jointly with the competent authorities of other Member States may also be established.	2. 지역·지방 수준에서 또는 다른 회원국의 관할당국과 공동으로 추가 AI 규제 샌드박스를 구축할 수 있다.
3. The European Data Protection Supervisor may also establish an AI regulatory sandbox for Union institutions, bodies, offices and agencies, and may exercise the roles and the tasks of national com-petent authorities in accordance with this Chapter.	3. 유럽데이터보호감독관은 또한 EU 기관, 기구, 사무소 또는 청을 위한 AI 규제 샌드박스를 설립할 수 있으며, 이 장에 따라 국가관할당국의 역할과 업무를 수행할 수 있다.
4. Member States shall ensure that the com-petent authorities referred to in para-graphs 1 and 2 allocate sufficient re-sources to comply with this Article ef-fectively and in a timely manner. Where appropriate, national competent author-	4. 회원국은 제1항 및 제2항에 따른 관할당국이 이 조를 효과적이고 시의적절하게 준수하기 위하여 충분한 자원을 배정할 것을 보장하여야 한다. 적절한 경우 국가관할당국은 다른 관련 당국과 협력하여야 하며, AI 생태계 내에서 다른 행위자의 관여를 허용

원문	번역
ities shall cooperate with other relevant authorities, and may allow for the involvement of other actors within the AI ecosystem. This Article shall not affect other regulatory sandboxes established under Union or national law. Member States shall ensure an appropriate level of cooperation between the authorities supervising those other sandboxes and the national competent authorities.	할 수 있다. 이 조는 EU법 또는 국내법에 따라 설립된 다른 규제 샌드박스에는 영향을 미치지 아니한다. 회원국은 다른 샌드박스를 감독하는 당국과 국가관할당국 간 적절한 수준의 협력을 보장하여야 한다.
5. AI regulatory sandboxes established under paragraph 1 shall provide for a controlled environment that fosters innovation and facilitates the development, training, testing and validation of innovative AI systems for a limited time before their being placed on the market or put into service pursuant to a specific sandbox plan agreed between the providers or prospective providers and the competent authority. Such sandboxes may include testing in real world conditions supervised therein.	5. 제1항에 따라 구축된 AI 규제 샌드박스는 공급자나 장래 공급자와 관할당국 사이에 합의된 특정 샌드박스 계획에 따라 출시 또는 서비스 개시 전 제한된 기간 동안 혁신을 조성하고 혁신적 AI 시스템의 개발, 학습, 테스트 및 유효성 확인을 촉진하는 통제된 환경을 제공하여야 한다. 그러한 샌드박스는 샌드박스 안에서 감독되는 현실 조건에서의 테스트를 포함할 수 있다.
6. Competent authorities shall provide, as appropriate, guidance, supervision and support within the AI regulatory sandbox with a view to identifying risks, in particular to fundamental rights, health and safety, testing, mitigation measures, and their effectiveness in relation to the obligations and requirements of this Regulation and, where relevant, other Union and national law supervised within the sandbox.	6. 관할당국은 이 법, 관련된 경우, 샌드박스 내에서 감독되는 기타 EU법 및 회원국 국내법에 다른 의무와 요건과 관련된 시험, 경감 조치 및 그 유효성, 특히 기본권, 건강 및 안전에 대한 위험을 확인하기 위하여 AI 규제 샌드박스 내에서 지침, 감독 및 지원을 적절하게 제공하여야 한다.
7. Competent authorities shall provide providers and prospective providers participating in the AI regulatory sandbox with guidance on regulatory expectations and how to fulfil the requirements and obligations set out in this Regulation.	7. 관할당국은 AI 규제 샌드박스에 참여하는 공급자와 장래 공급자에게 규제 기대치와 이 법에서 정하는 요건과 의무를 이행하는 방법에 관한 지침을 제공하여야 한다.

원문	번역
Upon request of the provider or prospective provider of the AI system, the competent authority shall provide a written proof of the activities successfully carried out in the sandbox. The competent authority shall also provide an exit report detailing the activities carried out in the sandbox and the related results and learning outcomes. Providers may use such documentation to demonstrate their compliance with this Regulation through the conformity assessment process or relevant market surveillance activities. In this regard, the exit reports and the written proof provided by the national competent authority shall be taken positively into account by market surveillance authorities and notified bodies, with a view to accelerating conformity assessment procedures to a reasonable extent.	AI 시스템의 공급자 또는 장래 공급자의 요청이 있는 경우, 관할당국은 샌드박스에서 성공적으로 수행된 활동에 대한 서면 증명을 제공하여야 한다. 또한 관할당국은 샌드박스에서 수행한 활동과 관련 결과 및 학습 결과를 상세히 기술한 종료 보고서를 제공하여야 한다. 공급자는 적합성 평가 절차 또는 관련 시장 감독 활동을 통해 이 법을 준수하고 있음을 입증하기 위해 해당 문서를 이용할 수 있다. 이와 관련하여, 시장감시당국 및 피통보기관은 적합성 평가 절차를 합리적인 범위에서 가속화하기 위하여 국가관할당국이 제공하는 종료 보고서 및 서면 증명을 긍정적으로 고려하여야 한다.
8. Subject to the confidentiality provisions in Article 78, and with the agreement of the provider or prospective provider, the Commission and the Board shall be authorised to access the exit reports and shall take them into account, as appropriate, when exercising their tasks under this Regulation. If both the provider or prospective provider and the national competent authority explicitly agree, the exit report may be made publicly available through the single information platform referred to in this Article.	8. 제78조의 기밀 유지 조항에 따라 공급자 또는 장래 공급자의 동의를 얻어, EU집행위원회와 유럽AI위원회는 종료 보고서에 접근할 수 있는 권한을 가지며 이 법에 따라 업무를 수행할 때 해당 보고서를 적절하게 고려하여야 한다. 공급자 또는 장래 공급자와 국가관할당국 모두가 명시적으로 동의하는 경우, 종료 보고서는 이 조에 따른 단일 정보 플랫폼을 통해 공개될 수 있다.
9. The establishment of AI regulatory sandboxes shall aim to contribute to the following objectives:	9. AI 규제 샌드박스의 구축은 다음의 목표에 기여하는 것을 목적으로 한다:
(a) improving legal certainty to achieve regulatory compliance with this Regulation	(a) 이 법 또는 관련된 경우, 기타 EU법 및 국내법의 규제 준수를 달성하기 위한 법

원문	번역
or, where relevant, other applicable Union and national law;	적 확실성의 개선;
(b) supporting the sharing of best practices through cooperation with the author— ities involved in the AI regulatory sand— box;	(b) AI 규제 샌드박스에 관여하는 당국과의 협력을 통한 모범사례 공유 지원;
(c) fostering innovation and competitive— ness and facilitating the development of an AI ecosystem;	(c) 혁신과 경쟁력을 조성하고 AI 생태계의 발전을 촉진;
(d) contributing to evidence—based regu— latory learning;	(d) 증거 기반 규제 학습에 기여;
(e) facilitating and accelerating access to the Union market for AI systems, in particular when provided by SMEs, including start—ups.	(e) 특히 스타트업을 포함한 중소기업이 공급하는 AI 시스템의 EU시장에 대한 접근을 촉진하고 가속화;
10. National competent authorities shall en— sure that, to the extent the innovative AI systems involve the processing of per— sonal data or otherwise fall under the supervisory remit of other national au— thorities or competent authorities pro— viding or supporting access to data, the national data protection authorities and those other national or competent au— thorities are associated with the oper— ation of the AI regulatory sandbox and involved in the supervision of those aspects to the extent of their respective tasks and powers.	10. 혁신적 AI 시스템이 개인정보 처리와 관련되거나 다른 국가 당국 또는 데이터에 대한 접근을 제공하거나 지원하는 관할당국의 감독 범위에 속하는 한도 내에서, 국가 관할당국은 국가데이터보호당국과 그 밖의 국가당국이나 관할당국이 AI 규제 샌드박스의 운영에 관여 하고 각각의 업무와 권한의 범위 내에서 그러한 측면을 감독하게 하여야 한다.
11. The AI regulatory sandboxes shall not affect the supervisory or corrective powers of the competent authorities supervising the sandboxes, including at regional or local level. Any significant risks to health and safety and fundamental rights identified during the development and testing of such AI systems shall re— sult in an adequate mitigation. National competent authorities shall have the	11. AI 규제 샌드박스는 지역 또는 지방 수준 등 샌드박스를 감독하는 관할당국의 감독 또는 시정 권한에 영향을 미치지 아니한다. 이러한 AI 시스템의 개발 및 테스트 과정에서 확인된 건강, 안전 및 기본권에 대한 중대한 위험에 대해 적절한 완화조치가 취해져야 한다. 국가관할당국은 위험이 효과적으로 완화될 수 없는 경우 테스트 과정 또는 샌드박스 참여를 일시적 또는 영구적으로 보류할 권한을 가지며 AI사무

원문	번역
power to temporarily or permanently suspend the testing process, or the participation in the sandbox if no effective mitigation is possible, and shall inform the AI Office of such decision. National competent authorities shall exercise their supervisory powers within the limits of the relevant law, using their discretionary powers when implementing legal provisions in respect of a specific AI regulatory sandbox project, with the objective of supporting innovation in AI in the Union.	국에 그러한 결정을 통보하여야 한다. 국가관할당국은 EU 내 AI 혁신을 지원하기 위하여 특정 AI 샌드박스 프로젝트와 관련한 법률 규정을 시행할 때 재량권을 행사하여 관련 법의 한도 내에서 감독권을 행사하여야 한다.
12. Providers and prospective providers participating in the AI regulatory sandbox shall remain liable under applicable Union and national liability law for any damage inflicted on third parties as a result of the experimentation taking place in the sandbox. However, provided that the prospective providers observe the specific plan and the terms and conditions for their participation and follow in good faith the guidance given by the national competent authority, no administrative fines shall be imposed by the authorities for infringements of this Regulation. Where other competent authorities responsible for other Union and national law were actively involved in the supervision of the AI system in the sandbox and provided guidance for compliance, no administrative fines shall be imposed regarding that law.	12. AI 규제 샌드박스에 참여하는 공급자와 장래 공급자는 샌드박스에서 발생한 실험의 결과로 제3자에게 가해진 손해에 대해 EU 및 국가 책임법 하에서 책임져야 한다. 그러나 장래 공급자가 구체적인 계획 및 참여 조건을 준수하고 국가관할당국의 지침을 성실하게 따르는 경우, 해당 당국은 이 법의 위반에 대하여 과징금을 부과하지 말아야 한다. 다른 EU법 및 국내법을 소관하는 다른 관할당국이 샌드박스에서 AI 시스템의 감독에 적극적으로 관여하고 법 준수에 대한 지침을 제공한 경우 해당 법과 관련하여 과징금을 부과하지 말아야 한다.
13. The AI regulatory sandboxes shall be designed and implemented in such a way that, where relevant, they facilitate	13. AI 규제 샌드박스는, 관련이 있는 경우, 국가관할당국들 사이의 국가간 협력을 촉진하는 방식으로 설계 및 시행되어야 한다.

원문	번역
cross-border cooperation between national competent authorities.	
14. National competent authorities shall coordinate their activities and cooperate within the framework of the Board.	14. 국가관할당국은 유럽AI위원회의 체계 안에서 활동을 조율하고 협력하여야 한다.
15. National competent authorities shall inform the AI Office and the Board of the establishment of a sandbox, and may ask them for support and guidance. The AI Office shall make publicly available a list of planned and existing sandboxes and keep it up to date in order to encourage more interaction in the AI regulatory sandboxes and cross-border cooperation.	15. 국가관할당국은 AI사무국과 유럽AI위원회에 샌드박스 구축을 알리고 지원과 안내를 요청할 수 있다. AI사무국은 AI 규제 샌드박스와 국가 간 협력에서 더 많은 상호 작용을 장려하기 위해 계획된 AI 샌드박스와 기존 AI 샌드박스 목록을 공개하고 이를 최신 상태로 유지하여야 한다.
16. National competent authorities shall submit annual reports to the AI Office and to the Board, from one year after the establishment of the AI regulatory sandbox and every year thereafter until its termination, and a final report. Those reports shall provide information on the progress and results of the implementation of those sandboxes, including best practices, incidents, lessons learnt and recommendations on their setup and, where relevant, on the application and possible revision of this Regulation, including its delegated and implementing acts, and on the application of other Union law supervised by the competent authorities within the sandbox. The national competent authorities shall make those annual reports or abstracts thereof available to the public, online. The Commission shall, where appropriate, take the annual reports into account when exercising its tasks under this Regulation.	16. 국가관할당국은 최종보고서와 AI 규제 샌드박스 구축 1년 후부터 종료 시까지 매년 연간 보고서를 AI사무국과 유럽AI위원회에 제출하여야 한다. 해당 보고서는 샌드박스 구축에 관한 모범 사례, 사건, 교훈과 권고를 포함한 샌드박스의 진행 상황 및 결과에 관한 정보, 관련이 있는 경우 이 법의 적용 및 개정 가능성에 관한 정보, 샌드박스 내에서 관할당국에 의하여 감독되는 다른 EU법의 적용에 관한 정보를 제공하여야 한다. 국가관할당국은 연차 보고서나 요약서를 온라인을 통해 대중에게 공개하여야 한다. EU집행위원회는 적절한 경우 이 법에 따른 업무를 수행할 때 연차 보고서를 고려하여야 한다.

원문	번역
17. The Commission shall develop a single and dedicated interface containing all relevant information related to AI regulatory sandboxes to allow stakeholders to interact with AI regulatory sandboxes and to raise enquiries with competent authorities, and to seek non-binding guidance on the conformity of innovative products, services, business models embedding AI technologies, in accordance with Article 62(1), point (c). The Commission shall proactively coordinate with national competent authorities, where relevant.	17. EU집행위원회는 이해관계자가 AI 규제 샌드박스와 상호작용할 수 있고, 관할당국에 문의할 수 있으며, 제62조 제1항 제c호에 따라 AI 기술을 내장하는 혁신적 제품, 서비스, 비즈니스 모델의 적합성에 대한 구속력 없는 지침을 모색할 수 있도록 AI 규제 샌드박스와 관련된 모든 관련 정보를 포함하는 단일한 전용 인터페이스를 개발하여야 한다. EU집행위원회는 관련이 있을 경우 국가관할당국과 적극적으로 조율하여야 한다.

제58조 AI 규제 샌드박스의 세부 사항 및 기능(Article 58 Detailed arrangements for, and functioning of, AI regulatory sandboxes)

원문	번역
1. In order to avoid fragmentation across the Union, the Commission shall adopt implementing acts specifying the detailed arrangements for the establishment, development, implementation, operation and supervision of the AI regulatory sandboxes. The implementing acts shall include common principles on the following issues:	1. EU 전역에서의 파편화를 방지하기 위해 EU집행위원회는 AI 규제 샌드박스의 구축, 발전, 시행, 운영 및 감독에 관한 세부 사항을 명시하는 이행법을 채택하여야 한다. 이행법은 다음 사안에 대한 공통 원칙을 포함하여야 한다:
(a) eligibility and selection criteria for participation in the AI regulatory sandbox;	(a) AI 규제 샌드박스 참여 자격 및 선정 기준;
(b) procedures for the application, participation, monitoring, exiting from and termination of the AI regulatory sandbox, including the sandbox plan and the exit report;	(b) 샌드박스 계획과 종료 보고서를 포함하여 AI 규제 샌드박스의 적용, 참여, 모니터링, 종료 및 완료를 위한 절차;
(c) the terms and conditions applicable to the participants.	(c) 참여자에게 적용되는 조건.

원문	번역
Those implementing acts shall be adopted in accordance with the examination procedure referred to in Article 98(2).	이러한 이행법은 제98조 제2항에 따른 검토 절차에 따라 채택되어야 한다.
2. The implementing acts referred to in paragraph 1 shall ensure:	2. 제1항에 따른 이행법은 다음을 보장하여야 한다:
(a) that AI regulatory sandboxes are open to any applying provider or prospective provider of an AI system who fulfils eligibility and selection criteria, which shall be transparent and fair, and that national competent authorities inform applicants of their decision within three months of the application;	(a) AI 규제 샌드박스는 자격 및 선정 기준을 충족하는 AI 시스템의 장래 공급자가 신청할 수 있으며, 이는 투명하고 공정하여야 하며, 국가관할당국은 신청 후 3개월 이내에 신청자에게 결정을 통보한다;
(b) that AI regulatory sandboxes allow broad and equal access and keep up with demand for participation; providers and prospective providers may also submit applications in partnerships with deployers and other relevant third parties;	(b) AI 규제 샌드박스는 광범위하고 평등한 접근을 허용하고 참여 수요를 맞춘다; 공급자와 장래 공급자는 배포자 및 기타 관련 제3자와 제휴하여 신청할 수도 있다;
(c) that the detailed arrangements for, and conditions concerning AI regulatory sandboxes support, to the best extent possible, flexibility for national competent authorities to establish and operate their AI regulatory sandboxes;	(c) AI 규제 샌드박스에 관한 세부 사항 및 조건은 국가관할당국이 AI 규제 샌드박스를 구축하고 운영할 수 있는 유연성을 최대한 지원한다;
(d) that access to the AI regulatory sandboxes is free of charge for SMEs, including start-ups, without prejudice to exceptional costs that national competent authorities may recover in a fair and proportionate manner;	(d) 국가관할당국이 공정하고 비례적인 방식으로 회수할 수 있는 예외적인 비용을 침해하지 않고 스타트업 등 중소기업은 AI 규제 샌드박스에 무료로 접근할 수 있다;
(e) that they facilitate providers and prospective providers, by means of the learning outcomes of the AI regulatory sandboxes, in complying with conformity assessment obligations under this Regulation and the voluntary application of the codes of conduct re-	(e) AI 규제 샌드박스의 학습 결과를 통해 공급자와 장래 공급자가 이 법에 따른 적합성 평가 의무를 준수하고 제95조에 따른 업무준칙을 자발적으로 적용하도록 촉진한다;

원문	번역
ferred to in Article 95;	
(f) that AI regulatory sandboxes facilitate the involvement of other relevant ac-tors within the AI ecosystem, such as notified bodies and standardisation or-ganisations, SMEs, including start-ups, enterprises, innovators, testing and experimen-tation facilities, research and experimentation labs and European Digital Innovation Hubs, centres of ex-cellence, individual researchers, in or-der to allow and facilitate cooperation with the public and private sectors;	(f) AI 규제 샌드박스는 공공과 민간 부문의 협력을 허용하고 촉진하기 위하여 스타트업, 기업, 혁신가, 시험 및 실험 시설, 연구 및 실험 연구소 및 유럽 디지털 혁신 허브, 최고 전문 센터, 개별 연구자를 포함하여 피통보기관 및 표준화 조직, 중소기업과 같은 AI 생태계 내 다른 관련 행위자의 관여를 촉진한다;
(g) that procedures, processes and ad-ministrative requirements for applica-tion, selection, participation and exit-ing the AI regulatory sandbox are simple, easily intelligible, and clearly communicated in order to facilitate the participation of SMEs, including start-ups, with limited legal and admin-istrative capacities and are streamlined across the Union, in order to avoid fragmentation and that participation in an AI regulatory sandbox established by a Member State, or by the European Data Protection Supervisor is mutually and uniformly recognised and carries the same legal effects across the Union;	(g) AI 규제 샌드박스 신청, 선정, 참여 및 종료에 관한 절차, 프로세스 및 행정 요건은 법적 및 행정적 역량이 제한된 스타트업을 포함한 중소기업의 참여를 촉진하기 위하여 간단하고 쉽게 이해할 수 있어야 하고 명확하게 전달되어야 하며, 파편화를 방지하고 회원국 또는 유럽데이터보호감독관이 구축한 AI 규제 샌드박스에의 참여가 상호일관되게 인정되고 EU 전체에 걸쳐 동일한 법적 효과가 부여될 수 있도록 EU 전반에 걸쳐 간소화 되어야 한다;
(h) that participation in the AI regulatory sandbox is limited to a period that is appropriate to the complexity and scale of the project and that may be ex-tended by the national competent au-thority;	(h) AI 규제 샌드박스 참여는 프로젝트의 복잡성과 규모에 따라 적절한 기간으로 제한되며 국가관할당국이 연장할 수 있다;
(i) that AI regulatory sandboxes facilitate the development of tools and infra-structure for testing, benchmarking, as-	(i) AI 규제 샌드박스는 정확성, 견고성, 사이버 보안과 같은 규제 학습과 관련된 AI 시스템의 차원을 테스트, 벤치마킹, 평가

원문	번역
sessing and explaining dimensions of AI systems relevant for regulatory learn—ing, such as accuracy, robustness and cybersecurity, as well as measures to mitigate risks to fundamental rights and society at large.	및 설명하는 도구 및 인프라의 개발과 기본권 및 사회 전반에 대한 위험을 완화하기 위한 조치의 개발을 촉진한다.
3. Prospective providers in the AI regulatory sandboxes, in particular SMEs and start—ups, shall be directed, where relevant, to pre—deployment services such as guid—ance on the implementation of this Regulation, to other value—adding serv—ices such as help with standardisation documents and certification, testing and experimentation facilities, European Digital Innovation Hubs and centres of excellence.	3. AI 규제 샌드박스의 장래 공급자, 특히 중소기업과 스타트업에게 관련 있는 경우 이 법의 이행에 관한 지침과 같은 배포 전 서비스와 표준화 문서 및 인증, 시험 및 실험 시설, 유럽 디지털 혁신 허브 및 최고 전문 센터에 대한 지원과 같은 기타 부가 가치 서비스에 대하여 안내하여야 한다.
4. Where national competent authorities con—sider authorising testing in real world conditions supervised within the frame—work of an AI regulatory sandbox to be established under this Article, they shall specifically agree the terms and con—ditions of such testing and, in particular, the appropriate safeguards with the par—ticipants, with a view to protecting fun—damental rights, health and safety. Where appropriate, they shall cooperate with other national competent authorities with a view to ensuring consistent practices across the Union.	4. 국가관할당국이 이 조에 따라 구축되는 AI 규제 샌드박스의 체계 내에서 감독되는 현실 조건에서의 테스트를 승인하는 것을 고려하는 경우, 해당 관할당국은 해당 시험의 조건, 특히 기본권, 건강 및 안전을 보호하기 위한 적절한 보호 조치에 관하여 참여자와 구체적으로 합의하여야 한다. 적절한 경우 국가관할당국은 EU 전체에 걸쳐 일관된 실천을 보장하기 위해 다른 국가관할당국과 협력하여야 한다.

제59조 AI 규제 샌드박스에서 공익을 위해 특정 AI을 개발하기 위한 개인정보 처리
(Article 59 Further processing of personal data for developing certain AI systems in the public interest in the AI regulatory sandbox)

원문	번역
1. In the AI regulatory sandbox, personal data lawfully collected for other purposes may be processed solely for the purpose of developing, training and testing certain AI systems in the sandbox when all of the following conditions are met:	1. AI 규제 샌드박스에서 다른 목적으로 적법하게 수집한 개인정보는 다음 모든 조건을 충족하는 경우 특정 AI 시스템의 개발·학습·테스트 목적으로만 처리될 수 있다:
(a) AI systems shall be developed for safeguarding substantial public interest by a public authority or another natural or legal person and in one or more of the following areas:	(a) AI 시스템은 다음 중 어느 하나에 해당하는 영역에서 공공당국, 자연인 또는 법인이 상당한 공익을 보호하기 위한 목적으로 개발되어야 한다:
(i) public safety and public health, including disease detection, diagnosis prevention, control and treatment and improvement of health care systems;	(i) 질병 탐지, 진단 예방·통제·치료 및 건강관리 시스템의 개선 등 공공 안전 및 공중 보건;
(ii) a high level of protection and improvement of the quality of the environment, protection of biodiversity, protection against pollution, green transition measures, climate change mitigation and adaptation measures;	(ii) 높은 수준으로 환경 보호 및 환경의 질 개선, 생물다양성 보호, 오염으로부터 보호, 녹색 전환 조치, 기후 변화 감소 및 적응 조치;
(iii) energy sustainability;	(iii) 에너지의 지속가능성;
(iv) safety and resilience of transport systems and mobility, critical infrastructure and networks;	(iv) 교통 시스템 및 이동수단, 주요 기반 및 네트워크의 안전성과 복원력;
(v) efficiency and quality of public administration and public services;	(v) 공공행정 및 공공서비스의 효율성 및 질;
(b) the data processed are necessary for complying with one or more of the requirements referred to in Chapter Ⅲ, Section 2 where those requirements cannot effectively be fulfilled by processing anonymised, synthetic or other non-personal data;	(b) 제3장 제2절에 따른 요건이 익명화 또는 합성된 개인정보, 그 밖의 비개인정보를 처리하는 것으로는 효과적으로 달성되기 곤란한 경우, 처리된 데이터가 해당 요건의 하나 또는 그 이상을 충족하기 위해 필요하다;

원문	번역
(c) there are effective monitoring mecha-nisms to identify if any high risks to the rights and freedoms of the data subjects, as referred to in Article 35 of Regulation (EU) 2016/679 and in Article 39 of Regulation (EU) 2018/1725, may arise during the sandbox experimentation, as well as response mechanisms to promptly mitigate those risks and, where necessary, stop the processing;	(c) Regulation (EU) 2016/679 제35조 및 Regulation (EU) 2018/1725 제39조에 규정된 바에 따라, AI 규제 샌드박스에서 실험을 하는 동안 정보주체의 권리 및 자유에 대한 고위험이 발생하는 지를 파악하는 효과적인 모니터링 체계뿐 아니라, 그러한 위험을 신속하게 완화하고 필요시 그러한 처리를 중단시킬 수 있는 대응체계가 존재한다;
(d) any personal data to be processed in the context of the sandbox are in a functionally separate, isolated and protected data processing environment under the control of the prospective provider and only authorised persons have access to those data;	(d) AI 규제 샌드박스에서 처리되는 모든 개인정보가 장래 공급자의 통제를 받는 기능적으로 분리·독립되고 보호되는 데이터 처리 환경에 있고, 오직 권한 있는 자만이 이들 데이터에 접근할 수 있다;
(e) providers can further share the origi-nally collected data only in accordance with Union data protection law; any personal data created in the sandbox cannot be shared outside the sandbox;	(e) 공급자는 EU 개인정보보호법에 따라서만 처음 수집된 데이터를 공유할 수 있다; AI 규제 샌드박스 내에서 생성된 어떠한 개인정보도 AI 규제 샌드박스 외에서 공유될 수 없다;
(f) any processing of personal data in the context of the sandbox neither leads to measures or decisions affecting the data subjects nor does it affect the applica-tion of their rights laid down in Union law on the protection of personal data;	(f) AI 규제 샌드박스 맥락에서의 어떠한 개인정보처리도 정보주체에게 영향을 미치는 조치 또는 결정으로 이어져서는 안 되며, 개인정보 보호에 관하여 EU법에 규정된 정보주체의 권리 적용에 영향을 미쳐서는 안 된다;
(g) any personal data processed in the con-text of the sandbox are protected by means of appropriate technical and organisational measures and deleted once the participation in the sandbox has terminated or the personal data has reached the end of its retention period;	(g) AI 규제 샌드박스 맥락에서의 처리되는 모든 개인정보는 적절한 기술적·조직적 수단으로 보호되어야 하며, AI 규제 샌드박스에의 참여가 종료되거나 개인정보 보관기간이 종료된 경우 해당 개인정보는 삭제되어야 한다;
(h) the logs of the processing of personal data in the context of the sandbox are kept for the duration of the partic-ipation in the sandbox, unless pro-	(h) EU 또는 회원국 국내법이 정한 바가 없는 경우, AI 규제 샌드박스 맥락에서의 개인정보 처리에 관한 로그는 AI 규제 샌드박스에 참여하는 동안 보관되어야 한다;

원문	번역
vided otherwise by Union or national law;	
(i) a complete and detailed description of the process and rationale behind the training, testing and validation of the AI system is kept together with the testing results as part of the technical doc—umentation referred to in Annex Ⅳ;	(i) AI 시스템의 학습·테스트·검증 처리에 관한 완전하고 상세한 설명은 부속서 Ⅳ에 따른 기술문서의 일부분으로서, 테스트 결과와 함께 보관되어야 한다;
(j) a short summary of the AI project de—veloped in the sandbox, its objectives and expected results is published on the website of the competent author—ities; this obligation shall not cover sensitive operational data in relation to the activities of law enforcement, bor—der control, immigration or asylum authorities.	(j) AI 규제 샌드박스에서 진행된 AI 사업에 관한 요약서, 사업이 목적 및 기대되는 결과는 관할당국의 웹사이트에 공개되어야 한다; 이러한 의무는 법 집행, 국경 관리, 이민 또는 망명 당국의 활동과 관련된 민감한 작전데이터는 포함하지 않는다.
2. For the purposes of the prevention, in—vestigation, detection or prosecution of criminal offences or the execution of criminal penalties, including safeguarding against and preventing threats to public security, under the control and respon—sibility of law enforcement authorities, the processing of personal data in AI regulatory sandboxes shall be based on a specific Union or national law and sub—ject to the same cumulative conditions as referred to in paragraph 1.	2. 법 집행 당국의 통제 및 책임 하에 있는 공중 안전에 대한 위협 예방 및 이러한 위협에 대한 대응을 포함하여 범죄 예방·수사·탐지·기소 또는 형 집행을 위해, AI 규제 샌드박스에서의 개인정보 처리는 구체적인 EU법 또는 회원국의 국내법에 근거하여야 하며, 제1항에 따른 조건과 동일한 누적조건의 적용을 받는다.
3. Paragraph 1 is without prejudice to Union or national law which excludes process—ing of personal data for other purposes than those explicitly mentioned in that law, as well as to Union or national law laying down the basis for the processing of personal data which is necessary for the purpose of developing, testing or training of innovative AI systems or any other legal basis, in compliance with	3. 제1항은 법에 명시된 목적 외의 다른 목적으로 개인정보를 처리하는 것을 배제하거나, 개인정보 보호에 관한 EU법 준수 하에 AI 시스템의 개발·테스트·학습에 필요한 개인정보 처리 근거 또는 기타 다른 근거를 명시한 EU법 또는 회원국의 국내법을 저해하지 않는다.

원문	번역
Union law on the protection of personal data.	

제60조 AI 규제 샌드박스 외 현실 세계 조건에서 고위험 AI 시스템 테스트(Article 60 Testing of high-risk AI systems in real world conditions outside AI regulatory sandboxes)

원문	번역
1. Testing of high-risk AI systems in real world conditions outside AI regulatory sandboxes may be conducted by providers or prospective providers of high-risk AI systems listed in Annex Ⅲ, in accordance with this Article and the real-world testing plan referred to in this Article, without prejudice to the prohibitions under Article 5.	1. AI 규제 샌드박스 외연인 현실 세계 조건에서의 고위험 AI의 테스트는, 제5조에 따른 금지를 저해하지 않고 이 조 및 이 조에 따른 실증계획에 따라, 부속서 Ⅲ에 명시된 고위험 AI 시스템의 공급자 또는 장래 공급자에 의해 실시될 수 있다.
The Commission shall, by means of implementing acts, specify the detailed elements of the real-world testing plan. Those implementing acts shall be adopted in accordance with the examination procedure referred to in Article 98(2).	EU집행위원회는 이행법을 통해 실증계획의 상세 요소를 구체화하여야 한다. 해당 이행법은 제98조 제2항에 따른 검토절차에 따라 채택되어야 한다.
This paragraph shall be without prejudice to Union or national law on the testing in real world conditions of high-risk AI systems related to products covered by Union harmonisation legislation listed in Annex Ⅰ.	이 항은 부속서 Ⅰ에 명시된 EU조화법이 적용되는 제품과 관련된 고위험 AI 시스템을 현실 세계 조건에서 테스트하는 것에 관한 EU법 또는 회원국의 국내법을 저해해서는 안 된다.
2. Providers or prospective providers may conduct testing of high-risk AI systems referred to in Annex Ⅲ in real world conditions at any time before the placing on the market or the putting into service of the AI system on their own or in partnership with one or more deployers or prospective deployers.	2. 공급자 또는 장래 공급자는, 독자적으로 또는 하나 이상의 배포자 및 장래 배포자와 협력하여 고위험 AI 시스템을 시장 출시하거나 서비스 공급하기 전 언제든지, 현실 세계 조건에서 부속서 Ⅲ에 명시된 고위험 AI 시스템의 테스트를 실시할 수 있다.

원문	번역
3. The testing of high-risk AI systems in real world conditions under this Article shall be without prejudice to any ethical review that is required by Union or national law.	3. 이 조에 따라 고위험 AI 시스템을 현실 세계 조건에서 테스트하는 것은 EU 또는 회원국의 국내법에 따라 요구되는 어떠한 윤리적 검토도 침해하여서는 안 된다.
4. Providers or prospective providers may conduct the testing in real world conditions only where all of the following conditions are met:	4. 공급자 또는 장래 공급자는 다음 모든 요건을 충족하는 경우에 한하여 현실 세계 조건에서의 테스트를 실시할 수 있다:
(a) the provider or prospective provider has drawn up a real-world testing plan and submitted it to the market surveillance authority in the Member State where the testing in real world conditions is to be conducted;	(a) 공급자 또는 장래 공급자는 실증계획을 작성하여 해당 계획을 현실 세계 조건에서의 테스트를 실시하는 회원국의 시장감시당국에 제출;
(b) the market surveillance authority in the Member State where the testing in real world conditions is to be conducted has approved the testing in real world conditions and the real-world testing plan; where the market surveillance authority has not provided an answer within 30 days, the testing in real world conditions and the real-world testing plan shall be understood to have been approved; where national law does not provide for a tacit approval, the testing in real world conditions shall remain subject to an authorisation;	(b) 현실 세계 조건에서의 테스트가 실시되는 회원국의 시장감시당국이 현실 세계 조건에서의 테스트와 실증계획을 승인; 시장감시당국이 30일 내에 답변을 하지 않는 경우, 현실 세계 조건에서의 테스트와 실증계획은 승인된 것으로 이해; 회원국의 국내법이 묵시적 승인을 규정하지 않는 경우, 현실 세계 조건에서의 테스트는 여전히 승인을 받아야 함;
(c) the provider or prospective provider, with the exception of providers or prospective providers of high-risk AI systems referred to in points 1, 6 and 7 of Annex Ⅲ in the areas of law enforcement, migration, asylum and border control management, and high-risk AI systems referred to in point 2 of Annex Ⅲ has registered the testing	(c) 공급자 또는 장래 공급자가 제71조 제4항에 따라 현실 세계 조건에서의 테스트를 EU 고유식별번호 및 부속서 Ⅸ에 따른 정보와 함께 등록, 다만, 법 집행, 이민, 망명 또는 국경 관리 분야에서의 부속서 Ⅲ 제1항, 제6호 및 제7호에 따른 고위험 AI 시스템 또는 부속서 Ⅲ 제2항에 따른 고위험 AI 시스템의 공급자 또는 장래 공급자는 제외; 법 집행, 이민, 망명 또는

원문	번역
in real world conditions in accordance with Article 71(4) with a Union—wide unique single identification number and with the information specified in Annex Ⅸ; the provider or prospective provider of high—risk AI systems re— ferred to in points 1, 6 and 7 of Annex Ⅲ in the areas of law en— forcement, migration, asylum and border control management, has reg— istered the testing in real—world conditions in the secure non—public section of the EU database according to Article 49(4), point (d), with a Union—wide unique single identi— fication number and with the in— formation specified therein; the pro— vider or prospective provider of high—risk AI systems referred to in point 2 of Annex Ⅲ has registered the testing in real—world conditions in accordance with Article 49(5);	국경 관리 분야에서의 부속서 Ⅲ의 제1항, 제6항 및 제7항에 따른 고위험 AI 시스템의 공급자 또는 장래 공급자는 제49조 제4항 제d호에 따라 EU 고유식별번호 및 관련 정보와 함께 현실 세계 조건에서의 테스트를 EU 데이터베이스의 안전한 비공개분야에 등록; 부속서 Ⅲ 제2항에 따른 고위험 AI 시스템의 공급자 또는 장래 공급자가 제49조 제5항에 따라 현실 세계 조건에서의 테스트를 등록;
(d) the provider or prospective provider conducting the testing in real world conditions is established in the Union or has appointed a legal representative who is established in the Union;	(d) 현실 세계 조건에서의 테스트를 실시하는 공급자 또는 장래 공급자가 EU에 설립되었거나 EU에 설립된 자를 법적 대표자로 지정;
(e) data collected and processed for the pur— pose of the testing in real world con— ditions shall be transferred to third countries only provided that appro— priate and applicable safeguards under Union law are implemented;	(e) 현실 세계 조건에서의 테스트 목적으로 수집 및 처리한 데이터는 오직 EU법에 따른 적절하고 적용 가능한 보호가 이행되는 경우에만 제3국으로 이전 가능;
(f) the testing in real world conditions does not last longer than necessary to ach— ieve its objectives and in any case not longer than six months, which may be extended for an additional period of six months, subject to prior notification by	(f) 현실 세계 조건에서의 테스트는 그 목적을 달성하는 데 필요한 기간 이상으로 지속되어서는 안 되고 어떠한 경우에도 6개월을 초과하지 못하며, 기간 연장에 필요한 설명과 함께 시장감시당국에 공급자 또는 장래 공급자가 인지된 동의를 한 경

원문	번역
the provider or prospective provider to the market surveillance authority, accompanied by an explanation of the need for such an extension;	우 6개월 추가 연장 가능;
(g) the subjects of the testing in real world conditions who are persons belonging to vulnerable groups due to their age or disability, are appropriately protected;	(g) 나이 또는 장애로 인해 취약 집단에 속하는 자가 현실 세계 조건에서의 테스트 대상인 경우, 이들 테스트 대상을 적절하게 보호;
(h) where a provider or prospective provider organises the testing in real world conditions in cooperation with one or more deployers or prospective deployers, the latter have been informed of all aspects of the testing that are relevant to their decision to participate, and given the relevant instructions for use of the AI system referred to in Article 13; the provider or prospective provider and the deployer or prospective deployer shall conclude an agreement specifying their roles and responsibilities with a view to ensuring compliance with the provisions for testing in real world conditions under this Regulation and under other applicable Union and national law;	(h) 공급자 또는 장래 공급자가 현실 세계 조건에서의 테스트를 배포자 또는 장래 배포자와 협력하여 조직하는 경우, 배포자 또는 장래 배포자는 참여를 결정하는 것과 관련된 테스트에 관한 모든 측면에 대해 정보를 제공받아야 하며, 제13조에 따른 AI 시스템 관련 이용 지침을 제공받아야 함; 이 법과 기타 관련 EU법 및 회원국의 국내법에 따라 현실 세계 조건에서의 테스트에 관한 규정을 준수하도록 하기 위해, 공급자 또는 장래 공급자와 배포자 또는 장래 배포자는 자신들의 역할과 책임을 구체화한 협정을 체결;
(i) the subjects of the testing in real world conditions have given informed consent in accordance with Article 61, or in the case of law enforcement, where the seeking of informed consent would prevent the AI system from being tested, the testing itself and the outcome of the testing in the real world conditions shall not have any negative effect on the subjects, and their personal data shall be deleted after the test is performed;	(i) 현실 세계 조건에서의 테스트 대상이 제61조에 따라 사전 동의를 받았거나, 인지된 동의를 구하는 것이 AI 시스템을 테스트되는 것을 저해하는 요인이 되는 법집행 분야에서 테스트 그 자체와 테스트의 결과가 대상에게 어떠한 부정적 효과도 주지 않음, 그리고 이들 테스트 대상의 개인정보는 테스트 실시 이후 삭제;

원문	번역
(j) the testing in real world conditions is effectively overseen by the provider or prospective provider, as well as by deployers or prospective deployers through persons who are suitably qualified in the relevant field and have the neces-sary capacity, training and authority to perform their tasks;	(j) 현실 세계 조건에서의 테스트를 수행하는 데 필요한 권한, 역량을 보유 및 학습하고 관련 분야에서 적절한 자격을 갖춘 자를 통해, 공급자 및 장래 공급자 또는 배포자 또는 장래 배포자를 효과적으로 감독;
(k) the predictions, recommendations or de-cisions of the AI system can be effec-tively reversed and disregarded.	(k) AI 시스템의 예측, 권고 또는 결정이 실질적으로 취소 또는 무시 가능
5. Any subjects of the testing in real world conditions, or their legally designated rep-resentative, as appropriate, may, without any resulting detriment and without hav-ing to provide any justification, withdraw from the testing at any time by revoking their informed consent and may request the immediate and permanent deletion of their personal data. The withdrawal of the informed consent shall not affect the activities already carried out.	5. 현실 세계 조건에서의 모든 테스트 대상 또는 법정대리인은, 어떠한 불이익 또는 정당화 없이, 자신의 인지된 동의를 취소함으로써 언제든지 테스트에의 참여를 철회할 수 있고, 자신의 개인정보를 즉시 영구적으로 삭제해줄 것을 요청할 수 있다. 인지된 동의의 철회는 이미 수행된 활동에 영향을 미쳐서는 안 된다.
6. In accordance with Article 75, Member States shall confer on their market sur-veillance authorities the powers of re-quiring providers and prospective pro-viders to provide information, of carrying out unannounced remote or on-site inspections, and of performing checks on the conduct of the testing in real world conditions and the related high-risk AI systems. Market surveillance au-thorities shall use those powers to en-sure the safe development of testing in real world conditions.	6. 제75조에 따라, 회원국은 공급자 또는 장래 공급자에게 정보 제공을 요청하거나, 예고 없이 원격 또는 현장 조사를 실시하며, 현실 세계 조건에서의 테스트 실시 및 관련 고위험 AI 시스템을 점검할 수 있는 권한을 시장감시당국에 부여하여야 한다. 시장감시당국은 현실 세계 조건에서의 테스트가 안전하게 개발되는 것을 보장하기 위해 이러한 권한을 이용하여야 한다.
7. Any serious incident identified in the course of the testing in real world con-ditions shall be reported to the national market surveillance authority in accord-	7. 현실 세계 조건에서의 테스트 과정에서 파악된 어떠한 심각한 사고도 제73조에 따라 시장감시당국에 보고되어야 한다. 공급자 또는 장래 공급자는 즉각적인 완화조치를

원문	번역
ance with Article 73. The provider or prospective provider shall adopt imme-diate mitigation measures or, failing that, shall suspend the testing in real world conditions until such mitigation takes place, or otherwise terminate it. The provider or prospective provider shall establish a procedure for the prompt recall of the AI system upon such ter-mination of the testing in real world conditions.	채택하여야 하고, 이를 하지 못하는 경우 그러한 감경조치가 실시되기 전까지 실증을 중단하여야 하거나 종료하여야 한다. 공급자 또는 장래 공급자는 현실 세계 조건에서의 테스트 종료시 AI 시스템을 즉각적으로 리콜하는 절차를 수립하여야 한다.
8. Providers or prospective providers shall notify the national market surveillance authority in the Member State where the testing in real world conditions is to be conducted of the suspension or termi-nation of the testing in real world con-ditions and of the final outcomes.	8. 공급자 또는 장래 공급자는 현실 세계 조건에서의 테스트가 실시되는 회원국의 시장감시당국에게 현실 세계 조건에서의 테스트의 정지 또는 종료와 최종 산출물을 고지하여야 한다.
9. The provider or prospective provider shall be liable under applicable Union and national liability law for any damage caused in the course of their testing in real world conditions.	9. 공급자 또는 장래 공급자는 현실 세계 조건에서의 테스트 과정에서 발생한 피해에 대하여 관련 EU 및 회원국의 책임법에 따라 책임을 져야 한다.

제61조 AI 규제 샌드박스 외 현실 세계 조건에서의 테스트에 참가하기 위한 인지된 동의(Article 61 Informed consent to participate in testing in real world conditions outside AI regulatory sandboxes)

원문	번역
1. For the purpose of testing in real world conditions under Article 60, freely-given informed consent shall be obtained from the subjects of testing prior to their par-ticipation in such testing and after their having been duly informed with concise, clear, relevant, and understandable in-formation regarding:	1. 제60조에 따른 실증의 목적을 위해, 테스트에 참여 전 그리고 다음에 관한 간결하고, 명료하며, 관련성이 있고 이해할 수 있는 정보를 제공한 후에 그러한 테스트에 참여하는 것에 대해 정보주체로부터 자유로이 제공된 인지된 동의를 받아야 한다:

원문	번역
(a) the nature and objectives of the testing in real world conditions and the possible inconvenience that may be linked to their participation;	(a) 현실 세계 조건에서의 테스트의 성격·목적과 참여와 관련된 불편 가능성;
(b) the conditions under which the testing in real world conditions is to be conducted, including the expected duration of the subject or subjects' participation;	(b) 대상 또는 대상의 예상되는 참여 기간 등 현실 세계 조건에서 테스트되는 조건;
(c) their rights, and the guarantees regarding their participation, in particular their right to refuse to participate in, and the right to withdraw from, testing in real world conditions at any time without any resulting detriment and without having to provide any justification;	(c) 참여와 관련된 권리 및 보장, 특히, 어떠한 정당화 또는 불이익 없이 언제든지 실증 참여를 거절할 권리 또는 참여의 철회;
(d) the arrangements for requesting the reversal or the disregarding of the predictions, recommendations or decisions of the AI system;	(d) AI 시스템의 예측, 권고 또는 결정의 취소 또는 무시를 요청하기 위한 조치;
(e) the Union—wide unique single identification number of the testing in real world conditions in accordance with Article 60(4) point (c), and the contact details of the provider or its legal representative from whom further information can be obtained.	(e) 제60조 제4항 제c호에 따른 현실 세계 조건에서의 테스트의 EU 고유식별번호, 추가 정보를 얻을 수 있는 공급자 또는 공급자의 법적 대리인의 연락처.
2. The informed consent shall be dated and documented and a copy shall be given to the subjects of testing or their legal representative.	2. 인지된 동의는 최신으로 관리되고 문서화되어야 하며, 사본은 테스트 대상 또는 해당 대상의 법적 대리인에게 제공되어야 한다.

제62조 특히 스타트업을 포함한 중소기업, 공급자 및 배포자를 위한 조치(Article 62 Measures for providers and deployers, in particular SMEs, including start-ups)

원문	번역
1. Member States shall undertake the following actions: (a) provide SMEs, including start-ups, having a registered office or a branch in the Union, with priority access to the AI regulatory sandboxes, to the extent that they fulfil the eligibility conditions and selection criteria; the priority access shall not preclude other SMEs, including start-ups, other than those referred to in this paragraph from access to the AI regulatory sandbox, provided that they also fulfil the eligibility conditions and selection criteria;	1. 회원국은 다음과 같은 조치를 취하여야 한다: (a) EU에 사무소 또는 지사를 등록한 스타트업을 포함한 중소기업이 자격요건 또는 선택기준을 충족하는 경우 AI 규제 샌드박스에 대한 우선 접근권 제공; 이 항에서 규정한 자를 제외하고 스타트업을 포함한 중소기업이 자격요건과 선택기준을 충족하는 한, 우선 접근권은 이들 중소기업이 AI 규제 샌드박스에 접근하는 것을 배제해서는 안 된다;
(b) organise specific awareness raising and training activities on the application of this Regulation tailored to the needs of SMEs including start-ups, deployers and, as appropriate, local public authorities;	(b) 배포자인 스타트업을 포함한 중소기업 및, 적절한 경우, 지방공공당국의 필요에 맞추어, 이 법의 적용에 관한 구체적인 인식제고 및 교육활동을 구성;
(c) utilise existing dedicated channels and where appropriate, establish new ones for communication with SMEs including start-ups, deployers, other innovators and, as appropriate, local public authorities to provide advice and respond to queries about the implementation of this Regulation, including as regards participation in AI regulatory sandboxes;	(c) AI 규제 샌드박스에의 참여에 관한 사항을 포함하여 이 법의 이행에 관한 질의에 답변하고 조언을 하기 위하여, 배포자인 스타트업을 포함한 중소기업 및, 적절한 경우, 지방공공당국과의 소통을 위해 기존 전용창구를 이용하고 필요하다면 새로운 방법을 마련;
(d) facilitate the participation of SMEs and other relevant stakeholders in the standardisation development process.	(d) 표준 개발 절차에 중소기업 및 기타 관련 이해관계자의 참여를 촉진.
2. The specific interests and needs of the SME providers, including start-ups, shall	2. 제43조에 따른 적합성 평가를 위한 수수료를 설정을 하는 경우 스타트업을 포함한 중

원문	번역
be taken into account when setting the fees for conformity assessment under Article 43, reducing those fees proportionately to their size, market size and other relevant indicators.	소기업 공급자의 구체적인 이익과 필요를 고려하여야 하며, 규모, 시장 크기 및 기타 관련 지표에 비례하여 수수료를 감액하여야 한다.
3. The AI Office shall undertake the following actions: (a) provide standardised templates for areas covered by this Regulation, as specified by the Board in its request; (b) develop and maintain a single information platform providing easy to use information in relation to this Regulation for all operators across the Union; (c) organise appropriate communication campaigns to raise awareness about the obligations arising from this Regulation; (d) evaluate and promote the convergence of best practices in public procurement procedures in relation to AI systems.	3. AI사무국은 다음과 같은 조치를 취하여야 한다: (a) 유럽AI위원회가 요청으로 구체화한 바에 따라, 이 법이 적용되는 지역에 표준화된 양식 제공; (b) EU 전역에 있는 모든 운영자를 대상으로 이 법에 관하여 쉽게 이용할 수 있는 정보를 제공하는 단일 정보 플랫폼을 개발 및 유지; (c) 이 법에 따른 의무에 대한 인식을 제고하기 위해 적절한 소통 캠페인을 조직; (d) AI 시스템에 관한 정부조달절차에서의 모범 사례 수렴을 평가하고 장려.

제63조 특정 운영자를 위한 일부개폐(Article 63 Derogations for specific operators)

원문	번역
1. Microenterprises within the meaning of Recommendation 2003/361/EC may comply with certain elements of the quality management system required by Article 17 of this Regulation in a simplified manner, provided that they do not have partner enterprises or linked enterprises within the meaning of that Recommendation. For that purpose, the Commission shall develop guidelines on the elements of the quality management system which may be complied with in a simplified manner considering the needs of microenterprises, without affecting the level of protection or the need for compliance with the	1. Recommendation 2003/361/EC에 따른 초소형기업은 해당 권고에 따른 협력사 또는 연계사가 없는 경우 단순화된 방법으로 이 법 제17조에 따른 품질 관리 체계의 특정 요소를 준수할 수 있다. 이러한 목적을 위해 EU집행위원회는, 초소형 기업의 필요를 고려하여, 단순화된 방법으로 준수할 수 있는 품질 관리 체계 요소에 관한 가이드라인을 개발하여야 하며, 이 경우 고위험 AI 시스템 관련 요건 준수의 필요성 또는 보호 수준에 영향을 주어서는 안 된다.

원문	번역
requirements in respect of high—risk AI systems. 2. Paragraph 1 of this Article shall not be interpreted as exempting those operators from fulfilling any other requirements or obligations laid down in this Regulation, including those established in Articles 9, 10, 11, 12, 13, 14, 15, 72 and 73.	2. 제1항은 해당 운영자들이 제9조, 제10조, 제11조, 제12조, 제13조, 제14조, 제15조, 제72조 그리고 제73조를 포함하여 이 법에 규정된 기타 요건 또는 의무로부터 면제되는 것으로 해석되어서는 안 된다.

제7장 거버넌스(Chapter VII Governance)

제1절 EU 수준에서의 거버넌스(SECTION 1 Governance at Union level)

제64조 AI사무국(Article 64 AI Office)

원문	번역
1. The Commission shall develop Union expertise and capabilities in the field of AI through the AI Office.	1. EU집행위원회는 AI사무국을 통해 AI 분야에서의 EU의 전문성과 역량을 개발하여야 한다.
2. Member States shall facilitate the tasks entrusted to the AI Office, as reflected in this Regulation.	2. 회원국은 이 법에 반영된 바와 같이 AI사무국에 위임된 임무를 원활하게 하여야 한다.

제65조 유럽AI위원회 설치 및 구성(Article 65 Establishment and structure of the European Artificial Intelligence Board)

원문	번역
1. A European Artificial Intelligence Board (the 'Board') is hereby established.	1. 이 법에 따라 유럽AI위원회를 설치한다.
2. The Board shall be composed of one representative per Member State. The European Data Protection Supervisor shall participate as observer. The AI Office shall also attend the Board's meetings, without taking part in the votes. Other national and Union au-thorities, bodies or experts may be in-vited to the meetings by the Board on a case by case basis, where the issues discussed are of relevance for them.	2. 유럽AI위원회는 각 회원국당 대표 한 명으로 구성되어야 한다. 유럽데이터보호감독관은 참관자로 참여하여야만 한다. AI사무국 또한 투표권 없이 유럽AI위원회의 회의에 참여하여야 한다. 기타 회원국 또는 EU 당국, 기관 또는 전문가는 사안별로 해당 사안의 쟁점과 관련성이 있는 경우 유럽AI위원회의 초청에 따라 회의에 초대될 수 있다.
3. Each representative shall be designated by their Member State for a period of three years, renewable once.	3. 각 대표는 3년 임기로 회원국이 임명하며, 한 차례만 연임할 수 있다.
4. Member States shall ensure that their representatives on the Board: (a) have the relevant competences and pow-ers in their Member State so as to contribute actively to the achievement	4. 회원국은 자국의 대표가 다음에 해당하도록 보장하여야 한다. (a) 제66조에 따른 유럽AI위원회의 임무 수행에 적극적으로 기여할 수 있도록 회원국 내에서 관련 권능과 권한을 보유할 것;

원문	번역
of the Board's tasks referred to in Article 66;	
(b) are designated as a single contact point vis−à−vis the Board and, where ap− propriate, taking into account Member States' needs, as a single contact point for stakeholders;	(b) 유럽AI위원회에 대하여 단일 연락 창구로 지정되고, 적절한 경우 회원국의 요구를 고려하여 이해관계자 대상 단일 연락 창구로 지정될 것;
(c) are empowered to facilitate consistency and coordination between national competent authorities in their Member State as regards the implementation of this Regulation, including through the collection of relevant data and in− formation for the purpose of fulfilling their tasks on the Board.	(c) 유럽AI위원회 임무 수행 목적을 위한 관련 데이터 및 정보의 수집을 포함하여, 이 법 이행에 관하여 국내관할당국 간 일관성과 조정을 원활하게 하는 권한을 위임받았을 것.
5. The designated representatives of the Member States shall adopt the Board's rules of procedure by a two−thirds majority. The rules of procedure shall, in particular, lay down procedures for the selection process, the duration of the mandate of, and specifications of the tasks of, the Chair, detailed arrange− ments for voting, and the organisation of the Board's activities and those of its sub−groups.	5. 회원국이 임명한 대표들은 3분의 2 다수결에 따라 유럽AI위원회의 운영규칙을 채택하여야 한다. 운영규칙은, 특히, 위원장의 선출 절차, 임수 수행 기간 및 임무의 구체적 내용, 상세 투표 절차, 유럽AI위원회 활동의 조직 및 하위그룹에 관한 사항을 정하여야 한다.
6. The Board shall establish two standing sub−groups to provide a platform for cooperation and exchange among market surveillance authorities and notifying authorities about issues related to market surveillance and notified bodies respectively. The standing sub−group for market surveillance should act as the admin− istrative cooperation group (ADCO) for this Regulation within the meaning of Article 30 of Regulation (EU) 2019/1020. The Board may establish other standing or temporary sub−groups as appropriate	6. 유럽AI위원회는 두 개의 상설 하위 그룹을 설치하여, 시장감시 및 피통보기관의 각각에 관련된 쟁점에 관하여 시장감시당국 및 통보기관간 협력 및 교류하는 플랫폼을 제공하도록 하여야 한다. 시장감시를 위한 상설 하부그룹은 Regulation (EU) 2019/1020 제30조의 의미 내에서의 이 법을 위한 행정 협력 그룹으로서 활동한다. 유럽AI위원회는 구체적인 사안의 검토를 위해 적절한 경우 기타 상설 또는 임시 하위

원문	번역
for the purpose of examining specific issues. Where appropriate, representatives of the advisory forum referred to in Article 67 may be invited to such sub-groups or to specific meetings of those subgroups as observers.	그룹을 설치할 수 있다. 적절한 경우, 제67조에 따른 자문포럼의 대표자는 참관자로서 이러한 하위 그룹 또는 하위 그룹의 특별 회의에 초대될 수 있다.
7. The Board shall be organised and operated so as to safeguard the objectivity and impartiality of its activities.	7. 유럽AI위원회는 활동의 객관성과 공정성을 보호하기 위해 구성 및 운영되어야 한다.
8. The Board shall be chaired by one of the representatives of the Member States. The AI Office shall provide the secretariat for the Board, convene the meetings upon request of the Chair, and prepare the agenda in accordance with the tasks of the Board pursuant to this Regulation and its rules of procedure.	8. 회원국의 대표 중 한 명이 유럽AI위원회의 위원장이 된다. AI사무국은 이 법과 유럽AI위원회의 운영규칙에 따라 유럽AI위원회를 위한 사무국을 제공하고, 위원장의 요청에 따라 회의를 소집하며, 유럽AI위원회의 임무에 따라 의제를 준비한다.

제66조 유럽AI위원회의 임무(Article 66 Tasks of the Board)

원문	번역
The Board shall advise and assist the Commission and the Member States in order to facilitate the consistent and effective application of this Regulation. To that end, the Board may in particular:	유럽AI위원회는 이 법이 일관되고 효율적으로 적용되는 것을 원활하게 하기 위해 EU집행위원회 및 회원국에게 자문을 하고 지원하여야 한다. 유럽AI위원회는 특히 다음을 수행한다.
(a) contribute to the coordination among national competent authorities responsible for the application of this Regulation and, in cooperation with and subject to the agreement of the market surveillance authorities concerned, support joint activities of market surveillance authorities referred to in Article 74(11);	(a) 이 법 적용에 책임이 있는 국가관할당국 간 조정에 기여하고, 시장감시당국과의 협약에 따른 협력 또는 해당 협약에 따라 제74조 제11항에 따른 시장감시당국의 공동 활동을 지원;
(b) collect and share technical and regulatory expertise and best practices among Member States;	(b) 회원국 간 기술 및 규제 전문가와 모범 사례를 수집하고 공유;

원문	번역
(c) provide advice on the implementation of this Regulation, in particular as re‒gards the enforcement of rules on general‒purpose AI models;	(c) 이 법 이행에 대해, 특히 범용 AI 모델에 관한 규칙 집행에 관하여 자문 제공;
(d) contribute to the harmonisation of ad‒ministrative practices in the Member States, including in relation to the derogation from the conformity as‒sessment procedures referred to in Article 46, the functioning of AI regulatory sandboxes, and testing in real world conditions referred to in Articles 57, 59 and 60;	(d) 제46조에 따른 적합성 평가 절차의 일부 개폐에 관한 것 등 회원국의 행정 업무의 조화, AI 규제 샌드박스의 기능 수행 및 제57조, 제59조 및 제60조에 따른 현실 세계 조건에서의 테스트에 기여
(e) at the request of the Commission or on its own initiative, issue recommendations and written opinions on any relevant matters related to the implementation of this Regulation and to its consistent and effective application, including:	(e) EU집행위원회의 요청에 따라 또는 유럽 AI위원회의 자체 발의에 따라, 이 법의 이행과 다음과 같은 일관되고 효과적인 법 적용과 연관된 모든 관련 사안에 대하여 권고 또는 서면 의견을 제시:
(i) on the development and application of codes of conduct and codes of prac‒tice pursuant to this Regulation, as well as of the Commission's guide‒lines;	(i) EU집행위원회의 지침뿐 아니라 이 법에 관한 행동강령과 업무준칙의 개발 및 적용;
(ii) the evaluation and review of this Regulation pursuant to Article 112, including as regards the serious in‒cident reports referred to in Article 73, and the functioning of the EU database referred to in Article 71, the preparation of the delegated or im‒plementing acts, and as regards pos‒sible alignments of this Regulation with the Union harmonisation legis‒lation listed in Annex I;	(ii) 제73조에 따른 심각한 사고 보고서 및 제71조에 따른 EU 데이터베이스의 기능에 관하여, 그리고 위임법·이행법의 준비 및 부속서 I에 열거된 조화법과 이 법간 가능한 조정에 관하여 제112조에 따른 이 법의 평가 및 검토;
(iii) on technical specifications or existing standards regarding the requirements set out in Chapter III, Section 2;	(iii) 제3장 제2절에 규정된 요건에 관한 기술기준 또는 기존 표준;

원문	번역
(iv) on the use of harmonised standards or common specifications referred to in Articles 40 and 41;	(iv) 제40조 및 제41조에 따른 조화된 표준 또는 공통 기준의 이용;
(v) trends, such as European global com-petitiveness in AI, the uptake of AI in the Union, and the development of digital skills;	(v) AI 분야에서의 유럽의 세계 경쟁력 등 현황, EU 내로의 AI 유입 및 디지털 기술의 발전;
(vi) trends on the evolving typology of AI value chains, in particular on the resulting implications in terms of accountability;	(vi) 발전하고 있는 AI 가치 사슬의 유형, 특히 책임 관점에서의 나타난 영향에 관한 현황;
(vii) on the potential need for amend-ment to Annex Ⅲ in accordance with Article 7, and on the potential need for possible revision of Article 5 pursuant to Article 112, taking into account relevant available evidence and the latest developments in technology;	(vii) 관련 이용 가능한 증거 및 기술분야의 최근 발전을 고려하여, 제7조에 따른 부속서 Ⅲ의 개정 필요성 및 제112조에 따른 제5조 개정 필요성;
(f) support the Commission in promoting AI literacy, public awareness and un-derstanding of the benefits, risks, safeguards and rights and obligations in relation to the use of AI systems;	(f) AI 리터러시, AI 시스템의 이용에 관한 이익·위험·보호 및 권리·의무에 대한 대중의 인식과 이해 증진을 위해 EU집행위원회 지원;
(g) facilitate the development of common criteria and a shared understanding among market operators and com-petent authorities of the relevant con-cepts provided for in this Regulation, including by contributing to the de-velopment of benchmarks;	(g) 벤치마크 개발에의 기여 등 이 법에 규정된 관련 개념에 관하여, 시장 운영자 및 관할당국간 공통 기준 개발 및 이해 공유를 촉진;
(h) cooperate, as appropriate, with other Union institutions, bodies, offices and agencies, as well as relevant Union expert groups and networks, in par-ticular in the fields of product safety, cybersecurity, competition, digital and media services, financial services, con-sumer protection, data and funda-	(h) 특히 제품 안전, 사이버 안전, 경쟁, 디지털 및 미디어 서비스, 금융 서비스, 소비자 보호, 데이터 및 기본권 보호 분야에서 관련 EU 전문가 그룹 및 네트워크뿐 아니라 적절한 경우 그 밖의 EU 기구, 기관, 사무소 또는 청과 협력;

원문	번역
mental rights protection;	
(i) contribute to effective cooperation with the competent authorities of third coun- tries and with international organ- isations;	(i) 제3국의 관할당국 및 국제기구와의 효과적 협력에 기여;
(j) assist national competent authorities and the Commission in developing the or- ganisational and technical expertise re- quired for the implementation of this Regulation, including by contributing to the assessment of training needs for staff of Member States involved in im- plementing this Regulation;	(j) 이 법 이행에 참여하고 있는 회원국 직원을 대상으로 교육이 필요한지를 평가하는 것을 포함하여, 이 법의 이행을 위해 필요한 조직적 및 기술적 전문성을 개발하기 위해 국가관할당국 및 EU집행위원회를 지원;
(k) assist the AI Office in supporting na- tional competent authorities in the es- tablishment and development of AI regulatory sandboxes, and facilitate cooperation and information-sharing among AI regulatory sandboxes;	(k) 국가관할당국이 AI 규제 샌드박스를 설치·개발하는 것을 지원하는 데에 AI사무국을 보조하고 AI 규제 샌드박스 간 정보공유 및 협력을 촉진;
(l) contribute to, and provide relevant ad- vice on, the development of guidance documents;	(l) 지침 개발에의 기여 또는 개발 관련 자문 제공;
(m) advise the Commission in relation to international matters on AI;	(m) AI에 관한 국제적 사안에 관하여 EU집행위원회에 자문;
(n) provide opinions to the Commission on the qualified alerts regarding gen- eral-purpose AI models;	(n) 범용 AI 모델에 관한 적격 경고에 대하여 EU집행위원회에 의견 제시;
(o) receive opinions by the Member States on qualified alerts regarding gen- eral-purpose AI models, and on na- tional experiences and practices on the monitoring and enforcement of AI systems, in particular systems in- tegrating the general-purpose AI models.	(o) 범용 AI 모델 관련 적격 경고와 AI 시스템, 특히 범용 AI 모델을 통합한 시스템의 모니터링 및 집행에 대한 국가 경험 및 업무에 관하여 회원국의 의견을 접수.

제67조 자문포럼(Article 67 Advisory forum)

원문	번역
1. An advisory forum shall be established to provide technical expertise and advise the Board and the Commission, and to contribute to their tasks under this Regulation.	1. 자문포럼은 유럽AI위원회 및 EU집행위원회에 기술적 전문성을 제공하고 자문하며 이 법상 유럽AI위원회 및 EU집행위원회의 임무에 기여하기 위해 설치되어야 한다.
2. The membership of the advisory forum shall represent a balanced selection of stakeholders, including industry, start-ups, SMEs, civil society and academia. The membership of the advisory forum shall be balanced with regard to commercial and non-commercial interests and, within the category of commercial interests, with regard to SMEs and other undertakings.	2. 자문포럼의 위원은 산업, 스타트업, 중소기업, 시민사회 및 학계 등 이해관계자들로 균형 있게 선정되어야 한다. 자문포럼의 위원은 상업적·비상업적 이익 간 균형을 갖추고, 상업적 이익의 분류체계 내에서도 중소기업 및 기타 기업 간 균형을 갖추어 구성되어야 한다.
3. The Commission shall appoint the members of the advisory forum, in accordance with the criteria set out in paragraph 2, from amongst stakeholders with recognised expertise in the field of AI.	3. EU집행위원회는 AI 분야에서 전문성을 인정받고 있는 이해관계자 중에서 제2항의 기준에 따라 자문포럼의 위원을 위촉하여야 한다.
4. The term of office of the members of the advisory forum shall be two years, which may be extended by up to no more than four years.	4. 자문포럼의 위원의 임기는 2년이며 최대 4년까지 연장될 수 있다.
5. The Fundamental Rights Agency, ENISA, the European Committee for Standardization (CEN), the European Committee for Electrotechnical Standardization (CENELEC), and the European Telecommunications Standards Institute (ETSI) shall be permanent members of the advisory forum.	5. 기본권청, 사이버보안청(ENISA), 유럽표준위원회(CEN), 유럽전기표준화위원회(CENELEC), 유럽전자통신표준협회(ETSI)는 자문포럼의 당연직 위원이 되어야 한다.
6. The advisory forum shall draw up its rules of procedure. It shall elect two co-chairs from among its members, in accordance with criteria set out in paragraph 2. The term of office of the co-chairs shall be two years, renewable once.	6. 자문포럼은 운영규칙을 마련하여야 한다. 제2항의 기준에 따라 위원 중에 2명의 공동 위원장을 선출하여야 한다. 공동 위원장의 임기는 2년이며, 한 차례만 연임할 수 있다.

원문	번역
7. The advisory forum shall hold meetings at least twice a year. The advisory forum may invite experts and other stake— holders to its meetings.	7. 자문포럼은 일 년에 최소 2번 회의를 개최하여야 한다. 자문포럼은 회의에 전문가 및 기타 이해관계자를 초대할 수 있다.
8. The advisory forum may prepare opin— ions, recommendations and written contributions at the request of the Board or the Commission.	8. 자문포럼은 유럽AI위원회 또는 EU집행위원회의 요청에 따라 의견, 권고 또는 서면에 의한 참여를 준비할 수 있다.
9. The advisory forum may establish stand— ing or temporary sub—groups as appro— priate for the purpose of examining specific questions related to the ob— jectives of this Regulation.	9. 자문포럼은 이 법의 목적과 관련된 구체적인 질의를 검토하기 위해 적절한 경우 상설 또는 임시의 하위 그룹을 설치할 수 있다.
10. The advisory forum shall prepare an annual report on its activities. That re— port shall be made publicly available.	10. 자문포럼은 연간 활동 보고서를 준비하여야 한다. 해당 보고서는 공개되어야 한다.

제68조 독립 전문가로 구성된 과학패널(Article 68 Scientific panel of independent experts)

원문	번역
1. The Commission shall, by means of an implementing act, make provisions on the establishment of a scientific panel of independent experts (the 'scientific pan— el') intended to support the enforcement activities under this Regulation. That implementing act shall be adopted in accordance with the examination pro— cedure referred to in Article 98(2).	1. EU집행위원회는 이 법에 따른 집행 활동을 지원할 목적인 독립 전문가 과학패널(이하, '과학패널'이라 한다)의 설치에 관한 근거를 이행법으로 정하여야 한다. 이행법은 제98조 제2항에 따른 검토 절차에 따라 채택되어야 한다.
2. The scientific panel shall consist of ex— perts selected by the Commission on the basis of up—to—date scientific or tech— nical expertise in the field of AI neces— sary for the tasks set out in paragraph 3, and shall be able to demonstrate meeting all of the following conditions:	2. 과학패널은 제3항에 규정된 임무 수행에 필요한 AI 분야에서의 과학적·기술적 최신 전문성에 근거하여 EU집행위원회가 선출한 전문가로 구성되어야 하고, 다음 모든 요건을 충족하여야 함을 입증할 수 있어야 한다:

원문	번역
(a) having particular expertise and com- petence and scientific or technical ex- pertise in the field of AI;	(a) AI 분야에서의 특정 전문성 · 역량과 과학 적 · 기술적 전문성을 보유;
(b) independence from any provider of AI systems or general-purpose AI mod- els;	(b) AI 시스템 또는 범용 AI 모델 공급자로부 터 독립;
(c) an ability to carry out activities dili- gently, accurately and objectively.	(c) 성실하고, 정확하며 객관적으로 업무를 수 행할 능력.
The Commission, in consultation with the Board, shall determine the number of experts on the panel in accordance with the required needs and shall ensure fair gender and geographical representation.	EU집행위원회는 유럽AI위원회와 협의하여 필요에 따라 과학패널 내 전문가의 수를 결 정하여야 하며, 공정한 성별 · 지역적 대표성 을 보장하여야 한다.
3. The scientific panel shall advise and sup- port the AI Office, in particular with re- gard to the following tasks:	3. 과학패널은 특히 다음과 같은 임무에 관하 여 AI사무국을 지원하고 자문하여야 한다:
(a) supporting the implementation and en- forcement of this Regulation as regards general-purpose AI models and sys- tems, in particular by:	(a) 특히 다음을 이행함으로써, 범용 AI 모델 및 범용 AI 시스템에 관하여 이 법의 이 행 및 집행을 지원:
(i) alerting the AI Office of possible sys- temic risks at Union level of gen- eral-purpose AI models, in accord- ance with Article 90;	(i) 제90조에 따라, 범용 AI 모델의 EU 수준 에서의 구조적 위험 가능성에 대해 AI사 무국에 경보;
(ii) contributing to the development of tools and methodologies for evalu- ating capabilities of general-purpose AI models and systems, including through benchmarks;	(ii) 벤치마크 등을 통해 범용 AI 모델 및 범 용 AI 시스템의 역량을 평가하는 도구 및 방법론 개발에 기여;
(iii) providing advice on the classification of general-purpose AI models with systemic risk;	(iii) 구조적 위험을 가진 범용 AI 모델의 분 류에 관해 자문 제공;
(iv) providing advice on the classification of various general-purpose AI models and systems;	(iv) 다양한 범용 AI 모델 및 시스템의 분류 에 관해 자문 제공;
(v) contributing to the development of tools and templates;	(v) 도구 및 양식 개발에 기여;
(b) supporting the work of market sur- veillance authorities, at their request;	(b) 요청이 있는 경우 시장감시당국의 업무를 지원;

원문	번역
(c) supporting cross—border market sur—veillance activities as referred to in Article 74(11), without prejudice to the powers of market surveillance author—ities;	(c) 시장감시당국의 권한을 저해하지 않고, 제74조 제11항에 따른 회원국 간 시장 감시 활동을 지원;
(d) supporting the AI Office in carrying out its duties in the context of the Union safeguard procedure pursuant to Article 81.	(d) 제81조에 따른 EU 세이프가드 절차의 상황에서 AI사무국이 임무를 수행할 수 있도록 지원.
4. The experts on the scientific panel shall perform their tasks with impartiality and objectivity, and shall ensure the con—fidentiality of information and data ob—tained in carrying out their tasks and activities. They shall neither seek nor take instructions from anyone when ex—ercising their tasks under paragraph 3. Each expert shall draw up a declaration of interests, which shall be made pub—licly available. The AI Office shall es—tablish systems and procedures to ac—tively manage and prevent potential con—flicts of interest.	4. 과학패널의 전문가는 비차별적이고 객관적으로 임무를 수행하여야 하고 임무 및 활동을 수행하는 과정에서 취득한 데이터 및 정보의 기밀성을 보장하여야 한다. 과학패널 전문가는 제3항에 따른 임무를 수행할 때 그 누구의 지시를 구하거나 받지 않는다. 이들 각 전문가는 이해관계 선언을 하여야 하며 이는 공개되어야 한다. AI사무국은 이해충돌 가능성을 적극적으로 관리하고 예방하기 위한 체계와 절차를 수립하여야 한다.
5. The implementing act referred to in para—graph 1 shall include provisions on the conditions, procedures and detailed ar—rangements for the scientific panel and its members to issue alerts, and to request the assistance of the AI Office for the performance of the tasks of the scientific panel.	5. 제1항에 따른 이행법은 과학패널의 임무 수행을 위해 경보를 발하고 AI사무국에 지원을 요청할 수 있도록, 과학패널 및 위원의 조건, 절차 및 상세 구성에 관한 사항을 포함하여야 한다.

제69조 회원국의 전문가에의 접근(Article 69 Access to the pool of experts by the
　　　　Member States)

원문	번역
1. Member States may call upon experts of the scientific panel to support their enforcement activities under this Regulation.	1. 회원국은 과학패널의 전문가에게 이 법상 집행 활동을 지원해줄 것을 요청할 수 있다.
2. The Member States may be required to pay fees for the advice and support provided by the experts. The structure and the level of fees as well as the scale and structure of recoverable costs shall be set out in the implementing act referred to in Article 68(1), taking into account the objectives of the adequate implementation of this Regulation, cost-effectiveness and the necessity of ensuring effective access to experts for all Member States.	2. 회원국은 전문가가 제공한 자문 또는 지원에 대해 수수료를 지불해줄 것을 요구받을 수 있다. 이 법의 적절한 이행 목적, 비용 효율성 및 모든 회원국이 전문가에게 실효적 접근을 하는 것을 보장할 필요성을 고려하여, 회복가능한 비용의 규모·구조뿐 아니라 수수료의 구조·수준은 제68조 제1항에 따른 이행법에 명시되어야 한다.
3. The Commission shall facilitate timely access to the experts by the Member States, as needed, and ensure that the combination of support activities carried out by Union AI testing support pursuant to Article 84 and experts pursuant to this Article is efficiently organised and provides the best possible added value.	3. EU집행위원회는 회원국이 필요한 경우 적시에 전문가에게 접근하는 것을 원활하게 하여야 하며, 제84조에 따른 EU AI 테스트 지원으로 수행되는 지원활동과 이 조에 따른 전문가 간 결합이 효율적으로 구성되고 가능한 한 최고의 부가 가치를 제공하도록 보장하여야 한다.

제2절 국가관할당국(SECTION 2 National competent authorities)

제70조 국가관할당국 및 단일 창구 지정(Article 70 Designation of national competent
　　　　authorities and single points of contact)

원문	번역
1. Each Member State shall establish or designate as national competent authorities at least one notifying authority and at least one market surveillance authority	1. 각 회원국은 이 법의 목적을 위해 최소 하나의 통보당국과 최소 하나의 시장감시당국을 국가관할당국으로 설립하거나 지정하여야 한다. 이러한 국가관할당국은 활동과 업

원문	번역
for the purposes of this Regulation. Those national competent authorities shall exercise their powers independently, im-partially and without bias so as to safe-guard the objectivity of their activities and tasks, and to ensure the application and implementation of this Regulation. The members of those authorities shall refrain from any action incompatible with their duties. Provided that those princi-ples are observed, such activities and tasks may be performed by one or more designated authorities, in accordance with the organisational needs of the Member State.	무의 객관성을 보호하고 이 법의 적용 및 이행을 보장하기 위해 독립적이고 공정하며 편견 없이 권한을 행사하여야 한다. 해당 기관의 구성원은 자신의 직무와 양립할 수 없는 어떠한 행동도 삼가야 한다. 이러한 원칙이 준수되는 경우, 회원국의 조직상 필요에 따라 하나 이상의 지정된 당국이 이러한 활동과 업무를 수행할 수 있다.
2. Member States shall communicate to the Commission the identity of the notifying authorities and the market surveillance authorities and the tasks of those au-thorities, as well as any subsequent changes thereto. Member States shall make publicly available information on how competent authorities and single points of contact can be contacted, through electronic communication means by 2 August 2025. Member States shall designate a market surveillance authority to act as the single point of contact for this Regulation, and shall notify the Commission of the identity of the single point of contact. The Commission shall make a list of the single points of con-tact publicly available.	2. 회원국은 통보당국 및 시장감시당국의 신원과 해당 당국의 업무, 그에 따른 후속 변경 사항을 EU집행위원회에 전달하여야 한다. 회원국은 2025년 8월 2일까지 전자 통신 수단을 통해 관할당국 및 단일 연락 창구에 연락할 수 있는 방법에 대한 정보를 공개하여야 한다. 회원국은 이 법을 위해 단일 연락 창구 역할을 할 시장감시당국을 지정하고, 단일 연락 창구가 무엇(누구)인지를 EU집행위원회에 통지하여야 한다. EU집행위원회는 단일 연락 창구 목록을 공개하여야 한다.
3. Member States shall ensure that their national competent authorities are pro-vided with adequate technical, financial and human resources, and with infra-structure to fulfil their tasks effectively under this Regulation. In particular, the	3. 회원국은 국가관할당국이 이 법에 따른 업무를 효과적으로 수행할 수 있도록 적절한 기술, 재정 및 인적 자원과 인프라를 제공받을 수 있도록 보장하여야 한다. 특히, 국가관할당국은 AI 기술, 데이터 및 데이터 컴퓨팅, 개인정보 보호, 사이버 보안, 기본

원문	번역
national competent authorities shall have a sufficient number of personnel permanently available whose competences and expertise shall include an in-depth understanding of AI technologies, data and data computing, personal data protection, cybersecurity, fundamental rights, health and safety risks and knowledge of existing standards and legal requirements. Member States shall assess and, if necessary, update competence and resource requirements referred to in this paragraph on an annual basis.	권, 건강 및 안전 위험, 기존 표준 및 법적 요건에 대한 지식에 대한 심층적인 이해를 포함하는 역량과 전문성을 갖춘 충분한 수의 인력을 상시적으로 확보하여야 한다. 회원국은 매년 이 항에 언급된 역량 및 자원 요건을 평가하고 필요한 경우 개정하여야 한다.
4. National competent authorities shall take appropriate measures to ensure an adequate level of cybersecurity.	4. 국가관할당국은 충분한 수준의 사이버 보안을 보장하기 위해 적절한 조치를 취하여야 한다.
5. When performing their tasks, the national competent authorities shall act in accordance with the confidentiality obligations set out in Article 78.	5. 국가관할당국은 업무를 수행할 때 제78조에 명시된 기밀 유지 의무에 따라 행동하여야 한다.
6. By 2 August 2025, and once every two years thereafter, Member States shall report to the Commission on the status of the financial and human resources of the national competent authorities, with an assessment of their adequacy. The Commission shall transmit that information to the Board for discussion and possible recommendations.	6. 2025년 8월 2일까지, 그리고 그 후 2년에 한 번씩, 회원국은 국가관할당국의 재정 및 인적 자원 현황과 그 적절성에 대한 평가를 EU집행위원회에 보고하여야 한다. EU집행위원회는 논의 및 가능한 권고를 위해 해당 정보를 유럽AI위원회에 전달하여야 한다.
7. The Commission shall facilitate the exchange of experience between national competent authorities.	7. EU집행위원회는 국가관할당국 간의 경험 교류를 촉진하여야 한다.
8. National competent authorities may provide guidance and advice on the implementation of this Regulation, in particular to SMEs including start-ups, taking into account the guidance and advice of the Board and the Commission, as appropriate. Whenever national com-	8. 국가관할당국은 유럽AI위원회와 EU집행위원회의 지침과 권고를 적절히 고려하여 이 법의 이행, 특히 스타트업을 포함한 중소기업에 대한 지침과 권고를 제공할 수 있다. 국가관할당국이 다른 EU법이 적용되는 영역에서 AI 시스템과 관련하여 지침 및 권고를 제공하려는 경우, 해당 EU법에 따른

원문	번역
petent authorities intend to provide guidance and advice with regard to an AI system in areas covered by other Union law, the national competent authorities under that Union law shall be consulted, as appropriate.	국가관할당국과 적절히 협의하여야 한다.
9. Where Union institutions, bodies, offices or agencies fall within the scope of this Regulation, the European Data Protection Supervisor shall act as the competent authority for their supervision.	9. EU 기구, 기관, 사무소 및 청이 이 법의 범위에 속하는 경우, 유럽데이터보호감독관이 해당 기관의 감독을 위한 관할당국 역할을 한다.

제8장 고위험 AI 시스템을 위한 EU 데이터베이스(Chapter Ⅷ EU database for high-risk AI systems)

제71조 부속서 Ⅲ에 열거된 고위험 AI 시스템을 위한 EU 데이터베이스(Article 71 EU database for high-risk AI systems listed in Annex Ⅲ)

원문	번역
1. The Commission shall, in collaboration with the Member States, set up and maintain an EU database containing in-formation referred to in paragraphs 2 and 3 of this Article concerning high-risk AI systems referred to in Article 6(2) which are registered in accordance with Articles 49 and 60 and AI systems that are not considered as high-risk pursuant to Article 6(3) and which are registered in accordance with Article 6(4) and Article 49. When setting the functional specifi-cations of such database, the Commission shall consult the relevant experts, and when updating the functional specifica-tions of such database, the Commission shall consult the Board.	1. EU집행위원회는 회원국과 협력하여, 제49조 및 제60조에 따라 등록된 제6조 제2항에 따른 고위험 AI 시스템과 제6조 제3항에 따라 고위험으로 간주되지 않으나 제6조 제4항 및 제49조에 따라 등록된 제6조 제2항에 따른 AI 시스템에 관하여 이 조 제2항 및 제3항에 언급된 정보를 포함하는 EU 데이터베이스를 구축하고 유지하여야 한다. EU집행위원회는 해당 데이터베이스의 기능적 사양을 설정하는 경우 관련 전문가와 협의하여야 하며, 해당 데이터베이스의 기능 명세서를 개정하는 경우 유럽AI위원회와 협의하여야 한다.
2. The data listed in Sections A and B of Annex Ⅷ shall be entered into the EU database by the provider or, where ap-plicable, by the authorised representative.	2. 부속서 Ⅷ 제A절 및 제B절에 열거된 데이터는 공급자 또는 해당되는 경우 국내 대리인이 EU 데이터베이스에 입력하여야 한다.
3. The data listed in Section C of Annex Ⅷ shall be entered into the EU database by the deployer who is, or who acts on behalf of, a public authority, agency or body, in accordance with Article 49(3) and (4).	3. 부속서 Ⅷ 제C절에 열거된 데이터는 제49조 제3항 및 제4항에 따라 공공당국, 청 또는 기관인 배포자 또는 이를 대리하는 자가 EU 데이터베이스에 입력하여야 한다.
4. With the exception of the section referred to in Article 49(4) and Article 60(4), point (c), the information contained in the EU database registered in accordance with Article 49 shall be accessible and	4. 제49조 제4항 및 제60조 제4항 제c호에 언급된 부분을 제외하고, 제49조에 따라 등록된 EU 데이터베이스에 포함된 정보는 이용자 친화적인 방식으로 공개되고 접근 가능하여야 한다. 정보는 쉽게 탐색할 수 있고

원문	번역
publicly available in a user-friendly manner. The information should be easily navigable and machine-readable. The information registered in accordance with Article 60 shall be accessible only to market surveillance authorities and the Commission, unless the prospective provider or provider has given consent for also making the information accessible the public.	기계 판독이 가능하여야 한다. 제60조에 따라 등록된 정보에는 장래 공급자 또는 공급자가 해당 정보를 일반인에게도 공개하는 데 동의하지 않는 한 시장감시당국과 EU집행위원회만 접근할 수 있어야 한다.
5. The EU database shall contain personal data only in so far as necessary for collecting and processing information in accordance with this Regulation. That information shall include the names and contact details of natural persons who are responsible for registering the system and have the legal authority to represent the provider or the deployer, as applicable.	5. EU 데이터베이스는 이 법에 따라 정보를 수집하고 처리하는 데 필요한 범위 내에서만 개인정보를 포함하여야 한다. 해당되는 경우, 해당 정보에는 시스템 등록을 담당하고 공급자 또는 배포자를 대표할 법적 권한이 있는 자연인의 이름과 연락처의 세부 정보가 포함되어야 한다.
6. The Commission shall be the controller of the EU database. It shall make available to providers, prospective providers and deployers adequate technical and administrative support. The EU database shall comply with the applicable accessibility requirements.	6. EU집행위원회는 EU 데이터베이스의 관리자가 된다. EU집행위원회는 공급자, 장래 공급자 및 배포자에게 충분한 기술 및 행정적 지원을 제공하여야 한다. EU 데이터베이스는 해당되는 접근성 요건을 준수하여야 한다.

제9장 시장 출시 후 시장 모니터링, 정보 공유 및 시장 감시(Chapter IX Post-market monitoring, information sharing and market surveillance)

제1절 시장 출시 후 모니터링(SECTION 1 Post-market monitoring)

제72조 고위험 AI 시스템을 위한 시장 출시 후 모니터링 계획 및 공급자의 시장 출시 후 모니터링(Article 72 Post-market monitoring by providers and post-market monitoring plan for high-risk AI systems)

원문	번역
1. Providers shall establish and document a post-market monitoring system in a manner that is proportionate to the nature of the AI technologies and the risks of the high-risk AI system.	1. 공급자는 AI 기술의 특성과 고위험 AI 시스템의 위험에 비례하는 방식으로 시장 출시 후 모니터링 체계를 수립하고 문서화하여야 한다.
2. The post-market monitoring system shall actively and systematically collect, document and analyse relevant data which may be provided by deployers or which may be collected through other sources on the performance of high-risk AI systems throughout their lifetime, and which allow the provider to evaluate the continuous compliance of AI systems with the requirements set out in Chapter III, Section 2. Where relevant, post-market monitoring shall include an analysis of the interaction with other AI systems. This obligation shall not cover sensitive operational data of deployers which are law-enforcement authorities.	2. 시장 출시 후 모니터링 체계는 배포자가 제공하거나 고위험 AI 시스템의 수명기간 동안의 성능에 대해 다른 출처를 통해 수집될 수 있고 공급자가 고위험 AI 시스템이 제3장 2절에 명시된 요건을 지속적으로 준수하는지를 평가할 수 있도록 하는 관련 데이터를 적극적이고 체계적으로 수집하고 문서화하며 분석하여야 한다. 관련된 경우, 시장 출시 후 모니터링에는 다른 AI 시스템과의 상호 작용에 대한 분석이 포함되어야 한다. 이 의무는 법집행당국인 배포자의 민감한 작전 데이터에는 적용되지 않는다.
3. The post-market monitoring system shall be based on a post-market monitoring plan. The post-market monitoring plan shall be part of the technical documentation referred to in Annex IV. The Commission shall adopt an implementing	3. 시장 출시 후 모니터링 시스템은 시장 출시 후 모니터링 계획에 기반하여야 한다. 시장 출시 후 모니터링 계획은 부속서 IV에 언급된 기술문서의 일부가 되어야 한다. EU집행위원회는 시장 출시 후 모니터링 계획의 템플릿과 계획에 포함될 요소의 목록을 설

원문	번역
act laying down detailed provisions es-tablishing a template for the post-market monitoring plan and the list of elements to be included in the plan by 2 February 2026. That implementing act shall be adopted in accordance with the examination procedure referred to in Article 98(2).	정하는 세부 조항을 규정하는 이행법을 2026년 2월 2일까지 채택하여야 한다. 해당 이행법은 제98조 제2항에 따른 검토 절차에 따라 채택되어야 한다.
4. For high-risk AI systems covered by the Union harmonisation legislation listed in Section A of Annex I, where a post-market monitoring system and plan are already established under that legislation, in order to ensure consistency, avoid duplications and minimise additional burdens, providers shall have a choice of integrating, as appropriate, the necessary elements described in paragraphs 1, 2 and 3 using the template referred in paragraph 3 into systems and plans already existing under that legislation, provided that it achieves an equivalent level of protection.	4. 부속서 I 제A절에 열거된 EU조화법이 적용되는 고위험 AI 시스템의 경우, 해당 법에 따라 시장 출시 후 모니터링 체계 및 계획이 이미 수립되어 있는 경우, 일관성을 보장하고 중복을 피하며 추가 부담을 최소화하기 위해, 적절한 보호 수준을 달성할 수 있다면 공급자는 제3항에 언급된 템플릿을 이용하는 제1항부터 제3항까지에 규정된 필수 요소와 해당 법에 따라 이미 수립된 계획을 통합하는 것을 선택하여야 한다.
The first subparagraph of this paragraph shall also apply to high-risk AI systems referred to in point 5 of Annex III placed on the market or put into service by financial institutions that are subject to requirements under Union financial services law regarding their internal governance, arrangements or processes.	이 항의 제1단락은, 내부 통제, 약정 또는 절차에 관하여 EU 금융서비스법에 따른 요건을 준수해야 하는, 금융기관이 시장출시하거나 서비스 공급한 부속서 III 제3항에 따른 고위험 AI 시스템에도 적용된다.

제2절 중대한 사고에 관한 정보 공유(SECTION 2 Sharing of information on serious incidents)

제73조 중대한 사고 보고(Article 73 Reporting of serious incidents)

원문	번역
1. Providers of high-risk AI systems placed on the Union market shall report any serious incident to the market surveillance authorities of the Member States where that incident occurred.	1. EU시장에 출시된 고위험 AI 시스템의 공급자는 중대한 사고가 발생한 경우 해당 사고가 발생한 회원국의 시장감시당국에 보고하여야 한다.
2. The report referred to in paragraph 1 shall be made immediately after the provider has established a causal link between the AI system and the serious incident or the reasonable likelihood of such a link, and, in any event, not later than 15 days after the provider or, where applicable, the deployer, becomes aware of the serious incident. The period for the reporting referred to in the first subparagraph shall take account of the severity of the serious incident.	2. 제1항에 따른 보고는 공급자가 고위험 AI 시스템과 중대한 사고 사이의 인과관계 또는 그러한 인과관계의 합리적 가능성을 발견한 즉시 이루어져야 하고, 어떠한 경우에도 공급자 또는 해당되는 경우 배포자가 중대한 사고를 알게 된 후 15일 이내에 이루어져야 한다. 제1단락에 따른 보고 기간은 중대한 사고의 심각성을 고려하여야 한다.
3. Notwithstanding paragraph 2 of this Article, in the event of a widespread infringement or a serious incident as defined in Article 3, point (49) (b), the report referred to in paragraph 1 of this Article shall be provided immediately, and not later than two days after the provider or, where applicable, the deployer becomes aware of that incident.	3. 이 조 제2항에도 불구하고, 광범위한 침해 또는 제3조 제49항 제b호에 정의된 중대한 사고가 발생한 경우, 이 조 제1항에 언급된 보고는 공급자 또는 해당되는 경우 배포자가 해당 사건을 알게된 후 즉시, 늦어도 2일 이내에 제공되어야 한다.
4. Notwithstanding paragraph 2, in the event of the death of a person, the report shall be provided immediately after the provider or the deployer has established, or as soon as it suspects, a causal relationship between the high-risk AI system and the serious incident, but not	4. 제2항에도 불구하고, 사람이 사망한 경우, 그 보고는 공급자 또는 배포자가 고위험 AI 시스템과 중대한 사고 사이의 인과관계를 발견한 직후 또는 의심하는 즉시 하되, 공급자 또는 해당되는 경우 배포자가 해당 중대한 사고를 알게 된 날로부터 10일 이내에 제공하여야 한다.

원문	번역
later than 10 days after the date on which the provider or, where applicable, the deployer becomes aware of the serious incident.	
5. Where necessary to ensure timely reporting, the provider or, where applicable, the deployer, may submit an initial report that is incomplete, followed by a complete report.	5. 적시 보고를 보장하기 위해 필요한 경우, 공급자 또는 해당되는 경우 배포자는 불완전한 초기 보고서를 제출한 후 완전한 보고서를 제출할 수 있다.
6. Following the reporting of a serious incident pursuant to paragraph 1, the provider shall, without delay, perform the necessary investigations in relation to the serious incident and the AI system concerned. This shall include a risk assessment of the incident, and corrective action.	6. 제1항에 따른 중대한 사고 보고 후 공급자는 지체 없이 중대한 사고 및 해당 고위험 AI 시스템과 관련하여 필요한 조사를 수행하여야 한다. 여기에는 사건에 대한 위험 평가와 시정 조치가 포함된다.
The provider shall cooperate with the competent authorities, and where relevant with the notified body concerned, during the investigations referred to in the first subparagraph, and shall not perform any investigation which involves altering the AI system concerned in a way which may affect any subsequent evaluation of the causes of the incident, prior to informing the competent authorities of such action.	공급자는 제1단락에 언급된 조사를 하는 동안 관할당국 및 관련 피통보기관과 협력해야 하고, 관할당국에 해당 조치를 통보하기 전 사고의 원인에 대한 후속 평가에 영향을 미칠 수 있는 방식으로 해당 고위험 AI 시스템을 변경하는 조사를 수행해서는 안 된다.
7. Upon receiving a notification related to a serious incident referred to in Article 3, point (49)(c), the relevant market surveillance authority shall inform the national public authorities or bodies referred to in Article 77(1). The Commission shall develop dedicated guidance to facilitate compliance with the obligations set out in paragraph 1 of this Article.	7. 제3조 제49호 (c)에 언급된 중대한 사고와 관련된 통보를 받은 관련 시장감시당국은 제77조 제1항에 따른 국가 공공 기관 또는 단체에 이를 알려야 한다. EU집행위원회는 제1항에 명시된 의무 준수를 촉진하기 위해 전용 지침을 개발하여야 한다.

원문	번역
That guidance shall be issued by 2 August 2025, and shall be assessed regularly.	해당 지침은 2025년 8월 2일까지 발행되어야 하고 정기적으로 평가되어야 한다.
8. The market surveillance authority shall take appropriate measures, as provided for in Article 19 of Regulation (EU) 2019/1020, within seven days from the date it received the notification referred to in paragraph 1 of this Article, and shall follow the notification procedures as provided in that Regulation.	8. 시장감시당국은 이 조 제1항에 언급된 통지를 받은 날로부터 7일 이내에 Regulation (EU) 2019/1020 제19조에 규정된 대로 적절한 조치를 취해야 하고, 해당 조항에 규정된 대로 통지 절차를 따라야 한다.
9. For high−risk AI systems referred to in Annex Ⅲ that are placed on the market or put into service by providers that are subject to Union legislative instruments laying down reporting obligations equiv−alent to those set out in this Regulation, the notification of serious incidents shall be limited to those referred to in Article 3, point (49)(c).	9. 이 법에 명시된 것과 동등한 보고 의무를 규정하는 EU법의 적용을 받는 공급자에 의해 시장에 출시되거나 서비스 출시된 부속서 Ⅲ에 언급된 고위험 AI 시스템의 경우, 중대한 사고에 대한 통지는 제3조 제49호 (c)에 언급된 것으로 제한된다.
10. For high−risk AI systems which are safety components of devices, or are them−selves devices, covered by Regulations (EU) 2017/745 and (EU) 2017/746, the notification of serious incidents shall be limited to those referred to in Article 3, point (49)(c) of this Regulation, and shall be made to the national competent authority chosen for that purpose by the Member States where the incident occurred.	10. Regulation (EU) 2017/745 및 Regulation (EU) 2017/746이 적용되는 제품의 안전 구성요소이거나 제품 그 자체인 고위험 AI 시스템의 경우, 중대한 사고의 통지는 이 법 제3조 제49호 (c)에 언급된 것으로 제한되어야 하고, 그 통지는 사고가 발생한 회원국이 그러한 목적을 위해 선택한 국가관할당국에 하여야 한다.
11. National competent authorities shall im−mediately notify the Commission of any serious incident, whether or not they have taken action on it, in accordance with Article 20 of Regulation (EU) 2019/1020.	11. 국가관할당국은 Regulation (EU) 2019/1020 제20조에 따라 중대한 사고에 대한 조치를 취했는지 여부와 관계없이 즉시 EU집행위원회에 중대한 사고를 통지하여야 한다.

제3절 집행(SECTION 3 Enforcement)

제74조 EU시장에서의 AI 시스템 감시 및 통제(Article 74 Market surveillance and control of AI systems in the Union market)

원문	번역
1. Regulation (EU) 2019/1020 shall apply to AI systems covered by this Regulation. For the purposes of the effective en－forcement of this Regulation:	1. Regulation (EU) 2019/1020은 이 법의 적용을 받는 AI 시스템에 적용된다. 이 법의 효과적인 집행을 위해 다음과 같이 규정한다:
(a) any reference to an economic operator under Regulation (EU) 2019/1020 shall be understood as including all oper－ators identified in Article 2(1) of this Regulation;	(a) Regulation (EU) 2019/1020에 따른 경제운영자에 대한 언급은 이 법 제2조 제1항에 명시된 모든 운영자를 포함하는 것으로 이해되어야 한다;
(b) any reference to a product under Regulation (EU) 2019/1020 shall be understood as including all AI systems falling within the scope of this Regulation.	(b) Regulation (EU) 2019/1020에 따른 제품에 대한 모든 언급은 이 법의 범위에 속하는 모든 AI 시스템을 포함하는 것으로 이해되어야 한다.
2. As part of their reporting obligations under Article 34(4) of Regulation (EU) 2019/1020, the market surveillance au－thorities shall report annually to the Commission and relevant national com－petition authorities any information identified in the course of market sur－veillance activities that may be of po－tential interest for the application of Union law on competition rules. They shall also annually report to the Commission about the use of prohibited practices that occurred during that year and about the measures taken.	2. Regulation (EU) 2019/1020 제34조 제4항에 따른 보고 의무의 일환으로, 시장감시당국은 경쟁 규칙에 관한 EU법의 적용에 잠재적 이해관계가 있을 수 있는 시장 감시 활동 과정에서 확인된 모든 정보를 매년 EU집행위원회 및 관련 국가경쟁당국에 보고하여야 한다. 또한 해당 연도에 발생한 금지된 업무의 이용과 취해진 조치에 대해 매년 EU집행위원회에 보고하여야 한다.
3. For high－risk AI systems related to products covered by the Union harmo－nisation legislation listed in Section A of Annex I, the market surveillance au－thority for the purposes of this Regulation shall be the authority responsible for	3. 부속서 I 제A절에 열거된 EU조화법이 적용되는 제품과 관련된 고위험 AI 시스템의 경우, 이 법의 목적을 위한 시장감시당국은 해당 법률에 따라 지정된 시장 감시 활동을 담당하는 당국이 된다.

원문	번역
market surveillance activities designated under those legal acts. By derogation from the first subpara—graph, and in appropriate circumstances, Member States may designate another relevant authority to act as a market surveillance authority, provided they ensure coordination with the relevant sectoral market surveillance authorities responsible for the enforcement of the Union harmonisation legislation listed in Annex I.	제1단락을 일부 개폐하여, 적절한 상황에서 부속서 I에 열거된 EU조화법의 집행을 담당하는 관련 부문별 시장감시당국과의 조율을 보장하는 경우, 다른 관련 당국을 시장감시당국으로 지정할 수 있다.
4. The procedures referred to in Articles 79 to 83 of this Regulation shall not apply to AI systems related to products covered by the Union harmonisation legislation listed in section A of Annex I, where such legal acts already provide for pro—cedures ensuring an equivalent level of protection and having the same objective. In such cases, the relevant sectoral pro—cedures shall apply instead.	4. 이 법 제79조부터 제83조까지에 언급된 절차는 부속서 I 제A절에 열거된 EU조화법이 적용되는 제품과 관련된 AI 시스템에 대해, 해당 법률이 이미 동등한 수준의 보호를 보장하고 동일한 목적을 가진 절차를 제공하고 있는 경우에는 적용되지 않는다. 이러한 경우 관련 부문별 절차가 대신 적용된다.
5. Without prejudice to the powers of market surveillance authorities under Article 14 of Regulation (EU) 2019/1020, for the purpose of ensuring the effective en—forcement of this Regulation, market surveillance authorities may exercise the powers referred to in Article 14(4), points (d) and (j), of that Regulation remotely, as appropriate.	5. Regulation (EU) 2019/1020 제14조에 따른 시장감시당국의 권한을 침해하지 않는 범위 내에서, 이 법의 효과적인 집행을 보장하기 위한 목적으로, 시장감시당국은 적절한 경우 해당 규정 제14조 제4항 제d호 및 제j호에 언급된 권한을 원격으로 행사할 수 있다.
6. For high—risk AI systems placed on the market, put into service, or used by fi—nancial institutions regulated by Union financial services law, the market sur—veillance authority for the purposes of this Regulation shall be the relevant na—tional authority responsible for the fi—nancial supervision of those institutions	6. EU 금융서비스법에 의해 규제되는 금융기관에 의해 시장에 출시되거나 서비스 공급되거나 이용되는 고위험 AI 시스템의 경우, 이 법의 목적상 시장감시당국은 해당 고위험 AI 시스템의 시장 출시, 서비스 공급 또는 이용이 해당 금융 서비스 공급과 직접적으로 연관되어 있는 한 해당 법률에 따라 해당 금융기관의 금융 감독을 담당하는 관

원문	번역
under that legislation in so far as the placing on the market, putting into service, or the use of the AI system is in direct connection with the provision of those financial services.	련 국가당국이 된다.
7. By way of derogation from paragraph 6, in appropriate circumstances, and provided that coordination is ensured, another relevant authority may be identified by the Member State as market surveillance authority for the purposes of this Regulation.	7. 제6항을 일부 개폐하는 방식으로, 적절한 상황에서 조정이 보장되는 경우 회원국은 다른 관련 당국을 이 법의 목적을 위한 시장감시당국으로 지정할 수 있다.
National market surveillance authorities supervising regulated credit institutions regulated under Directive 2013/36/EU, which are participating in the Single Supervisory Mechanism established by Regulation (EU) No 1024/2013, should report, without delay, to the European Central Bank any information identified in the course of their market surveillance activities that may be of potential interest for the prudential supervisory tasks of the European Central Bank specified in that Regulation.	Directive 2013/36/EU에 따라 규제를 받는 규제 신용 기관을 감독하고 Regulation (EU) 1024/2013호에 의해 설립된 단일 감독 메커니즘에 참여하고 있는 국가시장감시당국은 해당 규정에 명시된 유럽중앙은행의 건전성 감독 업무를 위한 잠재적 관심사항이 될 수 있는 시장 감시 활동 과정에서 확인된 모든 정보를 지체 없이 유럽중앙은행에 보고하여야 한다.
8. For highrisk AI systems listed in point 1 of Annex Ⅲ to this Regulation, in so far as the systems are used for law enforcement purposes, border management and justice and democracy, and for highrisk AI systems listed in points 6, 7 and 8 of Annex Ⅲ to this Regulation, Member States shall designate as market surveillance authorities for the purposes of this Regulation either the competent data protection supervisory authorities under Regulation (EU) 2016/679 or Directive (EU) 2016/680, or any other authority designated pursuant to the	8. 이 법의 부속서 Ⅲ 제1항에 열거된 고위험 AI 시스템의 경우, 해당 시스템이 법 집행 목적, 국경 관리 및 정의와 민주주의를 위해 이용되는 한, 그리고 이 법의 부속서 Ⅲ 제6항, 제7항 및 제8항에 열거된 고위험 AI 시스템의 경우, 회원국은 Regulation (EU) 2016/679 또는 Directive (EU) 2016/680에 따른 관할 데이터 보호 감독 당국 또는 Directive (EU) 2016/680의 제41조부터 제44조까지에 규정된 바와 동일한 조건에 따라 지정된 기타 당국을 이 법의 목적을 위한 시장감시당국으로 지정하여야 한다. 시장 감시 활동은 어떠한 경우에도 사법당국의 독립성에 영향을 미치거나 사법당국이

원문	번역
same conditions laid down in Articles 41 to 44 of Directive (EU) 2016/680. Market surveillance activities shall in no way affect the independence of judicial authorities, or otherwise interfere with their activities when acting in their judicial capacity.	사법적 권한을 행사할 때 그 활동을 방해해서는 안 된다.
9. Where Union institutions, bodies, offices or agencies fall within the scope of this Regulation, the European Data Protection Supervisor shall act as their market surveillance authority, except in relation to the Court of Justice of the European Union acting in its judicial capacity.	9. EU 기구, 기관, 사무소 및 청이 이 법의 범위에 속하는 경우, EU사법재판소가 사법적 권한을 행사하는 경우를 제외하고, 유럽데이터보호감독관이 해당 기관의 시장감시당국으로 활동하여야 한다.
10. Member States shall facilitate coordination between market surveillance authorities designated under this Regulation and other relevant national authorities or bodies which supervise the application of Union harmonisation legislation listed in Annex I, or in other Union law, that might be relevant for the high—risk AI systems referred to in Annex III.	10. 회원국은 이 법에 따라 지정된 시장감시당국과 부속서 III에 언급된 고위험 AI 시스템과 관련이 있을 수 있는 부속서 I에 열거된 EU 조화 또는 다른 EU법의 적용을 감독하는 기타 관련 국가 당국 또는 기관 간의 조정을 촉진하여야 한다.
11. Market surveillance authorities and the Commission shall be able to propose joint activities, including joint investigations, to be conducted by either market surveillance authorities or market surveillance authorities jointly with the Commission, that have the aim of promoting compliance, identifying non—compliance, raising awareness or providing guidance in relation to this Regulation with respect to specific categories of high—risk AI systems that are found to present a serious risk across two or more Member States in accordance with Article 9 of Regulation (EU)	11. 시장감시당국과 EU집행위원회는, Regulation (EU) 2019/1020 제9조에 따라 2개 이상의 회원국에서 심각한 위험을 초래하는 것으로 확인된 특별한 범주의 고위험 AI 시스템과 관련하여, 이 법과 관련하여 규정 준수를 촉진하고, 위반을 식별하고, 인식을 제고하거나 지침을 제공하기 위한 목적으로, 시장감시당국 또는 EU집행위원회와 함께 수행하는 공동 조사를 포함한 공동 활동을 제안할 수 있다. AI사무국은 공동 조사를 위한 조정 지원을 제공한다.

원문	번역
2019/1020. The AI Office shall provide coordination support for joint invest−igations.	
12. Without prejudice to the powers pro−vided for under Regulation (EU) 2019/1020, and where relevant and limited to what is necessary to fulfil their tasks, the market surveillance authorities shall be granted full access by providers to the documentation as well as the train−ing, validation and testing data sets used for the development of high−risk AI systems, including, where appropriate and subject to security safeguards, through application programming interfaces (API) or other relevant technical means and tools enabling remote access.	12. Regulation (EU) 2019/1020에 규정된 권한을 침해하지 않고 관련성이 있고 업무 수행에 필요한 것으로 제한되는 경우, 시장감시당국은 적절하고 보안 보호 대상에 해당되는 경우 애플리케이션 프로그래밍 인터페이스(API) 또는 원격 접근을 가능하게 하는 기타 관련 기술 수단 및 도구를 포함한 방법을 통해 고위험 AI 시스템 개발에 이용된 학습, 검증 및 테스트 데이터 세트뿐만 아니라 문서에 대한 완전한 접근 권한을 공급자로부터 부여받아야 한다.
13. Market surveillance authorities shall be granted access to the source code of the high−risk AI system upon a rea−soned request and only when both of the following conditions are fulfilled: (a) access to source code is necessary to assess the conformity of a high−risk AI system with the requirements set out in Chapter Ⅲ, Section 2; and, (b) testing or auditing procedures and verifications based on the data and documentation provided by the pro−vider have been exhausted or proved insufficient.	13. 그 사유를 기재한 요청이 있고 다음 두 가지 조건을 모두 충족하는 경우에만 시장감시당국은 고위험 AI 시스템의 소스 코드에 대한 접근 권한을 부여받아야 한다: (a) 소스 코드에 대한 접근이 고위험 AI 시스템의 제3장 제2절에 명시된 요건 준수 여부를 평가하기 위해 필요한 경우; 그리고, (b) 공급자에 의해 제공된 데이터 및 문서에 근거한 테스트 또는 감사 절차 및 검증을 모두 시도하였거나 불충분한 것으로 입증된 경우.
14. Any information or documentation ob−tained by market surveillance authorities shall be treated in accordance with the confidentiality obligations set out in Article 78.	14. 시장감시당국이 입수한 모든 정보 또는 문서는 제78조에 명시된 기밀 유지 의무에 따라 취급되어야 한다.

제75조 범용 AI 시스템에 관한 상호 지원, 시장 감시 및 통제(Article 75 Mutual assistance, market surveillance and control of general-purpose AI systems)

원문	번역
1. Where an AI system is based on a gen-eral-purpose AI model, and the model and the system are developed by the same provider, the AI Office shall have powers to monitor and supervise com-pliance of that AI system with obligations under this Regulation. To carry out its monitoring and supervision tasks, the AI Office shall have all the powers of a market surveillance authority provided for in this Section and Regulation (EU) 2019/1020.	1. AI 시스템이 범용 AI 모델을 기반으로 하고 해당 모델과 시스템이 동일한 공급자에 의해 개발된 경우, AI사무국은 해당 AI 시스템의 이 법에 따른 의무 준수 여부를 모니터링하고 감독할 권한을 갖는다. 모니터링 및 감독 업무를 수행하기 위해 AI사무국은 본 절 및 Regulation (EU) 2019/1020에 규정된 시장감시당국의 모든 권한을 보유한다.
2. Where the relevant market surveillance authorities have sufficient reason to consider general-purpose AI systems that can be used directly by deployers for at least one purpose that is classified as high-risk pursuant to this Regulation to be non-compliant with the require-ments laid down in this Regulation, they shall cooperate with the AI Office to carry out compliance evaluations, and shall inform the Board and other market surveillance authorities accordingly.	2. 관련 시장감시당국이 이 법에 따라 고위험으로 분류되는 하나 이상의 목적을 위해 배포자가 직접 이용할 수 있는 범용 AI 시스템이 이 법에 명시된 요건을 준수하지 않는다고 간주할 충분한 이유가 있는 경우, 준수 평가를 수행하기 위해 AI사무국과 협력해야 하고, 그에 따라 유럽AI위원회와 기타 시장감시당국에 알려야 한다.
3. Where a market surveillance authority is unable to conclude its investigation of the high-risk AI system because of its inability to access certain information related to the general-purpose AI model despite having made all appropriate ef-forts to obtain that information, it may submit a reasoned request to the AI Office, by which access to that in-formation shall be enforced. In that case, the AI Office shall supply to the appli-cant authority without delay, and in any	3. 시장감시당국이 해당 정보를 얻기 위해 모든 적절한 노력을 기울였음에도 불구하고 범용 AI 모델과 관련된 특정 정보에 접근할 수 없어 고위험 AI 시스템에 대한 조사를 종결할 수 없는 경우, AI사무국에 그 사유를 기재한 요청을 할 수 있으며 이를 통해 정보에의 접근이 실시되어야 한다. 그 경우 AI사무국은 고위험 AI 시스템의 비준수 여부를 확인하기 위해 관련성이 있다고 판단되는 모든 정보를 지체 없이, 그리고 어떠한 경우에도 30일 이내에 요청 기관에 제공하여야 한다. 시장감시당국은 이 법 제78조

원문	번역
event within 30 days, any information that the AI Office considers to be rele-vant in order to establish whether a high-risk AI system is non-compliant. Market surveillance authorities shall safeguard the confidentiality of the in-formation that they obtain in accordance with Article 78 of this Regulation. The procedure provided for in Chapter Ⅵ of Regulation (EU) 2019/1020 shall apply mutatis mutandis.	에 따라 취득한 정보의 기밀을 보호하여야 한다. Regulation (EU) 2019/1020 제6장에 규정된 절차를 준용하여야 한다.

제76조 시장감시당국의 현실 세계 조건에서의 테스트 감독(Article 76 Supervision of testing in real world conditions by market surveillance authorities)

원문	번역
1. Market surveillance authorities shall have competences and powers to ensure that testing in real world conditions is in ac-cordance with this Regulation.	1. 시장감시당국은 현실 세계 조건에서의 테스트가 이 법을 준수하는지를 보장할 수 있는 능력과 권한을 갖추어야 한다.
2. Where testing in real world conditions is conducted for AI systems that are su-pervised within an AI regulatory sandbox under Article 58, the market surveillance authorities shall verify the compliance with Article 60 as part of their super-visory role for the AI regulatory sandbox. Those authorities may, as appropriate, allow the testing in real world conditions to be conducted by the provider or prospective provider, in derogation from the conditions set out in Article 60(4), points (f) and (g).	2. 제58조에 따른 AI 규제 샌드박스 내에서 감독을 받는 AI 시스템에 대한 현실 세계 조건에서의 테스트가 수행되는 경우, 시장감시당국은 AI 규제 샌드박스에 대한 감독 역할의 일환으로 제60조의 준수 여부를 확인하여야 한다. 해당 당국은 제60조 제4항 제f호 및 제g호에 명시된 조건을 일부 개폐하여 공급자 또는 장래 공급자가 현실 세계 조건에서의 테스트를 수행하도록 적절히 허용할 수 있다.
3. Where a market surveillance authority has been informed by the prospective pro-vider, the provider or any third party of a serious incident or has other grounds for considering that the conditions set out in	3. 장래 공급자, 공급자 또는 제3자로부터 중대한 사고에 대한 통보를 받았거나 제60조 및 제61조에 명시된 조건이 충족되지 않는다고 판단할 수 있는 기타 근거가 있는 경우, 시장감시당국은 적절히 해당 지역에 대

원문	번역
Articles 60 and 61 are not met, it may take either of the following decisions on its territory, as appropriate: (a) to suspend or terminate the testing in real world conditions; (b) to require the provider or prospective provider and the deployer or pro-spective deployer to modify any aspect of the testing in real world conditions. 4. Where a market surveillance authority has taken a decision referred to in paragraph 3 of this Article, or has issued an objection within the meaning of Article 60(4), point (b), the decision or the objection shall indicate the grounds therefor and how the provider or prospective provider can challenge the decision or objection. 5. Where applicable, where a market sur-veillance authority has taken a decision referred to in paragraph 3, it shall com-municate the grounds therefor to the market surveillance authorities of other Member States in which the AI system has been tested in accordance with the testing plan.	해 다음 중 하나의 결정을 내릴 수 있다: (a) 현실 세계 조건에서의 테스트를 중단하거나 종료; (b) 공급자 또는 예비 공급자, 배포자 또는 예비 배포자에게 현실 세계 조건에서의 테스트의 모든 측면을 수정할 것을 요구. 4. 시장감시당국이 이 조 제3항에 언급된 결정을 내리거나 제60조 제4항 제b호의 의미 내에서 이의제기를 한 경우, 결정 또는 이의제기는 그 근거와 공급자 또는 장래 공급자가 결정 또는 이의제기에 이의를 제기할 수 있는 방법을 명시하여야 한다. 5. 해당되는 경우, 시장감시당국이 제3항에 따른 결정을 내린 경우, 해당 시장감시당국은 그 근거를 테스트 계획에 따라 AI 시스템이 테스트된 다른 회원국의 시장감시당국에 전달하여야 한다.

제77조 기본권보호당국의 권한(Article 77 Powers of authorities protecting fundamental rights)

원문	번역
1. National public authorities or bodies which supervise or enforce the respect of obli-gations under Union law protecting fun-damental rights, including the right to non-discrimination, in relation to the use of high-risk AI systems referred to in Annex Ⅲ shall have the power to re-quest and access any documentation cre-	1. 부속서 Ⅲ에 언급된 고위험 AI 시스템의 이용과 관련하여 차별 금지 권리를 포함한 기본권을 보호하는 EU법에 따른 의무 준수를 감독하거나 집행하는 국가 공공 당국 또는 기관은, 관할권 범위 내에서 해당 의무를 효과적으로 이행하기 위해 해당 문서에 대한 접근이 필요한 경우, 이 법에 따라 작성 또는 유지되는 모든 문서를 접근 가능한 언

원문	번역
ated or maintained under this Regulation in accessible language and format when access to that documentation is necessary for effectively fulfilling their mandates within the limits of their jurisdiction. The relevant public authority or body shall inform the market surveillance authority of the Member State concerned of any such request.	어 및 형식으로 요청하고 접근할 권한이 있다. 관련 공공 당국 또는 기관은 해당 회원국의 시장감시당국에 이러한 요청에 관한 정보를 제공하여야 한다.
2. By 2 November 2024, each Member State shall identify the public authorities or bodies referred to in paragraph 1 and make a list of them publicly available. Member States shall notify the list to the Commission and to the other Member States, and shall keep the list up to date.	2. 2024년 11월 2일까지, 각 회원국은 제1항에 언급된 공공 당국 또는 기관을 확인하고 그 명단을 공개하여야 한다. 회원국은 그 명단을 EU집행위원회와 다른 회원국에 통보하고, 그 명단을 최신 상태로 유지하여야 한다.
3. Where the documentation referred to in paragraph 1 is insufficient to ascertain whether an infringement of obligations under Union law protecting fundamental rights has occurred, the public authority or body referred to in paragraph 1 may make a reasoned request to the market surveillance authority, to organise testing of the high-risk AI system through technical means. The market surveillance authority shall organise the testing with the close involvement of the requesting public authority or body within a rea-sonable time following the request.	3. 제1항에 언급된 문서가 기본권을 보호하는 EU법에 따른 의무를 침해하였는지를 확인하기에 불충분한 경우, 제1항에 언급된 공공 당국 또는 기관은 시장감시당국에 기술적 수단을 통해 고위험 AI 시스템에 대한 테스트를 준비하도록 하는 그 사유를 기재한 요청을 할 수 있다. 시장감시당국은 요청 후 합리적인 시간 내에 요청하는 공공 당국 또는 기관의 긴밀한 참여하에 테스트를 준비하여야 한다.
4. Any information or documentation ob-tained by the national public authorities or bodies referred to in paragraph 1 of this Article pursuant to this Article shall be treated in accordance with the confidentiality obligations set out in Article 78.	4. 이 조에 따라 이 조 제1항에 언급된 국가 공공 당국 또는 기관이 획득한 모든 정보 또는 문서는 제78조에 명시된 기밀 유지 의무에 따라 취급되어야 한다.

제78조 비밀유지(Article 78 Confidentiality)

원문	번역
1. The Commission, market surveillance authorities and notified bodies and any other natural or legal person involved in the application of this Regulation shall, in accordance with Union or national law, respect the confidentiality of information and data obtained in carrying out their tasks and activities in such a manner as to protect, in particular:	1. EU집행위원회, 시장감시당국, 피통보기관, 이 법의 적용에 관련된 기타 자연인 또는 법인은 유럽연합 또는 국내법에 따라 업무 및 활동을 수행하면서 획득한 정보 및 데이터의 비밀성을 존중하여야 하며, 특히 다음을 보호하여야 한다.
(a) the intellectual property rights and confidential business information or trade secrets of a natural or legal person, including source code, except in the cases referred to in Article 5 of Directive (EU) 2016/943 of the European Parliament and of the Council;	(a) Directive (EU) 2016/943 제5조에 명시된 경우를 제외하고 소스코드를 포함한 자연인 또는 법인의 지식재산권 및 기밀 영업 정보 또는 영업 비밀
(b) the effective implementation of this Regulation, in particular for the purposes of inspections, investigations or audits;	(b) 이 법의 효과적인 시행, 특히 검사, 조사 또는 감사 목적
(c) public and national security interests;	(c) 공공 및 국가안보 이익
(d) the conduct of criminal or administrative proceedings;	(d) 형사 또는 행정절차의 수행
(e) information classified pursuant to Union or national law.	(e) EU법 또는 국내법에 따라 분류된 정보
2. The authorities involved in the application of this Regulation pursuant to paragraph 1 shall request only data that is strictly necessary for the assessment of the risk posed by AI systems and for the exercise of their powers in accordance with this Regulation and with Regulation (EU) 2019/1020. They shall put in place adequate and effective cybersecurity measures to protect the security and confidentiality of the information and	2. 제1항에 따른 이 법 규정 적용에 관련된 기관은 이 법과 Regulation (EU) 2019/1020에 따라 AI 시스템이 야기하는 위험의 평가 및 권한 행사에 반드시 필요한 데이터만 요청하여야 한다. 수집한 정보 및 데이터의 보안과 기밀성을 보호하기 위해 적절하고 효과적인 사이버 보안 조치를 취해야 하며, 해당 EU법 또는 국내법에 따라 수집한 데이터가 수집 목적에 더 이상 필요하지 않은 경우 즉시 삭제하여야 한다.

원문	번역
data obtained, and shall delete the data collected as soon as it is no longer needed for the purpose for which it was obtained, in accordance with applicable Union or national law.	
3. Without prejudice to paragraphs 1 and 2, information exchanged on a confidential basis between the national competent authorities or between national com‐petent authorities and the Commission shall not be disclosed without prior consultation of the originating national competent authority and the deployer when high‐risk AI systems referred to in point 1, 6 or 7 of Annex Ⅲ are used by law enforcement, border control, immi‐gration or asylum authorities and when such disclosure would jeopardise public and national security interests. This ex‐change of information shall not cover sensitive operational data in relation to the activities of law enforcement, border control, immigration or asylum authorities.	3. 제1항 및 제2항을 침해하지 않는 범위 내에서 부속서 Ⅲ의 제1항, 제6항 및 제7항에 언급된 고위험 AI 시스템을 법집행, 이민 또는 망명, 국경 관리 기관에서 이용하고 그러한 공개가 공공 및 국가안보의 이익을 위태롭게 할 경우 국가관할당국 간 또는 국가관할당국과 EU집행위원회 간에 기밀로 교환된 정보는 그 정보를 생산한 국가관할당국과 배포자의 사전 협의 없이 공개되어서는 안 된다. 정보 교환에는 법 집행, 국경 관리, 이민 또는 망명 당국의 활동과 관련된 민감한 작전 데이터는 포함되지 않는다.
When the law enforcement, immigration or asylum authorities are providers of high‐risk AI systems referred to in point 1, 6 or 7 of Annex Ⅲ, the technical doc‐umentation referred to in Annex Ⅳ shall remain within the premises of those authorities. Those authorities shall ensure that the market surveillance authorities referred to in Article 74(8) and (9), as applicable, can, upon request, immedi‐ately access the documentation or obtain a copy thereof. Only staff of the market surveillance authority holding the ap‐propriate level of security clearance shall be allowed to access that documentation or any copy thereof.	법집행, 이민 또는 망명 당국이 부속서 Ⅲ의 제1항, 제6항 및 제7항에 언급된 고위험 AI 시스템의 공급자인 경우 부속서 Ⅳ에 언급된 기술문서는 해당 당국의 관내에 보관되어야 한다. 해당 당국은 해당되는 경우 제74조 제8항 및 제9항에 언급된 시장감시당국의 요청시 즉시 해당 문서에 접근하거나 사본을 받을 수 있도록 보장하여야 한다. 적절한 수준의 보안 허가를 보유한 시장감시당국의 직원만 해당 문서 또는 그 사본에 접근할 수 있다.

원문	번역
4. Paragraphs 1, 2 and 3 shall not affect the rights or obligations of the Commission, Member States and their relevant au-thorities, as well as those of notified bodies, with regard to the exchange of information and the dissemination of warnings, including in the context of cross-border cooperation, nor shall they affect the obligations of the parties con-cerned to provide information under criminal law of the Member States.	4. 제1항, 제2항 및 제3항은 국경 간 협력의 맥락을 포함한 정보 교환 및 경고의 배포와 관련하여 EU집행위원회, 회원국 및 관계 기관, 피통보기관의 권리 또는 의무에 영향을 미치지 않으며, 회원국의 형법에 따른 관련 당사자의 정보 제공 의무에도 영향을 미치지 않는다.
5. The Commission and Member States may exchange, where necessary and in ac-cordance with relevant provisions of in-ternational and trade agreements, con-fidential information with regulatory au-thorities of third countries with which they have concluded bilateral or multi-lateral confidentiality arrangements guar-anteeing an adequate level of confidentiality.	5. EU집행위원회와 회원국은 필요한 경우 국제 및 무역 협정의 관련 조항에 따라 적절한 수준의 기밀을 보장하는 양자 또는 다자 간 기밀유지 협정을 체결한 제3국의 규제 당국과 기밀 정보를 교환할 수 있다.

제79조 위험을 나타내는 AI 시스템을 다루기 위한 국가 수준에서의 절차(Article 79 Procedure at national level for dealing with AI systems presenting a risk)

원문	번역
1. AI systems presenting a risk shall be un-derstood as a 'product presenting a risk' as defined in Article 3, point 19 of Regulation (EU) 2019/1020, in so far as they present risks to the health or safety, or to fundamental rights, of persons.	1. 위험을 초래하는 AI 시스템은 사람의 건강이나 안전 또는 기본권에 위험을 초래하는 한 Regulation (EU) 2019/1020 제3조 제19항에 정의된 '위험을 초래하는 제품'으로 이해하여야 한다.
2. Where the market surveillance authority of a Member State has sufficient reason to consider an AI system to present a risk as referred to in paragraph 1 of this Article, it shall carry out an evaluation of the AI system concerned in respect of its compliance with all the requirements and	2. 회원국의 시장감시당국은 AI 시스템이 이조 제1항에 언급된 위험을 초래할 수 있다고 판단할 충분한 이유가 있는 경우, 해당 AI 시스템이 이 법에 명시된 모든 요건과 의무를 준수하는지에 대한 평가를 수행하여야 한다. 취약계층에 대해 위험을 초래할 수 있는 AI 시스템은 특별히 주의를 기울여

원문	번역
obligations laid down in this Regulation. Particular attention shall be given to AI systems presenting a risk to vulnerable groups. Where risks to fundamental rights are identified, the market surveillance authority shall also inform and fully co－operate with the relevant national public authorities or bodies referred to in Article 77(1). The relevant operators shall co－operate as necessary with the market surveillance authority and with the other national public authorities or bodies re－ferred to in Article 77(1).	야 한다. 기본권에 대한 위험이 확인된 경우, 시장감시당국은 제77조 제1항에 언급된 관련 국가 공공 당국 또는 기관에도 이를 알리고 충분히 협조하여야 한다. 관련 운영자는 필요한 경우 시장감시당국 및 제77조 제1항에 언급된 다른 국가 공공 당국 또는 기관과 협력하여야 한다.
Where, in the course of that evaluation, the market surveillance authority or, where applicable the market surveillance authority in cooperation with the national public authority referred to in Article 77(1), finds that the AI system does not comply with the requirements and obli－gations laid down in this Regulation, it shall without undue delay require the relevant operator to take all appropriate corrective actions to bring the AI system into compliance, to withdraw the AI system from the market, or to recall it within a period the market surveillance authority may prescribe, and in any event within the shorter of 15 working days, or as provided for in the relevant Union harmonisation legislation.	해당 평가과정에서 시장감시당국 또는 적용 가능한 경우 제77조 제1항의 국가 공공 당국과 협력하는 시장감시당국은 AI 시스템이 이 법에서 정한 요건과 의무사항을 준수하지 않는다고 판단하는 경우, 시장감시당국은 지체없이 해당 운영자에게 AI 시스템이 법을 준수하도록 모든 적절한 시정조치를 취하거나, 시장에서 AI 시스템을 리콜 또는 시장감시당국이 규정하는 기간 내에 철수하도록 요구하여야 하며, 이는 15일 이내의 영업일 또는 관련 EU조화법에 규정된 기간 중 더 짧은 기간 내에 이루어져야 한다.
The market surveillance authority shall inform the relevant notified body accordingly. Article 18 of Regulation (EU) 2019/1020 shall apply to the measures referred to in the second subparagraph of this paragraph.	시장감시당국은 관계 피통보기관에게 이에 따른 정보를 알려주어야 한다. Regulation (EU) 2019/1020 제18조는 이 항의 제2단락에 언급된 조치에 적용된다.
3. Where the market surveillance authority considers that the non－compliance is not restricted to its national territory, it	3. 시장감시당국은 위반행위가 자국 영토에 국한되지 않는다고 판단한 경우, 평가결과와 운영자에게 취하도록 요구한 조치를 지체

원문	번역
shall inform the Commission and the other Member States without undue de-lay of the results of the evaluation and of the actions which it has required the operator to take.	없이 EU집행위원회와 다른 회원국에 통지하여야 한다.
4. The operator shall ensure that all appropriate corrective action is taken in respect of all the AI systems concerned that it has made available on the Union market.	4. 운영자는 EU시장에 공급한 모든 관련 AI 시스템과 관련하여 모든 적절한 시정조치를 취하여야 한다.
5. Where the operator of an AI system does not take adequate corrective action within the period referred to in para-graph 2, the market surveillance authority shall take all appropriate provisional measures to prohibit or restrict the AI system's being made available on its national market or put into service, to withdraw the product or the standalone AI system from that market or to recall it. That authority shall without undue delay notify the Commission and the other Member States of those measures.	5. AI 시스템 운영자가 제2항에 언급된 기간 내에 적절한 시정조치를 취하지 않는 경우 시장감시당국은 해당 AI 시스템이 자국 시장에서 공급되거나 서비스되는 것을 금지 또는 제한하거나 해당 시장에서 제품 또는 독립형 AI 시스템을 철수하거나 회수하기 위한 모든 적절한 임시조치를 취하여야 한다. 해당 당국은 이러한 조치를 지체 없이 EU 집행위원회와 다른 회원국에 통지하여야 한다.
6. The notification referred to in paragraph 5 shall include all available details, in particular the information necessary for the identification of the non-compliant AI system, the origin of the AI system and the supply chain, the nature of the non-compliance alleged and the risk involved, the nature and duration of the national measures taken and the argu-ments put forward by the relevant operator. In particular, the market sur-veillance authorities shall indicate whether the non-compliance is due to one or more of the following:	6. 제5항에 언급된 통지에는 모든 가능한 세부 정보, 특히 규정 미준수 AI 시스템의 식별에 필요한 정보, AI 시스템 및 공급망의 출처, 주장되는 미준수의 성격과 관련된 위험, 취해진 국가 조치의 성격과 기간, 관련 운영자가 제기한 주장을 포함하여야 한다. 특히, 시장감시당국은 규정 위반이 다음 중 하나 이상에 의한 것인지 여부를 명시하여야 한다.
(a) non-compliance with the prohibition of the AI practices referred to in Article 5;	(a) 제5조에 따른 AI 업무의 금지를 준수하지 않는 경우;

원문	번역
(b) a failure of a high−risk AI system to meet requirements set out in Chapter Ⅲ, Section 2;	(b) 고위험 AI 시스템이 제3장 제2절에 명시된 요건을 충족하지 못하는 경우;
(c) shortcomings in the harmonised stand−ards or common specifications referred to in Articles 40 and 41 conferring a presumption of conformity;	(c) 제40조 및 제41조에 언급된 조화된 표준 또는 공통기준의 결함으로 인해 적합성 추정이 부여되는 경우;
(d) non−compliance with Article 50.	(d) 제50조를 준수하지 않는 경우.
7. The market surveillance authorities other than the market surveillance authority of the Member State initiating the procedure shall, without undue delay, inform the Commission and the other Member States of any measures adopted and of any additional information at their disposal relating to the non−compliance of the AI system concerned, and, in the event of disagreement with the notified na−tional measure, of their objections.	7. 절차를 개시하는 회원국의 시장감시당국 이외의 시장감시당국은 지체 없이 EU집행위원회 및 다른 회원국에게 관련 AI 시스템의 미준수와 관련하여 채택된 모든 조치와 처분 가능한 추가 정보를 제공해야 하며, 통지된 국가조치에 동의하지 않는 경우 그러한 이의에 대한 정보를 제공하여야 한다.
8. Where, within three months of receipt of the notification referred to in paragraph 5 of this Article, no objection has been raised by either a market surveillance authority of a Member State or by the Commission in respect of a provisional measure taken by a market surveillance authority of another Member State, that measure shall be deemed justified.	8. 이 조 제5항에 언급된 통지를 받은 후 3개월 이내에 회원국의 시장감시당국 또는 EU집행위원회가 다른 회원국의 시장감시당국이 취한 임시 조치에 대하여 이의를 제기하지 않는 경우 해당 조치는 정당한 것으로 간주된다.
This shall be without prejudice to the procedural rights of the concerned op−erator in accordance with Article 18 of Regulation (EU) 2019/1020. The three−month period referred to in this para−graph shall be reduced to 30 days in the event of non−compliance with the prohibition of the AI practices referred to in Article 5 of this Regulation.	이는 Regulation (EU) 2019/1020 제18조에 따라 해당 운영자의 절차적 권리를 침해하지 아니한다. 이 법 제5조의 AI 업무의 금지를 준수하지 않는 경우 이 항에 따른 3개월의 기간은 30일로 단축되어야 한다.

원문	번역
9. The market surveillance authorities shall ensure that appropriate restrictive meas— ures are taken in respect of the product or the AI system concerned, such as withdrawal of the product or the AI system from their market, without undue delay.	9. 시장감시당국은 해당 제품 또는 AI 시스템을 지체 없이 시장에서 철수하는 등 해당 제품이나 AI 시스템에 대하여 적절한 제한 조치를 취하여야 한다.

제80조 공급자가 부속서 Ⅲ을 적용할 때 고위험이 아닌 것으로 분류한 AI 시스템을 다루기 위한 절차(Article 80 Procedure for dealing with AI systems classified by the provider as non-high-risk in application of Annex Ⅲ)

원문	번역
1. Where a market surveillance authority has sufficient reason to consider that an AI system classified by the provider as non—high—risk pursuant to Article 6(3) is indeed high—risk, the market surveil— lance authority shall carry out an evalu— ation of the AI system concerned in re— spect of its classification as a high—risk AI system based on the conditions set out in Article 6(3) and the Commission guidelines.	1. 시장감시당국은 제6조 제3항에 따라 공급자가 고위험이 아닌 것으로 분류한 AI 시스템이 고위험이 아니라고 판단할 만한 충분한 이유가 있는 경우, 시장감시당국은 제6조 제3항 및 EU집행위원회 가이드라인에 규정된 조건에 따른 고위험 AI 시스템으로의 분류 관점에서 해당 AI 시스템에 대한 평가를 수행하여야 한다.
2. Where, in the course of that evaluation, the market surveillance authority finds that the AI system concerned is high— risk, it shall without undue delay require the relevant provider to take all neces— sary actions to bring the AI system into compliance with the requirements and obligations laid down in this Regulation, as well as take appropriate corrective action within a period the market sur— veillance authority may prescribe.	2. 해당 평가 과정에서, 시장감시당국이 해당 AI 시스템이 고위험이라고 판단하는 경우, 시장감시당국은 지체없이 관련 공급자에게 이 법에서 정한 요건과 의무를 준수하기 위해 필요한 모든 조치를 취할 것을 요구하고 시장감시당국이 규정하는 기간 내에 적절한 시정조치를 취하도록 요구하여야 한다.
3. Where the market surveillance authority considers that the use of the AI system concerned is not restricted to its national	3. 시장감시당국은 해당 AI 시스템의 이용이 자국 영토에 국한되지 않는다고 판단하는 경우, 평가 결과와 공급자에게 취하도록 요

원문	번역
territory, it shall inform the Commission and the other Member States without undue delay of the results of the evaluation and of the actions which it has required the provider to take.	구한 조치를 지체 없이 EU집행위원회와 다른 회원국에 통지하여야 한다.
4. The provider shall ensure that all necessary action is taken to bring the AI system into compliance with the requirements and obligations laid down in this Regulation. Where the provider of an AI system concerned does not bring the AI system into compliance with those requirements and obligations within the period referred to in paragraph 2 of this Article, the provider shall be subject to fines in accordance with Article 99.	4. 공급자는 AI 시스템이 이 법에 명시된 요건과 의무를 준수하도록 필요한 모든 조치를 취하여야 한다. 해당 AI 시스템 공급자가 이 조 제2항에서 언급한 기간 내에 해당 AI 시스템에 대한 요건 및 의무사항을 준수하지 않는 경우 공급자는 제99조에 따라 과징금 부과의 대상이 된다.
5. The provider shall ensure that all appropriate corrective action is taken in respect of all the AI systems concerned that it has made available on the Union market.	5. 공급자는 EU시장에 공급한 모든 관련 AI 시스템에 대하여 적절한 시정조치가 취해지도록 하여야 한다.
6. Where the provider of the AI system concerned does not take adequate corrective action within the period referred to in paragraph 2 of this Article, Article 79(5) to (9) shall apply.	6. 해당 AI 시스템 공급자가 이 조 제2호에 따른 기간 내에 적절한 시정조치를 취하지 않는 경우 제79조 제5항부터 제9항이 적용된다.
7. Where, in the course of the evaluation pursuant to paragraph 1 of this Article, the market surveillance authority establishes that the AI system was misclassified by the provider as non-high-risk in order to circumvent the application of requirements in Chapter Ⅲ, Section 2, the provider shall be subject to fines in accordance with Article 99.	7. 이 조 제1항에 따른 평가과정에서 시장감시당국이 공급자가 제3장 제2절의 요건 적용을 회피하기 위해 AI 시스템을 고위험이 아닌 것으로 잘못 분류한 것으로 판단하는 경우, 공급자는 제99조에 따라 과징금 부과대상이 된다.
8. In exercising their power to monitor the application of this Article, and in accordance with Article 11 of Regulation (EU) 2019/1020, market surveillance authorities may perform appropriate checks,	8. 이 조의 적용을 모니터링할 권한을 행사할 때 Regulation (EU) 2019/1020 제11조에 따라 시장감시당국은 이 법 제71조에 따른 EU 데이터베이스에 저장된 정보를 고려하여 적절한 점검을 수행할 수 있다.

원문	번역
taking into account in particular in—formation stored in the EU database re—ferred to in Article 71 of this Regulation	

제81조 EU 세이프가드 절차(Article 81 Union safeguard procedure)

원문	번역
1. Where, within three months of receipt of the notification referred to in Article 79(5), or within 30 days in the case of non—compliance with the prohibition of the AI practices referred to in Article 5, objections are raised by the market sur—veillance authority of a Member State to a measure taken by another market sur—veillance authority, or where the Commission considers the measure to be contrary to Union law, the Commission shall without undue delay enter into consultation with the market surveillance authority of the relevant Member State and the operator or operators, and shall evaluate the na—tional measure. On the basis of the re—sults of that evaluation, the Commission shall, within six months, or within 60 days in the case of non—compliance with the prohibition of the AI practices referred to in Article 5, starting from the notification referred to in Article 79(5), decide whether the national measure is justified and shall notify its decision to the market surveillance authority of the Member State concerned. The Commission shall also inform all other market sur—veillance authorities of its decision.	1. 제79조 제5항에 언급된 통지를 받은 후 3개월 이내 또는 제5조에 언급된 AI 업무 금지를 준수하지 않는 경우, 30일 이내에 회원국의 시장감시당국이 다른 시장감시당국이 취한 조치에 대해 이의를 제기하거나 EU집행위원회가 해당 조치가 EU법에 위반된다고 판단하는 경우, EU집행위원회는 지체 없이 해당 회원국의 시장감시당국 및 운영자와 협의에 착수하고 해당 국가의 조치를 평가하여야 한다. EU집행위원회는 평가 결과를 바탕으로 제79조 제5항에 언급된 통지일로부터 6개월 이내에, 제5조에 언급된 AI 업무 금지를 준수하지 않는 경우 60일 이내에, 해당 국가의 조치가 정당한지를 결정하고, 그 결정을 해당 회원국의 시장감시당국에 통지하여야 한다. EU집행위원회는 다른 모든 시장감시당국에도 그 결정을 통지하여야 한다.
2. Where the Commission considers the measure taken by the relevant Member State to be justified, all Member States shall ensure that they take appropriate	2. EU집행위원회가 해당 회원국이 취한 조치가 정당하다고 판단하는 경우, 모든 회원국은 부당한 지체 없이 AI 시스템을 자국 시장에서 철수하도록 요구하는 등 해당 AI 시

원문	번역
restrictive measures in respect of the AI system concerned, such as requiring the withdrawal of the AI system from their market without undue delay, and shall inform the Commission accordingly. Where the Commission considers the national measure to be unjustified, the Member State concerned shall withdraw the measure and shall inform the Com‒mission accordingly. 3. Where the national measure is considered justified and the non‒compliance of the AI system is attributed to shortcomings in the harmonised standards or common specifications referred to in Articles 40 and 41 of this Regulation, the Commission shall apply the procedure provided for in Article 11 of Regulation (EU) No 1025/2012.	스템에 대해 적절한 제재조치를 취하고 이를 EU집행위원회에 통지하여야 한다. EU집행위원회가 해당 국가의 조치가 정당하지 않다고 판단하는 경우, 해당 회원국은 해당 조치를 철회하고 이에 따라 EU집행위원회에 알려야 한다. 3. 국가의 조치가 정당하다고 간주되고, AI 시스템의 규정 미준수가 이 법 제40조 및 제41조에 언급되 조화된 표준 또는 공통기준의 결함에 기인하는 경우, EU집행위원회는 Regulation (EU) 1025/2012 제11조에 규정된 절차를 적용하여야 한다.

제82조 위험을 나타내는 규정 준수 AI 시스템(Article 82 Compliant AI systems which present a risk)

원문	번역
1. Where, having performed an evaluation under Article 79, after consulting the relevant national public authority referred to in Article 77(1), the market surveil‒lance authority of a Member State finds that although a high‒risk AI system complies with this Regulation, it never‒theless presents a risk to the health or safety of persons, to fundamental rights, or to other aspects of public interest protection, it shall require the relevant operator to take all appropriate measures to ensure that the AI system concerned, when placed on the market or put into	1. 회원국의 시장감시당국은 제77조 제1항에 언급된 관련 국가공공당국과 협의한 후 제79조에 따른 평가를 수행한 결과 고위험 AI 시스템이 이 법을 준수하고 있음에도 불구하고 사람의 건강 또는 안전, 기본권 또는 기타 공익 보호 측면에서 위험을 초래한다고 판단하는 경우, 관련 운영자에게 해당 고위험 AI 시스템이 시장에 출시되거나 서비스 공급시 지체 없이 규정된 기간 내에 그러한 위험이 더 이상 발생하지 않도록 모든 적절한 조치를 취할 것을 요구하여야 한다.

원문	번역
service, no longer presents that risk without undue delay, within a period it may prescribe. 2. The provider or other relevant operator shall ensure that corrective action is taken in respect of all the AI systems concerned that it has made available on the Union market within the timeline prescribed by the market surveillance authority of the Member State referred to in paragraph 1.	2. 공급자 또는 기타 관련 운영자는 제1항에 언급된 회원국의 시장감시당국이 정한 기한 내에 EU시장에 공급한 모든 관련 고위험 AI 시스템에 대해 시정조치가 취해지도록 하여야 한다.
3. The Member States shall immediately in－form the Commission and the other Member States of a finding under para－graph 1. That information shall include all available details, in particular the data necessary for the identification of the AI system concerned, the origin and the supply chain of the AI system, the nature of the risk involved and the nature and duration of the national measures taken.	3. 회원국은 제1항에 따른 조사결과를 EU집행위원회와 다른 회원국에 즉시 알려야 한다. 여기에는 특히 해당 고위험 AI 시스템의 식별에 필요한 데이터, AI 시스템의 출처 및 공급망, 관련된 위험의 성격, 취해진 국가 조치의 성격 및 기간 등 이용 가능한 모든 세부 정보가 포함되어야 한다.
4. The Commission shall without undue delay enter into consultation with the Member States concerned and the rele－vant operators, and shall evaluate the national measures taken. On the basis of the results of that evaluation, the Commission shall decide whether the measure is justified and, where necessary, propose other appropriate measures.	4. EU집행위원회는 지체없이 관련 회원국 및 관련 운영자와 협의를 시작하고 취해진 국가 조치를 평가하여야 한다. EU집행위원회는 해당 평가결과를 바탕으로 해당 조치가 정당한지 여부를 결정한 후 필요한 경우 다른 적절한 조치를 제안하여야 한다.
5. The Commission shall immediately com－municate its decision to the Member States concerned and to the relevant operators. It shall also inform the other Member States.	5. EU집행위원회는 즉시 관련 회원국 및 관련 운영자에게 결정을 통지하여야 한다. 또한 다른 회원국에도 알려야 한다.

제83조 공식적인 규정 미준수(Article 83 Formal non-compliance)

원문	번역
1. Where the market surveillance authority of a Member State makes one of the following findings, it shall require the relevant provider to put an end to the non-compliance concerned, within a period it may prescribe:	1. 회원국의 시장감시당국이 다음 중 하나의 사항에 대해 인지하는 경우 회원국은 해당 운영자에게 지시한 기간 내에 해당 미준수 행위를 종료하도록 요구하여야 한다:
(a) the CE marking has been affixed in violation of Article 48;	(a) 제48조를 위반하여 CE 마크가 부착된 경우;
(b) the CE marking has not been affixed;	(b) CE 마크가 부착되지 않은 경우;
(c) the EU declaration of conformity referred to in Article 47 has not been drawn up	(c) EU 적합성 선언이 작성되지 않은 경우;
(d) the EU declaration of conformity referred to in Article 47 has not been drawn up correctly;	(d) EU 적합성 선언이 정확하게 작성되지 않은 경우;
(e) the registration in the EU database referred to in Article 71 has not been carried out;	(e) 제71조에 언급된 EU 데이터베이스에의 등록이 완료되지 않은 경우;
(f) where applicable, no authorised representative has been appointed;	(f) 해당되는 경우, 권한 있는 대리인이 임명되지 않은 경우;
(g) technical documentation is not available.	(g) 기술문서를 이용할 수 없는 경우.
2. Where the non-compliance referred to in paragraph 1 persists, the market surveillance authority of the Member State concerned shall take appropriate and proportionate measures to restrict or prohibit the high-risk AI system being made available on the market or to ensure that it is recalled or withdrawn from the market without delay.	2. 제1항에 언급된 미준수 행위가 지속되는 경우, 해당 회원국의 시장감시당국은 고위험 AI 시스템의 시장 출시를 제한 또는 금지하거나 지체없이 시장에서 리콜 또는 철수하도록 하는 적절하고 비례적인 조치를 취하여야 한다.

제84조 EU AI 테스트 지원 조직(Article 84 Union AI testing support structures)

원문	번역
1. The Commission shall designate one or more Union AI testing support structures to perform the tasks listed under Article	1. EU집행위원회는 Regulation (EU) 2019/1020 제21조 제6항에 열거된 작업을 수행하기 위해 하나 이상의 EU AI 테스트 지원 조직을

원문	번역
21(6) of Regulation (EU) 2019/1020 in the area of AI.	지정하여야 한다.
2. Without prejudice to the tasks referred to in paragraph 1, Union AI testing support structures shall also provide independent technical or scientific advice at the re-quest of the Board, the Commission, or of market surveillance authorities.	2. 제1항에 언급된 업무를 침해하지 않는 범위 내에서 연합 AI 테스트 지원 조직은 유럽AI위원회, EU집행위원회 또는 시장감시당국의 요청에 따라 독립적인 기술 또는 과학적 자문도 제공하여야 한다.

제4절 구제책(SECTION 4 Remedies)

제85조 시장감시당국에 이의를 신청할 권리(Article 85 Right to lodge a complaint with a market surveillance authority)

원문	번역
Without prejudice to other administrative or judicial remedies, any natural or legal person having grounds to consider that there has been an infringement of the provisions of this Regulation may submit complaints to the relevant market surveillance authority.	다른 행정적 또는 사법적 구제 수단을 침해하지 않는 범위 내에서 이 법의 위반이 있었다고 볼 만한 근거가 있는 자연인이나 법인은 관련 시장감시당국에 이의를 신청할 수 있다.
In accordance with Regulation (EU) 2019/1020, such complaints shall be taken into account for the purpose of conducting market surveillance activities, and shall be handled in line with the dedicated procedures established therefor by the market surveillance authorities.	Regulation (EU) 2019/1020에 따라 이러한 이의신청은 시장감시 활동을 수행하기 위한 목적상 고려되어야 하며, 시장감시당국이 수립한 기존 절차에 따라 처리되어야 한다.

제86조 개별적 의사결정에 관한 설명요구권(Article 86 Right to explanation of individual decision-making)

원문	번역
1. Any affected person subject to a decision which is taken by the deployer on the	1. 부속서 Ⅲ 제2항에 열거된 시스템을 제외하고, 부속서 Ⅲ에 명시된 고위험 AI 시스템

원문	번역
basis of the output from a high－risk AI system listed in Annex Ⅲ, with the ex－ception of systems listed under point 2 thereof, and which produces legal effects or similarly significantly affects that per－son in a way that they consider to have an adverse impact on their health, safety or fundamental rights shall have the right to obtain from the deployer clear and meaningful explanations of the role of the AI system in the decision－making procedure and the main elements of the decision taken.	으로부터 도출된 결과물을 기반으로 한 배포자의 결정으로부터 법적 효과가 발생했거나, 그와 유사하게 건강 안전, 기본권에 중대한 부정적인 영향을 받은 자는 해당 의사결정에서 AI 시스템이 수행한 역할 및 그러한 결정의 주요 요소에 관해 배포자로부터 명확하고 의미 있는 설명을 요구할 권리를 갖는다.
2. Paragraph 1 shall not apply to the use of AI systems for which exceptions from, or restrictions to, the obligation under that paragraph follow from Union or national law in compliance with Union law.	2. 제1항은 EU법 또는 국내법의 해당 조항에 따른 의무가 면제되거나 이에 대한 제한이 따르는 고위험 AI 시스템의 사용에는 적용되지 않는다.
3. This Article shall apply only to the extent that the right referred to in paragraph 1 is not otherwise provided for under Union law.	3. 이 조는 제1항에 따른 권리가 EU법에 달리 규정되지 않는 경우에만 적용된다.

제87조 침해행위 신고 및 신고자 보호(Article 87 Reporting of infringements and protection of reporting persons)

원문	번역
Directive (EU) 2019/1937 shall apply to the reporting of infringements of this Regulation and the protection of persons reporting such infringements.	Directive (EU) 2019/1937는 이 법 위반행위에 대한 신고와 그러한 침해를 신고한 사람의 보호에 적용된다.

제5절 범용 AI 모델 공급자에 관한 감독, 조사, 집행 및 모니터링(SECTION 5 Supervision, investigation, enforcement and monitoring in respect of providers of general-purpose AI models)

제88조 범용 AI 모델의 공급자에 대한 집행(Article 88 Enforcement of the obligations of providers of general-purpose AI models)

원문	번역
1. The Commission shall have exclusive powers to supervise and enforce Chapter V, taking into account the procedural guarantees under Article 94. The Commission shall entrust the implementation of these tasks to the AI Office, without prejudice to the powers of organisation of the Commission and the division of competences between Member States and the Union based on the Treaties.	1. EU집행위원회는 제5장에 근거한 감독과 집행에 관한 독점적 권한을 갖으며, 이 경우 제94조에 따른 절차보장이 고려되어야 한다. EU집행위원회는 EU집행위원회가 갖는 조직의 권한 및 조약에 따른 회원국과 EU 간의 관할을 침해하지 않고 이러한 업무의 이행을 AI사무국에 위임하여야 한다.
2. Without prejudice to Article 75(3), market surveillance authorities may request the Commission to exercise the powers laid down in this Section, where that is necessary and proportionate to assist with the fulfilment of their tasks under this Regulation.	2. 제75조 제3항을 침해하지 않고, 시장감시당국은 본 규범에 따른 업무를 수행을 지원하는 데 필요하고 적절한 경우, 이 절에 따른 권한을 행사하도록 EU집행위원회에 요청할 수 있다.

제89조 모니터링 조치(Article 89 Monitoring actions)

원문	번역
1. For the purpose of carrying out the tasks assigned to it under this Section, the AI Office may take the necessary actions to monitor the effective implementation and compliance with this Regulation by providers of general-purpose AI models, including their adherence to approved codes of practice.	1. 본 절에 따라 할당된 업무를 수행하기 위한 목적으로 AI사무국은 승인된 업무준칙의 준수를 포함하여 범용 AI 모델의 공급자가 본 규범을 효과적으로 구현하고 준수하는지 모니터링하기 위하여 필요한 조치를 취할 수 있다.

원문	번역
2. Downstream providers shall have the right to lodge a complaint alleging an in－fringement of this Regulation. A com－plaint shall be duly reasoned and in－dicate at least:	2. 하방공급자는 이 법의 침해가 발생하고 있다는 이의를 신청할 권리가 있다. 이의는 정당한 이유가 있어야 하며 적어도 다음 각 호의 사항을 적시하여야 한다:
(a) the point of contact of the provider of the general－purpose AI model con－cerned;	(a) 해당 범용 AI 모델 공급자의 연락처;
(b) a description of the relevant facts, the provisions of this Regulation concerned, and the reason why the downstream provider considers that the provider of the general－purpose AI model con－cerned infringed this Regulation;	(b) 관련 사실, 이 법의 관련 규정 및 해당 범용 AI 모델의 공급자가 이 규범을 위반했다고 하방공급자가 생각하는 이유;
(c) any other information that the down－stream provider that sent the request considers relevant, including, where appropriate, information gathered on its own initiative.	(c) 적절한 경우 자체적으로 수집한 정보를 포함하여, 이의신청을 한 하방공급자가 관련성이 있다고 생각하는 기타 정보.

제90조 과학패널에 의한 구조적 위험 경고(Article 90 Alerts of systemic risks by the scientific panel)

원문	번역
1. The scientific panel may provide a quali－fied alert to the AI Office where it has reason to suspect that: (a) a general－purpose AI model poses con－crete identifiable risk at Union level; or, (b) a general－purpose AI model meets the conditions referred to in Article 51.	1. 과학패널은 다음 각 호를 의심할 만한 근거가 있는 경우, AI사무국에 적격 경고를 할 수 있다: (a) 범용 AI 모델에 EU 수준에서 구체적으로 식별할 수 있는 위험이 나타난 경우; 또는, (b) 범용 AI 모델이 제51조에 언급된 조건을 충족한 경우.
2. Upon such qualified alert, the Commission, through the AI Office and after having informed the Board, may exercise the powers laid down in this Section for the purpose of assessing the matter. The AI Office shall inform the Board of any	2. 이러한 적격 경고가 있는 경우, EU집행위원회는 유럽AI위원회에 통보한 후 제기된 문제를 평가하기 위하여 AI사무국을 통하여 이 절에 규정된 권한을 행사할 수 있다. AI사무국은 제91조부터 제94조까지에 따른 조치에 대해 유럽AI위원회에 통보하여야 한다.

원문	번역
measure according to Articles 91 to 94. 3. A qualified alert shall be duly reasoned and indicate at least: (a) the point of contact of the provider of the general-purpose AI model with systemic risk concerned; (b) a description of the relevant facts and the reasons for the alert by the scientific panel; (c) any other information that the scientific panel considers to be relevant, including, where appropriate, information gathered on its own initiative.	3. 적격 경고는 정당한 이유가 있어야 하며 적어도 다음 각 호의 사항을 적시하여야 한다: (a) 해당 구조적 위험이 있는 범용 AI 모델 공급자의 연락처; (b) 관련된 사실 및 과학패널이 경고한 이유; (c) 적절한 경우 자체 수집한 정보를 포함하여, 과학패널이 관련성이 있다고 생각하는 기타 정보.

제91조 문서 및 정보를 요청할 권한(Article 91 Power to request documentation and information)

원문	번역
1. The Commission may request the provider of the general-purpose AI model concerned to provide the documentation drawn up by the provider in accordance with Articles 53 and 55, or any additional information that is necessary for the purpose of assessing compliance of the provider with this Regulation. 2. Before sending the request for information, the AI Office may initiate a structured dialogue with the provider of the general-purpose AI model. 3. Upon a duly substantiated request from the scientific panel, the Commission may issue a request for information to a provider of a general-purpose AI model, where the access to information is necessary and proportionate for the fulfilment of the tasks of the scientific panel under Article 68(2).	1. EU집행위원회는 해당 범용 AI 모델의 공급자에게 제53조 및 제55조에 따라 공급자가 작성한 문서 및 공급자가 이 법을 준수하는지를 평가하기 위하여 필요한 추가정보의 제공을 요청할 수 있다. 2. 정보제공을 요청하기 전에 AI사무국은 범용 AI 모델의 공급자와 구조화된 대화를 개시할 수 있다. 3. 과학패널의 정당하게 입증된 요청에 따라, 제68조 제2항에 따라 과학패널의 업무를 집행하기 위하여 정보에 대한 접근이 필요하고 적절한 경우, EU집행위원회는 범용 AI 모델의 공급자에게 정보를 요청할 수 있다.

원문	번역
4. The request for information shall state the legal basis and the purpose of the request, specify what information is required, set a period within which the information is to be provided, and indicate the fines provided for in Article 101 for supplying incorrect, incomplete or misleading information.	4. 정보를 요청하는 경우, 그러한 요청의 법적 근거와 목적을 명시하여야 하고, 어떠한 정보가 필요한지 특정해야 하며, 정보를 제공해야 하는 기간을 설정해야 하며, 부정확·불완전 또는 오해의 소지가 있는 정보가 제공되는 경우 제101조에 따라 과징금이 부과될 수 있음을 적시하여야 한다.
5. The provider of the general─purpose AI model concerned, or its representative shall supply the information requested. In the case of legal persons, companies or firms, or where the provider has no legal personality, the persons authorised to represent them by law or by their statutes, shall supply the information requested on behalf of the provider of the general─purpose AI model concerned. Lawyers duly authorised to act may supply information on behalf of their clients. The clients shall nevertheless remain fully responsible if the information supplied is incomplete, incorrect or misleading.	5. 해당 범용 AI 모델의 공급자 또는 그의 대리인은 요청받은 정보를 제공하여야 한다. 법인격이 있는 경우 회사가, 또는 공급자가 법인격이 없는 경우 법 또는 관련 법령에 따라 권한을 부여받은 사람이, 해당 범용 AI 모델 공급자를 대리하여 요청받은 정보를 제공하여야 한다. 권한을 부여받은 변호사는 고객을 대리하여 정보를 제공할 수 있다. 만일 제공된 정보가 부정확·불완전 또는 오해의 소지가 있더라도, 그 책임은 전적으로 고객이 부담한다.

제92조 평가를 수행할 권한(Article 92 Power to conduct evaluations)

원문	번역
1. The AI Office, after consulting the Board, may conduct evaluations of the general─purpose AI model concerned: (a) to assess compliance of the provider with obligations under this Regulation, where the information gathered pursuant to Article 91 is insufficient; or, (b) to investigate systemic risks at Union level of general─purpose AI models with systemic risk, in particular following a qualified alert from the scientific panel in accordance with Article	1. AI사무국은 유럽AI위원회와 협의 후 해당 범용 AI 모델에 대한 평가를 실시할 수 있다: (a) 제91조에 따라 수집된 정보가 불충분한 경우, 이 규범에 따라 의무를 부담하는 공급자의 의무이행에 대한 평가; 또는, (b) 특히 제90조 제1항 제a호에 따른 과학패널의 적격 경고에 따라, 범용 AI 모델의 EU 수준에서의 구조적 위험을 조사.

원문	번역
90(1), point (a).	
2. The Commission may decide to appoint independent experts to carry out evaluations on its behalf, including from the scientific panel established pursuant to Article 68. Independent experts appointed for this task shall meet the criteria outlined in Article 68(2).	2. EU집행위원회는 제68조에 따라 설치된 과학패널을 포함하여 EU집행위원회를 대신하여 평가를 수행할 독립적인 전문가를 임명하기로 결정할 수 있다. 이 업무를 위해 임명된 독립적 전문가는 제68조 제2항에서 적시하고 있는 기준을 충족하여야 한다.
3. For the purposes of paragraph 1, the Commission may request access to the general-purpose AI model concerned through APIs or further appropriate technical means and tools, including source code.	3. 제1항의 목적을 위하여 EU집행위원회는 소스코드를 포함하여 API 또는 적절한 기술적 수단 및 방식을 통한 해당 범용 AI 모델에 대한 접근을 요청할 수 있다.
4. The request for access shall state the legal basis, the purpose and reasons of the request and set the period within which the access is to be provided, and the fines provided for in Article 101 for failure to provide access.	4. 범용 AI 모델에 대한 접근을 요청하는 경우, 그러한 요청의 법적 근거와 목적을 명시하여야 하고, 접근을 제공해야 하는 기간을 설정해야 하며, 접근을 제공하지 못하는 경우 제101조에 따라 과징금이 부과될 수 있음을 적시하여야 한다.
5. The providers of the general-purpose AI model concerned or its representative shall supply the information requested. In the case of legal persons, companies or firms, or where the provider has no legal personality, the persons authorised to represent them by law or by their statutes, shall provide the access requested on behalf of the provider of the general-purpose AI model concerned.	5. 해당 범용 AI 모델의 공급자 또는 그의 대리인은 요청받은 정보를 제공하여야 한다. 법인격이 있는 경우 회사가 또는 공급자가 법인격이 없는 경우, 법 또는 관련 법령에 따라 권한을 부여받은 사람이, 해당 범용 AI 모델의 공급자를 대리하여 요청받은 접근을 제공하여야 한다.
6. The Commission shall adopt implementing acts setting out the detailed arrangements and the conditions for the evaluations, including the detailed arrangements for involving independent experts, and the procedure for the selection thereof. Those implementing acts shall be adopted in accordance with the examination procedure referred to in Article 98(2).	6. EU집행위원회는 독립적인 전문가를 참여시키기 위한 구체적인 방식을 포함하여 평가를 위한 구체적인 방식과 조건을 설정하는 이행법을 채택하여야 한다. 이러한 이행법은 제98조 제2항에 규정된 검토 절차에 따라 채택되어야 한다.

원문	번역
7. Prior to requesting access to the general-purpose AI model concerned, the AI Office may initiate a structured dialogue with the provider of the general-purpose AI model to gather more information on the internal testing of the model, internal safeguards for preventing systemic risks, and other internal procedures and measures the provider has taken to mitigate such risks.	7. 해당 범용 AI 모델에 대한 접근을 요청하기 이전에 AI사무국은 해당 모델의 내부 테스트, 구조적 위험을 막기 위한 내부 보호장치, 이러한 위험을 완화하기 위해 공급자가 취했던 내부적 절차 및 조치에 대한 추가정보를 수집하기 위하여 범용 AI 모델의 공급자와 구조화된 대화를 개시할 수 있다.

제93조 조치를 요청할 권한(Article 93 Power to request measures)

원문	번역
1. Where necessary and appropriate, the Commission may request providers to: (a) take appropriate measures to comply with the obligations set out in Articles 53 and 54; (b) implement mitigation measures, where the evaluation carried out in accordance with Article 92 has given rise to serious and substantiated concern of a systemic risk at Union level; (c) restrict the making available on the market, withdraw or recall the model. 2. Before a measure is requested, the AI Office may initiate a structured dialogue with the provider of the general-purpose AI model. 3. If, during the structured dialogue referred to in paragraph 2, the provider of the general-purpose AI model with systemic risk offers commitments to implement mitigation measures to address a systemic risk at Union level, the Commission may, by decision, make those commitments binding and declare that there are no further grounds for action.	1. 필요하고 적절한 경우, EU집행위원회는 다음 각 호의 사항을 공급자에게 요청할 수 있다: (a) 제53조 및 제54조에 규정된 의무의 준수를 위해 적절한 조치를 취할 것; (b) 제92조에 따라 이루어진 평가의 결과로 EU 수준에서 구조적 위험에 대한 심각하고 실질적인 우려가 제기된 경우, 이를 완화하기 위한 조치 이행; (c) 시장 출시 제한, 해당 모델의 철수 및 리콜. 2. 이러한 조치를 요청하기 이전에 AI사무국은 범용 AI 모델의 공급자와 구조화된 대화를 개시할 수 있다. 3. 제2항에 적시된 구조화된 대화 중 구조적 위험이 있는 범용 AI 모델의 공급자가 EU 수준에서의 구조적 위험을 해결하기 위해서 위험을 완화하기 위한 조치를 구현하겠다는 제안을 한 경우, EU집행위원회는 결정으로 이 제안에 구속력을 부여하고 더 이상의 법적조치에 대한 근거가 없음을 선언할 수 있다.

제94조 범용 AI 모델의 경제적 운영자의 절차적 권리(Article 94 Procedural rights of economic operators of the general-purpose AI model)

원문	번역
Article 18 of Regulation (EU) 2019/1020 shall apply mutatis mutandis to the providers of the general-purpose AI model, without prejudice to more specific procedural rights provided for in this Regulation.	Regulations (EU) 2019/1020 제18조는 이 법에 따른 보다 구체적인 절차적 권리를 침해하지 않는 한 범용 AI 모델의 공급자에게 준용되어야 한다.

제10장 행동강령 및 가이드라인(Chapter X Codes of conduct and guidelines)

제95조 특정 요구사항의 자발적 적용을 위한 행동강령(Article 95 Codes of conduct for voluntary application of specific requirements)

원문	번역
1. The AI Office and the Member States shall encourage and facilitate the drawing up of codes of conduct, including related governance mechanisms, intended to foster the voluntary application to AI systems, other than high−risk AI systems, of some or all of the requirements set out in Chapter Ⅲ, Section 2 taking into account the available technical solutions and in−dustry best practices allowing for the ap−plication of such requirements.	1. AI사무국과 회원국들은 이용 가능한 기술적 해결방식과 산업계의 모범사례를 고려하여 제3장 제2절에 명시된 요구사항의 일부 또는 전부를 고위험 AI 시스템 이외의 AI 시스템에도 자발적으로 적용하도록 행동강령의 작성을 장려하고 촉진하여야 한다.
2. The AI Office and the Member States shall facilitate the drawing up of codes of conduct concerning the voluntary application, including by deployers, of specific requirements to all AI systems, on the basis of clear objectives and key performance indicators to measure the achievement of those objectives, in−cluding elements such as, but not lim−ited to:	2. AI사무국과 회원국들은 명확한 목적과 목적 달성을 측정하는 핵심 성과지표를 기반으로 하여, 배포자를 포함하여 모든 AI 시스템에 대한 특정 요구사항의 자발적 적용과 관련된 행동강령의 작성을 촉진하여야 하며, 성과지표에는 다음 각 호의 요소를 포함하되 이에 국한되지 않는다:
(a) applicable elements provided for in Union ethical guidelines for trustworthy AI;	(a) 신뢰할 수 있는 AI에 관한 EU 차원의 윤리지침을 위해 제공된 적용 가능한 요소;
(b) assessing and minimising the impact of AI systems on environmental sustain−ability, including as regards energy−efficient programming and techniques for the efficient design, training and use of AI;	(b) AI 시스템의 효율적인 설계, 학습 및 이용을 위한 에너지 효율적 프로그래밍 및 기술과 관련된 것을 포함하여 AI 시스템이 환경적 지속가능성에 미치는 영향의 평가와 영향의 최소화;
(c) promoting AI literacy, in particular that of persons dealing with the develop−ment, operation and use of AI;	(c) AI의 개발, 운영, 이용을 하는 사람에 대한 AI 활용능력의 장려;

원문	번역
(d) facilitating an inclusive and diverse design of AI systems, including through the establishment of inclusive and diverse development teams and the promotion of stakeholders' participation in that process;	(d) 포괄적이고 다양한 개발팀의 구축과 해당 개발과정에 이해관계자의 참여를 장려하는 것을 포함하여 AI 시스템의 포괄적이고 다양한 설계의 촉진;
(e) assessing and preventing the negative impact of AI systems on vulnerable persons or groups of vulnerable persons, including as regards accessibility for persons with a disability, as well as on gender equality.	(e) 장애인에 대한 접근성과 관련된 것을 포함하여 성평등과 같이 AI 시스템이 취약한 사람 또는 취약 계층에 미치는 부정적 영향에 대한 평가 및 예방.
3. Codes of conduct may be drawn up by individual providers or deployers of AI systems or by organisations representing them or by both, including with the involvement of any interested stakeholders and their representative organisations, including civil society organisations and academia. Codes of conduct may cover one or more AI systems taking into account the similarity of the intended purpose of the relevant systems.	3. 행동강령은 시민단체와 학계를 포함하여, AI 시스템의 개별 공급자 또는 배포자 및 관심있는 이해관계자 및 그들을 대리하는 조직이 포함되어 있는 경우를 포함하여 공급자 및 배포자를 대리하는 기관에 의해 작성될 수 있다. 행동강령은 관련된 시스템의 의도된 목적의 유사성을 고려하여 하나 이상의 AI 시스템을 다룰 수 있다.
4. The AI Office and the Member States shall take into account the specific interests and needs of SMEs, including start-ups, when encouraging and facilitating the drawing up of codes of conduct.	4. AI사무국과 회원국들은 행동강령 작성을 장려하고 촉진하는 경우 스타트업을 포함한 중소기업의 구체적인 관심과 요구를 고려하여야 한다.

제96조 이 법 이행에 관한 EU집행위원회 가이드라인(Article 96 Guidelines from the Commission on the implementation of this Regulation)

원문	번역
1. The Commission shall develop guidelines on the practical implementation of this Regulation, and in particular on: (a) the application of the requirements and	1. EU집행위원회는 이 법의 실질적 이행에 관한, 특히 다음 사항에 관한 가이드라인을 개발하여야 한다: (a) 제8조부터 제15조까지 및 제25조에 따른

원문	번역
obligations referred to in Articles 8 to 15 and in Article 25;	요건 및 의무의 적용;
(b) the prohibited practices referred to in Article 5;	(b) 제5조에 따른 금지된 업무;
(c) the practical implementation of the pro—visions related to substantial mod—ification;	(c) 상당한 수정과 관련된 조항의 실질적 시행;
(d) the practical implementation of trans—parency obligations laid down in Article 50;	(d) 제50조에 규정된 투명성 의무의 실질적 시행;
(e) detailed information on the relationship of this Regulation with the Union har—monisation legislation listed in Annex I, as well as with other relevant Union law, including as regards consistency in their enforcement;	(e) 이 법과 부속서 Ⅰ에 열거된 EU조화법과의 관계 및 기타 관련 EU법과의 관계와 그 집행의 일관성에 관한 사항 등에 관한 상세 정보;
(f) the application of the definition of an AI system as set out in Article 3, point (1).	(f) 제3조 제1항에 규정된 AI 시스템의 정의의 적용;
When issuing such guidelines, the Commission shall pay particular attention to the needs of SMEs including start—ups, of local public authorities and of the sectors most likely to be affected by this Regulation. The guidelines referred to in the first subparagraph of this paragraph shall take due account of the generally acknowl—edged state of the art on AI, as well as of relevant harmonised standards and com—mon specifications that are referred to in Articles 40 and 41, or of those harmon—ised standards or technical specifications that are set out pursuant to Union har—monisation law.	이러한 가이드라인을 공포할 때 EU집행위원회는 스타트업 등 중소기업, 지방 공공 당국 및 이 법의 영향을 가장 많이 받을 수 있는 부문의 요구에 특히 유의하여야 한다. 이 항의 제1단락에 따른 가이드라인은 제40조 및 제41조에 따른 관련 조화된 표준 및 공통기준 또는 EU조화법에 따라 규정된 조화된 표준 또는 기술명세서뿐만 아니라 일반적으로 인정되는 AI에 관한 최신 기술을 적절히 고려하여야 한다.
2. At the request of the Member States or the AI Office, or on its own initiative, the Commission shall update guidelines previously adopted when deemed necessary.	2. 회원국 또는 AI사무국의 요청이 있거나 자체 발의로 EU집행위원회는 필요하다고 판단되는 경우 이전에 채택된 가이드라인을 개정하여야 한다.

제11장 권한의 위임 및 위원회 절차(Chapter XI Delegation of power and committee procedure)

제97조 위임의 행사(Article 97 Exercise of the delegation)

원문	번역
1. The power to adopt delegated acts is conferred on the Commission subject to the conditions laid down in this Article.	1. 이 조에 규정된 조건에 따라 EU집행위원회에 위임법을 채택할 권한을 부여한다.
2. The power to adopt delegated acts referred to in Article 6(6) and (7), Article 7(1) and (3), Article 11(3), Article 43(5) and (6), Article 47(5), Article 51(3), Article 52(4) and Article 53(5) and (6) shall be conferred on the Commission for a period of five years from 1 August 2024. The Commission shall draw up a report in respect of the delegation of power not later than nine months before the end of the five-year period. The delegation of power shall be tacitly extended for periods of an identical duration, unless the European Parliament or the Council opposes such extension not later than three months before the end of each period.	2. EU집행위원회에 제6조 제6항, 제7조 제1항·제3항, 제11조 제3항, 제43조 제5항·제6항, 제47조 제5항, 제51조 제3항, 제52조 제4항 그리고 제53조 제5항·제6항에 따른 위임법을 채택할 권한을 2024년 8월 1일부터 5년간 부여한다. EU집행위원회는 5년의 기간이 끝나기 9개월 전까지 권한 위임에 관한 보고서를 작성해야 한다. 권한의 위임은 유럽의회 또는 EU이사회가 각 기간의 종료 전 3개월 이내에 연장에 반대하지 않는 한 동일한 기간 동안 묵시적으로 연장돼야 한다.
3. The delegation of power referred to in Article 6(6) and (7), Article 7(1) and (3), Article 11(3), Article 43(5) and (6), Article 47(5), Article 51(3), Article 52(4) and Article 53(5) and (6) may be revoked at any time by the European Parliament or by the Council. A decision of revocation shall put an end to the delegation of power specified in that decision. It shall take effect the day following that of its publication in the Official Journal of the European Union or at a later date specified therein. It shall not affect the validity of any dele-	3. 제6조 제6항·제7항, 제7조 제1항·제3항, 제11조 제3항, 제43조 제5항·제6항, 제47조 제5항, 제51조 제3항, 제52조 제4항 그리고 제53조 제5항·제6항에 따른 권한의 위임은 유럽의회 또는 EU이사회에 의하여 언제든지 취소될 수 있다. 취소 결정은 해당 결정에 명시된 권한의 위임을 종료해야 한다. 취소 결정은 EU 관보에 게재된 날의 다음 날 또는 관보에 명시된 날에 발효한다. 취소 결정은 이미 시행 중인 위임법의 효력에는 영향을 미치지 아니한다.

원문	번역
gated acts already in force. 4. Before adopting a delegated act, the Commission shall consult experts designated by each Member State in accordance with the principles laid down in the Interinstitutional Agreement of 13 April 2016 on Better Law−Making. 5. As soon as it adopts a delegated act, the Commission shall notify it simultaneously to the European Parliament and to the Council. 6. Any delegated act adopted pursuant to Article 6(6) or (7), Article 7(1) or (3), Article 11(3), Article 43(5) or (6), Article 47(5), Article 51(3), Article 52(4) or Article 53(5) or (6) shall enter into force only if no objection has been expressed by either the European Parliament or the Council within a period of three months of notification of that act to the European Parliament and the Council or if, before the expiry of that period, the European Parliament and the Council have both informed the Commission that they will not object. That period shall be extended by three months at the initiative of the European Parliament or of the Council.	4. EU집행위원회는 위임법을 채택하기 전에 2016년 4월 13일 선진 입법에 관한 기관 간 합의에 따른 원칙에 따라 각 회원국이 지정한 전문가의 의견을 들어야 한다. 5. EU집행위원회는 위임법을 채택하는 즉시 유럽의회와 EU이사회에 동시에 통보해야 한다. 6. 제6조 제6항·제7항, 제7조 제1항·제3항, 제11조 제3항, 제43조 제5항·6항, 제47조 제5항, 제51조 제3항, 제52조 제4항 또는 제53조 제5항·제6항에 따라 채택된 위임법은 유럽의회 및 EU이사회에 대한 해당 법률의 통보일로부터 3개월 이내에 유럽의회 또는 EU이사회가 이의를 제기하지 아니하였거나 해당 기간의 만료 전에 유럽의회 및 EU이사회가 모두 EU집행위원회에 이의를 제기하지 아니할 것임을 통보한 경우에만 발효한다. 해당 기간은 유럽의회 또는 EU이사회의 주도로 3개월까지 연장된다.

제98조 위원회 절차(Article 98 Committee procedure)

원문	번역
1. The Commission shall be assisted by a committee. That committee shall be a committee within the meaning of Regulation (EU) No 182/2011. 2. Where reference is made to this paragraph, Article 5 of Regulation (EU) No 182/2011 shall apply.	1. EU집행위원회는 위원회의 지원을 받아야 한다. 해당 위원회는 Regulation (EU) 182/2011에 규정된 위원회를 말한다. 2. 이 항을 인용하는 경우 Regulation (EU) 182/2011호 제5조가 적용되어야 한다.

제12장 제재(Chapter XII Penalties)

제99조 제재(Article 99 Penalties)

원문	번역
1. In accordance with the terms and con—ditions laid down in this Regulation, Member States shall lay down the rules on penalties and other enforcement meas—ures, which may also include warnings and non—monetary measures, applicable to infringements of this Regulation by op—erators, and shall take all measures nec—essary to ensure that they are properly and effectively implemented, thereby taking into account the guidelines issued by the Commission pursuant to Article 96. The penalties provided for shall be effective, proportionate and dissuasive. They shall take into account the interests of SMEs, including start—ups, and their economic viability.	1. 이 법에 규정된 조건에 따라 회원국은 운영자의 이 법 위반에 적용되는 경고 및 비금전적 조치 등 벌칙과 기타 집행조치에 관한 규칙을 정하고, 적절하고 효과적으로 집행되도록 보장하기 위해 필요한 모든 조치를 취해야 하며, 제96조에 따라 EU집행위원회가 발표한 가이드라인을 고려해야 한다. 규정된 벌칙은 효과적이고 비례적이며 억지력이 있어야 한다. 벌칙은 스타트업 등 중소기업의 이익과 경제적 존속가능성을 고려해야 한다.
2. The Member States shall, without delay and at the latest by the date of entry into application, notify the Commission of the rules on penalties and of other enforcement measures referred to in paragraph 1, and shall notify it, without delay, of any subsequent amendment to them.	2. 회원국은 지체 없이 그리고 늦어도 적용 개시일까지, 제1항에 따른 벌칙 및 기타 집행조치에 관한 규칙을 EU집행위원회에 통지하고, 이에 대한 후속 개정을 지체 없이 EU집행위원회에 통지해야 한다.
3. Non—compliance with the prohibition of the AI practices referred to in Article 5 shall be subject to administrative fines of up to 35 000 000 EUR or, if the offender is an undertaking, up to 7 % of its total worldwide annual turnover for the pre—ceding financial year, whichever is higher.	3. 제5조에 따른 AI 활용의 금지를 미준수 한 경우에는 최대 35,000,000 유로의 과징금 또는 위반자가 사업자인 경우에는 직전 회계연도의 전 세계 연간 총 매출액의 최대 7%에 해당하는 금액 중 높은 금액의 과징금을 부과한다.
4. Non—compliance with any of the fol—lowing provisions related to operators or notified bodies, other than those laid	4. 제5조에 규정된 사항 외에 운영자 또는 피통보기관과 관련된 다음 조항을 미준수 한 경우에는 최대 15,000,000 유로의 과징금

원문	번역
down in Articles 5, shall be subject to administrative fines of up to 15 000 000 EUR or, if the offender is an under−taking, up to 3 % of its total worldwide annual turnover for the preceding fi−nancial year, whichever is higher:	또는 위반자가 사업자인 경우에는 직전 회계연도의 전 세계 연간 총 매출액의 최대 3%에 해당하는 금액 중 높은 금액의 과징금를 부과한다:
(a) obligations of providers pursuant to Article 16;	(a) 제16조에 따른 공급자의 의무;
(b) obligations of authorised representa−tives pursuant to Article 22;	(b) 제22조에 따른 국내대리인의 의무;
(c) obligations of importers pursuant to Article 23;	(c) 제23조에 따른 수입자의 의무;
(d) obligations of distributors pursuant to Article 24;	(d) 제24조에 따른 유통인의 의무;
(e) obligations of deployers pursuant to Article 26;	(e) 제26조에 따른 배포자의 의무;
(f) requirements and obligations of notified bodies pursuant to Article 31, Article 33(1), (3) and (4) or Article 34;	(f) 제31조, 제33조 제1항, 제33조 제3항, 제33조 제4항 또는 제34조에 따른 피통보기관의 요건 및 의무;
(g) transparency obligations for providers and deployers pursuant to Article 50.	(g) 제50조에 따른 공급자 및 배포자에 대한 투명성 의무.
5. The supply of incorrect, incomplete or misleading information to notified bodies or national competent authorities in re−ply to a request shall be subject to ad−ministrative fines of up to 7 500 000 EUR or, if the offender is an undertaking, up to 1 % of its total worldwide annual turnover for the preceding financial year, whichever is higher.	5. 요청에 대한 답변으로 피통보기관 또는 국가관할당국에 부정확, 불완전하거나 기만 소지가 있는 정보를 제공하는 경우에는 최대 7,500,000 유로 또는 위반자가 사업자인 경우에는 직전 회계연도 전 세계 연간 총 매출액의 최대 1%에 해당하는 금액 중 높은 금액의 과징금을 부과한다.
6. In the case of SMEs, including start−ups, each fine referred to in this Article shall be up to the percentages or amount re−ferred to in paragraphs 3, 4 and 5, whichever thereof is lower.	6. 스타트업 등 중소기업의 경우, 이 조에 따른 각 과징금은 제3항, 제4항 및 제5항에서 규정된 비율 또는 금액 중 낮은 금액이 부과된다.
7. When deciding whether to impose an administrative fine and when deciding on the amount of the administrative fine in each individual case, all relevant cir−	7. 과징금의 부과 여부를 결정할 때와 각각의 개별 사안별로 과징금의 금액을 결정할 때에는 구체적인 상황의 모든 관련 정황을 고려하여야 하며, 다음의 사항을 적절하게 고

원문	번역
cumstances of the specific situation shall be taken into account and, as appro—priate, regard shall be given to the fol—lowing:	려해야 한다:
(a) the nature, gravity and duration of the infringement and of its consequences, taking into account the purpose of the AI system, as well as, where appro—priate, the number of affected persons and the level of damage suffered by them;	(a) AI 시스템의 목적을 고려한 위반의 성질, 심각성, 지속 기간 및 그 결과, 그리고 적절한 경우 영향을 받은 사람의 수와 그들이 입은 피해의 수준;
(b) whether administrative fines have al—ready been applied by other market surveillance authorities to the same operator for the same infringement;	(b) 다른 시장감시당국이 동일한 위반에 대하여 동일한 운영자에게 이미 과징금을 적용하였는지 여부;
(c) whether administrative fines have al—ready been applied by other authorities to the same operator for infringements of other Union or national law, when such infringements result from the same activity or omission constituting a relevant infringement of this Regulation;	(c) 다른 EU법 또는 국내법의 위반이 이 법의 관련 위반을 구성하는 동일한 활동 또는 부작위로 인하여 발생한 경우, 다른 당국이 동일한 운영자에게 해당 위반을 이유로 이미 과징금을 적용하였는지 여부;
(d) the size, the annual turnover and market share of the operator com—mitting the infringement;	(d) 위반을 저지른 운영자의 규모, 연간 매출액 및 시장 점유율;
(e) any other aggravating or mitigating factor applicable to the circumstances of the case, such as financial benefits gained, or losses avoided, directly or indirectly, from the infringement;	(e) 위반으로 직·간접적으로 얻은 재정적 이익 또는 회피한 손실 등 해당 사건의 정황에 적용 가능한 기타 가중 또는 감경 요소;
(f) the degree of cooperation with the national competent authorities, in or—der to remedy the infringement and mitigate the possible adverse effects of the infringement;	(f) 위반을 구제하고 위반으로 발생할 수 있는 부정적 영향을 완화하기 위한 국가관할당국에의 협조 정도;
(g) the degree of responsibility of the op—erator taking into account the technical and organisational measures implemented by it;	(g) 운영자가 이행한 기술적 및 조직적 조치를 고려한 운영자의 책임의 정도;

원문	번역
(h) the manner in which the infringement became known to the national com-petent authorities, in particular whether, and if so to what extent, the operator notified the infringement;	(h) 위반이 국가관할당국에 알려진 방식, 특히 운영자가 그 위반에 대해 통지했는지 여부 및 통지한 경우 그 정도;
(i) the intentional or negligent character of the infringement;	(i) 위반의 고의 또는 과실 성격;
(j) any action taken by the operator to mitigate the harm suffered by the af-fected persons.	(j) 영향을 받는 자가 입은 피해를 완화하기 위하여 운영자가 취한 조치.
8. Each Member State shall lay down rules on to what extent administrative fines may be imposed on public authorities and bodies established in that Member State.	8. 각 회원국은 해당 회원국에 설립된 공공 당국 및 기관에 대해 부과할 수 있는 과징금의 수준에 관한 규칙을 정해야 한다.
9. Depending on the legal system of the Member States, the rules on admin-istrative fines may be applied in such a manner that the fines are imposed by competent national courts or by other bodies, as applicable in those Member States. The application of such rules in those Member States shall have an equivalent effect.	9. 회원국의 법 체계에 따라, 과징금에 관한 규칙은 해당 회원국에서 적용되는 관할 국내 법원 또는 다른 기구가 부과하는 방식으로 적용될 수 있다. 해당 회원국에서 그러한 규칙을 적용하는 것은 동등한 효력을 갖는다.
10. The exercise of powers under this Article shall be subject to appropriate proce-dural safeguards in accordance with Union and national law, including ef-fective judicial remedies and due process.	10. 이 조에 따른 권한 행사는 효과적인 사법적 구제 및 적법절차 등 EU법 및 국내법에 따른 적절한 절차적 보호 조치를 따른다.
11. Member States shall, on an annual basis, report to the Commission about the administrative fines they have issued during that year, in accordance with this Article, and about any related litigation or judicial proceedings.	11. 회원국은 매년 이 조에 따라 해당 연도에 부과한 과징금 및 관련 소송 또는 사법 절차에 대해 EU집행위원회에 보고해야 한다.

제100조 유럽연합 기구, 기관, 사무소 또는 청에 대한 과징금(Article 100 Administrative fines on Union institutions, bodies, offices and agencies)

원문	번역
1. The European Data Protection Supervisor may impose administrative fines on Union institutions, bodies, offices and agencies falling within the scope of this Regulation. When deciding whether to impose an administrative fine and when deciding on the amount of the admin-istrative fine in each individual case, all relevant circumstances of the specific situation shall be taken into account and due regard shall be given to the follow-ing:	1. 유럽데이터보호감독관은 이 법의 범위에 해당하는 EU 기구, 기관, 사무소 또는 청에 대하여 과징금을 부과할 수 있다. 과징금의 부과 여부를 결정할 때와 각각의 개별 사안별로 과징금의 액수를 결정할 때에는 구체적인 상황의 모든 관련 정황을 고려하여야 하며, 다음의 사항을 적절히 고려해야 한다:
(a) the nature, gravity and duration of the infringement and of its consequences, taking into account the purpose of the AI system concerned, as well as, where appropriate, the number of af-fected persons and the level of damage suffered by them;	(a) 관련된 AI 시스템의 목적을 고려한 위반의 성질, 심각성, 지속 기간 및 그 결과, 그리고 적절한 경우 영향을 받은 사람의 수와 그들이 입은 피해의 수준;
(b) the degree of responsibility of the Union institution, body, office or agency, taking into account technical and or-ganisational measures implemented by them;	(b) EU 기구, 기관, 사무소 또는 청이 이행하는 기술적 및 조직적 조치를 고려한 EU 기구, 기관, 사무소 또는 청의 책임의 정도;
(c) any action taken by the Union in-stitution, body, office or agency to mitigate the damage suffered by af-fected persons;	(c) 영향을 받는 사람이 입은 손해를 완화하기 위하여 EU 기구, 기관, 사무소 또는 청이 취한 조치;
(d) the degree of cooperation with the European Data Protection Supervisor in order to remedy the infringement and mitigate the possible adverse ef-fects of the infringement, including compliance with any of the measures previously ordered by the European Data Protection Supervisor against the	(d) 동일한 사안에 관하여 관련된 EU 기구, 기관, 사무소 또는 청에 대하여 유럽데이터보호감독관이 이전에 명령한 조치의 준수 등 위반을 구제하고 위반으로 발생할 수 있는 부정적 영향을 완화하기 위한 유럽데이터보호감독관에 대한 협조의 정도;

원문	번역
Union institution, body, office or agency concerned with regard to the same subject matter;	
(e) any similar previous infringements by the Union institution, body, office or agency;	(e) EU 기구, 기관, 사무소 또는 청에 의한 유사한 과거의 위반;
(f) the manner in which the infringement became known to the European Data Protection Supervisor, in particular whether, and if so to what extent, the Union institution, body, office or agency notified the infringement;	(f) 위반이 유럽데이터보호감독관에게 알려진 방식, 특히 EU 기구, 기관, 사무소 또는 청이 그 위반에 대해 통지했는지 여부 및 통지한 경우 그 정도;
(g) the annual budget of the Union in-stitution, body, office or agency.	(g) EU 기구, 기관, 사무소 또는 청의 연간 예산.
2. Non-compliance with the prohibition of the AI practices referred to in Article 5 shall be subject to administrative fines of up to EUR 1 500 000.	2. 제5조에 따른 AI 활용의 금지를 미준수한 경우에는 최대 1,500,000 유로의 과징금을 부과한다.
3. The non-compliance of the AI system with any requirements or obligations under this Regulation, other than those laid down in Article 5, shall be subject to administrative fines of up to EUR 750 000.	3. AI 시스템이 제5조에 규정된 요건 또는 의무를 제외하고 이 법에 따른 요건 또는 의무를 미준수한 경우에는 최대 750,000 유로의 과징금을 부과한다.
4. Before taking decisions pursuant to this Article, the European Data Protection Supervisor shall give the Union in-stitution, body, office or agency which is the subject of the proceedings conducted by the European Data Protection Supervisor the opportunity of being heard on the matter regarding the possible infringement. The European Data Protection Supervisor shall base his or her decisions only on elements and circumstances on which the parties concerned have been able to comment. Complainants, if any, shall be associated closely with the proceedings.	4. 유럽데이터보호감독관은 이 조에 따라 결정을 내리기 전에, 유럽데이터보호감독관이 수행하는 절차의 대상이 되는 EU 기구, 기관, 사무소 또는 청을 대상으로 위반 혐의와 관련한 사안에 대한 의견청취 기회를 제공해야 한다. 유럽데이터보호감독관은 관련 당사자들이 의견을 제시할 수 있었던 요소 및 정황만을 근거로 하여 결정을 내려야 한다. 신고인이 있는 경우 그 신고인은 해당 절차와 밀접한 관련이 있는 자여야 한다.

원문	번역
5. The rights of defence of the parties concerned shall be fully respected in the proceedings. They shall be entitled to have access to the European Data Protection Supervisor's file, subject to the legitimate interest of individuals or undertakings in the protection of their personal data or business secrets.	5. 관련 당사자의 방어권은 절차상 충분히 보장돼야 한다. 자신의 개인정보 또는 영업비밀의 보호 차원에서 개인 또는 사업자가 보유한 정당한 이익의 제한 하에, 관련 당사자는 유럽데이터보호감독관의 파일에 접근할 권한을 가진다.
6. Funds collected by imposition of fines in this Article shall contribute to the general budget of the Union. The fines shall not affect the effective operation of the Union institution, body, office or agency fined.	6. 이 조의 과징금 부과에 따라 징수된 자금은 EU의 일반예산으로 산입한다. 과징금은 이를 부과받은 EU 기구, 기관, 사무소 또는 청의 효과적인 운영에 영향을 미치지 말아야 한다.
7. The European Data Protection Supervisor shall, on an annual basis, notify the Commission of the administrative fines it has imposed pursuant to this Article and of any litigation or judicial proceedings it has initiated.	7. 유럽데이터보호감독관은 이 조에 따라 부과한 과징금 및 개시한 소송 또는 사법 절차를 매년 EU집행위원회에 통지해야 한다.

제101조 범용 AI 모델 공급자에 대한 과징금(Article 101 Fines for providers of general-purpose AI models)

원문	번역
1. The Commission may impose on pro— viders of general—purpose AI models fines not exceeding 3 % of their annual total worldwide turnover in the preced— ing financial year or EUR 15 000 000, whichever is higher, when the Commission finds that the provider intentionally or negligently:	1. EU집행위원회는 범용 AI 모델의 공급자가 고의 또는 과실이 있다고 판단하는 경우, 직전 회계연도의 전 세계 총 매출액의 3% 또는 1,500만 유로 중 높은 금액의 과징금을 부과할 수 있다:
(a) infringed the relevant provisions of this Regulation;	(a) 이 법의 관련 조항을 위반한 경우;
(b) failed to comply with a request for a document or for information pursuant to Article 91, or supplied incorrect,	(b) 제91조에 따른 문서 또는 정보제공 요청에 따르지 아니하거나, 부정확, 불완전하거나 기만 소지가 있는 정보를 제공한 경우;

원문	번역
incomplete or misleading information; (c) failed to comply with a measure re—quested under Article 93; (d) failed to make available to the Commission access to the general—purpose AI model or general—purpose AI model with systemic risk with a view to conducting an evaluation pursuant to Article 92. In fixing the amount of the fine or pe—riodic penalty payment, regard shall be had to the nature, gravity and duration of the infringement, taking due account of the principles of proportionality and appropriateness. The Commission shall also into account commitments made in accordance with Article 93(3) or made in relevant codes of practice in accordance with Article 56. 2. Before adopting the decision pursuant to paragraph 1, the Commission shall communicate its preliminary findings to the provider of the general—purpose AI model and give it an opportunity to be heard. 3. Fines imposed in accordance with this Article shall be effective, proportionate and dissuasive. 4. Information on fines imposed under this Article shall also be communicated to the Board as appropriate. 5. The Court of Justice of the European Union shall have unlimited jurisdiction to review decisions of the Commission fixing a fine under this Article. It may cancel, reduce or increase the fine imposed. 6. The Commission shall adopt implement—ing acts containing detailed arrangements and procedural safeguards for proceed—	(c) 제93조에 따라 요청된 조치를 준수하지 못한 경우; (d) 제92조에 따른 평가를 실시하기 위하여 범용 AI 모델 또는 구조적 위험이 있는 범용 AI 모델에 대한 접근 권한을 EU집행위원회에 제공하지 아니한 경우. 과징금 또는 이행강제금 납부 금액을 정할 때는 비례성 및 적절성의 원칙을 적절히 고려하여 위반의 성질, 심각성 및 지속 기간을 고려해야 한다. EU집행위원회는 제93조 제3항의 제안에 따른 책무나 제56조에 따른 관련 업무 준칙에 따라 이루어진 책무를 고려해야 한다. 2. EU집행위원회는 제1항에 따라 결정을 채택하기 전에 예비조사 결과를 범용 AI 모델의 공급자에게 전달하고 의견 청취 기회를 주어야 한다. 3. 이 조에 따라 부과된 과징금은 효과적이고 비례적이며 억지력이 있어야 한다. 4. 이 조에 따라 부과된 과징금에 관한 정보도 적절하게 유럽AI위원회에 전달돼야 한다. 5. EU사법재판소는 이 조에 따라 과징금을 정한 EU집행위원회의 결정을 검토할 수 있는 무제한 관할권을 가진다. EU사법재판소는 부과된 과징금을 취소, 감액 또는 증액할 수 있다. 6. EU집행위원회는 이 조 제1항에 따른 결정의 채택 가능성을 고려하여 절차에 대한 세부사항 및 절차적 안전조치를 담은 이행법을

원문	번역
ings in view of the possible adoption of decisions pursuant to paragraph 1 of this Article. Those implementing acts shall be adopted in accordance with the exami — nation procedure referred to in Article 98(2).	채택해야 한다. 해당 이행법은 제98조 제2 항에 따른 검토 절차에 따라 채택돼야 한다.

제13장 최종 조항(Chapter XIII Final provisions)

제102조 Regulation (EC) 300/2008 개정(Article 102 Amendment to Regulation (EC) No 300/2008)

원문	번역
In Article 4(3) of Regulation (EC) No 300/2008, the following subparagraph is added: 'When adopting detailed measures related to technical specifications and procedures for approval and use of security equipment concerning Artificial Intelligence systems within the meaning of Regulation (EU) 2024/1689 of the European Parliament and of the Council (*), the requirements set out in Chapter Ⅲ, Section 2, of that Regulation shall be taken into account.	Regulation (EC) 300/2008의 제4조 제3항에 다음 단락을 추가한다: '유럽의회 및 EU이사회의 Regulation (EU) 2024/1689(*)에 규정된 AI 시스템에 관한 보안장비의 승인 및 사용을 위한 기술 사양 및 절차에 관한 세부 조치를 채택할 때, 해당 Regulation 제3장 제2절에 규정된 요건을 고려해야 한다.
(*) Regulation (EU) 2024/1689 of the European Parliament and of the Council of 13 June 2024 laying down harmonised rules on artificial intelligence and amending Regulations (EC) No 300/2008, (EU) No 167/2013, (EU) No 168/2013, (EU) 2018/858, (EU) 2018/1139 and (EU) 2019/2144 and Directives 2014/90/EU, (EU) 2016/797 and (EU) 2020/1828 (Artificial Intelligence Act) (OJ L, 2024/1689, 12.7.2024, ELI: http://data.europa.eu/eli/reg/2024/1689/oj).'.	(*) 인공 지능에 관한 통일된 규칙을 규정하고 Regulation (EC) 300/2008, Regulation (EU) 167/2013, Regulation (EU) 168/2013, Regulation (EU) 2018/858, Regulation (EU) 2018/1139 및 Regulation (EU) 2019/2144와 Directive 2014/90/EU, Directive (EU) 2016/797 및 Directive (EU) 2020/1828을 개정하는 2024년 6월 13일 유럽의회 및 EU이사회의 Regulation (EU) 2024/1689(AI법) (OJ L, 2024/1689, 12.7.2024, ELI: http://data.europa.eu/eli/reg/2024/1689/oj).'.

제103조 Regulation 167/2013 개정 (Article 103 Amendment to Regulation (EU) No 167/2013)

원문	번역
In Article 17(5) of Regulation (EU) No 167/2013, the following subparagraph is added:	Regulation (EU) 167/2013의 제17조 제5항에 다음 단락을 추가한다:

원문	번역
'When adopting delegated acts pursuant to the first subparagraph concerning artificial intelligence systems which are safety components within the meaning of Regulation (EU) 2024/1689 of the European Parliament and of the Council (*), the requirements set out in Chapter Ⅲ, Section 2, of that Regulation shall be taken into account.	'유럽의회 및 EU이사회의 Regulation (EU) 2024/1689(*)에 규정된 안전 구성요소인 AI 시스템에 관하여 첫째 단락에 따라 위임법을 채택할 때, 해당 Regulation 제3장 제2절에 규정된 요건을 고려해야 한다.
(*) Regulation (EU) 2024/1689 of the European Parliament and of the Council of 13 June 2024 laying down harmonised rules on artificial intelligence and amending Regulations (EC) No 300/2008, (EU) No 167/2013, (EU) No 168/2013, (EU) 2018/858, (EU) 2018/1139 and (EU) 2019/2144 and Directives 2014/90/EU, (EU) 2016/797 and (EU) 2020/1828 (Artificial Intelligence Act) (OJ L, 2024/1689, 12.7.2024, ELI: http://data.europa.eu/eli/reg/ 2024/1689/oj).'.	(*) 인공 지능에 관한 통일된 규칙을 규정하고 Regulation (EC) 300/2008, Regulation (EU) 167/2013, Regulation (EU) 168/2013, Regulation (EU) 2018/858, Regulation (EU) 2018/1139 및 Regulation (EU) 2019/2144와 Directive 2014/90/EU, Directive (EU) 2016/797 및 Directive (EU) 2020/1828을 개정하는 2024년 6월 13일 유럽의회 및 EU이사회의 Regulation (EU) 2024/1689 (AI법) (OJ L, 2024/1689, 12.7.2024, ELI: http://data.europa.eu/eli/reg/2024/1689/oj).'.

제104조 Regulation (EU) 168/2013의 개정(Article 104 Amendment to Regulation (EU) No 168/2013)

원문	번역
In Article 22(5) of Regulation (EU) No 168/2013, the following subparagraph is added: 'When adopting delegated acts pursuant to the first subparagraph concerning Artificial Intelligence systems which are safety com‒ponents within the meaning of Regulation (EU) 2024/1689 of the European Parliament and of the Council (*), the requirements set out in Chapter Ⅲ, Section 2, of that Regulation shall be taken into account.	Regulation (EU) 168/2013 제22조 제5항에 다음 단락을 추가한다: '유럽의회 및 EU이사회의 Regulation (EU) 2024/1689(*)에 규정된 안전 구성요소인 AI 시스템에 관하여 첫째 단락에 따라 위임법을 채택할 때, 해당 Regulation 제3장 제2절에 규정된 요건을 고려해야 한다.

원문	번역
(*) Regulation (EU) 2024/1689 of the European Parliament and of the Council of 13 June 2024 laying down harmonised rules on arti─ ficial intelligence and amending Regulations (EC) No 300/2008, (EU) No 167/2013, (EU) No 168/2013, (EU) 2018/858, (EU) 2018/1139 and (EU) 2019/2144 and Directives 2014/90/EU, (EU) 2016/797 and (EU) 2020/1828 (Artificial Intelligence Act) (OJ L, 2024/1689, 12.7.2024, ELI: http://data.europa.eu/eli/reg/2024/1689/oj).'.	(*) 인공 지능에 관한 통일된 규칙을 규정하고 Regulation (EC) 300/2008, Regulation (EU) 167/2013, Regulation (EU) 168/2013, Regulation (EU) 2018/858, Regulation (EU) 2018/1139 및 Regulation (EU) 2019/21444와 Directive 2014/90/EU, Directive (EU) 2016/797 및 Directive (EU) 2020/1828을 개정하는 2024년 6월 13일 유럽의회 및 EU이사회의 Regulation (EU) 2024/1689 (AI법) (OJ L, 2024/1689, 12.7.2024, ELI: http://data.europa.eu/eli/reg/2024/1689/oj).'.

제105조 Directive 2014/90/EU의 개정(Article 105 Amendment to Directive 2014/90/EU)

원문	번역
In Article 8 of Directive 2014/90/EU, the following paragraph is added: '5.For Artificial Intelligence systems which are safety components within the meaning of Regulation (EU) 2024/1689 of the European Parliament and of the Council (*), when carrying out its activities pursuant to paragraph 1 and when adopting technical specifications and testing standards in ac─ cordance with paragraphs 2 and 3, the Commission shall take into account the requirements set out in Chapter Ⅲ, Section 2, of that Regulation.	Directive 2014/90/EU 제8조에 다음 항을 추가한다: '5. 유럽의회 및 EU이사회의 Regulation (EU) 2024/1689(*)에 규정된 안전 구성요소인 AI 시스템에 관하여 제1항에 따라 그 활동을 실행하고 제2항 및 제3항에 따라 기술 사항을 채택하고 표준을 시험할 때 EU집행위원회는 해당 Regulation 제3장 제2절에 규정된 요건을 고려해야 한다.
(*) Regulation (EU) 2024/1689 of the European Parliament and of the Council of 13 June 2024 laying down harmonised rules on artificial intelligence and amending Regu─ lations (EC) No 300/2008, (EU) No 167/2013, (EU) No 168/2013, (EU) 2018/858, (EU) 2018/1139 and (EU) 2019/2144	(*) 인공 지능에 관한 통일된 규칙을 규정하고 Regulation (EC) 300/2008, Regulation (EU) 167/2013, Regulation (EU) 168/2013, Regulation (EU) 2018/858, Regulation (EU) 2018/1139 및 Regulation (EU) 2019/2144와 Directive 2014/90/EU, Directive (EU) 2016/ 797 및 Directive (EU) 2020/1828을

원문	번역
and Directives 2014/90/EU, (EU) 2016/797 and (EU) 2020/1828 (Artificial Intelligence Act) (OJ L, 2024/1689, 12.7.2024, ELI: http://data.europa.eu/eli/reg/2024/1689/oj).'.	개정하는 2024년 6월 13일 유럽의회 및 EU이사회의 Regulation (EU) 2024/1689 (AI법) (OJ L, 2024/ 1689, 12.7.2024, ELI: http://data.europa. eu/eli/reg/2024/1689/oj).'.

제106조 Directive (EU) 2016/797의 개정(Article 106 Amendment to Directive (EU) 2016/797)

원문	번역
In Article 5 of Directive (EU) 2016/797, the following paragraph is added: '12.When adopting delegated acts pursuant to paragraph 1 and implementing acts pur—suant to paragraph 11 concerning Artificial Intelligence systems which are safety com—ponents within the meaning of Regulation (EU) 2024/1689 of the European Parliament and of the Council (*), the requirements set out in Chapter Ⅲ, Section 2, of that Regulation shall be taken into account.	Directive (EU) 2016/797 제5조에 다음 항을 추가한다: '12. 유럽의회 및 EU이사회의 Regulation (EU) 2024/1689(*)에 규정된 안전 구성요소인 AI 시스템에 관하여 제1항에 따른 위임법 및 제11항에 따른 이행법을 채택할 때, 해당 Regulation 제3장 제2절에 규정된 요건을 고려해야 한다.
(*) Regulation (EU) 2024/1689 of the European Parliament and of the Council of 13 June 2024 laying down harmonised rules on ar—tificial intelligence and amending Regulations (EC) No 300/2008, (EU) No 167/2013, (EU) No 168/2013, (EU) 2018/858, (EU) 2018/1139 and (EU) 2019/2144 and Directives 2014/90/EU, (EU) 2016/797 and (EU) 2020/1828 (Artificial Intelligence Act) (OJ L, 2024/1689, 12.7.2024, ELI: http://data.europa.eu/eli/reg/ 2024/1689/oj).'.	(*) 인공 지능에 관한 통일된 규칙을 규정하고 Regulation (EC) 300/2008, Regulation (EU) 167/2013, Regulation (EU) 168/2013, Regulation (EU) 2018/858, Regulation (EU) 2018/1139 및 Regulation (EU) 2019/2144 와 Directive 2014/90/EU, Directive (EU) 2016/797 및 Directive (EU) 2020/1828을 개정하는 2024년 6월 13일 유럽의회 및 EU이사회의 Regulation (EU) 2024/1689 (AI법) (OJ L, 2024/1689, 12.7.2024, ELI: http://data.europa.eu/eli/reg/2024/1689/oj).'.

제107조 Regulation (EU) 2018/858의 개정(Article 107 Amendment to Regulation (EU) 2018/858)

원문	번역
In Article 5 of Regulation (EU) 2018/858 the following paragraph is added: '4.When adopting delegated acts pursuant to paragraph 3 concerning Artificial Intelligence systems which are safety components within the meaning of Regulation (EU) 2024/1689 of the European Parliament and of the Council (*), the requirements set out in Chapter Ⅲ, Section 2, of that Regulation shall be taken into account.	Regulation (EU) 2018/858 제5조에 다음 항을 추가한다: '4. 유럽의회 및 EU이사회의 Regulation (EU) 2024/1689(*)에 규정된 안전 구성요소인 AI 시스템에 관하여 제3항에 따라 위임법을 채택할 때, 해당 Regulation 제3장 제2절에 규정된 요건을 고려해야 한다.
(*) Regulation (EU) 2024/1689 of the European Parliament and of the Council of 13 June 2024 laying down harmonised rules on artificial intelligence and amending Regulations (EC) No 300/2008, (EU) No 167/2013, (EU) No 168/2013, (EU) 2018/858, (EU) 2018/1139 and (EU) 2019/2144 and Directives 2014/90/EU, (EU) 2016/797 and (EU) 2020/1828 (Artificial Intelligence Act) (OJ L, 2024/1689, 12.7.2024, ELI: http://data.europa.eu/eli/reg/2024/1689/oj).'.	(*) 인공 지능에 관한 통일된 규칙을 규정하고 Regulation (EC) 300/2008, Regulation (EU) 167/2013, Regulation (EU) 168/2013, Regulation (EU) 2018/858, Regulation (EU) 2018/1139 및 Regulation (EU) 2019/2144와 Directive 2014/90/EU, Directive (EU) 2016/797 및 Directive (EU) 2020/1828을 개정하는 2024년 6월 13일 유럽의회 및 EU이사회의 Regulation (EU) 2024/1689(AI법) (OJ L, 2024/1689, 12.7.2024, ELI: http://data.europa.eu/eli/reg/2024/1689/oj).'.

제108조 Regulation (EU) 2018/1139의 개정(Article 108 Amendments to Regulation (EU) 2018/1139)

원문	번역
Regulation (EU) 2018/1139 is amended as follows: (1) in Article 17, the following paragraph is added: '3.Without prejudice to paragraph 2, when adopting implementing acts pursuant to paragraph 1 concerning Artificial Intelligence	Regulation (EU) 2018/1139를 다음과 같이 개정한다: (1) 제17조에 다음 항을 추가한다: '3. 유럽의회 및 EU이사회의 Regulation (EU) 2024/1689(*)에 규정된 안전 구성요소인 AI 시스템에 관하여 제1항에 따라 이행법을 채택할 때, 제2항에 영향을 주지 않으면서, 해

원문	번역
systems which are safety components within the meaning of Regulation (EU) 2024/1689 of the European Parliament and of the Council (*), the requirements set out in Chapter Ⅲ, Section 2, of that Regulation shall be taken into account.	당 Regulation 제3장 제2절에 규정된 요건을 고려해야 한다.
(*) Regulation (EU) 2024/1689 of the European Parliament and of the Council of 13 June 2024 laying down harmonised rules on artificial intelligence and amending Regulations (EC) No 300/2008, (EU) No 167/2013, (EU) No 168/2013, (EU) 2018/858, (EU) 2018/1139 and (EU) 2019/2144 and Directives 2014/90/EU, (EU) 2016/797 and (EU) 2020/1828 (Artificial Intelligence Act) (OJ L, 2024/1689, 12.7.2024, ELI: http://data.europa. eu/eli/reg/2024/1689/oj).';	(*) 인공 지능에 관한 통일된 규칙을 규정하고 Regulation (EC) 300/2008, Regulation (EU) 167/2013, Regulation (EU) 168/2013, Regulation (EU) 2018/858, Regulation (EU) 2018/1139 및 Regulation (EU) 2019/2144와 Directive 2014/90/EU, Directive (EU) 2016/797 및 Directive (EU) 2020/1828을 개정하는 2024년 6월 13일 유럽의회 및 EU이사회의 Regulation (EU) 2024/1689(AI법) (OJ L, 2024/1689, 12.7.2024, ELI: http://data.europa.eu/eli/ reg/2024/1689/oj).';
(2) in Article 19, the following paragraph is added: '4.When adopting delegated acts pursuant to paragraphs 1 and 2 concerning Artificial Intelligence systems which are safety components within the meaning of Regulation (EU) 2024/1689, the require-ments set out in Chapter Ⅲ, Section 2, of that Regulation shall be taken into account.';	(2) 제19조에 다음 항을 추가한다: '4. 유럽의회 및 EU이사회의 Regulation (EU) 2024/1689에 규정된 안전 구성요소인 AI 시스템에 관하여 제1항 및 제2항에 따라 위임법을 채택할 때, 해당 Regulation 제3장 제2절에 규정된 요건을 고려해야 한다.';
(3) in Article 43, the following paragraph is added: '4.When adopting implementing acts pur-suant to paragraph 1 concerning Artificial Intelligence systems which are safety com-ponents within the meaning of Regul-ation (EU) 2024/1689, the requirements set out in Chapter Ⅲ, Section 2, of that Regulation shall be taken into account.';	(3) 제43조에 다음 항을 추가한다: '4. 유럽의회 및 EU이사회의 Regulation (EU) 2024/1689에 규정된 안전 구성요소인 AI 시스템에 관하여 제1항에 따라 이행법을 채택할 때, 해당 Regulation 제3장 제2절에 규정된 요건을 고려해야 한다.';

원문	번역
(4) in Article 47, the following paragraph is added: '3.When adopting delegated acts pursuant to paragraphs 1 and 2 concerning Artificial Intelligence systems which are safety components within the meaning of Regulation (EU) 2024/1689, the requirements set out in Chapter Ⅲ, Section 2, of that Regulation shall be taken into account.';	(4) 제47조에 다음 항을 추가한다: '3. 유럽의회 및 EU이사회의 Regulation (EU) 2024/1689에 규정된 안전 구성요소인 AI 시스템에 관하여 제1항 및 제2항에 따라 위임법을 채택할 때, 해당 Regulation 제3장 제2절에 규정된 요건을 고려해야 한다.';
(5) in Article 57, the following subparagraph is added: 'When adopting those implementing acts concerning Artificial Intelligence systems which are safety components within the meaning of Regulation (EU) 2024/1689, the requirements set out in Chapter Ⅲ, Section 2, of that Regulation shall be taken into account.';	(5) 제57조에 다음 항을 추가한다: '유럽의회 및 EU이사회의 Regulation (EU) 2024/1689에 규정된 안전 구성요소인 AI 시스템에 관하여 이행법을 채택할 때, 해당 Regulation 제3장 제2절에 규정된 요건을 고려해야 한다.';
(6) in Article 58, the following paragraph is added: '3.When adopting delegated acts pursuant to paragraphs 1 and 2 concerning Artificial Intelligence systems which are safety components within the meaning of Regulation (EU) 2024/1689, the requirements set out in Chapter Ⅲ, Section 2, of that Regulation shall be taken into account.'.	(6) 제58조에 다음 항을 추가한다: '3. 유럽의회 및 EU이사회의 Regulation (EU) 2024/1689에 규정된 안전 구성요소인 AI 시스템에 관하여 제1항 및 제2항에 따라 위임법을 채택할 때, 해당 Regulation 제3장 제2절에 규정된 요건을 고려해야 한다.';

제109조 Regulation (EU) 2019/2044의 개정(Article 109 Amendment to Regulation (EU) 2019/2144)

원문	번역
In Article 11 of Regulation (EU) 2019/2144, the following paragraph is added: '3.When adopting the implementing acts pursuant to paragraph 2, concerning artificial intelligence systems which are safety components within the meaning of	Regulation (EU) 2019/2144 제11조에 다음 항을 추가한다: '3. 유럽의회 및 EU이사회의 Regulation (EU) 2024/1689(*)에 규정된 안전 구성요소인 AI 시스템에 관하여 제2항에 따라 이행법을 채택할 때, 해당 Regulation 제3장 제2절에 규

원문	번역
Regulation (EU) 2024/1689 of the European Parliament and of the Council (*), the requirements set out in Chapter Ⅲ, Section 2, of that Regulation shall be taken into account.	정된 요건을 고려해야 한다.
(*) Regulation (EU) 2024/1689 of the European Parliament and of the Council of 13 June 2024 laying down harmonised rules on artificial intelligence and amending Regulations (EC) No 300/2008, (EU) No 167/2013, (EU) No 168/2013, (EU) 2018/858, (EU) 2018/1139 and (EU) 2019/2144 and Directives 2014/90/EU, (EU) 2016/797 and (EU) 2020/1828 (Artificial Intelligence Act) (OJ L, 2024/1689, 12.7.2024, ELI: http://data.europa.eu/eli/reg/ 2024/1689/oj).'.	(*) 인공 지능에 관한 통일된 규칙을 규정하고 Regulation (EC) 300/2008, Regulation (EU) 167/2013, Regulation (EU) 168/2013, Regulation (EU) 2018/858, Regulation (EU) 2018/1139 및 Regulation (EU) 2019/2144와 Directive 2014/90/EU, Directive (EU) 2016/797 및 Directive (EU) 2020/1828을 개정하는 2024년 6월 13일 유럽의회 및 EU이사회의 Regulation (EU) 2024/1689 (AI법) (OJ L, 2024/1689, 12.7.2024, ELI: http://data.europa.eu/eli/reg/2024/1689/oj).'.

제110조 Directive (EU) 제2020/1828호의 개정(Article 110 Amendment to Directive (EU) 2020/1828)

원문	번역
In Annex Ⅰ to Directive (EU) 2020/1828 of the European Parliament and of the Council, the following point is added: '(68) Regulation (EU) 2024/1689 of the European Parliament and of the Council of 13 June 2024 laying down harmonised rules on artificial intelligence and amending Regulations (EC) No 300/2008, (EU) No 167/2013, (EU) No 168/2013, (EU) 2018/858, (EU) 2018/1139 and (EU) 2019/2144 and Directives 2014/90/EU, (EU) 2016/797 and (EU) 2020/1828 (Artificial Intelligence Act) (OJ L, 2024/1689, 12.7.2024, ELI: http://data.europa.eu/eli/reg/2024/1689/oj).'.	Directive (EU) 2020/1828 부속서 Ⅰ에 다음 호를 추가한다: '(68) 인공 지능에 관한 통일된 규칙을 규정하고 Regulation (EC) 300/2008, Regulation (EU) 167/2013, Regulation (EU) 168/2013, Regulation (EU) 2018/858, Regulation (EU) 2018/1139 및 Regulation (EU) 2019/2144와 Directive 2014/90/EU, Directive (EU) 2016/797 및 Directive (EU) 2020/1828을 개정하는 유럽의회 및 EU이사회의 Regulation (EU) 2024/1689(AI법) (OJ L, 2024/1689, 12.7.2024, ELI: http://data.europa.eu/eli/reg/2024/1689/oj).'.

제111조 시장 출시/서비스 공급된 AI 시스템 및 시장 출시된 범용 AI 모델(Article 111 AI systems already placed on the market or put into service and general-purpose AI models already placed on the marked)

원문	번역
1. Without prejudice to the application of Article 5 as referred to in Article 113(3), point (a), AI systems which are components of the large-scale IT systems established by the legal acts listed in Annex X that have been placed on the market or put into service before 2 August 2027 shall be brought into compliance with this Regulation by 31 December 2030. The requirements laid down in this Regulation shall be taken into account in the evaluation of each large-scale IT system established by the legal acts listed in Annex X to be undertaken as provided for in those legal acts and where those legal acts are replaced or amended.	1. 제113조 제3항 제a호에 규정된 바에 따라 제5조의 적용에 영향을 미치지 않으면서, 부속서 X에 열거된 법률 행위에 의해 구축된 대규모 IT 시스템의 구성요소인 AI 시스템이 2027년 8월 2일 전에 시장에 출시되었거나 서비스 공급된 경우, 2030년 12월 31일까지 이 법을 준수해야 한다. 이 법에 규정된 요건은 해당 법률 행위에서 규정된 바에 따라 수행될 부속서 X에 열거된 법률 행위에 의해 구축된 각각의 대규모 IT 시스템을 평가할 때 그리고 해당 법률 행위가 대체되거나 개정되는 경우에 고려되어야 한다.
2. Without prejudice to the application of Article 5 as referred to in Article 113(3), point (a), this Regulation shall apply to operators of high-risk AI systems, other than the systems referred to in paragraph 1 of this Article, that have been placed on the market or put into service before 2 August 2026, only if, as from that date, those systems are subject to significant changes in their designs. In any case, the providers and deployers of high-risk AI systems intended to be used by public authorities shall take the necessary steps to comply with the requirements and obligations of this Regulation by 2 August 2030.	2. 제113조 제3항 제a호에 규정된 바에 따라 제5조의 적용에 영향을 미치지 않으면서, 본조 제1항에 명시된 시스템을 제외하고, 이 법은 해당 시스템이 설계에 상당한 변경이 있는 경우에만 2026년 8월 2일 전에 시장 출시하거나 서비스를 공급한 고위험 AI 시스템 운영자에게 적용된다. 어떠한 경우라도, 공공 당국에 의하여 이용될 것으로 의도된 고위험 AI 시스템의 공급자와 배포자는 2030년 8월 2일까지 이 법의 요건과 의무를 준수하기 위해 필요한 조치를 취해야 한다.
3. Providers of general-purpose AI models that have been placed on the market	3. 2025년 8월 2일 전에 시장에 출시된 범용 AI 모델의 공급자는 2027년 8월 2일까지

원문	번역
before 2 August 2025 shall take the necessary steps in order to comply with the obligations laid down in this Regulation by 2 August 2027.	이 법에 규정된 의무를 준수하기 위해 필요한 조치를 취해야 한다.

제112조 평가 및 검토(Article 112 Evaluation and review)

원문	번역
1. The Commission shall assess the need for amendment of the list set out in Annex III and of the list of prohibited AI practices laid down in Article 5, once a year following the entry into force of this Regulation, and until the end of the period of the delegation of power laid down in Article 97. The Commission shall submit the findings of that assessment to the European Parliament and the Council.	1. EU집행위원회는 이 법 발효일로부터 제97조에 규정된 권한 위임 기간이 종료되는 시점까지 부속서 III에 규정된 목록 및 제5조에 규정된 금지되는 AI 업무의 목록의 개정 필요성을 매년 1회 평가해야 한다. EU집행위원회는 상기 평가의 내용을 유럽의회 및 EU이사회에 제출해야 한다.
2. By 2 August 2028 and every four years thereafter, the Commission shall evaluate and report to the European Parliament and to the Council on the following:	2. EU집행위원회는 2028년 8월 2일까지 그리고 그 이후 매 4년마다 다음 각 호의 사항을 평가하여 유럽의회 및 EU이사회에 보고해야 한다:
(a) the need for amendments extending existing area headings or adding new area headings in Annex III;	(a) 부속서 III에서 기존 영역 표제를 확장하거나 새로운 영역 표제를 추가하는 개정의 필요성;
(b) amendments to the list of AI systems requiring additional transparency measures in Article 50;	(b) 제50조에 따른 추가적인 투명성 조치가 요구되는 AI 시스템의 목록 개정;
(c) amendments enhancing the effectiveness of the supervision and governance system.	(c) 감독 및 거버넌스 시스템의 효과성을 증진하기 위한 개정.
3. By 2 August 2029 and every four years thereafter, the Commission shall submit a report on the evaluation and review of this Regulation to the European Parliament and to the Council. The report shall include an assessment with regard to the structure of enforcement	3. EU집행위원회는 2029년 8월 2일까지 그리고 그 이후 매 4년마다 이 법의 평가와 검토에 관한 보고서를 유럽의회 및 EU이사회에 제출해야 한다. 해당 보고서는 법 집행 구조 및 파악된 결점의 해결을 위한 EU 기관의 필요성에 관한 평가를 포함해야 한다. 조사 결과를 토대로 해당 보고서는 적절한

원문	번역
and the possible need for a Union agency to resolve any identified shortcomings. On the basis of the find-ings, that report shall, where appro-priate, be accompanied by a proposal for amendment of this Regulation. The re-ports shall be made public.	경우 이 법의 개정안을 수반해야 한다. 해당 보고서는 공개되어야 한다.
4. The reports referred to in paragraph 2 shall pay specific attention to the fol-lowing:	4. 제2항의 보고서는 특히 다음 사항을 중점적으로 다루어야 한다:
(a) the status of the financial, technical and human resources of the national competent authorities in order to ef-fectively perform the tasks assigned to them under this Regulation;	(a) 이 법에 따라 부과된 업무를 효과적으로 수행하기 위한 회원국 관할당국의 재정, 기술, 인적 자원 현황;
(b) the state of penalties, in particular ad-ministrative fines as referred to in Article 99(1), applied by Member States for infringements of this Regulation;	(b) 특히 제99조 제1항의 과징금을 포함하여, 이 법의 위반에 따라 회원국이 부과한 제재 현황;
(c) adopted harmonised standards and com-mon specifications developed to sup-port this Regulation;	(c) 이 법을 지원하기 위해 개발된 조화된 표준 및 공통기준공통기준의 채택 현황;
(d) the number of undertakings that enter the market after the entry into appli-cation of this Regulation, and how many of them are SMEs.	(d) 이 법의 발효 이후 시장에 진입한 사업자의 수 및 중소기업의 비중.
5. By 2 August 2028, the Commission shall evaluate the functioning of the AI Office, whether the AI Office has been given sufficient powers and competences to fulfil its tasks, and whether it would be relevant and needed for the proper im-plementation and enforcement of this Regulation to upgrade the AI Office and its enforcement competences and to in-crease its resources. The Commission shall submit a report on its evaluation to the European Parliament and to the Council.	5. EU집행위원회는 2028년 8월 2일까지 AI사무국의 기능, AI사무국이 그 업무를 수행하기 충분한 권한 및 역량을 갖추고 있는지 여부, 이 법의 적절한 이행 및 집행을 위해 AI사무국 및 그 집행 역량을 업그레이드 하고 그 자원을 증가시키는 것이 관련성 있고 필요한지 여부를 평가해야 한다. EU집행위원회는 그 평가 보고서를 유럽의회 및 EU 이사회에 제출해야 한다.

원문	번역
6. By 2 August 2028 and every four years thereafter, the Commission shall submit a report on the review of the progress on the development of standardisation de-liverables on the energy-efficient de-velopment of general-purpose AI models, and asses the need for further measures or actions, including binding measures or actions. The report shall be submitted to the European Parliament and to the Council, and it shall be made public.	6. EU집행위원회는 2028년 8월 2일까지 그리고 이후 매 4년마다 에너지 효율적인 범용 AI 모델의 개발에 관한 표준화 결과물의 개발 진행상황 및 구속력 있는 조치를 포함한 추가적 조치의 필요성을 검토한 보고서를 제출해야 한다. 해당 보고서는 유럽의회 및 EU이사회에 제출되어야 하며, 공개되어야 한다.
7. By 2 August 2028 and every three years thereafter, the Commission shall evaluate the impact and effectiveness of voluntary codes of conduct to foster the applica-tion of the requirements set out in Chapter III, Section 2 for AI systems other than high-risk AI systems and possibly other additional requirements for AI systems other than high-risk AI sys-tems, including as regards environmental sustainability.	7. EU집행위원회는 2028년 8월 2일까지 그리고 이후 매 3년마다, 고위험 AI 시스템을 제외한 AI 시스템에 대해 제3장 제2절의 요건 및 환경적 지속가능성 등 고위험 AI 시스템을 제외한 AI 시스템을 위한 가능한 기타 추가적 요건의 적용을 장려하기 위한 자발적인 행동강령의 영향 및 효과성을 평가해야 한다.
8. For the purposes of paragraphs 1 to 7, the Board, the Member States and na-tional competent authorities shall provide the Commission with information upon its request and without undue delay.	8. 유럽AI위원회, 회원국 및 회원국 관할당국은 제1항부터 제7항까지를 위해 EU집행위원회의 요청이 있을 경우 부당한 지체 없이 정보를 제공해야 한다.
9. In carrying out the evaluations and re-views referred to in paragraphs 1 to 7, the Commission shall take into account the positions and findings of the Board, of the European Parliament, of the Council, and of other relevant bodies or sources.	9. EU집행위원회는 제1항부터 제7항까지에서 규정된 평가 및 검토를 수행함에 있어 유럽AI위원회, 유럽의회, EU이사회 및 기타 유관 기관 또는 소스의 입장 및 조사결과를 고려해야 한다.
10. The Commission shall, if necessary, submit appropriate proposals to amend this Regulation, in particular taking into ac-count developments in technology, the	10. EU집행위원회는 기술 발전, AI 시스템의 건강·안전·기본권에의 영향, 정보사회의 진보 상황을 고려하여 필요한 경우 이 법의 적절한 개정안을 제출해야 한다.

원문	번역
effect of AI systems on health and safety, and on fundamental rights, and in light of the state of progress in the information society.	
11. To guide the evaluations and reviews referred to in paragraphs 1 to 7 of this Article, the AI Office shall undertake to develop an objective and participative methodology for the evaluation of risk levels based on the criteria outlined in the relevant Articles and the inclusion of new systems in:	11. 본조 제1항부터 제7항까지의 평가 및 검토를 안내하기 위해, AI사무국은 관련 조항에 명시된 기준에 근거한 위험 수준 평가 및 다음에 관한 신규 시스템의 포용을 위해 객관적이고 참여적인 방법론을 개발해야 한다:
(a) the list set out in Annex Ⅲ, including the extension of existing area headings or the addition of new area headings in that Annex;	(a) 기존 영역 표제의 확장 또는 신규 영역 표제의 추가를 포함한 부속서 Ⅲ의 목록;
(b) the list of prohibited practices set out in Article 5; and	(b) 제5조에 명시된 금지되는 업무의 목록; 그리고
(c) the list of AI systems requiring additional transparency measures pursuant to Article 50.	(c) 제50조에 따른 추가적인 투명성 조치가 요구되는 AI 시스템의 목록.
12. Any amendment to this Regulation pursuant to paragraph 10, or relevant delegated or implementing acts, which concerns sectoral Union harmonisation legislation listed in Section B of Annex I shall take into account the regulatory specificities of each sector, and the existing governance, conformity assessment and enforcement mechanisms and authorities established therein.	12. 제10항 또는 관련 위임법 또는 이행법에 따른 부속서 I 제B절에 열거된 분야별 EU 조화법과 관련한 이 법의 개정은 각 분야별 구체적인 규제상황, 현존하는 거버넌스, 적합성 평가 및 법 집행체계와 그 안에 설립된 당국을 고려해야 한다.
13. By 2 August 2031, the Commission shall carry out an assessment of the enforcement of this Regulation and shall report on it to the European Parliament, the Council and the European Economic and Social Committee, taking into account the first years of application of	13. EU집행위원회는, 이 법이 적용되는 첫 해를 고려하면서, 2031년 8월 2일까지 이 법의 집행에 대한 평가를 수행하고 이에 관한 보고서를 유럽의회, EU이사회 및 유럽경제사회위원회에 보고해야 한다. 조사 결과를 토대로 해당 보고서는 적절한 경우 집행 구조 및 파악된 결점의 해결을 위한

원문	번역
this Regulation. On the basis of the findings, that report shall, where appropriate, be accompanied by a proposal for amendment of this Regulation with regard to the structure of enforcement and the need for a Union agency to resolve any identified shortcomings.	EU 기관의 필요성에 관한 이 법의 개정안을 수반해야 한다.

제113조 발효 및 적용(Article 113 Entry into force and application)

원문	번역
This Regulation shall enter into force on the twentieth day following that of its publication in the Official Journal of the European Union. It shall apply from 2 August 2026. However: (a) Chapters I and II shall apply from 2 February 2025; (b) Chapter III Section 4, Chapter V, Chapter VII and Chapter XII and Article 78 shall apply from 2 August 2025, with the exception of Article 101; (c) Article 6(1) and the corresponding obligations in this Regulation shall apply from 2 August 2027. This Regulation shall be binding in its entirety and directly applicable in all Member States. Done at Brussels, 13 June 2024. For the European Parliament The President R. METSOLA For the Council The President M. MICHEL	이 법은 EU 관보에 게재된 날로부터 20일이 되는 날 발효된다. 이 법은 2026년 8월 2일부터 적용된다. 그러나 (a) 제1장 및 제2장은 2025년 2월 2일로부터 적용된다; (b) 제101조를 제외하고, 제3장 제4절, 제5장, 제7장, 제12장 및 제78조는 2025년 8월 2일로부터 적용된다; (c) 제6조 제1항 및 이 법상 그에 상응하는 의무는 2027년 8월 2일로부터 적용된다. 이 법은 전체적으로 구속력을 가지며 모든 회원국에 직접 적용된다. 2024년 6월 13일 브뤼셀에서 완료. 유럽의회 의장 R. METSOLA EU이사회 의장 M. MICHEL

부속서(Annex)

부속서 I EU조화법 목록(ANNEX I List of Union harmonisation legislation)

원문	번역
Section A. List of Union harmonisation legislation based on the New Legislative Framework	제A절 신규 법제에 기반한 EU조화법 목록
1. Directive 2006/42/EC of the European Parliament and of the Council of 17 May 2006 on machinery, and amending Directive 95/16/EC (OJ L 157, 9.6.2006, p. 24);	1. 기계류에 관한 지침(Directive 2006/42/EC);
2. Directive 2009/48/EC of the European Parliament and of the Council of 18 June 2009 on the safety of toys (OJ L 170, 30.6.2009, p. 1);	2. 장난감 안전에 관한 지침(Directive 2009/48/EC);
3. Directive 2013/53/EU of the European Parliament and of the Council of 20 November 2013 on recreational craft and personal watercraft and repealing Directive 94/25/EC (OJ L 354, 28.12.2013, p. 90);	3. 레저용 선박에 관한 지침(Directive 2013/53/EU);
4. Directive 2014/33/EU of the European Parliament and of the Council of 26 February 2014 on the harmonisation of the laws of the Member States relating to lifts and safety components for lifts (OJ L 96, 29.3.2014, p. 251);	4. 승강기 및 승강기 안전부품 관련 회원국 법의 조화에 관한 지침(Directive 2013/53/EU);
5. Directive 2014/34/EU of the European Parliament and of the Council of 26 February 2014 on the harmonisation of the laws of the Member States relating to equipment and protective systems intended for use in potentially explosive atmospheres (OJ L 96, 29.3.2014, p. 309);	5. 폭발 가능 환경에서 사용되는 장비 및 보호시스템 관련 회원국 법 통합에 관한 지침(Directive 2014/33/EU);
6. Directive 2014/53/EU of the European Parliament and of the Council of 16 April 2014 on the harmonisation of the laws of the Member States relating to the making available on the market of radio	6. 무선설비시장 관련 회원국의 법 통합에 관한 지침(Directive 2014/34/EU);

원문	번역
equipment and repealing Directive 1999/5/EC (OJ L 153, 22.5.2014, p. 62); 7. Directive 2014/68/EU of the European Parliament and of the Council of 15 May 2014 on the harmonisation of the laws of the Member States relating to the making available on the market of pres— sure equipment (OJ L 189, 27.6.2014, p. 164);	7. 압력장비시장 관련 회원국의 법 통합에 관한 지침(Directive 2014/53/EU);
8. Regulation (EU) 2016/424 of the European Parliament and of the Council of 9 March 2016 on cableway installations and re— pealing Directive 2000/9/EC (OJ L 81, 31.3.2016, p. 1);	8. 공중 케이블(삭도) 설치에 관한 규정(Regulation (EU) 2016/424);
9. Regulation (EU) 2016/425 of the European Parliament and of the Council of 9 March 2016 on personal protective equipment and repealing Council Directive 89/686/EEC (OJ L 81, 31.3.2016, p. 51);	9. 개인보호장비에 관한 규정(Regulation (EU) 2016/425);
10. Regulation (EU) 2016/426 of the European Parliament and of the Council of 9 March 2016 on appliances burning gas— eous fuels and repealing Directive 2009/142/EC (OJ L 81, 31.3.2016, p. 99);	10. 기체연료 연소기기에 관한 규정(Regulation (EU) 2016/426);
11. Regulation (EU) 2017/745 of the European Parliament and of the Council of 5 April 2017 on medical devices, amending Directive 2001/83/EC, Regulation (EC) No 178/2002 and Regulation (EC) No 1223/2009 and repealing Council Directives 90/385/EEC and 93/42/EEC (OJ L 117, 5.5.2017, p. 1);	11. 의료기기에 관한 규정(Regulation (EU) 2017/745);
12. Regulation (EU) 2017/746 of the European Parliament and of the Council of 5 April 2017 on in vitro diagnostic medical de— vices and repealing Directive 98/79/EC and Commission Decision 2010/227/EU (OJ L 117, 5.5.2017, p. 176).	12. 체외 진단 의료기기에 관한 규정(Regulation (EU) 2017/746).

원문	번역
Section B. List of other Union harmonisation legislation	제B절 기타 EU조화법 목록
13. Regulation (EC) No 300/2008 of the European Parliament and of the Council of 11 March 2008 on common rules in the field of civil aviation se-curity and repealing Regulation (EC) No 2320/2002 (OJ L 97, 9.4.2008, p. 72);	13. 민간항공안전에 관한 규정(Regulation (EC) 300/2008);
14. Regulation (EU) No 168/2013 of the European Parliament and of the Council of 15 January 2013 on the approval and market surveillance of two-or three-wheel vehicles and quadricycles (OJ L 60, 2.3.2013, p. 52);	14. 이륜·삼륜·4륜 차량 승인 및 시장감시에 관한 규정(Regulation (EU) 168/2013);
15. Regulation (EU) No 167/2013 of the European Parliament and of the Council of 5 February 2013 on the approval and market surveillance of agricultural and forestry vehicles (OJ L 60, 2.3.2013, p. 1);	15. 농업·삼림용 차량 승인 및 시장감시에 관한 규정(Regulation (EU) 167/2013);
16. Directive 2014/90/EU of the European Parliament and of the Council of 23 July 2014 on marine equipment and repealing Council Directive 96/98/EC (OJ L 257, 28.8.2014, p. 146);	16. 해양장비에 관한 지침(Directive 2014/90/EU);
17. Directive (EU) 2016/797 of the European Parliament and of the Council of 11 May 2016 on the interoperability of the rail system within the European Union (OJ L 138, 26.5.2016, p. 44);	17. 유럽연합 내 철도 상호운용성에 관한 지침(Directive (EU) 2016/797);
18. Regulation (EU) 2018/858 of the European Parliament and of the Council of 30 May 2018 on the approval and market sur-veillance of motor vehicles and their trailers, and of systems, components and separate technical units intended for such vehicles, amending Regulations (EC) No 715/2007 and (EC) No 595/2009 and	18. 자동차·트레일러, 자동차 시스템, 자동차에 사용되는 부품, 독립된 기술단위 승인 및 시장감시에 관한 규정(Regulation (EU) 2018/858);

원문	번역
repealing Directive 2007/46/EC (OJ L 151, 14.6.2018, p. 1);	
19. Regulation (EU) 2019/2144 of the European Parliament and of the Council of 27 November 2019 on type-approval requirements for motor vehicles and their trailers, and systems, components and separate technical units intended for such vehicles, as regards their general safety and the protection of vehicle occupants and vulnerable road users, amending Regulation (EU) 2018/858 of the European Parliament and of the Council and repealing Regulations (EC) No 78/2009, (EC) No 79/2009 and (EC) No 661/2009 of the European Parliament and of the Council and Commission Regulations (EC) No 631/2009, (EU) No 406/2010, (EU) No 672/2010, (EU) No 1003/2010, (EU) No 1005/2010, (EU) No 1008/2010, (EU) No 1009/2010, (EU) No 19/2011, (EU) No 109/2011, (EU) No 458/2011, (EU) No 65/2012, (EU) No 130/2012, (EU) No 347/2012, (EU) No 351/2012, (EU) No 1230/2012 and (EU) 2015/166 (OJ L 325, 16.12.2019, p. 1);	19. 탑승자 및 취약한 도로 이용자의 일반적 안전 및 보호를 위해 자동차·트레일러에 적용되는 시스템·부품·개별기술 단위 및 자동차·트레일러의 형식 승인 요건에 관한 규정(Regulation (EU) 2019/2144);
20. Regulation (EU) 2018/1139 of the European Parliament and of the Council of 4 July 2018 on common rules in the field of civil aviation and establishing a European Union Aviation Safety Agency, and amending Regulations (EC) No 2111/2005, (EC) No 1008/2008, (EU) No 996/2010, (EU) No 376/2014 and Directives 2014/30/EU and 2014/53/EU of the European Parliament and of the Council, and repealing Regulations (EC) No 552/2004 and (EC) No 216/2008 of the European Parliament and of the Council	20. 민간항공 분야에 적용되는 공통규칙 및 유럽연합 항공안전국 설치에 관한 규정(Regulation (EU) 2018/1139), 무인항공기과 이를 원격으로 조정하기 위한 그 엔진·프로펠러·부품·장비에 관한 제2조 제1항 제a호 및 제b호에 따른 항공기의 설계, 생산 및 시장 출시와 관련되는 경우에 한함.

원문	번역
and Council Regulation (EEC) No 3922/91 (OJ L 212, 22.8.2018, p. 1), in so far as the design, production and placing on the market of aircrafts referred to in Article 2(1), points (a) and (b) thereof, where it concerns unmanned aircraft and their engines, propellers, parts and equipment to control them remotely, are concerned.	

부속서 II 제5조 제1항 제1단락 제h호 (iii)에 따른 범죄(Annex II List of criminal offences referred to in Article 5(1), first subparagraph, point (h))

원문	번역
Annex II (List of criminal offences referred to in Article 5(1), first paragraph, point (h)(iii))	**부속서 II (제5조 제1항 제1단락 제h호 (iii)에 따른 범죄 목록)**
Criminal offences referred to in Article 5(1), first paragraph, point (h)(iii): — terrorism, — trafficking in human beings, — sexual exploitation of children, and child pornography, — illicit trafficking in narcotic drugs or psychotropic substances, — illicit trafficking in weapons, munitions or explosives, — murder, grievous bodily injury, — illicit trade in human organs or tissue, — kidnapping, illegal restraint or hostage-taking, — crimes within the jurisdiction of the International Criminal Court, — unlawful seizure of aircraft or ships, — rape, — environmental crimes, — organised or armed robbery,	제5조 제1항 제1단락 제h호 (iii)에 따른 범죄: — 테러행위, — 인신매매, — 아동 성착취 및 아동 포르노, — 마약 및 향정신성 물질 밀매, — 무기, 탄약, 폭발물 밀매, — 살인, 중상해, — 인간 장기 또는 조직 밀매, — 납치, 감금, 인질 억류, — 국제형사재판소가 관할권을 보유한 범죄, — 항공기 또는 선박 탈취, — 강간, — 환경 범죄, — 조직화된 또는 무장 강도,

원문	번역
− sabotage, − participation in a criminal organization in−volved in one or more of the offences listed above.	− 사보타지(고의적 방해 행위), − 상기 열거된 범죄 중 하나 이상에 관여된 범죄조직에의 참여.

부속서 III 제6조 제2항에 따른 고위험 AI 시스템(High−risk AI systems referred to in Article 6(2))

원문	번역
High−risk AI systems pursuant to Article 6(2) are the AI systems listed in any of the following areas: 1. Biometrics, in so far as their use is per−mitted under relevant Union or national law: (a) remote biometric identification systems. This shall not include AI systems in−tended to be used for biometric ver−ification the sole purpose of which is to confirm that a specific natural person is the person he or she claims to be; (b) AI systems intended to be used for biometric categorisation, according to sensitive or protected attributes or characteristics based on the inference of those attributes or characteristics; (c) AI systems intended to be used for emotion recognition. 2. Critical infrastructure: AI systems in−tended to be used as safety components in the management and operation of critical digital infrastructure, road traffic, or in the supply of water, gas, heating or electricity. 3. Education and vocational training: (a) AI systems intended to be used to determine access or admission or to assign natural persons to educational	제6조 제2항에 따른 고위험 AI 시스템은 다음 중 어느 하나에 해당하는 AI 시스템을 말한다; 1. EU 또는 국내법에 따라 이용이 허용되는 한도 내에서의 생체인식: (a) 원격 생체인식 식별 시스템. 여기에는 특정 자연인이 본인임을 확인하는 것이 유일한 목적인 생체인식 검증에 이용하려는 AI 시스템은 포함되지 않는다; (b) 민감하거나 보호되는 속성 또는 특성을 기반으로 그들의 속성이나 특성을 추론하여 생체인식 분류에 이용하려는 AI 시스템; (c) 감정 인식에 이용하려는 AI 시스템. 2. 중요 인프라: 중요한 디지털 인프라, 도로교통 또는 수도, 가스, 난방, 전기 공급의 관리 및 운영에서 안전 구성요소로 이용하려는 AI 시스템. 3. 교육 및 직업 훈련: (a) 모든 수준의 교육 및 직업 훈련 기관에 대한 자연인의 접근과 입학을 결정하거나 할당하기 위하여 이용하려는 AI 시스템;

원문	번역
and vocational training institutions at all levels;	
(b) AI systems intended to be used to eval－uate learning outcomes, including when those outcomes are used to steer the learning process of natural persons in educational and vocational training institutions at all levels;	(b) 모든 수준의 교육 및 직업 훈련 기관에서 자연인의 학습 과정을 조정하는 데 이용되는 경우를 포함한 학습 결과를 평가하는 데 이용하려는 AI 시스템;
(c) AI systems intended to be used for the purpose of assessing the appropriate level of education that an individual will receive or will be able to access, in the context of or within educational and vocational training institutions at all levels;	(c) 교육 및 직업 훈련 기관의 맥락에서 또는 기관 안에서 개인이 받을 수 있거나 받을 수 있는 적절한 교육 수준을 평가하는 데 이용하려는 AI 시스템;
(d) AI systems intended to be used for mon－itoring and detecting prohibited be－haviour of students during tests in the context of or within educational and vocational training institutions at all levels.	(d) 교육 및 직업 훈련 기관의 맥락에서 또는 기관 안에서 시험중인 학생의 금지된 행동을 모니터링하고 감지하는 데 이용하려는 AI 시스템.
4. Employment, workers' management and access to self－employment:	4. 채용, 근로자의 관리 및 자영업자에 대한 접근:
(a) AI systems intended to be used for the recruitment or selection of natural persons, in particular to place targeted job advertisements, to analyse and filter job applications, and to evaluate can－didates;	(a) 자연인의 모집 또는 선발, 특히 표적 대상 구인광고를 하거나, 지원자의 분석, 지원서의 필터링 및 평가에 이용하기 위한 의도를 가진 AI 시스템;
(b) AI systems intended to be used to make decisions affecting terms of work－re－lated relationships, the promotion or termination of work－related con－tractual relationships, to allocate tasks based on individual behaviour or per－sonal traits or characteristics or to monitor and evaluate the performance and behaviour of persons in such relationships.	(b) 업무와 관련된 조건, 업무와 관련된 계약 관계의 촉진 또는 종료에 영향을 미치는 결정을 하게 하거나, 개인의 행동 또는 특성 혹은 특징에 기초하여 업무를 배분하거나, 그러한 관계에 있는 사람의 성과와 행동을 감시하거나 평가하기 위한 의도를 가진 AI 시스템.

원문	번역
5. Access to and enjoyment of essential private services and essential public services and benefits:	5. 필수적인 민간서비스 및 필수적인 공공서비스와 그 혜택에 대한 접근과 향유:
(a) AI systems intended to be used by public authorities or on behalf of public authorities to evaluate the eli−gibility of natural persons for essential public assistance benefits and services, including healthcare services, as well as to grant, reduce, revoke, or reclaim such benefits and services;	(a) 공공당국 또는 공공당국의 대리인이 보건의료서비스를 포함하여 필수적인 공공부조 혜택과 서비스가 어떠한 자연인에게 적절한지를 평가하거나, 해당 혜택과 서비스를 부여, 축소, 취소 혹은 환수 여부를 판단하기 위한 의도를 가진 AI 시스템;
(b) AI systems intended to be used to evaluate the creditworthiness of nat−ural persons or establish their credit score, with the exception of AI sys−tems used for the purpose of detect−ing financial fraud;	(b) 금융사기를 적발하기 위하여 이용되는 AI 시스템을 제외하고, 자연인의 신용도를 평가하거나 신용점수를 정하기 위한 의도를 가진 AI 시스템;
(c) AI systems intended to be used for risk assessment and pricing in relation to natural persons in the case of life and health insurance;	(c) 생명 및 건강 보험과 관련하여 해당 자연인에 대한 위험 평가 및 해당 보험의 가격을 책정하기 위한 의도를 가진 AI 시스템;
(d) AI systems intended to evaluate and classify emergency calls by natural persons or to be used to dispatch, or to establish priority in the dispatching of, emergency first response services, including by police, firefighters and medical aid, as well as of emergency healthcare patient triage systems.	(d) 자연인에 의해 시도된 비상전화를 평가 및 분류하기 위한 의도를 가졌거나, 경찰, 소방관, 의료 원조자에 의해 제공되는 경우를 포함하여 응급 초동 대응 서비스 및 응급환자 분류 시스템을 제공하거나 혹은 제공에 우선순위를 정하기 위한 의도를 가진 AI 시스템.
6. Law enforcement, in so far as their use is permitted under relevant Union or na−tional law:	6. 관련된 EU법 또는 국내법에 따라 허용되는 한도에서 법의 집행:
(a) AI systems intended to be used by or on behalf of law enforcement author−ities, or by Union institutions, bodies, offices or agencies in support of law enforcement authorities or on their behalf to assess the risk of a natural person becoming the victim of criminal	(a) 어떠한 자연인이 형사 범죄의 피해자가 될 위험을 평가하기 위하여 법 집행 당국 또는 법 집행 당국의 대리인 혹은 이들을 지원하는 과정에서 EU의 기구, 기관, 사무소 또는 청에 의해 이용될 의도를 가진 AI 시스템;

원문	번역
offences;	
(b) AI systems intended to be used by or on behalf of law enforcement author‒ities or by Union institutions, bodies, offices or agencies in support of law enforcement authorities as polygraphs or similar tools;	(b) 거짓말 탐지 또는 이와 유사한 도구로 법 집행 당국 또는 법 집행 당국의 대리인, 혹은 법 집행 당국을 지원하는 과정에서 EU의 기구, 기관, 사무소 또는 청에 의해 이용될 의도를 가진 AI 시스템;
(c) AI systems intended to be used by or on behalf of law enforcement author‒ities, or by Union institutions, bodies, offices or agencies, in support of law enforcement authorities to evaluate the reliability of evidence in the course of the investigation or prosecution of criminal offences;	(c) 형사 범죄의 수사 또는 기소의 과정에서 증거의 신뢰성을 평가하기 위하여 법 집행 당국 또는 법 집행 당국의 대리인, 혹은 법 집행 당국을 지원하는 과정에서 EU의 기구, 기관, 사무소 또는 청에 의해 이용될 의도를 가진 AI 시스템;
(d) AI systems intended to be used by law enforcement authorities or on their behalf or by Union institutions, bodies, offices or agencies in support of law enforcement authorities for assessing the risk of a natural person offending or re‒offending not solely on the basis of the profiling of natural persons as referred to in Article 3(4) of Directive (EU) 2016/680, or to assess personality traits and characteristics or past crimi‒nal behaviour of natural persons or groups;	(d) Directive (EU) 2016/680 제3조 제4호에 규정된 자연인의 프로파일링에만 기초하지 않고 그 자연인이 범죄를 저지르거나 재범죄를 저지를 위험을 평가하기 위하여, 혹은 개인의 특성 또는 특징, 혹은 자연인 또는 집단의 과거 범죄 행동을 평가하기 위하여 법 집행 당국 또는 법 집행 당국의 대리인, 혹은 법 집행 당국을 지원하는 과정에서 EU의 기구, 기관, 사무소 또는 청에 의해 이용될 의도를 가진 AI 시스템;
(e) AI systems intended to be used by or on behalf of law enforcement author‒ities or by Union institutions, bodies, offices or agencies in support of law enforcement authorities for the profil‒ing of natural persons as referred to in Article 3(4) of Directive (EU) 2016/680 in the course of the detection, inves‒tigation or prosecution of criminal offences.	(e) 형사 범죄의 인지, 수사 또는 기소의 과정에서 Directive (EU) 2016/680 제3조 제4호에 규정된 자연인의 프로파일링을 위해 법 집행 당국 또는 법 집행 당국의 대리인, 혹은 법 집행 당국을 지원하는 과정에서 EU의 기구, 기관, 사무소 또는 청에 의해 이용될 의도를 가진 AI 시스템.

원문	번역
7. Migration, asylum and border control management, in so far as their use is permitted under relevant Union or national law: (a) AI systems intended to be used by or on behalf of competent public authorities or by Union institutions, bodies, offices or agencies as polygraphs or similar tools; (b) AI systems intended to be used by or on behalf of competent public authorities or by Union institutions, bodies, offices or agencies to assess a risk, including a security risk, a risk of irregular migration, or a health risk, posed by a natural person who intends to enter or who has entered into the territory of a Member State; (c) AI systems intended to be used by or on behalf of competent public authorities or by Union institutions, bodies, offices or agencies to assist competent public authorities for the examination of applications for asylum, visa or residence permits and for associated complaints with regard to the eligibility of the natural persons applying for a status, including related assessments of the reliability of evidence; (d) AI systems intended to be used by or on behalf of competent public authorities, or by Union institutions, bodies, offices or agencies, in the context of migration, asylum or border control management, for the purpose of detecting, recognising or identifying natural persons, with the exception of the verification of travel documents.	7. 관련 EU법 및 국내법에 따라 이용이 허용되는 이민, 망명 및 국경 관리 (a) 관할당국 또는 EU 기구·기관·사무소·청이(또는 이들 기관을 대리하여) 거짓말 탐지기 또는 이와 유사한 도구로 이용하고자 하는 AI 시스템; (b) 관할당국 또는 EU 기구·기관·사무소·청이(또는 이들 기관을 대리하여) 회원국 영토 내로 들어오거나 들어오고자 하는 자연인으로 인해 발생할 수 있는 보안위험, 비정규 이주 위험 또는 건강상 위험을 평가하기 위해 이용하고자 하는 AI 시스템 (c) 관할당국을 지원하기 위해 관할당국 또는 EU 기구·기관·사무소·청이(또는 이들 기관을 대리하여) 망명, 비자 및 체류 허가의 신청이나 증거 신뢰성 평가에 관한 이의 등 지위를 신청한 자연인의 자격에 관한 이의신청을 검토하는 데 이용하고자 하는 AI 시스템 (d) 관할당국 또는 EU 기구·기관·사무소·청이(또는 이들 기관을 대리하여) 이민, 망명 및 국경 관리 상황에서 여행증명서의 검증을 제외하고 자연인의 탐지, 인식 및 확인 목적으로 이용하고자 하는 AI 시스템

원문	번역
8. Administration of justice and democratic processes: (a) AI systems intended to be used by a judicial authority or on their behalf to assist a judicial authority in researching and interpreting facts and the law and in applying the law to a concrete set of facts, or to be used in a similar way in alternative dispute resolution; (b) AI systems intended to be used for influencing the outcome of an election or referendum or the voting behaviour of natural persons in the exercise of their vote in elections or referenda. This does not include AI systems to the output of which natural persons are not directly exposed, such as tools used to organise, optimise or structure political campaigns from an admin－istrative or logistical point of view.	8. 사법 행정 및 민주 절차: (a) 사법당국이(또는 사법당국을 대리하여) 사실관계 및 관련 법을 조사·해석하고 일련의 구체적인 사실관계에 법을 적용하거나 대체적 분쟁해결에서 유사한 방식으로 이용하고자 하는 AI 시스템 (b) 자연인이 선거·국민투표에서 자신의 투표권을 행사할 때 해당 자연인의 투표행위 또는 선거·국민투표 결과에 영향을 미치는 데 이용하고자 하는 AI 시스템. 다만, 행정 또는 기호논리학의 관점에서 정치선거를 조직, 최적화 및 구성하는데 이용되는 도구와 같이 자연인이 직접적으로 접하지 않는 결과물을 산출하는 AI 시스템은 포함하지 않는다.

부속서 Ⅳ 제11조 제1항에 따른 기술문서(ANNEX Ⅳ Technical documentation referred to in Article 11(1))

원문	번역
The technical documentation referred to in Article 11(1) shall contain at least the fol－lowing information, as applicable to the relevant AI system: 1. A general description of the AI system including: (a) its intended purpose, the name of the provider and the version of the system reflecting its relation to previous ver－sions; (b) how the AI system interacts with, or can be used to interact with, hardware or software, including with other AI sys－	제11조 제1항에 따른 기술문서는 관련 AI 시스템에 적용한 경우 최소한 다음 각 호에 해당하는 정보를 포함해야 한다: 1. AI 시스템에 관하여, 다음을 포함한 일반적 기술: (a) 해당 시스템의 의도된 목적, 공급자 성명, 이전 버전과의 관계를 보여주는 시스템 버전; (b) 해당되는 경우, AI 시스템이 그 일부를 구성하지 않는 다른 AI 시스템 또는 하드웨어·소프트웨어와 상호작용하거나 상호작

원문	번역
tems, that are not part of the AI sys— tem itself, where applicable;	용하는데 이용될 수 있는 방법;
(c) the versions of relevant software or firmware, and any requirements re— lated to version updates;	(c) 관련 소프트웨어·펌웨어의 버전과 버전 업데이트와 관련된 모든 요건;
(d) the description of all the forms in which the AI system is placed on the market or put into service, such as software packages embedded into hardware, downloads, or APIs;	(d) 하드웨어에 내장된 소프트웨어 패키지, 다운로드 또는 API 등과 같이, AI 시스템이 시장 출시되거나 서비스 공급되는 모든 형태에 관한 설명;
(e) the description of the hardware on which the AI system is intended to run;	(e) AI 시스템이 실행될 하드웨어에 관한 설명;
(f) where the AI system is a component of products, photographs or illustrations showing external features, the marking and internal layout of those products;	(f) AI 시스템이 제품의 구성요소에 해당하는 경우, 제품의 외부적 특성, 표시와 내부 배치를 보여주는 사진 또는 그림;
(g) a basic description of the user—inter— face provided to the deployer;	(g) 배포자에게 제공된 이용자 인터페이스에 관한 기본 설명;
(h) instructions for use for the deployer, and a basic description of the user— interface provided to the deployer, where applicable;	(h) 해당되는 경우, 배포자를 위한 이용 설명과 배포자에게 제공된 이용자 인터페이스에 관한 기본 설명;
2. A detailed description of the elements of the AI system and of the process for its development, including:	2. 다음을 포함하는, AI 시스템 요소와 해당 시스템 개발 절차에 관한 상세 설명:
(a) the methods and steps performed for the development of the AI system, including, where relevant, recourse to pre—trained systems or tools provided by third parties and how those were used, integrated or modified by the provider;	(a) 관련성이 있는 경우, 제3자가 제공한 도구, 사전 학습된 시스템의 이용 또는 공급자가 이용·통합·수정한 방법 등, AI 시스템 개발을 위해 수행된 방법 또는 단계;
(b) the design specifications of the system, namely the general logic of the AI system and of the algorithms; the key design choices including the rationale and assumptions made, including with regard to persons or groups of persons	(b) 시스템의 설계 사양, 즉 AI 시스템과 알고리즘에 관한 일반 로직; 시스템이 이용되도록 의도된 사람들 또는 이들 집단에 관하여 설정한 원리 및 가정 등 중요 설계 선택; 주요 분류 선택; 시스템이 무엇에 최적화되도록 설계되었는지와 다른

.

원문	번역
in respect of who, the system is intended to be used; the main classification choices; what the system is designed to optimise for, and the relevance of the different parameters; the description of the expected output and output quality of the system; the decisions about any possible trade-off made regarding the technical solutions adopted to comply with the requirements set out in Chapter Ⅲ, Section 2;	파라미터와의 관련성; 기대되는 시스템의 결과물과 그 질에 관한 설명; 제3장 제2절에 규정된 요건을 준수하기 위해 채택한 기술적 요건과 관련된 모든 가능한 득실에 관하여 내린 결정;
(c) the description of the system architecture explaining how software components build on or feed into each other and integrate into the overall processing; the computational resources used to develop, train, test and validate the AI system;	(c) 소프트웨어 구성요소가 어떻게 구축되고 상호 공급되며 전체 처리에 통합되지를 설명하는 시스템 아키텍처에 관한 설명; AI 시스템을 개발, 학습, 테스트 및 검증하는데 이용되는 컴퓨팅 자원;
(d) where relevant, the data requirements in terms of datasheets describing the training methodologies and techniques and the training data sets used, including a general description of these data sets, information about their provenance, scope and main characteristics; how the data was obtained and selected; labelling procedures (e.g. for supervised learning), data cleaning methodologies (e.g. outliers detection);	(d) 관련성이 있는 경우, 데이터 세트, 출처에 관한 정보 및 주요 특징 등에 관한 개괄적인 기술 등 학습 방법 및 기술, 이용된 학습 데이터 세트를 설명해 주는 것으로서 데이터시트 관점에서의 데이터 요건; 데이터를 확보하고 선택한 방법; 라벨링 절차(예: 지도학습을 위한 경우), 데이터 정제 방법(예: 이상치 감지);
(e) assessment of the human oversight measures needed in accordance with Article 14, including an assessment of the technical measures needed to facilitate the interpretation of the outputs of AI systems by the deployers, in accordance with Article 13(3), point (d);	(e) 제13조 제3항 (d)에 따라 배포자가 AI 시스템의 결과 해석을 촉진시키기 위해 필요한 기술적 조치에 대한 평가를 포함하여, 제14조에 따라 필요한 사람의 관리·감독 조치에 대하여 평가;
(f) where applicable, a detailed description of pre-determined changes to the AI system and its performance, together	(f) 해당되는 경우, 제3장 제2절에 따른 관련 요건을 충족하는 AI 시스템이 계속적으로 요건을 준수하는 것을 보장하기 위해 채

원문	번역
with all the relevant information related to the technical solutions adopted to ensure continuous compliance of the AI system with the relevant requirements set out in Chapter Ⅲ, Section 2; (g) the validation and testing procedures used, including information about the vali－dation and testing data used and their main characteristics; metrics used to measure accuracy, robustness and compliance with other relevant re－quirements set out in Chapter Ⅲ, Section 2, as well as potentially dis－criminatory impacts; test logs and all test reports dated and signed by the responsible persons, including with regard to pre－determined changes as referred to under point (f); (h) cybersecurity measures put in place; 3. Detailed information about the monitor－ing, functioning and control of the AI system, in particular with regard to: its capabilities and limitations in perform－ance, including the degrees of accuracy for specific persons or groups of persons on which the system is intended to be used and the overall expected level of accuracy in relation to its intended pur－pose; the foreseeable unintended out－comes and sources of risks to health and safety, fundamental rights and discrim－ination in view of the intended purpose of the AI system; the human oversight measures needed in accordance with Article 14, including the technical meas－ures put in place to facilitate the inter－pretation of the outputs of AI systems by the deployers; specifications on input data, as appropriate;	택한 기술 솔루션에 관한 모든 관련 정보를 포함하여, AI 시스템에 관하여 사전에 변경하기로 결정한 사항과 해당 시스템의 성능에 관한 상세한 설명; (g) 이용된 검증·학습 데이터와 주요 특성에 관한 정보 등 검증 및 학습 절차; 정확성, 견고성, 제3장 제2절에 규정된 관련 요건 준수뿐 아니라 차별적 영향을 줄 가능성을 측정하는 데 이용한 지표; 테스트 로그와 제f호에 규정된 사전변경하기로 결정한 사항에 관한 것을 포함하여 책임자가 날짜를 기재하고 서명한 모든 관련 보고서; (h) 적용한 사이버 보안 조치; 3. AI 시스템의 모니터링, 기능 및 통제에 관한 상세 내용, 특히 다음에 관한 사항을 포함: 시스템이 이용될 것이 의도된 특정 사람 또는 집단을 대상으로 한 정확도와 의도된 목적과 관련하여 기대되는 전반적인 정확도 등 성능의 역량 및 한계; AI 시스템의 의도된 목적 관점에서, 건강, 안전, 기본권 및 차별에 대한 위험 요인과 의도되지 않았으나 예견 가능한 결과; 배포자가 AI 시스템의 결과물을 해석할 수 있도록 배치한 기술적 조치 등 제14조에 따른 인간의 관리·감독 조치; 적절한 경우 입력 데이터에 관한 상세 설명;

원문	번역
4. A description of the appropriateness of the performance metrics for the specific AI system;	4. 특정 AI 시스템에 관한 성능지표의 적절성에 관한 설명;
5. A detailed description of the risk manage-ment system in accordance with Article 9;	5. 제9조에 따른 위험 관리 체계에 관한 상세한 설명;
6. A description of relevant changes made by the provider to the system through its lifecycle;	6. 시스템의 생애주기를 통해 공급자가 해당 시스템에 적용한 관련 변경에 관한 설명;
7. A list of the harmonised standards ap-plied in full or in part the references of which have been published in the Official Journal of the European Union; where no such harmonised standards have been applied, a detailed description of the solutions adopted to meet the requirements set out in Chapter Ⅲ, Section 2, including a list of other rele-vant standards and technical specifica-tions applied;	7. EU 관보에 게시된 참조의 일부 또는 전부에 적용된 조화된 표준 목록; 적용된 조화된 표준이 없는 경우, 적용된 기타 표준 또는 기술기준 목록 등 제3장 제2절에 따른 요건 준수를 위해 적용된 솔루션에 관한 상세 설명;
8. A copy of the EU declaration of con-formity referred to in Article 47;	8. 제47조에 따른 EU 적합성 선언의 사본;
9. A detailed description of the system in place to evaluate the AI system per-formance in the post-market phase in accordance with Article 72, including the post-market monitoring plan referred to in Article 72(3).	9. 제72조에 언급된 시장 출시 후 모니터링 계획을 포함하여, 제72조 제3항에 따른 시장 출시 단계에서 AI 시스템의 성능을 평가하기 위해 마련된 체계에 대한 상세 설명

부속서 Ⅴ EU 적합성 선언(ANNEX Ⅴ EU declaration of conformity)

원문	번역
The EU declaration of conformity referred to in Article 47, shall contain all of the fol-lowing information:	제47조에 따른 EU 적합성 선언은 다음 모든 정보를 포함해야 한다:
1. AI system name and type and any addi-tional unambiguous reference allowing the identification and traceability of the AI system;	1. AI 시스템의 명칭·유형과 AI 시스템의 식별·추적을 가능하게 하는 그 밖의 모든 명확한 참조;

원문	번역
2. The name and address of the provider or, where applicable, of their authorised representative;	2. 공급자의 성명·주소 또는 해당되는 경우 국내 대리인의 성명·주소;
3. A statement that the EU declaration of conformity referred to in Article 47 is issued under the sole responsibility of the provider;	3. 제47조에 따른 적합성 선언이 오로지 공급자의 책임하에 발급되었다는 진술;
4. A statement that the AI system is in conformity with this Regulation and, if applicable, with any other relevant Union law that provides for the issuing of the EU declaration of conformity re-ferred to in Article 47;	4. AI 시스템이 이 법에 부합하고, 해당되는 경우 제47조에 따른 적합성 선언을 발급할 것을 규정하고 있는 그 밖의 관련 EU법에 부합한다는 진술;
5. Where an AI system involves the proc-essing of personal data, a statement that that AI system complies with Regulations (EU) 2016/679 and (EU) 2018/1725 and Directive (EU) 2016/680;	5. AI 시스템이 개인정보 처리를 포함하는 경우, AI 시스템이 Regulations (EU) 2016/679, (EU) 2018/1725 및 Directive (EU) 2016/680에 부합한다는 진술;
6. References to any relevant harmonised standards used or any other common specification in relation to which con-formity is declared;	6. 적합성이 선언된 것과 관련하여, 이용된 모든 관련 통합 표준 또는 기타 모든 공통기준에 관한 참조;
7. Where applicable, the name and identi-fication number of the notified body, a description of the conformity assessment procedure performed, and identification of the certificate issued;	7. 해당되는 경우, 피통보기관의 명칭·식별번호, 수행한 적합성 평가 절차에 관한 설명 및 발급된 증명서 확인;
8. The place and date of issue of the dec-laration, the name and function of the person who signed it, as well as an in-dication for, or on behalf of whom, that person signed, a signature.	8. 선언 발급 장소·일자, 서명한 자 또는 대리하여 서명한 자의 성명·기능 및 서명 표시.

부속서 Ⅵ 내부통제에 근거한 적합성 평가 절차(ANNEX Ⅵ Conformity assessment procedure based on internal control)

원문	번역
1. The conformity assessment procedure based on internal control is the conformity as-sessment procedure based on points 2, 3 and 4.	1. 내부통제에 근거한 적합성 평가 절차는 제2항, 제3항 및 제4항에 근거한 적합성 평가를 말한다.
2. The provider verifies that the established quality management system is in com-pliance with the requirements of Article 17.	2. 공급자는 기 수립된 품질 관리 체계가 제17조의 요건에 부합함을 입증한다.
3. The provider examines the information contained in the technical documentation in order to assess the compliance of the AI system with the relevant essential requirements set out in Chapter Ⅲ, Section 2.	3. AI 시스템이 제3장 제2절에 명시된 관련 본질적 요건을 충족하는 지를 평가하기 위해 기술문서에 포함된 정보를 검토한다.
4. The provider also verifies that the design and development process of the AI sys-tem and its post-market monitoring as referred to in Article 72 is consistent with the technical documentation.	4. 공급자는 AI 시스템의 설계 및 개발과 제72조에 따른 해당 AI 시스템의 사후 시장 모니터링이 기술문서에 합치한다는 점 또한 입증한다.

부속서 Ⅶ 품질 관리 체계 평가 및 기술문서 평가를 기반으로 하는 적합성(ANNEX Ⅶ Conformity based on an assessment of the quality management system and an assessment of the technical documentation)

원문	번역
1. Introduction Conformity based on an assessment of the quality management system and an as-sessment of the technical documentation is the conformity assessment procedure based on points 2 to 5.	1. 서론 품질 관리 체계 및 기술문서 평가를 기반으로 하는 적합성 평가는 다음의 제2항에서 제5항까지의 내용을 기준으로 하는 절차를 의미한다.
2. Overview The approved quality management system for the design, development and testing of AI systems pursuant to Article 17 shall be	2. 개요 제17조에 따라 AI 시스템의 설계, 개발, 테스트를 위하여 승인된 품질 관리 체계는 제3항에 따라 검사되어야 하며, 제5항에 따라 모니

원문	번역
examined in accordance with point 3 and shall be subject to surveillance as specified in point 5. The technical documentation of the AI system shall be examined in ac-cordance with point 4.	터링되어야 한다. 기술문서는 제4호에 따라 검사되어야 한다.
3. Quality management system	3. 품질 관리 체계
3.1. The application of the provider shall include:	3.1. 공급자의 신청서에는 다음의 사항이 포함되어야 한다:
(a) the name and address of the provider and, if the application is lodged by an authorised representative, also their name and address;	(a) 공급자의 이름과 주소, 권한을 위임받은 대리인이 신청서를 제출하는 경우 대리인의 이름과 주소;
(b) the list of AI systems covered under the same quality management system;	(b) 동일한 품질 관리 체계의 적용을 받는 AI 시스템 목록;
(c) the technical documentation for each AI system covered under the same quality management system;	(c) 동일한 품질 관리 체계의 적용을 받는 각 AI 시스템에 대한 기술문서;
(d) the documentation concerning the quality management system which shall cover all the aspects listed under Article 17;	(d) 제17조에 열거된 모든 측면을 다루어야 하는 품질 관리 체계에 관한 문서;
(e) a description of the procedures in place to ensure that the quality management system remains adequate and effec-tive;	(e) 품질 관리 체계가 적절하고 효과적인 상태로 유지되도록 하기 위해 마련된 절차에 대한 설명;
(f) a written declaration that the same ap-plication has not been lodged with any other notified body.	(f) 다른 피통보기관에 동일한 신청서를 제출하지 않았다는 서면 확인서.
3.2. The quality management system shall be assessed by the notified body, which shall determine whether it sat-isfies the requirements referred to in Article 17. The decision shall be notified to the provider or its authorised representative. The notification shall contain the con-clusions of the assessment of the quality management system and the reasoned assessment decision.	3.2. 품질 관리 체계는 피통보기관에 의해 평가되어야 하며, 피통보기관은 제17조에 언급된 요건을 충족하는지 여부를 결정해야 한다. 결정은 공급자 또는 국내 대리인에게 통보되어야 한다. 통보에는 품질 관리 체계 평가의 결과와 합리적인 평가 결정의 내용이 포함되어야 한다.

원문	번역
3.3. The quality management system as approved shall continue to be implemented and maintained by the provider so that it remains adequate and efficient.	3.3. 승인된 품질 관리 체계는 적절하고 효율적으로 유지될 수 있도록 공급자가 지속적으로 구현하고 유지하여야 한다.
3.4. Any intended change to the approved quality management system or the list of AI systems covered by the latter shall be brought to the attention of the notified body by the provider.	3.4. 승인된 품질 관리 체계 또는 후자가 적용되는 AI 시스템 목록에 대한 의도된 변경 사항은 공급자가 피통보기관에 알려야 한다.
The proposed changes shall be examined by the notified body, which shall decide whether the modified quality management system continues to satisfy the requirements referred to in point 3.2 or whether a reassessment is necessary.	제안된 변경사항은 피통보기관이 검사하여 수정된 품질 관리 체계가 제3.2항에 언급된 요건을 계속 충족하는지 또는 재평가가 필요한지 여부를 결정해야 한다.
The notified body shall notify the provider of its decision. The notification shall contain the conclusions of the examination of the changes and the reasoned assessment decision.	피통보기관은 그 결정을 공급자에게 통보하여야 한다. 통보는 변경 사항에 대한 검사의 결론과 합리적인 평가 결정의 내용이 포함되어야 한다.
4. Control of the technical documentation.	4. 기술문서 관리
4.1. In addition to the application referred to in point 3, an application with a notified body of their choice shall be lodged by the provider for the assessment of the technical documentation relating to the AI system which the provider intends to place on the market or put into service and which is covered by the quality management system referred to under point 3.	4.1. 제3항에 언급된 신청서 외에 공급자가 시장에 출시하거나 서비스 공급을 하려는 AI 시스템과 관련된 기술문서에 대한 평가를 위해 공급자가 선택한 피통보기관에 신청서를 제출하여야 하며, 이 시스템은 제3항에 언급된 품질 관리 체계의 적용을 받도록 해야 한다.
4.2. The application shall include:	4.2. 신청서에는 다음이 포함되어야 한다;
(a) the name and address of the provider;	(a) 공급자의 성명과 주소;
(b) a written declaration that the same application has not been lodged with any other notified body;	(b) 동일한 신청서가 다른 피통보기관에 제출되지 않았다는 서면 확인서;
(c) the technical documentation referred	(c) 부속서 IV에 언급된 기술문서.

원문	번역
to in Annex Ⅳ.	
4.3. The technical documentation shall be examined by the notified body. Where relevant, and limited to what is nec-essary to fulfil its tasks, the notified body shall be granted full access to the training, validation, and testing data sets used, including, where ap-propriate and subject to security safeguards, through API or other rel-evant technical means and tools en-abling remote access.	4.3. 기술문서는 피통보기관에서 검사해야 한다. 해당되는 경우 그리고 업무 수행에 필요할 것으로 제한되는 경우, 피통보기관은 원격 접속을 가능하게 하는 API 또는 기타 관련 기술 수단 또는 도구를 통해 이용된 학습, 검증, 시험 데이터세트 전체에 대한 접근 권한을 부여받아야 하며, 여기에는 보안 조치가 적용되는 경우도 포함된다.
4.4. In examining the technical documentation, the notified body may require that the provider supply further evidence or carry out further tests so as to enable a proper assessment of the conformity of the AI system with the requirements set out in Chapter Ⅲ, Section 2. Where the notified body is not sat-isfied with the tests carried out by the provider, the notified body shall itself directly carry out adequate tests, as appropriate.	4.4. 기술문서를 검토할 때 피통보기관은 제3장 제2절에 명시된 요구사항에 대한 AI 시스템의 적합성을 적절히 평가할 수 있도록 공급자에게 증거를 제시하거나 추가 테스트를 수행하도록 요구할 수 있다. 피통보기관은 공급자가 수행한 테스트가 적절하지 못하다고 판단한 경우 직접 적절한 테스트를 수행하여야 한다.
4.5. Where necessary to assess the con-formity of the high-risk AI system with the requirements set out in Chapter Ⅲ, Section 2, after all other reasonable means to verify conformity have been exhausted and have pro-ven to be insufficient, and upon a reasoned request, the notified body shall also be granted access to the training and trained models of the AI system, including its relevant parameters. Such access shall be subject to exist-	4.5. 고위험 AI 시스템의 제3장 제2절에 명시된 요건에 대한 적합성을 평가하기 위하여 필요한 경우, 적합성을 검증하기 위한 다른 모든 합리적인 수단이 소진되고 불충분한 것으로 입증되면 그 사유를 기재한 요청에 따라 피통보기관은 관련 파라미터를 포함하여 AI 시스템의 학습 및 학습된 모델에 대한 접근 권한도 부여받아야 한다. 이러한 접근에는 지식재산 및 영업비밀 보호에 관한 현행 EU법의 적용을 받는다.

원문	번역
ing Union law on the protection of intellectual property and trade secrets.	
4.6. The decision of the notified body shall be notified to the provider or its au — thorised representative. The notifica — tion shall contain the conclusions of the assessment of the technical doc — umentation and the reasoned assess — ment decision.	4.6. 피통보기관의 결정은 공급자 또는 그 국내 대리인에게 통지되어야 한다. 통지에는 기술문서 평가의 결과와 함께 합리적인 평가 결정의 내용이 포함되어야 한다.
Where the AI system is in conformity with the requirements set out in Chapter Ⅲ, Section 2, the notified body shall issue a Union technical documentation assessment certificate. The certificate shall indicate the name and address of the provider, the conclusions of the examination, the conditions (if any) for its validity and the data necessary for the identification of the AI system.	AI 시스템이 제3장 제2절에 명시된 요건을 준수하는 경우 피통보기관은 유럽연합 기술문서 평가 인증서를 발급하여야 한다. 인증서에는 공급자의 이름과 주소, 검사 결과, 유효성 조건(있는 경우) 및 AI 시스템 식별에 필요한 데이터가 표시되어야 한다.
The certificate and its annexes shall contain all relevant information to allow the conformity of the AI system to be evaluated, and to allow for control of the AI system while in use, where applicable.	인증서와 그 부속서에는 AI 시스템의 적합성을 평가할 수 있도록 모든 관련 정보가 포함되어야 하며, 해당되는 경우 이용 중 AI 시스템을 제어할 수 있도록 해야 한다.
Where the AI system is not in con — formity with the requirements set out in Chapter Ⅲ, Section 2, the notified body shall refuse to issue a Union technical documentation assessment certificate and shall inform the applicant accordingly, giving detailed reasons for its refusal.	AI 시스템이 제3장 제2절에 명시된 요건을 준수하지 않는 경우 피통보기관은 유럽연합 기술문서 평가 인증서의 발급을 거부하고 신청자에게 자세한 거부 사유를 명시하여 통보하여야 한다.
Where the AI system does not meet the requirement relating to the data used to train it, re — training of the AI system will be needed prior to the application for a new conformity assessment. In this case,	AI 시스템이 학습에 이용된 데이터와 관련된 요구사항을 충족하지 못하는 경우 새로운 적합성 평가를 신청하기 전에 AI 시스템은 다시 학습해야 한다. 이 경우 유럽연합 기술문서 평가 인증서의 발급을 거부하

원문	번역
the reasoned assessment decision of the notified body refusing to issue the Union technical documentation assessment certificate shall contain specific consid — erations on the quality data used to train the AI system, in particular on the rea — sons for non−compliance.	는 피통보기관의 합리적인 평가 결정에는 AI 시스템 훈련에 이용된 품질 데이터, 특히 미준수 사유에 대한 구체적인 고려사항이 포함되어야 한다.
4.7. Any change to the AI system that could affect the compliance of the AI system with the requirements or its intended purpose shall be assessed by the notified body which issued the Union technical documentation as — sessment certificate. The provider shall inform such notified body of its intention to introduce any of the abovementioned changes, or if it otherwise becomes aware of the oc — currence of such changes. The in — tended changes shall be assessed by the notified body, which shall decide whether those changes require a new conformity assessment in accordance with Article 43(4) or whether they could be addressed by means of a supplement to the Union technical documentation assessment certificate. In the latter case, the notified body shall assess the changes, notify the provider of its decision and, where the changes are approved, issue to the provider a supplement to the Union technical documentation as — sessment certificate.	4.7. AI 시스템의 요건 준수 또는 의도된 목적에 영향을 미칠 수 있는 AI 시스템의 변경은 유럽연합 기술문서 평가 인증서를 발급한 피통보기관에서 평가하여야 한다. 공급자는 위에서 언급한 변경사항을 적용할 의사가 있거나 그러한 변경사항의 발생을 알게 된 경우 해당 피통보기관에게 알려야 한다. 의도된 변경 사항은 피통보기관이 평가하며, 피통보기관은 해당 변경사항이 제43조 제4항에 따라 새로운 적합성 평가가 필요한지 또는 유럽연합 기술문서 평가 인증서의 보완을 통해 해결될 수 있는지 여부를 결정하여야 한다. 후자의 경우 피통보기관은 변경사항을 평가하고 그 결정을 공급자에게 통지하며, 변경사항이 승인된 경우 공급자에게 유럽연합 기술문서 평가 인증서에 대한 보충서를 발급해야 한다.
5. Surveillance of the approved quality management system.	5. 승인된 품질 관리 체계의 모니터링
5.1. The purpose of the surveillance car — ried out by the notified body referred	5.1. 제3호에서 언급된 피통보기관이 수행하는 모니터링의 목적은 공급자가 승인된

원문	번역
to in Point 3 is to make sure that the provider duly complies with the terms and conditions of the approved quality management system.	품질 관리 체계의 조건을 제대로 준수하는지 확인하기 위한 것이다.
5.2. For assessment purposes, the provider shall allow the notified body to access the premises where the design, development, testing of the AI systems is taking place. The provider shall further share with the notified body all necessary information.	5.2. 평가의 목적을 위해 공급자는 피통보기관이 AI 시스템이 설계, 개발, 테스트가 이루어지는 현장에 접근할 수 있도록 허용해야 한다. 또한 공급자는 필요한 모든 정보를 피통보기관과 공유해야 한다.
5.3. The notified body shall carry out periodic audits to make sure that the provider maintains and applies the quality management system and shall provide the provider with an audit report. In the context of those audits, the notified body may carry out additional tests of the AI systems for which a Union technical documentation assessment certificate was issued.	5.3. 피통보기관은 공급자가 품질 관리 체계를 유지하고 적용하는지 확인하기 위해 정기적 감사를 수행하여야 하며, 감사보고서를 공급자에게 제공하여야 한다. 이러한 감사의 맥락에서 피통보기관은 유럽연합 기술문서 평가 인증서가 발급된 AI 시스템에 대한 추가 테스트를 수행할 수 있다.

부속서 Ⅷ 제49조에 따른 고위험 AI 시스템 등록시 요구되는 제출 정보(Annex Ⅷ information to be submitted upon the registration of high-risk AI systems in accordance with Article 49)

원문	번역
Section A – Information to be submitted by providers of high-risk AI systems in accordance with Article 49(1) The following information shall be provided and thereafter kept up to date with regard to high-risk AI systems to be registered in accordance with Article 49(1): 1. The name, address and contact details of	제A절 – 제49조 제1항에 따른 고위험 AI 시스템 등록 시 공급자에게 요구되는 제출 정보 제49조 제1항에 따른 고위험 AI 시스템의 등록 시 다음 정보가 제공되고 최신 상태로 유지되어야 한다: 1. 공급자의 성명, 주소 및 세부 연락처;

원문	번역
the provider;	
2. Where submission of information is carried out by another person on behalf of the provider, the name, address and contact details of that person;	2. 공급자를 위하여 다른 사람이 대신 정보를 제출할 경우, 해당인의 성명, 주소 및 세부 연락처;
3. The name, address and contact details of the authorised representative, where applicable;	3. 국내대리인의 성명, 주소 및 세부 연락처;
4. The AI system trade name and any additional unambiguous reference allowing the identification and traceability of the AI system;	4. AI 시스템의 상호 및 해당 AI 시스템의 식별 및 추적을 가능하게 하는 명확한 추가 확인정보;
5. A description of the intended purpose of the AI system and of the components and functions supported through this AI system;	5. AI 시스템 및 이를 지원하는 구성요소 및 기능의 의도된 목적에 대한 서술;
6. A basic and concise description of the information used by the system (data, inputs) and its operating logic;	6. 해당 시스템이 이용하는 정보(데이터, 입력물) 및 그 운영로직에 관한 기본적이고 간결한 서술;
7. The status of the AI system (on the market, or in service; no longer placed on the market/in service, recalled);	7. AI 시스템의 현황(시장 출시/서비스 제공, 출시/서비스 중단, 리콜);
8. The type, number and expiry date of the certificate issued by the notified body and the name or identification number of that notified body, where applicable;	8. 인증기관이 발행한 인증서의 유형, 번호, 만기일 및 해당되는 경우 해당 인증기관의 명칭 및 식별번호;
9. A scanned copy of the certificate referred to in point 8, where applicable;	9. 해당되는 경우 제8호의 인증서의 스캔 사본;
10. Any Member States in which the AI system has been placed on the market, put into service or made available in the Union;	10. AI 시스템이 시장 출시, 서비스 공급, 또는 공급된 유럽연합 내 회원국 내역;
11. A copy of the EU declaration of conformity referred to in Article 47;	11. 제47조에 따른 EU 인증 선언의 사본;
12. Electronic instructions for use; this information shall not be provided for high-risk AI systems in the areas of law enforcement or migration, asylum and border control management referred	12. 전자문서로 된 이용 지침: 본 정보는 부속서 Ⅲ 제1호, 제6호, 제7호에 규정된 법집행, 이민·망명, 국경 통제에 이용되는 AI 시스템에는 제공되지 않음;

원문	번역
to in Annex Ⅲ, points 1, 6 and 7; 13. A URL for additional information (optional).	13. 추가 정보를 위한 URL (선택사항).
Section B - Information to be submitted by providers of high-risk AI systems in accordance with Article 49(2) The following information shall be provided and thereafter kept up to date with regard to AI systems to be registered in accordance with Article 49(2): 1. The name, address and contact details of the provider; 2. Where submission of information is carried out by another person on behalf of the provider, the name, address and contact details of that person; 3. The name, address and contact details of the authorised representative, where applicable; 4. The AI system trade name and any additional unambiguous reference allowing the identification and traceability of the AI system; 5. A description of the intended purpose of the AI system; 6. The condition or conditions under Article 6(3) based on which the AI system is considered to be not-high-risk; 7. A short summary of the grounds on which the AI system is considered to be not-high-risk in application of the procedure under Article 6(3); 8. The status of the AI system (on the market, or in service; no longer placed on the market/in service, recalled); 9. Any Member States in which the AI system has been placed on the market, put into service or made available in the Union.	**제B절 - 제49조 제2항에 따른 고위험 AI 시스템 등록 시 공급자에게 요구되는 제출 정보** 제49조 제2항에 따른 고위험 AI 시스템의 등록 시 다음 정보가 제공되고 최신 상태로 유지되어야 한다: 1. 공급자의 성명, 주소 및 세부 연락처; 2. 공급자를 위하여 다른 사람이 대신 정보를 제출할 경우, 해당인의 성명, 주소 및 세부 연락처; 3. 국내대리인의 성명, 주소 및 세부 연락처; 4. AI 시스템의 상호 및 해당 AI 시스템의 식별 및 추적을 가능하게 하는 명확한 추가 확인정보; 5. AI 시스템의 의도된 목적에 대한 서술; 6. 제6조 제3항에 따른 고위험 AI 시스템 미 해당 조건; 7. 제6조 제3항의 절차에 따른 고위험 AI 시스템 미 해당 사유에 대한 간략한 요약; 8. AI 시스템의 현황(시장 출시/서비스 공급, 출시/서비스 중단, 리콜); 9. AI 시스템이 시장 출시, 서비스 공급 또는 공급된 유럽연합 내 회원국 내역.

원문	번역
Section C - Information to be submitted by deployers of high-risk AI systems in accordance with Article 49(3)	제C절 - 제49조 제3항에 따른 고위험 AI 시스템 등록 시 배포자에게 요구되는 제출 정보
The following information shall be provided and thereafter kept up to date with regard to high-risk AI systems to be registered in accordance with Article 49(3):	제49조 제3항에 따른 고위험 AI 시스템의 등록 시 다음 정보가 제공되고 최신 상태로 유지되어야 한다:
1. The name, address and contact details of the deployer;	1. 배포자의 성명, 주소 및 세부 연락처;
2. The name, address and contact details of the person submitting information on behalf of the deployer;	2. 배포자를 위하여 다른 사람이 대신 정보를 제출하는 자의 성명, 주소 및 세부 연락처;
3. The URL of the entry of the AI system in the EU database by its provider;	3. 공급자가 EU 데이터베이스에 입력한 AI 시스템의 URL;
4. A summary of the findings of the fundamental rights impact assessment conducted in accordance with Article 27;	4. 제27조에 따라 수행한 기본권 영향평가 결과의 요약;
5. A summary of the data protection impact assessment carried out in accordance with Article 35 of Regulation (EU) 2016/679 or Article 27 of Directive (EU) 2016/680 as specified in Article 26(8) of this Regulation, where applicable.	5. 해당되는 경우 Regulation (EU) 2016/679 제35조, Directive (EU) 2016/680 제27조 및 이 법 제26조 제8항에 따라 규정된 데이터 보호 영향평가의 요약.

부속서 Ⅸ 제60조에 따른 현실 세계 조건에서의 테스트와 관련하여 부속서 Ⅲ에 열거된 고위험 AI 시스템 등록 시 제출해야 하는 정보(ANNEX Ⅸ Information to be submitted upon the registration of high-risk AI systems listed in Annex Ⅲ in relation to testing in real world conditions in accordance with Article 60)

원문	번역
The following information shall be provided and thereafter kept up to date with regard to testing in real world conditions to be registered in accordance with Article 60:	제60조에 따라 등록되는 현실 세계 조건에서의 테스트와 관련하여 다음 정보를 제공해야 하고, 이후 계속적으로 정보를 최신화하여야 한다:
1. A Union-wide unique single identification number of the testing in real	1. 현실 세계 조건에서의 테스트의 EU 전역 단일 식별번호;

원문	번역
world conditions; 2. The name and contact details of the provider or prospective provider and of the deployers involved in the testing in real world conditions; 3. A brief description of the AI system, its intended purpose, and other information necessary for the identification of the system; 4. A summary of the main characteristics of the plan for testing in real world conditions; 5. Information on the suspension or termination of the testing in real world conditions.	2. 현실 세계 조건에서의 테스트에 참여하는 공급자 또는 장래 공급자와 배포자의 성명 및 연락처; 3. AI 시스템에 관한 간략한 설명, 해당 AI 시스템의 의도된 목적과 식별에 필요한 기타 정보; 4. 현실 세계 조건에서의 테스트 계획의 주요 특징에 관한 요약; 5. 현실 세계 조건에서의 테스트 중단 또는 종료에 관한 정보.

부속서 X 자유, 안보 및 사법 분야의 대규모 IT시스템에 관한 EU입법행위(ANNEX X Union legislative acts on large-scale IT systems in the area of Freedom, Security and Justice)

원문	번역
1. Schengen Information System (a) Regulation (EU) 2018/1860 of the European Parliament and of the Council of 28 November 2018 on the use of the Schengen Information System for the return of illegally staying third-country nationals (OJ L 312, 7.12.2018, p. 1). (b) Regulation (EU) 2018/1861 of the European Parliament and of the Council of 28 November 2018 on the establishment, operation and use of the Schengen Information System (SIS) in the field of border checks, and amending the Convention implementing the Schengen Agreement, and amending and repealing Regulation (EC) No 1987/2006 (OJ L 312, 7.12.2018, p. 14).	1. 셴겐 정보 시스템 (a) 불법적으로 체류하는 제3국 국민의 송환을 위한 셴겐 정보 시스템의 이용에 관한 2018년 11월 28일자 유럽 의회 및 EU이사회 규정 Regulation (EU) 2018/1860 (OJ L 312, 7.12.2018, p. 1). (b) 국경 검문 분야에서의 셴겐 정보 시스템의 구축·운영 및 이용, 셴겐 협정을 이행하는 협약의 개정, Regulation (EC) No 1987/2006의 개정 및 폐지에 관한 2018년 11월 28일자 유럽 의회 및 EU이사회 규정 Regulation (EU) 2018/1861 (OJ L 312, 7.12.2018, p. 14).

원문	번역
(c) Regulation (EU) 2018/1862 of the European Parliament and of the Council of 28 November 2018 on the establishment, operation and use of the Schengen Information System (SIS) in the field of police cooperation and judicial coop - eration in criminal matters, amending and repealing Council Decision 2007/ 533/JHA, and repealing Regulation (EC) No 1986/2006 of the European Parliament and of the Council and Commission Decision 2010/261/EU (OJ L 312, 7.12. 2018, p. 56).	(c) 경찰 협력 및 형사 사안 사법 협력 분야에서 셍겐 정보 시스템(SIS)의 구축, 운영 및 이용, EU이사회 결정 2007/533/JHA의 개정 및 폐지, 유럽 의회 및 EU이사회 Regulation (EC) No 1986/2006과 EU집행위원회 결정 2010/261/EU의 폐지에 관한 2018년 11월 28일자 유럽 의회 및 EU이사회 규정 Regulation (EU) 2018/1862 (OJ L 312, 7.12.2018, p. 56).
2. Visa Information System	2. 비자 정보 시스템
(a) Regulation (EU) 2021/1133 of the European Parliament and of the Council of 7 July 2021 amending Regulations (EU) No 603/2013, (EU) 2016/794, (EU) 2018/1862, (EU) 2019/816 and (EU) 2019/818 as regards the establishment of the conditions for accessing other EU in - formation systems for the purposes of the Visa Information System (OJ L 248, 13.7.2021, p. 1).	(a) 비자 정보 시스템을 위한 기타 EU 정보 시스템의 접근 조건 설정에 관한 Regulation (EU) 603/2013, Regulation (EU) 2016/794, Regulation (EU) 2018/1862, Regulation (EU) 2019/816 and Regulation (EU) 2019/818을 개정하는 2021년 7월 7일자 유럽 의회 및 EU이사회 규정 Regulation (EU) 2021/1133(OJ L 248, 13.7.2021, p. 1).
(b) Regulation (EU) 2021/1134 of the European Parliament and of the Council of 7 July 2021 amending Regulations (EC) No 767/2008, (EC) No 810/2009, (EU) 2016 /399, (EU) 2017/2226, (EU) 2018/1240, (EU) 2018/1860, (EU) 2018/1861, (EU) 2019/817 and (EU) 2019/1896 of the European Parliament and of the Council and repealing Council Decisions 2004/ 512/EC and 2008/633/JHA, for the pur - pose of reforming the Visa Information System (OJ L 248, 13.7.2021, p. 11).	(b) 비자 정보 시스템 개혁을 위한 유럽의회 및 EU이사회 규정들 Regulation (EC) 767/2008, Regulation (EC) 810/2009, Regulation (EU) 2016/399, Regulation (EU) 2017/2226, Regulation (EU) 2018/1240, Regulation (EU) 2018/1860, Regul - ation (EU) 2018/1861, Regulation (EU) 2019/817 and Regulation (EU) 2019/1896의 개정 및 EU이사회 결정 2004/512/EC 및 2008/633/JHA의 폐지에 관한 2021년 7월 7일자 유럽 의회 및 EU이사회 규정 Regulation (EU) 2021/1134 (OJ L 248, 13.7.2021, p. 11).
3. Eurodac Regulation (EU) 2024/1358 of the European	3. 유로닥 유럽의회 및 EU이사회 규정들 Regulation

원문	번역
Parliament and of the Council of 14 May 2024 on the establishment of 'Eurodac' for the comparison of biometric data in order to effectively apply Regulations (EU) 2024/1315 and (EU) 2024/1350 of the European Parliament and of the Council and Council Directive 2001/55/EC and to identify illegally staying third—country nationals and stateless persons and on re—quests for the comparison with Eurodac data by Member States' law enforcement authorities and Europol for law enforce—ment purposes, amending Regulations (EU) 2018/1240 and (EU) 2019/818 of the European Parliament and of the Council and repealing Regulation (EU) No 603/2013 of the European Parliament and of the Council (OJ L, 2024/1358, 22.5.2024, ELI: http://data.europa. eu/eli/reg/2024/1358/oj).	(EU) 2018/1240 및 Regulation (EU) 2019/818을 개정하고 유럽의회 및 EU이사회 규정 Regulation (EU) 603/2013을 폐지하면서, 법 집행 목적으로 회원국 법 집행 당국 및 Europol의 Eurodac 데이터 비교 요청 시 불법 체류 제3국 국민 및 무국적자를 식별하고 유럽의회 및 EU이사회 규정 Regulation (EU) 2024/1315 및 Regulation (EU) 2024/1350와 EU이사회 지침 2001/55/EC를 효과적으로 적용하기 위해 생체인식 정보 비교를 위한 'Eurodac' 구축에 관한 유럽의회 및 EU이사회 규정 Regulation (EU) 2024/1358 (OJ L, 2024/1358,22.5.2024, ELI: http://data.europa.eu/eli/reg/2024/1358/ oj).
4. Entry/Exit System Regulation (EU) 2017/2226 of the European Parliament and of the Council of 30 November 2017 establishing an Entry/Exit System (EES) to register entry and exit data and refusal of entry data of third—country nationals crossing the external borders of the Member States and determining the conditions for access to the EES for law enforcement purposes, and amending the Convention implementing the Schengen Agreement and Regulations (EC) No 767/2008 and (EU) No 1077/2011 (OJ L 327, 9.12.2017, p. 20).	4. 출입국 시스템 셍겐 협정을 이행하는 협약과 Regulation (EC) 767/2008 및 Regulation (EU) 1077/2011을 개정하면서, 회원국의 외부 국경을 통과하는 제3국 국민의 출입국 데이터 및 입국거부 데이터 등록을 위한 출입국 시스템(EES)을 구축하고 법집행 목적으로 해당 EES에 대한 접근 조건을 결정하는 2017년 11월 30일자 유럽 의회 및 EU이사회 규정 Regulation (EU) 2017/226 (OJ L 327, 9.12.2017, p. 20).
5. European Travel Information and Autho—risation System (a) Regulation (EU) 2018/1240 of the European Parliament and of the Council of 12 September 2018 establishing a European Travel Information and Authorisation	5. 유럽 여행 정보 및 허가 시스템 (a) 유럽 여행 정보 및 허가 시스템(ETIAS)을 구축하고 규칙들 Regulation (EU) 1077/2011, Regulation (EU) 515/2014, Regulation (EU) 2016/399, Regulation (EU) 2016/1624 및 Regulation (EU) 2017/2226를

원문	번역
System (ETIAS) and amending Regulations (EU) No 1077/2011, (EU) No 515/2014, (EU) 2016/399, (EU) 2016/1624 and (EU) 2017/2226 (OJ L 236, 19.9.2018, p. 1).	개정하는 2018년 9월 12일자 유럽 의회 및 EU이사회 규정 Regulation (EU) 2018/ 1240 ((OJ L 236, 19.9.2018, p. 1).
(b) Regulation (EU) 2018/1241 of the European Parliament and of the Council of 12 September 2018 amending Regulation (EU) 2016/794 for the purpose of es-tablishing a European Travel Information and Authorisation System (ETIAS) (OJ L 236, 19.9.2018, p. 72).	(b) 유럽 여행 정보 및 허가 시스템(ETIAS)을 구축하기 위한 목적으로 Regulation (EU) 2016/794를 개정하는 2018년 9월 12일자 유럽 의회 및 EU이사회 규정 Regulation (EU) 2018/1241(OJ L 236, 19.9.2018, p. 72).
6. European Criminal Records Information System on third-country nationals and stateless persons Regulation (EU) 2019/816 of the European Parliament and of the Council of 17 April 2019 establishing a centralised system for the identification of Member States holding conviction information on third-country nationals and stateless persons (ECRIS-TCN) to supplement the European Criminal Records Information System and amending Regulation (EU) 2018/1726 (OJ L 135, 22.5.2019, p. 1).	6. 제3국 국민 및 무국적자에 관한 유럽범죄기록정보시스템 Regulation (EU) 2018/1726을 개정하면서, 유럽범죄기록정보시스템을 보충하기 위해 제 3국 국민 및 무국적자에 관한 유죄판결 정보를 보유하는 회원국의 신원을 확인하기 위한 중앙 집중식 시스템(ECRIS-TCN)을 구축하는 2019년 4월 17일자 유럽의회 및 EU이사회 규정 Regulation (EU) 2019/816 (OJ L 135, 22.5.2019, p. 1).
7. Interoperability (a) Regulation (EU) 2019/817 of the European Parliament and of the Council of 20 May 2019 on establishing a framework for interoperability between EU in-formation systems in the field of bor-ders and visa and amending Regulations (EC) No 767/2008, (EU) 2016/399, (EU) 2017/2226, (EU) 2018/1240, (EU) 2018/1726 and (EU) 2018/1861 of the European Parliament and of the Council and Council Decisions 2004/512/EC and 2008/633/JHA (OJ L 135, 22.5.2019, p. 27).	7. 상호운용성 (a) 유럽 의회 및 EU이사회 규정들 Regulation (EC) No 767/2008, Regulation (EU) 2016/399, Regulation (EU) 2017/2226, Regulation (EU) 2018/1240, Regulation (EU) 2018/1726, Regulation (EU) 2018/1861 및 EU이사회 결정인 Decision 2004/512/EC과 Decision 2008/633/JHA을 개정하면서, 국경 및 비자 분야에서 EU 정보 시스템 간 상호운용성 체계 구축에 관한 2019년 5월 20일자 유럽의회 및 EU이사회 규정 Regulation (EU) 2019/ 817 (OJ L 135, 22.5.2019, p. 27).

원문	번역
(b) Regulation (EU) 2019/818 of the European Parliament and of the Council of 20 May 2019 on establishing a framework for interoperability between EU in-formation systems in the field of police and judicial cooperation, asylum and migration and amending Regulations (EU) 2018/1726, (EU) 2018/1862 and (EU) 2019/816 (OJ L 135, 22.5.2019, p. 85).	(b) Regulation (EU) 2018/1726, Regulation (EU) 2018/1862 및 Regulation (EU) 2019/816을 개정하면서, 경찰 및 사법 협력, 망명 및 이민 분야에서 EU 정보 시스템 간 상호운용성 체계 구축에 관한 2019년 5월 20일자 유럽 의회 및 EU이사회 규정 Regulation (EU) 2019/818 (OJ L 135, 22.5.2019, p. 85).

부속서 XI 제53조 제1항 제(a)호에 따른 기술문서 – 범용 AI 모델 공급자가 작성해야 하는 기술문서(ANNEX XI Technical documentation referred to in Article 53(1), point (a) – technical documentation for providers of general-purpose AI models)

원문	번역
Section 1. Information to be provided by all providers of general-purpose AI models	제1절 범용 AI 모델의 모든 공급자가 제공해야 하는 정보
The technical documentation referred to in Article 53(1), point (a) shall contain at least the following information as appropriate to the size and risk profile of the model:	제53조 제1항 제(a)호에 언급된 기술문서는 모델의 크기와 위험 수준에 고유한 최소한 다음 정보가 포함되어야 한다:
1. A general description of the gen-eral-purpose AI model including:	1. 다음을 포함하는 범용 AI 모델에 대한 일반적인 설명:
(a) the tasks that the model is intended to perform and the type and nature of AI systems in which it can be integrated;	(a) 모델이 수행하고자 하는 작업과 모델이 통합될 수 있는 AI 시스템의 유형과 특성;
(b) the acceptable use policies applicable;	(b) 허용가능한 적절한 이용 정책;
(c) the date of release and methods of distribution;	(c) 공개 날짜 및 배포 방법;
(d) the architecture and number of pa-rameters;	(d) 아키텍처(구조와 설계) 및 매개변수 수;
(e) the modality (e.g. text, image) and format of inputs and outputs;	(e) 입력 및 결과물의 양식(예: 텍스트, 이미지) 및 형식;
(f) the licence.	(f) 라이선스.

원문	번역
2. A detailed description of the elements of the model referred to in point 1, and relevant information of the process for the development, including the following elements:	2. 제1항에 언급된 모델 요소에 대한 자세한 설명과 다음 요소를 포함한 개발 프로세스에 대한 관련 정보:
(a) the technical means (e.g. instructions of use, infrastructure, tools) required for the general-purpose AI model to be integrated in AI systems;	(a) 범용 AI 모델을 AI 시스템에 통합하는 데 필요한 기술적 수단(예: 이용 지침, 인프라, 도구);
(b) the design specifications of the model and training process, including training methodologies and techniques, the key design choices including the rationale and assumptions made; what the model is designed to optimise for and the relevance of the different parameters, as applicable;	(b) 학습 방법론 및 기법, 근거 및 가정을 포함한 주요 설계 선택 사항, 모델이 최적화하도록 설계된 대상 및 해당되는 경우 다양한 매개변수의 관련성 등 모델 및 학습 프로세스의 설계 사양;
(c) information on the data used for training, testing and validation, where applicable, including the type and provenance of data and curation methodologies (e.g. cleaning, filtering etc), the number of data points, their scope and main characteristics; how the data was obtained and selected as well as all other measures to detect the unsuitability of data sources and methods to detect identifiable biases, where applicable;	(c) 해당되는 경우, 데이터의 유형과 출처 및 큐레이션 방법론(예: 정제, 필터링 등), 데이터 포인트 수, 범위 및 주요 특성을 포함하여 학습, 테스트 및 검증에 이용된 데이터에 대한 정보; 해당되는 경우, 데이터의 획득 및 선택 방법, 데이터 소스의 부적합성을 탐지하기 위한 기타 모든 조치 및 식별 가능한 편향성 탐지 방법;
(d) the computational resources used to train the model (e.g. number of floating point operations), training time, and other relevant details related to the training;	(d) 모델 학습에 이용된 컴퓨팅 자원(예: 부동 소수점 연산 횟수), 학습 시간 및 학습과 관련된 기타 관련 세부 정보;
(e) known or estimated energy consumption of the model.	(e) 모델의 알려진 또는 예상되는 에너지 소비량.
With regard to point (e), where the energy consumption of the model is unknown, the	위 (e)호와 관련하여, 모델의 에너지 소비량을 알 수 없는 경우, 에너지 소비량은 사용된 컴퓨

원문	번역
energy consumption may be based on information about computational resources used.	팅 자원에 대한 정보를 기반으로 할 수 있다.
Section 2. Additional information to be provided by providers of general-purpose AI models with systemic risk	제2절 구조적 위험이 있는 범용 AI 모델의 공급자가 제공해야 하는 추가 정보
1. A detailed description of the evaluation strategies, including evaluation results, on the basis of available public evaluation protocols and tools or otherwise of other evaluation methodologies. Evaluation strategies shall include evaluation criteria, metrics and the methodology on the identification of limitations.	1. 이용 가능한 공개 평가 프로토콜 및 도구 또는 기타 평가 방법론에 근거한, 평가 결과를 포함한, 평가 전략에 대한 자세한 설명. 평가 전략은 평가 기준, 지표 및 한계 식별에 대한 방법론이 포함되어야 한다.
2. Where applicable, a detailed description of the measures put in place for the purpose of conducting internal and/or external adversarial testing (e.g., red teaming), model adaptations, including alignment and fine-tuning.	2. 해당되는 경우, 내부 및/또는 외부 적대적 테스트(예: 레드팀) 수행, 조정 및 미세 조정을 포함한 모델 조정의 목적으로 시행한 조치에 대한 자세한 설명.
3. Where applicable, a detailed description of the system architecture explaining how software components build or feed into each other and integrate into the overall processing.	3. 해당되는 경우, 소프트웨어 구성요소가 서로 어떻게 구축되거나 공급되고 전체 프로세싱에 통합되는지 설명하는 시스템 아키텍처(구조와 설계)에 대한 자세한 설명.

부속서 XII 제53조 제1항 제b호에 규정된 투명성 정보-범용 AI 모델 공급자가 해당 모델을 AI 시스템에 통합하고자 하는 하방공급자에게 제공해야 하는 기술문서 (Annex XII transparency information referred to in Article 53(1), point (b) - technical documentation for providers of general-purpose AI models to downstream providers that integrate the model into their AI system)

원문	번역
The information referred to in Article 53(1), point (b) shall contain at least the following:	제53조 제1항 제b호에 규정된 정보는 적어도 다음 각 호의 사항을 포함해야 한다:

원문	번역
1. A general description of the general—purpose AI model including: (a) the tasks that the model is intended to perform and the type and nature of AI systems into which it can be integrated; (b) the acceptable use policies applicable; (c) the date of release and methods of distribution; (d) how the model interacts, or can be used to interact, with hardware or software that is not part of the model itself, where applicable; (e) the versions of relevant software related to the use of the general—purpose AI model, where applicable; (f) the architecture and number of parameters; (g) the modality (e.g., text, image) and format of inputs and outputs; (h) the licence for the model. 2. A description of the elements of the model and of the process for its development, including: (a) the technical means (e.g., instructions for use, infrastructure, tools) required for the general—purpose AI model to be integrated into AI systems; (b) the modality (e.g., text, image, etc.) and format of the inputs and outputs and their maximum size (e.g., context window length, etc.); (c) information on the data used for training, testing and validation, where applicable, including the type and provenance of data and curation methodologies.	1. 다음 각 항의 사항을 포함하는 범용 AI 모델에 관한 일반적 사항: (a) 해당 모델이 수행하기로 의도된 과업 및 해당 모델이 통합될 수 있는 AI 시스템의 유형 및 성격; (b) 해당되는 경우, 허용되는 이용 정책; (c) 출시 일자 및 유통 방법; (d) 해당되는 경우, 해당 모델 자체의 일부를 구성하지 않는 하드웨어 또는 소프트웨어와 해당 모델이 상호작용하는 방식 또는 상호작용할 수 있도록 이용되는 방식; (e) 해당되는 경우, 범용 AI 모델의 이용과 관련된 소프트웨어 버전; (f) 매개변수의 구조 및 숫자; (g) 입력물과 산출물의 양식 및 형식(문자, 이미지 등); (h) 해당 모델의 라이선스. 2. 다음 각 호의 내용을 포함하는 해당 모델의 구성요소 및 개발 과정에 대한 사항: (a) 범용 AI 모델을 AI 시스템에 통합하는데 요구되는 기술적 수단(이용 지침, 인프라, 도구 등); (b) 입력물과 산출물의 양식 및 형식(문자, 이미지 등) 및 그 최대 크기(컨텍스트 창의 길이 등); (c) 해당되는 경우, 데이터의 유형, 출처 및 큐레이션 등 학습, 테스트, 검증에 사용된 데이터에 관한 정보.

부속서 XIII 제51조에 따른 구조적 위험을 가진 범용 AI 모델 지정 기준(ANNEX XIII Criteria for the designation of general-purpose AI models with systemic risk referred to in Article 51)

원문	번역
For the purpose of determining that a general-purpose AI model has capabilities or an impact equivalent to those set out in Article 51(1), point (a), the Commission shall take into account the following criteria:	범용 AI 모델이 제51조 제1항 (a) 규정된 바에 상응하는 역량 또는 영향을 가지고 있는지를 결정하기 위해, EU집행위원회는 다음 기준을 고려해야 한다:
(a) the number of parameters of the model;	(a) 모델의 파라미터 수;
(b) the quality or size of the data set, for example measured through tokens;	(b) 토큰 등을 통해 측정된 데이터 세트의 질과 크기;
(c) the amount of computation used for training the model, measured in floating point operations or indicated by a combination of other variables such as estimated cost of training, estimated time required for the training, or estimated energy consumption for the training;	(c) 측정된 학습 비용·시간 및 에너지 소비 등 다양한 변수의 조합으로 나타내어지거나 부동 소숫점 연산으로 측정되는 모델 학습에 이용된 연산의 양;
(d) the input and output modalities of the model, such as text to text (large language models), text to image, multi-modality, and the state of the art thresholds for determining high-impact capabilities for each modality, and the specific type of inputs and outputs (e.g. biological sequences);	(d) 텍스트에서 텍스트(거대 언어 모델), 텍스트에서 이미지 및 다중 형식 등 모델의 입출력 형식, 각 형식의 고영향 역량을 결정하기 위한 최신 기준 및 입출력의 구체적인 유형(예: 생물학 서열);
(e) the benchmarks and evaluations of capabilities of the model, including considering the number of tasks without additional training, adaptability to learn new, distinct tasks, its level of autonomy and scalability, the tools it has access to;	(e) 추가학습 없이 수행 가능한 임무의 수, 새로운 학습에 대한 적응성, 구체적인 임무, 자율성 및 확장성의 수준, 접근 가능한 도구에 대한 고려를 포함하여 모델 역량의 기준점 및 평가;
(f) whether it has a high impact on the internal market due to its reach, which shall be presumed when it has been	(f) 역내 시장에 도달함으로 인해 역내 시장에 고영향을 주는지 여부, 이 경우 EU 내에 설립된 최소 10,000개의 등록 기업이

원문	번역
made available to at least 10 000 reg-istered business users established in the Union;	이용하는 경우 고영향이 존재하는 것으로 추정;
(g) the number of registered end-users.	(g) 등록된 최종 이용자의 수.

공동 저자 소개

강지원
김앤장 법률사무소 외국변호사(미국 뉴욕주)
과학기술정보통신부 AI최고위협의회 법제도분과 위원
방송통신위원회 인공지능 이용자보호 법안 검토연구위원
산업통상자원부 AI산업정책위원회 법제도분과 위원
국회입법조사처 입법조사관

김법연
고려대학교 정보보호대학원 연구교수

김형준
한국지능정보사회진흥원 AI법제도센터장

박신욱
경상국립대학교 법과대학 부교수
Externe Mitarbeiter in Freiburg Univ.
한국민사법학회 편집이사
한국소비자법학회 총무이사
Promotionsstipendium (2010−2013) von Landesgraduiertenförderung
Humboldt−Forschungsstipendium (2024−2026) für erfahrene Forschende

오정익
법무법인(유한) 원 인공지능대응팀 팀장(변호사)
과학기술정보통신부 인공지능법제정비단 위원(2023)
인공지능산업융합집적단지고도화 사전기획위원(2022)
사단법인 AI휴먼소사이어티 감사(2024)

채기현
한국지능정보사회진흥원 주임 연구원

채은선
한국지능정보사회진흥원 수석 연구원

최경진
가천대학교 법과대학 교수, 인공지능·빅데이터 정책연구센터장
한국인공지능법학회 회장
한국정보법학회 수석부회장
대법원 사법정책자문위원회 사법정보화 전문위원
국가데이터전략위원회 총괄분과 위원
외교부 과학기술외교자문위원회 위원
방송통신위원회 인공지능서비스 이용자보호 민관협의회 위원
OECD Expert Group on AI, Data, and Privacy
유엔 국제상거래법위원회(UNCITRAL) 정부대표
前 개인정보보호법학회 회장
前 국회 4차산업혁명특별위원회 자문위원
前 대통령직속 디지털플랫폼정부위원회 정보보호분과 위원
前 과학기술정보통신부 AI법제정비단 위원

EU 인공지능법

초판발행   2024년 8월 25일

지은이   최경진 외 7인
펴낸이   안종만 · 안상준

편 집   장유나
기획/마케팅   김한유
표지디자인   이영경
제 작   고철민 · 김원표

펴낸곳   (주) **박영사**
            서울특별시 금천구 가산디지털2로 53, 210호(가산동, 한라시그마밸리)
            등록   1959. 3. 11. 제300-1959-1호(倫)

전 화   02)733-6771
f a x   02)736-4818
e-mail   pys@pybook.co.kr
homepage   www.pybook.co.kr
ISBN   979-11-303-4802-5   93360

정가 30,000원